Reginald A. Ray

DIE INTELLIGENZ DES KÖRPERS

Buddhistisch
inspirierte Körperarbeit
als Schlüssel zur Heilung und
Selbstverwirklichung

Aus dem amerikanischen Englisch übersetzt von
Stephan Schuhmacher

WINDPFERD
schneelöwe

Titel der amerikanischen Originalausgabe
Touching Enlightenment, Finding Realization in the Body
Erschienen bei Sounds True, Inc. – Boulder, CO 80306

Aus dem amerikanischen Englisch übertragen von Stephan Schuhmacher

1. Auflage 2010

Umschlaggestaltung: Kuhn Grafik Communication Design, Amden (CH)
unter Verwendung der Illustrationen von
Retreatzentrum Amden (Buddha), John Knill/DigitalVision (Körper)
Satz und Layout: Marx Grafik & ArtWork GbR
Gesetzt aus der Adobe Garamond
Druck: Himmer AG, Augsburg

FSC www.fsc.org
MIX
Papier aus verantwortungsvollen Quellen
FSC® C095359

Printed in Germany
ISBN 978-3-89385-630-5
www.windpferd.de

Inhalt

DRITTER TEIL:
DEN PROZESS DER MEDITATION MIT DEM KÖRPER VERSTEHEN

VIERTER TEIL:
DIE DYNAMIK DES PFADES: PRINZIPIEN, ÜBUNGEN UND ERFAHRUNGEN

FÜNFTER TEIL:
DER KÖRPER UND DIE PERSON

Danksagung

Dieses Buch verdankt, bis zurück in meine Jugend, vielen Menschen vieles.

Zuerst muss ich meinen akademischen Lehrern danken, insbesondere H. Ganse, Bill Peck, Mircea Eliade, Charles Long, Joe Kitagawa und Frank Reynolds. Von ihnen erhielt ich die Werkzeuge, die mir ein profundes Studium der Geschichte des Buddhismus ermöglichten. Als ich bei ihnen studierte, konnte ich mir noch nicht vorstellen, wie wichtig und hilfreich dieses Studium einmal sein würde, nicht nur für mein akademisches Leben, sondern auch für meine Arbeit als Lehrer des Buddhismus, der sich bemüht, in der modernen Welt Meditation – und insbesondere die in diesem Buch diskutierte verkörperte Meditation – zu lehren.

Ich danke meinen buddhistischen Lehrern Chögyam Trungpa Rinpoche, S. H. Dilgo Khyentse Rinpoche, S. H. dem XVI. Karmapa und den vielen anderen großzügigen und gütigen tibetischen Lamas, von denen ich lernen durfte. Außerdem danke ich Eido Shimano Rôshi, Kobun Chino Rôshi und meinen anderen Zen-Mentoren sowie mehreren wunderbaren Lehrern des Theravâda, die mich persönlich und durch ihre Bücher viel über die Meditation mit dem Körper gelehrt haben. Dank gilt auch meinen Lehrern und Lehrerinnen aus Stammesgesellschaften, die mir gezeigt haben, dass die menschliche Spiritualität universell und in der Erde wie im Körper verwurzelt ist. Insbesondere danke ich meinem Herzensfreund, dem außergewöhnlich begabten spirituellen Lehrer Malidoma Patrice Somé aus Afrika. Zudem danke ich den vielen anderen Menschen aus den eingeborenen Traditionen Nord- und Südamerikas, die ich meine spirituellen Freunde nennen darf.

Während meines gesamten erwachsenen Lebens habe ich sowohl die westlichen als auch die östlichen körperlichen Disziplinen erkundet und studiert. Angefangen habe ich mit der Arbeit von Gerda Alexander; danach und bis auf den heutigen Tag hatte ich das große Glück, eine Reihe von begabten Menschen aus verschiedenen westlichen Traditionen zu treffen und mit ihnen zu arbeiten, darunter Lehrer aus verschiedenen Formen der Massage, des Rolfing und des Feldenkrais; zudem aus Asien Lehrer des Yoga, des Qigong und natürlich, für mich am wichtigsten, des tibetischen Yoga. Dieses alles wurde durch die transformative Energiearbeit meiner Ehefrau Lee, die mich immer tiefer in meinen Körper und seine innere Gesundheit, Weisheit und Vollkommenheit hineingeführt hat, zusammengefügt. Mein somatischer Lernprozess während der vergangenen fünfundvierzig Jahre ging nur sehr langsam voran, aber er hat mein Leben verändert. Dieses Buch versucht, etwas von dem mitzuteilen, was ich erfahren und gelernt habe.

Zu besonderem Dank bin ich Tami Simon verpflichtet, der Verlegerin von Sounds True, sowie Julie Kramer, der Gründerin von Transmissions Creating Learning Lineages, die mich als Erste ermutigt hat, damit zu beginnen, „Körperarbeit“ als eine spezifische Art von Meditationsanweisungen zu lehren, und die das intensive Programm „Meditating with the Body“ entwickelt hat, das man bei sich zu Hause üben kann und das inzwischen Hunderte von Menschen dazu gebracht hat, die sich entfaltende Reise der somatischen Übung anzutreten.

In unmittelbarem Zusammenhang mit diesem Buch muss ich Andrew Merz, einem Redakteur der Zeitschrift *Trycicle,* danken, der mich einlud, den Artikel zu schreiben, auf dem dieses Buch basiert. Dank gilt auch all jenen, die die erste Fassungen dieses Buches lasen und mir einige sehr hilfreiche Kommentare und Anregungen lieferten – insbesondere Sari Simon, Al Blum, John Welwood und meine Frau Lee, die das Manuskript in mehreren entscheidenden Stadien las.

Und nochmals möchte ich Tami Simon danken, die mich einlud, dieses Buch in ihrem Verlag Sounds True zu publizieren, und die mir eine Aufmerksamkeit, ein Engagement und ein Maß an redaktionellem Sachverstand entgegenbrachte, die über alles hinausgingen, was ich bisher im Verlagsbereich erlebt habe. Besonders danken möchte ich auch meinen Lektoren bei Sounds True, meiner Hauptlektorin Kelly Notaras, die voller Intelligenz und Energie mit mir an dem Manuskript gearbeitet hat, sowie Andrew Merz, der das Manuskript einem zweiten, sehr hilfreichen Lektorat unterzog.

Vorwort

Erwacht oder erleuchtet zu sein, heißt voll und ganz verkörpert zu sein. Voll und ganz verkörpert zu sein bedeutet, mit dem eins zu sein, was wir in jeder Hinsicht sind – wozu unser körperliches Dasein, unsere Gefühle und die Totalität unserer karmischen Situation gehören. Es heißt, für das, was wir sind, sowie für die Reise unseres Werdens völlig präsent zu sein. Es bedeutet, ganz und gar in unserer relativen Wirklichkeit zu leben, ohne dass auch nur das kleinste Fitzelchen von uns ausgespart wird – kein äußerer Beobachter, der noch auf etwas Anderes oder etwas Besseres wartet. In diesem Sinne erkundet dieses Buch, was es bedeuten könnte, völlig verkörpert zu sein, und damit, was es bedeuten könnte, ein erleuchtetes und vollkommen verwirklichtes Wesen zu sein – denn volle Verkörperung und Erleuchtung sind ein und dasselbe.

Was hier vorgestellt wird, ist ein Ausdruck der auf den Buddha zurückgehenden Übertragungslinie. Gleichzeitig hat es auch viel mit Tiefenpsychologie und den verschiedenen Methoden der Körpertherapie zu tun. Doch es gibt da einige wichtige Unterschiede. Auch wenn dieses Buch ein Ausdruck des Buddhadharma ist – zumindest in Hinsicht darauf, wie er im Westen oft verstanden wird –, so ist es doch stärker somatisch orientiert als dieser. Und auch wenn mein Ansatz mit Teilen der Tiefenpsychologie und mit der Transpersonalen Psychologie das Interesse an der Entfaltung der menschlichen Persönlichkeit als letztlich spirituelle Aufgabe gemeinsam hat, sind seine Methoden wiederum stärker körperlich orientiert. Außerdem bietet dieser Ansatz einen Pfad zu völlig individuiertem Dasein, der jedermann zugänglich und nicht denjenigen vorbehalten ist, die sich eine lange und kostspielige Psychotherapie leisten können. Und selbst wenn dieses Buch Überschneidungen mit den verschiedenen Schulen und Disziplinen der Körpertherapie aufweist, legt es doch sehr viel mehr Wert auf die „Sicht", indem es betont, dass wir ein klares und präzises begriffliches Verständnis der involvierten Prozesse benötigen, wenn wir das, was während der Arbeit mit dem Körper auftaucht, einfach nur wahrnehmen und integrieren wollen, weil wir nur dann über die Mittel verfügen, unsere Erfahrung aufzunehmen, zu begreifen und sie zu formulieren.

Wie der Leser zudem bemerken wird, schöpfe ich viel aus dem tibetischen Yoga, dem Korpus an esoterischen und körperbasierten Meditationspraktiken, die in Tibet Tantra oder Vajrayâna (Diamantfahrzeug) genannt werden und die der Tradition gemäß in Einzelklausur geübt werden. Ich habe diese Praktiken von dem großen Lehrer Chögyam Trungpa Rinpoche gelernt und sie seit fast vierzig Jahren unter seiner Anleitung und der Anleitung anderer Lehrer aus der Nyingma- und der Kagyü-Tradition praktiziert. Mein Verständnis des Körpers als einer spirituellen Realität wurde auch durch verschiedene westliche Ansätze (Alexandertechnik und Rolfing), durch fruchtbare Studien bei verschiedenen Zen-Lehrern und durch den Kontakt mit der Tradition des Theravâda genährt und vertieft. Sehr wichtig waren für mich auch das Studium und die Praxis innerhalb mehrerer der größeren „erdverbundenen" spirituellen Systeme der Stammesvölker. Dazu gehörten die

Traditionen der Eingeborenen von Nord- und Südamerika und – was den größten Einfluss gehabt hat – einige Jahre intensiver Arbeit mit meinem Freund und Herzensbruder Malidoma Somé, dem begabten afrikanischen spirituellen Lehrer. Im Rahmen meiner Schulung bei Malidoma hatte ein eine ganze Nacht lang dauerndes „Erdbegräbnis" eine besonders tief gehende Wirkung. Durch diesen initiatorischen Todes- und Wiedergeburtsprozess kam es zu einem Zerfall meines alten Lebens, aus dem ein neues Leben geboren wurde, in dem die Erde und die „Körperarbeit" ein für alle Mal zum Zentrum meines spirituellen Lebens wurde. Meine Erfahrung mit Malidoma machte mir außerdem unzweifelhaft klar, dass das Tantra oder Vajrayâna im Wesentlichen ebenfalls eine „erdverbundene Spiritualität" ist, allerdings eine, die – zum Teil im Verborgenen – innerhalb einer der „Hochreligionen", nämlich dem Buddhismus, überlebt hat.

Auch wenn dies kein Buch über die Praxis ist – da das meiste, wovon ich hier spreche, direkt und persönlich von einem qualifizierten Lehrmeister erlernt werden muss –, bringe ich doch viele der Ansichten und Einsichten des tibetischen Yoga zum Ausdruck. Mancher mag sich fragen, ob es angemessen sei, auf diese Weise in einem Buch über eine Tradition zu sprechen, die in der Vergangenheit von so großer Geheimhaltung umgeben war. Meine Antwort darauf ist, dass die Geheimnisse und Mysterien des tibetischen Yoga nicht anderes sind als die Geheimnisse des menschlichen Herzens und die Mysterien der menschlichen Existenz. Wie Thrangu Rinpoche einmal in einem anderen Zusammenhang sagte, kann nichts Falsches daran sein, Menschen – auf welche Weise auch immer – dazu zu ermutigen, ihrer tiefsten Tiefe, ihrem höchsten Selbst, zu begegnen.

Die in diesem Buch diskutierte Arbeit umfasst einen allgemeinen Zugang zur Meditation und auch eine Anzahl von mir so genannter „somatischer Protokolle" – das sind meditative Praktiken, zu denen eine Annäherung an den Körper, ein Eindringen in den Körper sowie seine

Erkundung und totale Auslotung gehören. Einfach gesagt, geht es bei diesen Praktiken darum, die Bewusstheit von der Oberfläche des Körpers in sein Inneres auszuweiten und sie von den größeren Körperteilen abwärts bis vielleicht auf das Niveau der Zelle und bis in den letzten Grund des Körpers auszudehnen. Zentral für meine Lehren ist auch der Gebrauch des Atems zur Öffnung des Körpers und um die Bewusstheit in sonst unzugängliche Bereiche der Subtilität hinein auszudehnen. Außerdem soll durch den Atem die innere Energie freigesetzt werden und damit das, was im Zen das „authentische Leben“ des Übenden genannt wird und was darauf wartet, gelebt zu werden. Hiermit meine ich, dass durch diesen Prozess der „Körperarbeit“ oder der „Meditation mit dem Körper“ die eigene grundlegende Erfahrung, also nicht bloß der eigene Körper, sondern unser Ich und unsere Beziehung zu anderen und unserer Umwelt für eine nicht endende Folge von Entdeckungen und Transformationen geöffnet wird. Auch wenn es sich auf den ersten Blick ziemlich simpel anhören mag, wenn wir hier vom „Meditieren mit dem Körper“ sprechen, so wird uns schließlich doch deutlich werden, dass diese Arbeit letztlich zu einem neuen Verständnis und, was noch wichtiger ist, zu einer neuen Erfahrung dessen führt, was es bedeutet, ein Mensch zu sein, und was es bedeutet, überhaupt zu sein.

Ich stelle dies hier als eine Art „Zwischenbericht“ vor und nicht als etwas Definitives. Ich berichte hier davon, was ich und meine Schüler in Hinsicht auf die somatische Meditation getan, erfahren und gedacht haben und was ich Meditierende sowie angehende Meditierende bereits seit vielen Jahren gelehrt habe. Sollten meine Leser feststellen, dass es meinen Ausführungen an einer gewissen „Endgültigkeit“ mangelt, so möchte ich darauf antworten, dass dies absichtlich so ist. Ich habe mich in der Tat bemüht, der Versuchung zu widerstehen, meinen Bericht zu stark zu bearbeiten. Das, worüber ich hier schreibe, hat sein eigenes Leben und seine eigene Wirklichkeit, die über die Grenzen meiner eigenen Erfahrung und über jeden Versuch, sie in Worte zu fassen, hinausgehen. In dem, was hier folgt, habe ich versucht, das zu respektieren.

Man kann nicht wirklich über Spiritualität schreiben. Natürlich *kann* man darüber schreiben, aber dann wird sie unweigerlich zu einem rein begrifflichen Abklatsch. Es passiert heute nur allzu häufig, dass Menschen, die über die Spiritualität gelesen haben, diese Vorstellungen aus zweiter Hand mit der unmittelbaren Erfahrung des spirituellen Lebens, der kein Denken gerecht werden kann, verwechseln. Dann wird das Denken zu einem Ersatz für das Leben selbst, zu etwas, das sowohl irreführend als auch schädlich ist. Vorträge über Spiritualität zu halten, ist besser als darüber zu schreiben, denn die Person des Vortragenden – so ist zumindest zu hoffen – steht dem tatsächlichen Feld der Spiritualität näher als eine Buchseite. Ein spiritueller Lehrmeister, der unter vier Augen mit seinem Schüler spricht, ist besser als ein Vortrag, denn die spirituelle Reise ist letztlich etwas ganz Individuelles. Und eine einsame Seele, die in der Abgeschiedenheit meditiert, ist noch besser als alles Reden, denn das Spirituelle lässt sich nur in der Tiefe der individuellen Erfahrung entdecken und auf wirklich authentische Weise leben. Ich will damit zugeben, dass es zumindest fragwürdig ist, über Spiritualität zu schreiben, wie ich es in diesem Buch tue. Im vergangenen Jahrhundert haben viele Menschen versucht, den asiatischen Buddhismus – und andere nicht-abendländische Formen der Spiritualität – in den Westen zu bringen, und das hat oft nicht funktioniert. Wenn ich hier also versuche, über die innerlichste Integrität der menschlichen Person zu schreiben, so mag dies nur ein weiterer vergeblicher Versuch sein. Der Leser mag dies in Erinnerung behalten und sein eigenes Urteil fällen.

Reginald A. Ray
Crestone, Colorado

Einführung

1
Die Erleuchtung mit dem Körper berühren

Als ich vor vielen Jahren mit Nachforschungen für mein Buch *Buddhist Saints in India*[1] beschäftigt war, stieß ich auf eine Formulierung – „die Erleuchtung mit dem Körper berühren" –, die sofort meine Aufmerksamkeit erregte und die zum Leitspruch einer ausgedehnten Kontemplation wurde, die mich für gute zwei Jahrzehnte beschäftigt hat. Später habe ich vergeblich versucht, mich daran zu erinnern, wo ich diesen Worten zuerst begegnet bin: War es in einem Pali-Text? War es in einer Übersetzung oder einem Kommentar aus der Theravâda-Tradition? Habe ich ihn in einem Meditationshandbuch des Mahâyâna oder des Vajrayâna gesehen? Oder habe ich den Satz einfach geträumt oder ihn mir ausgedacht?

Sei dem, wie dem sei, „der Erleuchtung mit dem Körper begegnen" hat mein meditatives Leben für lange Zeit definiert. Was ich auch heute noch so faszinierend daran finde, ist der Gedanke, dass wir die Erleuchtung nicht nur sehen, sondern dass wir sie tatsächlich *berühren* können, und dass wir sie darüber hinaus nicht mit unserem Denken oder unserem Geist, sondern mit unserem *Körper* berühren sollen. Es ist interessant, dass es für diesen Ausdruck rätselhaften Ursprungs viele Parallelen in der Theravâda-Tradition gibt: Die Erleuchtung eines

---

[1] Reginald A. Ray, *Buddhist Saints in India,* New York (Oxford University Press) 1994.

Menschenwesens wird oft als eine somatische Erfahrung dargestellt. Dôgen Zenji, der Begründer der japanischen Sôtô-Schule des Zen, sprach manchmal vom Körper als der Pforte zur letzten Verwirklichung, und die tibetischen Dzogchen-Lehren betonen, dass die Erleuchtung im Körper gefunden wird.

Was mögen solche Aussagen bedeuten? Inwiefern kann man sagen, dass der Körper in einem meditativen Leben eine solch zentrale und fundamentale Rolle spielt? Diese Frage wird in unserem heutigen Kontext noch interessanter und faszinierender, zu einer Zeit, da sich so viele Menschen persönlich ihrem Körper entfremdet haben und sich deshalb zu körperlichen Übungen und allen möglichen Körpertherapien hingezogen fühlen.

Ich möchte diese Frage auf der Grundlage meiner eigenen vierzigjährigen Praxis sowie der Erfahrung des Lehrens der Meditation beantworten. Während dieser Jahrzehnte haben mich viele Dinge überrascht, aber keines dieser Dinge hat mich mehr überrascht als die wachsende und einigermaßen schmerzliche Einsicht, dass die bloße Praxis der Meditation noch nicht unbedingt Resultate zeitigen muss. Viele von uns fanden, als sie zum ersten Mal mit dem Buddhismus in Berührung kamen, dessen Einladung zur Befreiung und Verwirklichung durch Meditation außerordentlich faszinierend. Wir stürzten uns mit großem Enthusiasmus in die Meditation und ordneten unsere Prioritäten um diese herum neu, und wir investierten viel Zeit und Energie in die Übung.

Wenn sie sich derart konzentriert der Meditation widmen, finden manche von uns die Art von sich fortschreitend entfaltender Transformation, die sie gesucht haben. Doch meistens, das zeigt zumindest meine eigene Erfahrung als Meditationslehrer, geschieht das nicht. Es stimmt schon, dass wir oft ein klares Gefühl der Erleichterung und des Friedens erfahren, wenn wir täglich Meditation praktizieren. Über einen Zeitraum von zwei oder drei Jahren mögen wir das Gefühl haben, dass wir definitive Fortschritte machen, was die Verringerung unserer inneren Unruhe und Stressbelastung angeht, und dass wir mehr Offenheit entwickeln. Das ist durchaus wertvoll.

Aber wenn wir zwanzig oder dreißig Jahre praktiziert haben, dann geschieht es nicht selten, dass wir uns in einer ganz anderen und sehr viel beunruhigenderen Situation wiederfinden. Wir mögen das Gefühl haben, dass irgendwann im Laufe unserer Praxis etwas schief gelaufen ist und wir stecken geblieben sind. Es mag sein, dass wir uns immer noch im Griff derselben alten Gewohnheitsmuster befinden. Dieselben beunruhigende Gefühle steigen auf, wir begegnen denselben zwischenmenschlichen Blockaden und grundlegenden Verwirrungen im Leben, derselben unerfüllten und schmerzlichen spirituellen Sehnsucht, die uns dazu gebracht hat, mit der Meditation zu beginnen. Stimmte etwas nicht mit unserer ursprünglichen Intuition? War etwas mit den Übungen, die wir praktiziert haben, nicht in Ordnung oder mit den Traditionen, aus denen diese Übungen kamen? Ist vielleicht mit uns selbst etwas nicht in Ordnung? Haben wir die Übungen nicht richtig angewendet oder sind wir ihnen nicht gewachsen?

Meiner Ansicht nach besteht da ein wirkliches Problem, das allerdings nicht in den oben genannten Zweifeln oder Fragen zu finden ist, sondern in einer ganz anderen Richtung. Meine Erfahrung sagt mir, dass die Sache eigentlich ganz einfach ist: Wir versuchen in einem dem Körper entfremdeten Zustand Meditation zu üben und dem spirituellen Pfad zu folgen, und das ist unweigerlich zum Scheitern verurteilt. Um es einfach zu sagen: Wir können die Früchte der Meditation nicht voll erfahren und genießen, wenn wir nicht in unserem Körper verwurzelt sind. Wenn wir den Ausdruck „die Erleuchtung mit dem Körper berühren" also voll und ganz verstehen, dann bedeutet er nicht nur, dass es uns *möglich* ist, die Erleuchtung mit dem Körper zu berühren; er besagt darüber hinaus, dass es gar keine andere Möglichkeit gibt, die Erleuchtung zu verwirklichen, als *in* unserem Körper und *durch* unseren Körper.

2

Was ist aus dem Dharma des Buddha geworden?

Die Leser dieses Buches werden bemerken, dass dieses Buch eine umfassende Darstellung des Pfades buddhistischer Meditation – oder des *Dharma,* des Vermächtnisses des Buddha – aus der Perspektive der „Meditation mit dem Körper" ist. Ja es beschreibt sogar einen umfassenden Ansatz der Spiritualität und des spirituellen Lebens. Sie mögen sich manchmal fragen: Warum schreibt er nicht direkt über den Buddhismus? Warum muss die somatische Metapher im ganzen Buch im Zentrum stehen? Ist der Körper in Wirklichkeit nicht nur ein Teil des Dharma, etwas eher Oberflächliches – sicherlich nützlich, aber doch nur ein Anhängsel der Hauptsache?

Als vorläufige Antwort – denn es wird dieses ganze Buch brauchen, auf all diese Fragen zu antworten – möchte ich in den ersten Kapiteln zuerst einmal einige allgemeine Beobachtungen anführen. Ich möchte damit beginnen, die verschiedenen meditativen Traditionen des Buddhismus, die für die heutigen Praktizierenden im Westen von besonderer Bedeutung gewesen sind, zu erwähnen. Dazu gehören die verschiedenen Formen der Schule, die in China Chan, in Korea Seon und in Japan Zen genannt wird, die vom Theravâda inspirierte Vipassanâ-Bewegung und natürlich der tibetische Buddhismus. Wir müssen unweigerlich Hochachtung für jede dieser großen Traditionen empfinden und würdigen, wie viel davon in unseren zeitgenössischen Kontext überliefert wurde.

Gleichzeitig bin ich mir als ausgebildeter Religionswissenschaftler der Tatsache bewusst, dass Religionen, wenn sie von einer Kultur in eine andere übertragen werden, in der Wahrnehmung und selbst in der Erfahrung ihrer Anhänger leicht den dort gängigen Konventionen angepasst und damit den in dem neuen kulturellen Kontext bereits bestehenden Wertvorstellungen und Anschauungen angeglichen werden – besonders wenn in ihnen ein starker Drang zu einer möglichst weiten Verbreitung besteht und es ihnen gelingt, in ihrer neuen Umgebung als „wichtig" angesehen zu werden. Untersuchen wir die Geschichte solcher Übergänge in Hinsicht auf den Buddhismus, so stellt sich unvermeidlich die folgende Frage: Ist die Tradition noch in einem erkennbaren Kontakt mit der Identität und den zentralen Inspirationen, die ihr vor dem Übergang zu eigen waren? Oder ist sie in der neuen Umgebung in einem solchen Maß assimiliert worden, dass sie immer mehr dazu neigt, einfach nur noch deren Werte widerzuspiegeln? In Hinsicht auf unsere kollektive Erfahrung mit dem Buddhismus im Westen während der vergangenen fünfzig Jahre fragen sich das viele Menschen, insbesondere was den tibetischen Buddhismus angeht. Wenn es eine charakteristische Eigenschaft oder einen Satz von Eigenschaften gibt, die den Buddhismus als eine Praxis und als eine Vision der menschlichen Erfüllung definieren – und ich bin der Ansicht, dass es sie gibt –, haben diese dann in unserem zeitgenössischen Kontext überlebt?

Was zum Beispiel den tibetischen Buddhismus angeht, mit dem ich mich am besten auskenne, haben sich viele der verschiedenen westlichen Gemeinschaften dieser Form des Buddhismus ganz bewusst von den frühen, ziemlich freizügigen, aber auch sehr offenen, ungemein experimentierfreudigen und kreativen Zeiten der späten 60er und 70er Jahre distanziert, in denen Tarthang Tulku, Chögyam Trungpa,

Kalu Rinpoche und andere tibetische Lamas begannen, in Europa und Amerika zu lehren. Damit hat sich eine Tendenz durchgesetzt, die mir in die Normen unserer westlichen Kultur eingebaut zu sein scheint und die im heutigen tibetischen Buddhismus im Westen zu einer deutlichen Institutionalisierung und Anpassung an westlichen Konventionen geführt hat. Das manifestiert sich in vielen Gemeinschaften als besondere Wertschätzung korrekter Verhaltensweisen, offiziell zulässiger Herangehensweisen an die Tradition, bürokratischer Regeln und Vorschriften, orthodoxer politischer Ansichten und spezieller Umgangsformen sowie eines speziellen Jargons und sogar ganz bestimmter Denkvorschriften, die den Mitgliedern der verschiedenen Gemeinschaften eingeimpft werden.

Auch wenn es an der Oberfläche manchmal ganz anders aussehen mag, scheinen mir viele Ausübende des tibetischen Buddhismus im Westen in einer Art selbstbezüglicher ideologischer Luftblase eingeschlossen zu sein, in der sie die Verhaltensweisen und Werte ihrer tibetischen Lehrer imitieren. Innerhalb dieser Luftblase ist oft nur geringes Interesse daran vorhanden, sich mit dem zu befassen, was außerhalb ihres engeren religiösen Umkreises liegt, wozu nicht nur die größere religiöse und säkulare Landschaft ihrer westlichem Umgebung gehört, sondern auch andere Formen des Buddhismus oder gar des tibetischen Buddhismus selbst. Damit einher geht bei manchen Praktizierenden eine zutiefst geringschätzige Sicht der westlichen Kultur und ihrer religiösen Inspirationen sowie eine geradezu miserable Einschätzung der spirituellen Fähigkeiten des modernen Menschen, einschließlich – traurigerweise – ihrer selbst. Dies führt typischerweise zu einer statischen, ungesunden und lebenslangen Abhängigkeit von „den tibetischen Lamas“ als der Quelle von Weisheit, Kraft und Autorität. Die Folge ist eine Art „Infantilisierung“ der westlichen Praktizierenden, ein Zustand permanenter spiritueller und traurigerweise auch emotionaler Unreife.

Die unvoreingenommene Neugier, die undogmatische Flexibilität, der Forschergeist und die Kreativität, die insbesondere Trungpa Rinpoche und Tarthang Tulku zu fördern suchten, als sie in Amerika zu lehren begannen, sowie ihre Vision einer vollständigen Übertragung des tibetischen Dharma in den Westen und an Menschen des Westens, haben, außer bei einigen wenigen Lehrern und ihren Schülern, leider kaum Platz gegriffen. Im Allgemeinen begegnen wir einer starken Verschmelzung der Praktiken des Vajrayâna mit dem kulturellen Überbau und den Werten der Tibeter, die als „der Dharma" bezeichnet wird. Andere Ansätze, die vielleicht von dieser standardisierten Verschmelzung abweichen, werden dann leicht als „untibetisch", „respektlos gegenüber den Lamas", „egozentrisch" oder als „dem Dharma widersprechend" dargestellt. Ich vermute einmal, dass diejenigen, die sich mit den institutionalisierten westlichen Formen der Vipassanâ-Bewegung und des Chan oder Zen sowie den westlichen Lehrern dieser Traditionen auskennen, von ähnlichen Tendenzen in Hinsicht auf die jeweiligen historischen Hintergründe zu berichten wissen.

Dies alles wirft eine Reihe ziemlich beunruhigender Fragen auf. Was ist aus der Ermahnung des Buddha geworden, der seine Schüler anhielt, sich vor fixen Meinungen zu hüten? Wie steht es mit seiner Anweisung, eine allzu große Institutionalisierung und Bürokratisierung seiner Lehren zu vermeiden? Wo bleibt die Freiheit von sozialen, ethnischen oder kulturellen Identifizierungen und Vorurteilen, die so deutlich zur Lehre Buddhas gehören? Was ist mit der Verheißung, dass jede Person das Potenzial besitzt, einen völlig verwirklichten, also einen gänzlich ausgereiften und individuierten Seinszustand zu verwirklichen? Kurz gesagt: Was ist aus dem Dharma des Buddha geworden?

3
Die Berufung zum Waldleben

In der Vergangenheit haben sich die Anhänger des Buddhismus in den „Wald“ *(sktî, vana, aranya)* – was der klassische Ausdruck für die unbesiedelten Urwälder Indiens war – zurückgezogen, wenn Fragen in Bezug auf die Authentizität institutionalisierter und den Konventionen angepasster buddhistischer Organisationen, Ideologien, Praktiken oder Praktiker auftauchten. Der „Wald“ galt als ein Ort außerhalb der Einflusssphäre der konventionellen Kultur und des institutionalisierten Buddhismus, ein Ort, an dem die Atmosphäre offen und freizügig war. Man betrachtete ihn als wegloses Ödland, einen Aufenthaltsort für all jene „Anderen“, die außerhalb der konventionellen Kultur standen: wilde Tiere, Götter, Dämonen und menschliche Außenseiter der Gesellschaft. Zu Letzteren gehörten Geisteskranke, Kriminelle, Todkranke, Parias und, hier am wichtigsten, Menschen, die sich auf einer spirituellen Suche befanden und die den religiösen Systemen, welche den Konventionen angepasst waren, den Rücken kehrten, um nach dem „Ursprung aller Dinge“ zu suchen.

In der indischen Kultur galt der Wald als der ideale Ort für die spirituelle Praxis, da es im Wald *keine Regeln und keine vorherrschenden Autoritäten* gab. Die einzige Autorität war hier das Chaos des Urwalds selbst. Die einzige Regel war etwas Einzigartiges, das dort der Entdeckung durch den einzelnen Praktizierenden harrte. Erinnerungen an die Vergangenheit oder Pläne für die Zukunft, die psychische Infrastruktur der Zivilisation, galten hier nichts: Für sie gab es im Wald keine Stütze und keinen festen Boden. Im Wald ging es um etwas anderes. Im Wald gibt es nur die stets gegenwärtige Möglichkeit des Eintretens von Ereignissen, Begegnungen und Einsichten, die direkt der Wirklichkeit entspringen, rein und unverwässert von menschlichen Bedürfnissen, Erwartungen und Einstellungen. Einzig im Wald kann die radikalste aller menschlichen Reisen stattfinden, eine Reise, die uns in direkten Kontakt mit unserem ursprünglichen Wesen bringt. Gewöhnlich waren die größten Heiligen der buddhistischen Tradition in Indien beziehungsweise in Asien sozusagen ein Produkt des Waldes. Der ihnen vom institutionalisierten Buddhismus in den Städten und Dörfern auferlegten Begrenzungen überdrüssig und von ihren Vorgängern inspiriert, verschwanden sie für Jahre, Jahrzehnte oder gar ihr ganzes restliches Leben im Wald.

In unserer modernen Welt gibt es immer weniger geografische Wälder, in die sich ein Meditierender zurückziehen könnte. Es ist nicht nur so, dass die von einsamen Praktizierenden bevorzugten Orte von der modernen Zivilisation überrannt worden sind, dass die Wälder an multinationale Unternehmen verschachert wurden, die Bäume rasend schnell gefällt und Straßen durch frühere Rückzugsgebiete gebaut werden und dass Gesellschaft, Politik und Wirtschaft alle Möglichkeiten für ein zurückgezogenes Leben im Wald effektiv zerstören. Es ist auch so, dass das Konzept des „Waldes" im modernen Buddhismus weitgehend ausgeblendet worden ist. Jede Ausdrucksform des Buddhismus muss heute sofort „soziales Engagement" und „ethischen Einfluss" demonstrieren. Wie wir weiter unten sehen werden, sind dies durchaus wichtigen Werte. Aber heutzutage sind sie immer mehr zu einem Lackmustest dafür geworden, ob eine Form des Buddhismus akzeptabel ist oder nicht. Darum verschwindet der echte Wald immer rascher und vielleicht für immer aus unserer Welt.

Doch es gibt eine neue Wildnis, ein neues pfadloses Ödland, ein neues unerforschtes und grenzenloses Territorium – ein neues Territorium des Chaos, das uns erwartet. Es ist ein Gebiet, das, wie ich glaube, bisher noch nicht von menschlichem Ehrgeiz und menschlicher Gier kolonisiert und domestiziert wurde und auch nicht werden kann – ein Bereich, der in seinem wahren Ausmaß einfach nicht von der menschlichen Logik kartografiert werden kann. Es ist der „Wald" des menschlichen Körpers. Der Körper ist heute, davon bin ich überzeugt, unser Wald, unser Dschungel, unsere „fremdländische" Weite, in der wir aufgerufen sind, alles loszulassen, was wir denken, und zuzulassen, dass wir bis auf unser Allerwesentlichstes entblößt werden, sodass wir auf jede erfahrungsmäßig mögliche Weise sterben, um zu sehen, was dann noch übrig bleibt, wenn überhaupt etwas übrig bleibt.

Ich spreche dabei nicht von dem Körper, den wir zu haben *glauben,* dem Körper, der in unserer Vorstellung ein Teil unseres „Ichs" oder unseres Selbstbildes ist. Ich meine vielmehr den Körper, dem wir begegnen, wenn wir bereit sind, in ihn hinabzutauchen, uns seiner Finsternis und seinen Geheimnissen hinzugeben und ihn bewusst zu erkunden. Wie wir sehen werden, vermögen wir in diesen wahren grenzenlosen Körper nicht einmal einzutreten, solange wir nicht bereit sind, unsere Denkprozesse zurückzulassen – an der Oberfläche sozusagen. Das ist ähnlich wie bei einem Tiefseetaucher: Solange er an der Oberfläche des Meeres umhertreibt, weiß er wenig von dem, was darunter liegt. Doch wenn er in die Tiefe hinabtaucht, eröffnet sich ihm die grenzenlose Welt des Ozeans. Der große Siddha[2] Saraha sprach von diesem grenzenlosen und unbekannten Körper, als er sagte: „Es gibt keine Pilgerstätte, die wunderbarer und offener wäre als mein Körper, keinen Ort, der er es mehr wert wäre, erkundet zu werden."

---

[2] Siddha bezeichnet ursprünglich jemanden, der Siddhi, „paranormale Kräfte", erlangt hat. Im Buddhismus bezeichnet der Begriff „Siddha" einen Menschen, der tiefe Erleuchtung verwirklicht hat. Saraha war einer der Mahâsiddhas (großen Siddhas) des indischen tantrischen Buddhismus, der nach Tibet übertragen wurde. (Anm. d. Übers.)

4

Die letzte Herausforderung des Buddhismus

Die Rückkehr in den Wald des Körpers setzt also unsere Bereitschaft voraus, über das Hängen an der Vergangenheit und ihren Traditionen hinauszugehen. Gleichzeitig ist es für mich und in diesem Buch die alte und ehrwürdige buddhistische Tradition selbst, die uns Führung und viele Hilfsmittel zur Verwirklichung dieser Transzendierung anbietet. Es ist interessant zu beobachten, wie uns der Buddhismus – der ja selbst so „traditionell" ist – den Weg über sämtliche menschliche Traditionen hinaus weist und uns in das Chaos des nackten spirituellen Lebens ruft.

In seinem Buch *Was der Buddha lehrt* hat Walpola Rahula bereits aufgezeigt, dass der Buddhismus schon immer der Meinung war, die Spiritualität gehöre nicht einer einzigen Tradition. Tatsächlich lässt sich die Spiritualität, insbesondere im Mahâyâna-Buddhismus, in keiner Hinsicht vom menschlichen Leben trennen. Die spirituelle Reise und die menschliche Existenz sind in einem sehr realen Sinn ein und dasselbe. In dieser Hinsicht hat der Buddhismus und besonders der Vajrayâna-Buddhismus – im Kontrast zu vielen der „Hochreligionen" – vielleicht die uralte Spiritualität unserer frühen Vorfahren sowie der heutigen als Jäger und Sammler lebenden Stämme bewahrt, für die ein Mensch sein bedeutet, ein spirituelles Wesen zu sein. Bei ihnen gab und gibt es keine Trennung von Spiritualität und dem Leben selbst.

Nach den Lehren von der Buddha-Natur trägt ein jeder von uns in seiner tiefsten Wurzel und in seinem Kern eine tiefgründige und unwiderstehliche Sehnsucht. Es ist dies nichts anderes als die Sehnsucht danach, voll und ganz zu dem zu werden, was wir sind, uns selbst und unser Leben vollständig und frei zu erfahren, ohne Zweifel, Zaudern und Zurückhaltung. Diese letzte Verwirklichung unserer selbst wird als etwas umfassend Liebevolles und sehr Machtvolles beschrieben: Wir entdecken, dass wir bereits alles sind, was wir sein müssen, und aus diesem Grund sind wir total verfügbar für die Welt und alle leidenden Wesen und entdecken vollkommenes Zutrauen zum Leben und Vertrauen darauf.

Weil Spiritualität das ist, was wir *sind,* brauchen wir sie nicht außerhalb unserer selbst zu suchen. Sie ist also nicht etwas, das wir gewinnen oder erlangen könnten. Sie ist vielmehr die Tiefe und subtile Essenz unserer eigenen Person und Erfahrung, die wir allmählich aufdecken. Um das uns angeborene Potenzial verstehen zu können, brauchen wir im Allgemeinen eine religiöse Tradition, die es uns aufzeigt und die uns zeigt, wie wir es verwirklichen können. Doch wenn solche Traditionen behaupten, Besitzer und Eigentümer dessen zu sein, was wir suchen, dann betrügen sie uns und werden hinderlich. Das hat uns der Buddhismus bereits seit seinen Anfängen und bis heute gelehrt.

Der Buddhismus ist in seiner subtilsten und am höchsten entwickelten Ausdrucksform keine Tradition, die uns Antworten auf die Fragen des Lebens geben will oder die zur Linderung unserer Lebensangst „Weisheit“ austeilen möchte. Er fordert uns vielmehr heraus, über den Horizont sämtlicher Antworten, die wir auf dem Weg jemals gefunden haben, hinauszusehen und uns selbst auf nackte, direkte und furchtlose Weise zu begegnen. Wie Stephen Batchelor gezeigt hat, gibt der Buddhismus uns keine Antworten, sondern konfrontiert uns mit einem Prozess radikaler Infragestellung. Tatsächlich verlangt er von uns, *alles* zu hinterfragen, was wir über uns selbst und über unsere Wirklichkeit denken – unsere grundlegendsten Überzeugungen, Annahmen und Vorurteile, ja sogar die Art und Weise, auf die wir gewohnt sind, die Welt zu sehen, zu hören und zu empfinden. Wir müssen bereit sein, alles loszulassen, was wir geglaubt haben – jede Antwort, zu der wir bis zu diesem Augenblick gekommen sind –, um die letzte Wahrheit dessen, was wir sind, zu finden.

Dieser Prozess des Infragestellens mag zuerst begrifflicher Natur sein: Es mag so sein, dass wir tatsächlich etwas sehen, was wir so für wahr halten, und uns dann fragen: „Aber ist dem wirklich so?" Doch das Ganze verschiebt sich dann bald in den stillen Raum der meditativen Praxis. Während wir meditieren, tauchen Gedanken, Gefühle und Wahrnehmungen auf, und gewöhnlich reagieren wir darauf, indem wir sie auf der Grundlage dessen, was wir früher gedacht oder angenommen haben, benennen, beurteilen und einordnen. Jetzt aber sehen wir das, was auftaucht, direkt an, so, wie es im hellen Licht seines eigenen Seins weilt, um zu sehen, was es wirklich ist, jenseits all unserer Vorurteile. Bei diesem Vorgehen lernen wir eine Menge darüber, wie wir selbst unsere grundlegendsten Erfahrungen eingrenzen. Wenn uns klar wird, wie sehr wir uns einengen, können wir leichter loslassen und uns einer umfassenderen Erfahrung von Offenheit und Dasein hingeben. Damit beginnt sich unsere Reise zu entfalten.

Während die religiösen Traditionen in Hinsicht auf unsere Erfahrung eher dazu tendieren, Dinge auszuschließen, ist der Prozess des radikalen Infragestellens ein universeller und alles einschließender Prozess. Was dies angeht, lädt der Buddhismus uns ein, unsere gesamte menschliche Erfahrung ernst zu nehmen und alles in unserem Leben „zum Pfad zu machen". Er behauptet, dass alles, was uns widerfährt, ein Teil unserer Reise zur Verwirklichung ist. Letztlich gibt es für den

Buddhismus nichts, was uns in die Irre führt, keine wirkliche Regression ist möglich und wir machen auch keine wirklichen Fehler. Alles gehört zum Lernprozess, öffnet uns und bringt uns voran, selbst wenn das Gegenteil der Fall zu sein scheint. Das führt zu einem fundamentalen und grenzenlosen Optimismus in Hinsicht auf das menschliche Leben und den Zweck des Lebens sowie zu einem grundlegenden Vertrauen auf das Leben, auch unter den schwierigsten Umständen. Es mag unrealistisch erscheinen zu erwarten, dass es in irgendeiner religiösen Tradition einen solch überbordenden Optimismus und eine solche Freude am menschlichen Leben gibt, doch der Buddhismus will hier eine Ausnahme machen.

Der Buddhismus geht auch davon aus, dass die spirituelle Reise bei jedem Menschen einzigartig ist. Und darum lässt sie sich natürlich auch nicht fest eingrenzen, begrenzen und letztlich auch nicht von einer Institution, Tradition oder äußeren Autorität beurteilen. Die einzigartige Reise, die vor jedem von uns liegt, findet sich in keinem Text, in keiner äußeren Person und keiner Religion. Sie existiert in der Tat überhaupt noch nicht, sondern liegt noch vor uns und wird erst im Vorangehen entdeckt. Darum lässt sich der Verlauf der spirituellen Reise in keiner Weise vorhersehen oder vorbestimmen; sie wird nicht vom Menschen fabriziert oder konstruiert. Die Reise zu uns selbst ist im wahrsten Sinn des Wortes eine Reise ins Unbekannte, ein Auslaufen auf einen Ozean, der noch nie zuvor durchsegelt und ausgelotet wurde und für den es keine Seekarten gibt.

Die Rolle der Überlieferung besteht also – zumindest im Buddhismus – nicht darin, die Suche, die Erfahrung, die Reise einzugrenzen, sondern uns für diese zu öffnen. Die Tradition ist hier eine Inspiration, Herausforderung und Provokation. Sie liefert uns einige hilfreiche Praktiken, aber keine Antworten. Sie stellt uns ein Segelschiff zur Verfügung, überlässt es jedoch uns selbst, ob wir Segel setzen und in eine wirklich neue Welt aufbrechen, um eben das zu finden, was wir finden werden. Ja, eine solche Aussicht mag einschüchternd sein. Ja, es geht um die letzte menschliche Herausforderung, das Schwierigste, was ein Mensch jemals unternehmen kann. Und doch handelt es sich, wie schon gesagt, um etwas, das uns von Anfang an bereits innewohnt, in unseren Genen und in Fleisch und Blut. Wie wir sehen werden, ist diese Reise in den Körper selbst eingeschrieben, auf seinen tiefsten Ebenen und in seinen subtilsten Schichten. Wenn wir in den Körper hineinreisen, begeben wir uns auf eine Reise zu unserem tiefsten Selbst. Wenn wir das tun, zeigt sich nicht nur, dass wir immer weiter zu der Verwirklichung dessen, was wir sind, hingezogen werden, es zeigt sich auch, dass wir bereits tief in die Reise verwickelt sind.

Erster Teil

Unsere somatische Entfremdung vom Körper

5

Der moderne Buddhismus und die globale Krise

Der tibetische Buddhismus kommt in Zeiten einer intensiven globalen Krise im Westen an. Diese Krise ist einerseits persönlicher Natur. Viele von uns fühlen ein intensives inneres Unbehagen und haben sich ihrem Leben entfremdet. Wir haben jedes Gefühl dafür verloren, wie ein wirklich erfülltes Leben aussehen könnte, und suchen hier und dort nach kurzfristigen Lösungen und Befriedigungen. Der Kaufrausch tritt an die Stelle einer Kultivierung der Seele. Das Zuschauen bei Sportereignissen ist Ersatz für die Herausforderung und den Reiz eines auf Messers Schneide gelebten Lebens. In den Ferien suchen wir nach der Erfahrung von etwas Neuem und Überraschendem, die wir in unserem gewöhnlichen Alltag verloren haben. In unserer Freizeit versuchen wir dem monotonen und uninspirierenden Trott unserer Arbeit zu entfliehen, der uns in mancher Hinsicht so falsch zu sein scheint, so schädlich für unsere menschliche Person.

Wir fühlen uns den anderen Menschen zunehmend entfremdet, oft sogar innerhalb unserer eigenen Familie. Wir sind ständig in Bewegung, schlagen nirgends Wurzeln oder finden festen Boden unter den Füßen. Die Ikone unserer Zeit ist das Düsenflugzeug: Wir fliegen darin mit enormer Geschwindigkeit umher, um doch in einem ganz realen Sinn nirgendwo hinzugelangen – hoch, hoch über der Erde, in erzwungener Intimität auf unmenschliche Weise zusammengepfercht mit Fremden, die sich ebenso unbehaglich fühlen wie wir, vor dem Hintergrund der lauernden Gefahr eines plötzlichen Todes. Wir sehen fern und beschäftigen uns unablässig mit im Grunde sinnlosen Aktivitäten, um uns zu betäuben und um der Sinnlosigkeit unseres Lebens auszuweichen und sie zu vergessen. Doch letztlich funktioniert das natürlich nicht, und so fühlen wir uns noch unbefriedigter und noch hoffnungsloser. Wir suchen, suchen, suchen und kommen doch niemals irgendwo an. Und da wir alle fest und hartnäckig an der großen „Lüge" der modernen Kultur festhalten – nämlich dass es möglich sei, durch Unterhaltung, Zerstreuung oder Materialismus wahre Erfüllung zu finden –, können wir auch mit niemandem über das sprechen, was da tatsächlich abläuft.

Auf einer anderen und noch viel beunruhigenderen Ebene hat die heutige Krise den ganzen Erdball erfasst. Wir sehen die Welt an und finden überall Niedergang und Katastrophen. Auf der ganzen Welt werden die traditionellen Kulturen von unserer modernen Geschäftswelt und Konsumgesellschaft überwältig und hinweggefegt. Soziales Chaos, heute in diesem, morgen in jenem Land, gehört zum Alltag. Naturkatastrophen, die ein noch vor einer Generation ungekanntes Ausmaß angenommen haben, sind an der Tagesordnung. Jedes Jahr tauchen neue und potenziell verheerende Krankheiten auf. Gegen irgendein anderes Land Krieg zu führen, ist zu unserem „Way of Life" geworden, zumindest in den heutigen Vereinigten Staaten. Die Erde scheint von der Last der giftigen Präsenz der menschlichen Rasse erdrückt zu werden.

Ich sehe die globale Krise in den Erscheinungsformen, die sie im Westen ebenso wie im Rest der Welt angenommen hat, als eine Krise der Entfremdung vom Körper, der Körperfremdheit. Meiner Ansicht nach ist die Wurzelursache der drohenden globalen Katastrophe die

Tatsache, dass wir total den Kontakt zu unserem Körper und zu unserer physischen Existenz verloren haben. Aus Gründen, die wir im Folgenden erkunden werden, sind wir zu der Überzeugung gelangt, dass unser Leben und unsere Erfüllung irgendwo anders zu suchen seien als dort, wo wir uns gerade befinden – in irgendeinem anderen Körper, in einer anderen emotionalen Befindlichkeit, einer anderen Altersgruppe, einer anderen Persönlichkeit, einer anderen Familie, in anderen Freunden, einem anderen Job, einer anderen Stadt, einer anderen Straße, in einem anderen Haus, einer andere Welt, einem anderen Leben. Wenn voll verkörpert zu sein bedeutet, bei dem, was wir sind, ganz und gar präsent und damit eins zu sein, dann sind die heutigen Menschen die am stärksten körperfremden Menschen, die je gelebt haben, denn es gibt wahrlich nichts, für das wir völlig präsent und mit dem wir eins wären. Wir sind stets getrennt und trennen uns ab; wir versuchen das, was wir suchen, immer anderswo zu finden.

Wir entfremden uns dem Körper, und das steht in engem Zusammenhang mit der Tatsache, dass wir als moderne Menschen in einer Kultur leben, die durch Ausbeutung überlebt. Ob wir es wollen oder nicht – wir sind Ausbeuter. Ist es so, dass wir unser Gefühl für die Verbindung mit „anderen" verlieren und es deshalb für gerechtfertigt halten, sie zum Objekt unserer Ausbeutung zu machen? Oder ist es so, dass wir in ein Verhaltensmuster der Ausbeutung verfallen und deshalb unser Gefühl für Verbundenheit verlieren? So oder so befinden wir uns in einem Verhaltensmuster, in dem wir jede Person, jedes Ding, jede Situation und jedes Geschehnis in unserem Leben und sogar die Erde selbst als ein Objekt ansehen, welches unseren Interessen, Strebungen oder unserer Erfüllung entweder dienlich oder abträglich ist. Nichts besitzt einen Wert an sich, sondern nur insofern, als es uns „nützlich" ist. Statt ein Subjekt mit eigener Integrität zu sein, fällt es in die Kategorie von Objekten, die man manipulieren, gebrauchen und missbrauchen kann, die man ausbeuten darf, um unser fehlgeleitetes

Verlangen nach Bequemlichkeit, Sicherheit, Selbstbestätigung und Erfüllung zu befriedigen.

Körperfremd zu sein bedeutet, die Verbindung verloren zu haben. Der objektivierende Geist kennt die Dinge nur als leblose Begriffe, als mentale Realitäten ohne Leben, ohne Wert und ohne eigene Integrität. Wenn wir ein Ding objektivieren und es zu einem Objekt, machen, das wir gebrauchen können, dann verlieren wir den Kontakt zu seiner Realität als Subjekt. Diese Tendenz erklärt einige der entsetzlichsten Errungenschaften der abendländischen Kultur: den gnadenlosen Genozid an eingeborenen Völkern und Kulturen während der vergangenen Jahrhunderte; den kolonialen Würgegriff, in dem wir viele der großen Zivilisationen gehalten und mit dem wir ihre Völker entwürdigt haben; die geschichtlich jüngeren Schrecken des Faschismus und der modernen Kriegsführung; und die hirnrissige Ausbeutung und Zerstörung des Planeten, die uns in der Geschäftswelt so viele immer noch als „Fortschritt" verkaufen wollen. Dies alles sind Symptome einer schrecklichen Krankheit, der Krankheit des Verlustes des Kontakts mit unserem Körper. Viele moderne Menschen leben bis zu ihrem Tod ganz und gar in ihrem Kopf; sie halten das, was sie denken, für die Realität und glauben, das Leben müsse nun einmal in diesem Gefühl der totalen Verbindungslosigkeit gelebt werden.

Der Körper stellt uns eine ganz andere Weise, die Welt zu erkennen und in ihr zu leben, zur Verfügung. Verkörpert, also im Körper zu sein, heißt, mit allen Dingen in Verbindung zu sein. Wenn wir uns unseren Körper aneignen und die Welt hauptsächlich durch ihn spüren, fühlen und erkennen, wenn unser Denken nicht mehr als ein Hilfsmittel dieses somatischen Daseins ist, dann zeigt sich, dass wir als Menschenwesen uns in einem Zustand der intimen Beziehung und Verbundenheit mit allem, was existiert, befinden. Im Körper zu sein bedeutet, unsere Sinneswahrnehmung als eine Öffnung hin zu einer heiligen Welt zu erfahren. Im Körper zu sein heißt, unsere Verbundenheit mit anderen

Menschen, die ebenfalls Subjekte sind, zu empfinden. Es bedeutet, die natürliche Welt zu erfahren, die Erde und den Ozean, die Flüsse und Berge als Verwandte, mit denen wir zutiefst verbunden sind, zu erfahren. Es bedeutet, andere Formen des Lebens als etwas zu würdigen, das lebt und atmet, als wissende Subjekte. Das Wissen des Körpers ist sehr viel subtiler, doch zugleich sehr viel überzeugender und befriedigender als ein bloß begriffliches Wissen. Die Anthropologie, die Paläontologie und andere Disziplinen, die sich mit unserer Vergangenheit beschäftigen, sagen uns, dass diese Art des ursprünglichen Wissens im Körper und durch den Körper die uralte Weise der Wahrnehmung ist, die über Millionen von Jahre der Entwicklung auf diesem Planeten für den Menschen charakteristisch war.

Wir können einen wichtige Unterschied machen zwischen dem „Gefühl" eines Lebens, das ausschließlich im Kopf gelebt wird und in dem wir die Welt für eine begriffliche Realität halten, und einem Leben, das wir durch den Körper als unser Hauptinstrument des Erkennens leben. Uns der Welt dadurch anzunähern, dass wir sie objektivieren und hauptsächlich in unserem Kopf wohnen, bedeutet, eine Haltung der Beherrschung und Kontrolle einzunehmen. Wir domestizieren die Welt, indem wir sie durch Vorstellungen filtern, und das erlaubt es uns, sie uns anzueignen und sie zu besitzen, sie unserem Willen und unseren Bedürfnissen zu unterwerfen.

Wenn wir dagegen ganz und gar in unserem Körper wohnen, entdecken wir, dass wir in die Welt eingebettet sind. Wir stehen keineswegs über der Welt, in einer Position der Herrschaft und Kontrolle, sondern wir sind in sie eingebettet und stehen in wechselseitiger Beziehung mit anderen Menschen, den Tieren und der natürlichen Welt selbst. Unsere Erfahrung des Eingebettetseins ist stärker wahrnehmungsorientiert und gefühlsmäßig vielfältiger. Wir realisieren, dass wir neben einer Vielzahl anderer Subjekte – von denen einige Menschen sind wie wir selbst, während andere Tiere oder Bäume, Berge, Flüsse oder Sterne sind – existieren. Auf diese Weise „mit“ der Welt zu sein, heißt, für das, was ist, für die Schöpfung, sehr viel präsenter zu sein und sie mehr zu respektieren als das in der typischen modernen Weise des Daseins „über“ oder „auf“ der Erde typisch ist.

Der Buddhismus kommt mit der Verheißung in den Westen, sich des Problems der heutigen Körperfremdheit und der globalen Krise anzunehmen. In den Texten und traditionellen Praktiken, insbesondere des tibetischen Buddhismus, findet sich ein klarer und realistischer Weg zurück zur Verkörperung. Die Tradition zeigt uns, wie wir uns durch die entmenschlichende und objektivierende Tendenz des menschlichen Denkens, die heute so gang und gäbe ist, hindurchbrennen können und wie wir ein Leben wiederfinden können, das tatsächlich für ein Erkennen der Realität offen ist, für eine Wahrnehmung, die im Körper und durch den Körper entsteht und die uns andere als Subjekte erkennen lässt, die mit uns zusammen diese Welt bewohnen – als „alle unsere Verwandten“, wie die Lakota-Sioux sagen.

Einerseits besitzt der Buddhismus ein großes Potenzial, etwas gegen unsere heutige Körperfremdheit zu tun; aber wie wir sehen werden, ist es andererseits auch so, dass er sich diesen wichtigsten Aspekt der Tradition nicht vollständig zunutze gemacht hat. Warum hat er sein Potenzial, uns zu voller Verkörperung zurückzubringen und damit unsere persönliche und globale Krise anzusprechen und sie zu heilen, nicht ausgeschöpft? Um es nochmals zu wiederholen: Der moderne Buddhismus war, meiner Meinung nach, nicht so sehr nur um sein Überleben in der heutigen Welt besorgt, sondern auch um seinen sozialen und ökonomischen Erfolg. Darum hat er sich, ohne es zu wollen, allzu sehr den Werten der westlichen Konsumgesellschaft angepasst. Er läuft Gefahr, zu einer weiteren modernen, institutionalisierten Religion zu werden. Es ist für den Buddhismus zwar gewiss nichts Neues, in den ökonomischen und kulturellen Kontext seiner Umgebung eingebunden zu sein, doch in der heutigen Situation im Westen könnte diese

Verwicklung für die buddhistische Spiritualität sehr viel verderblicher sein als in der Vergangenheit. Versucht man nämlich auf dem modernen Markt Erfolg zu haben, wie der Buddhismus es versucht, so besteht die beinahe unwiderstehliche Versuchung, zu einem der Unterdrücker, einem der Ausbeuter, einem der total Körperfremden zu werden.

6
Der Verlust des Körpers

Diejenigen von uns, die in der modernen Welt leben, existieren also im Allgemeinen in einem Zustand extremer Körperfremdheit. Die meisten von uns sind sich ihr Leben lang kaum ihres Körpers bewusst. Manchmal scheinen wir gar zu fühlen und zu handeln, als wären wir unseres Körpers ganz und gar verlustig gegangen. Es ist nicht so, dass wir nicht *denken,* einen Körper zu haben. Tatsächlich verbringen viele Menschen einen großen Teil ihrer Zeit damit, über ihren Körper *nachzudenken* – wobei sie sich selbst Komplimente machen, sich um ihren Körper Sorgen machen, ihn schlecht machen oder gar auf selbstzerstörerische Weise damit umgehen. Doch selbst dann, wenn wir uns vermeintlich um unseren Körper kümmern, sind wir doch gewöhnlich nur in unserem Kopf. Wir sind nicht mit unserem wirklichen Körper in Kontakt. Wir haben *Gedanken über* unseren Körper, aber sehr wenig *Erfahrung von* unserem Körper selbst. So sind wir modernen Menschen denn in Bezug auf unseren Körper ausgesprochen narzisstisch: Wir sind dermaßen in unsere Vorstellungen vom Körper verliebt, in unsere Gedanken und Entwürfe von ihm, dass wir unabhängig von dem, was wir denken, wenig direktes Gewahrsein des Körpers und wenig Beziehung zu ihm als einer tatsächlichen Realität in unserem Leben haben.

Nichts sagt mehr über unsere heutige Körperfremdheit als die Art und Weise, auf die wir unseren Körper im Rahmen des modernen Lebensstils gebrauchen und missbrauchen. Wenn wir meinen, sozial und sexuell attraktiv sein zu müssen, machen wir Diäten, gehen ins Fitnessstudio, schminken uns, kleiden uns modisch und versuchen damit ständig, körperlich so anziehend wie nur möglich auszusehen. Menschen, die im Sport erfolgreich sein wollen, neigen dazu, ihren Körper zu überfordern und ihn über alle natürlichen Grenzen hinaus anzutreiben, und oft benutzen sie Medikamente, um ihre Leistung künstlich zu steigern oder um die Wahrnehmung von Verletzungen oder körperlichem Schmerz zu unterdrücken. Wenn wir unseren Ehrgeiz in die Arbeit legen, kann es sein, dass wir jahrzehntelang sechzehn oder gar achtzehn Stunden täglich schuften, unseren Körper gnadenlos ausbeuten, uns mit Aufputschmitteln vorantreiben oder Antidepressiva einnehmen, um nur ja nicht nachzulassen. Wenn es für uns wichtig ist, gesellschaftlich und auf Partys zu glänzen, greifen wir vielleicht zu sogenannten Partydrogen, was so weit gehen kann, dass wir damit unsere Gehirnfunktionen dauerhaft schädigen. Geht es uns darum, echten menschlichen Kontakt und Hingabe an andere Menschen zu vermeiden, dann suchen wir vielleicht zwanghaft nach ständig wechselnden Sexualkontakten, um uns von unserer Einsamkeit abzulenken, oder wir hängen vor dem Fernseher herum. In all diesen Fällen ist der Körper sowohl das Vehikel als auch das Opfer unserer Aktivitäten.

Fürchten wir körperliche Schmerzen oder finden jeglichen Schmerz unerträglich, dann nehmen wir vielleicht regelmäßig Schmerztabletten. Und sind wir nicht bereit, emotionalen Schmerz auszuhalten, der stets auch somatisch lokalisiert ist, dann rauchen wir vielleicht, trinken Alkohol, nehmen Marihuana oder andere Drogen, oder wir gehen zum Psychiater. Haben wir scheinbar nicht zu lösende psychische Probleme, machen wir Psychopharmaka zu einem Teil unseres Alltagslebens, manchmal viele Jahre oder gar unser ganzes Leben lang. Um mit emotionalem Leiden umzugehen, schlagen wir vielleicht den Weg der Magersucht ein und hungern uns zu Tode, oder wir wählen den Weg der Fresssucht und verunstalten damit unseren Körper, sodass er schließlich nicht mehr richtig funktioniert. In all diesen Fällen greifen wir auf aggressive Weise in die Körperprozesse ein und wirken seinen Versuchen, wieder ins Gleichgewicht zu kommen und sich selbst zu heilen, entgegen. Und in all diesen Fällen ist der Körper zu einem Objekt geworden, zu einem Sklaven unserer Wünsche.

Gehen wir auf solche Weise mit unserem Körper um, so mag das kurzfristig zu Ergebnissen führen, die uns befriedigen – manchmal nur für sehr kurze Zeit –, aber langfristig bescheren sie uns kaum die Freiheit von Leiden, die wir uns erhoffen. Da all diese Verhaltensweisen den Körper auf die eine oder andere Weise ausbeuten und missbrauchen, führen sie schließlich zu zunehmendem körperlichem Unwohlsein, Verletzung, Krankheit oder chronischer Invalidität oder zu tiefem und nicht aufzulösendem emotionalem Leiden, zu Verwirrung, Schmerzen und Angst. Und seltsamerweise ist es oft so, dass wir, je größer der Missbrauch unseres Körpers bereits ist und je intensiver das daraus resultierende Leiden geworden ist, umso hartnäckiger gegen unseren eigenen Körper vorgehen und ihn umso mehr missbrauchen.

Unsere heutige Körperfremdheit ist so tief, dass viele von uns nicht mehr das geringste Zutrauen zum Körper besitzen und sich damit begnügen, ihn so weitgehend wie nur irgend möglich zu ignorieren. Und natürlich überrascht es nicht, dass wir bei all dem nur selten ein Gefühl dafür haben, dass unser Körper uns an sich und aus sich heraus etwas zu bieten hat, ja dass der Körper in gewisser Hinsicht vielleicht intelligenter ist als unser bewusstes Ich und seine eigenen Intentionen besitzt, die uns – würden wir sie nur verstehen – überaus nützlich sein könnten.

7
Unsere emotionale Abgetrenntheit

Eine Facette unserer Körperfremdheit, die wir im vorangegangenen Kapitel bereits erwähnt haben, verdient es, noch genauer angesprochen zu werden, weil sie für viele Menschen unserer Zeit so besonders problematisch ist: Es ist unsere zunehmende Unfähigkeit, unser eigenes Gefühlsleben mit einer gewissen Offenheit und mit einem Vertrauen auf unsere Gefühle und Zutrauen zu ihnen zu erfahren. Gefühle sind, an ihrer Wurzel, eine somatische Erfahrung: Sie steigen aus der Dunkelheit des Körpers auf, werden intensiv im Körper erfahren und rufen uns – manchmal mit großer Hartnäckigkeit und grausiger Intensität – in den Körper zurück. Voll verkörpert zu sein, verlangt eine bedingungslose Präsenz für unsere Gefühle. Wir dürfen uns nicht abtrennen und distanzieren, indem wir uns in unseren Kopf zurückziehen, in Urteile, Schuldzuweisungen und Selbstvorwürfe. Wenn es tastsächlich so ist, wie oben angesprochen – dass wir ständig versuchen uns vom Körper und seinem Leben zu distanzieren, wenn wir also immer stärkere Körperfremdheit suchen –, dann stellen unsere Gefühle, die eine primäre Ausdrucksform des Körpers sind, allerdings eine schreckliche Bedrohung für uns dar.

Wir leben in einer Welt, die immer strukturierter wird, in der der Alltag für sehr viele Menschen von früh bis spät durchgeplant ist und in der Arbeit, Familienleben, verabredete Telefongespräche (die wir oft auf soundso viele Minuten pro Anruf begrenzen), Unterhaltung und oft sogar die Zeiten intimeren Zusammenseins mit Familienmitgliedern oder Partnern ihren Platz in einem Terminplan finden müssen, wenn es überhaupt dazu kommen soll. Im Arbeitsleben zum Beispiel sind unsere Tage oft bereits lange im Voraus verplant und mit spezifischen Anforderungen ausgefüllt. Die Fahrt zur Arbeit ist eine Gelegenheit für wichtige Telefongespräche oder gar zum Abrufen von Emails. Besonders Menschen im Geschäftsleben haben nicht selten ihr Handy auf dem Nachttisch liegen, und Telefongespräche um 4 Uhr früh mit Kollegen über die Aktivitäten des kommenden Tages sind keine Seltenheit.

Die Planung, mit der wir unser Leben managen, ist eine Funktion des denkenden und „geschäftsführenden" Geistes. Unsere Planung ist oft so lückenlos, dass buchstäblich kein Platz mehr für etwas Unerwartetes oder Unvorhergesehenes bleibt. Ob ein Tag erfolgreich war oder nicht, beurteilen wir oft danach, ob wir alle Punkte unseres Terminplans abgehakt haben. Tatsächlich gelten diejenigen unter uns, denen es am besten gelingt, ihren Tag zu absolvieren, ohne sich von etwas Unerwartetem ablenken zu lassen, als die verlässlichsten, effektivsten und „erfolgreichsten" Zeitgenossen.

Gefühle folgen jedoch keinem vorbestimmten Stundenplan. Sie sind nicht vorhersehbar und spielen sich außerhalb der Reichweite unserer Kontrollmechanismen ab. Für viele Menschen sind Gefühle aus eben diesem Grunde etwas Quälendes und Erschreckendes – sie steigen in uns auf und haben manchmal eine sehr starke Wirkung auf uns, doch sie scheinen ihr Eigenleben zu führen. Der Psychotherapeut, Lehrer und Autor John Welwood sagt darüber: „[Gefühle] vermitteln uns immer wieder die Erfahrung, von Kräften überwältigt zu werden, die wir anscheinend nicht zu kontrollieren vermögen. Gewöhnlich betrachten wir sie als Bedrohung und stellen uns vor, dass unser Zorn oder unsere Depression uns völlig überrennen werden, wenn wir zulassen, sie wirklich zu erfahren. Wir befürchten, dann nicht mehr angemessen zu funktionieren oder auszurasten."[3]

Warum fühlen sich so viele Menschen im Westen angesichts starker Gefühle so unwohl? Liegt es daran, dass unsere hoch strukturierte und stark rationalisierte Lebensweise geradezu von uns verlangt, dass wir die unvorhersehbare und potenziell „störende" und destabilisierende Energie der Gefühle ignorieren? Oder hat sich unsere von Routine geprägte Lebensweise selbst als Angstreaktion auf unsere Gefühle, die ihnen innewohnende Macht und ihre überwältigende Natur entwickelt? Ist diese Lebensweise eine Art unbewusster Notwehr gegen die unvorhersehbare Wirklichkeit?

Für beide dieser Sichtweisen lassen sich Argumente finden. Angesichts unseres modernen Lebensstils ist es offensichtlich, dass die unvorhersehbare und überwältigende Macht der Gefühle eine potenzielle Bedrohung für die notwendigen Routinen unserer Lebensweise darstellt. Andererseits sind viele Trends in der abendländischen Kultur Ausdruck eines grundlegenden Misstrauens gegenüber den Gefühlen, das sehr weit zurückreicht. Noch einmal Welwood: „Seit Platon gelten die ‚Leidenschaften' als Ausdruck unserer ‚niederen Natur'."[4] Und im gängigen Christentum wurden die Gefühle und der Körper, aus dem sie aufsteigen, gern als „Reich des Teufels" angesehen, als etwas, das eine unkontrollierbare und erschreckende Bedrohung der strengen moralischen Gebote des religiösen Lebens darstellt.

Warum auch immer, viele der vorherrschenden Realitäten und Trends des modernen Lebens lassen sich als Versuche verstehen, sich über unsere Gefühle hinwegzusetzen und sie nach Möglichkeit aus der menschlichen Erfahrung zu verbannen. Man kann die frenetische Geschwindigkeit und Geschäftigkeit der modernen Kultur – in

---

[3] John Welwood, *Toward a Psychology of Awakening*, Boston (Shambhala) 2002, S. 182.
[4] Ebenda.

ihrer Abhängigkeit von Arbeitsgewohnheiten, die praktisch keinerlei unstrukturierte Zeit mehr zulassen, sowie von einer Unterhaltung durch Ablenkungen wie Fernsehen, Videos, Sportereignisse, Kaufrausch und so weiter – als Versuche verstehen, sich Gefühle vom Leibe zu halten oder sie sogar ganz zu negieren. Dazu passt auch, dass heute eine ganze Palette von Psychopharmaka verwendet wird, Medikamente, die dazu dienen, die emotionalen Zustände, die die Menschen durchmachen, einzugrenzen und zu kontrollieren. Das Ganze ist Teil eines medizinischen Umfelds, in dem jedes starke Gefühl gleich als pathologisch angesehen wird, als etwas, das der „Behandlung" bedarf.

Auf jeden Fall ist offensichtlich, dass viele Menschen unserer Tage, aus welchen Gründen auch immer, ungezügelte Gefühle mit einer Mischung von Misstrauen, Ängstlichkeit, Furcht und sogar Abscheu betrachten. Da Gefühle im Körper und durch den Körper erfahren werden, entfernt uns unsere negative Einstellung zu den Gefühlen auch immer weiter von unserem Körper. Und indem wir unseren Körper immer weiter hinter uns lassen, haben wir auch immer weniger Zutrauen zu unserem Gefühlsleben, das immer bestrebt ist, uns wieder in die Verkörperung zu involvieren. Das ist also ein Teufelskreis, in dem die Furcht vor den Gefühlen und die physische Körperfremdheit einander verstärken und sich gegenseitig aufschaukeln.

In den folgenden Kapiteln werden wir betrachten, auf welche Weise die Wiedererlangung unserer menschlichen Verkörperung es uns ermöglicht, wieder in Kontakt mit unseren Gefühle zu kommen und zur Wärme, dem Reichtum und der Subtilität eines Gefühlslebens zurückzukehren, das viele von uns bereits verloren glaubten.

8

Die historischen Wurzeln unserer heutigen Körperfremdheit

Unsere heutige Körperfremdheit, die sich in so weiten Teilen unseres Lebens und unserer Gesellschaft widerspiegelt, wirft einen wichtige Frage auf: Was könnte die letzte Ursache unserer Entfremdung vom Körper sein? Nicht selten führen die Menschen heutzutage unsere Abtrennung vom Körper vor allem auf unser christliches Erbe und dessen negative Einstellung zum Körper, den Gefühlen und der Sexualität zurück. Ich glaube jedoch – und das wird von vielen Anthropologen, Religionswissenschaftlern, Paläontologen, Experten der menschlichen Ökologie, Ethnobiologen und Historikern bestätigt –, dass die Wurzeln unserer Körperfremdheit viel weiter zurückreichen und viel allgemeiner sind, und dass die christliche Geringschätzung des Körpers eher ein Symptom als die Wurzel unserer Entfremdung vom Körper ist.

Das Auftreten des Ackerbaus vor etwa zehn Jahrtausenden stellte eine kaum vorstellbare Umwälzung der Lebensweise und der Welterfahrung unserer Spezies dar. Vorher, das heißt seit jener Zeit, in der unsere Vorfahren vor etwa fünf Millionen Jahren als Primaten von den Bäumen herabstiegen und aufrecht zu gehen begannen, war die

Lebensweise unserer Urahnen vom Sammeln und Jagen bestimmt. Das Auftreten des Ackerbaus und seine allmähliche Zunahme, bis er zur vorherrschenden Lebensweise wurde, markierte eine langsame, aber stetig fortschreitende Erosion der Lebensweise der Jäger und Sammler. Das hatte einen enormen Einfluss auf die Körperfremdheit unserer Spezies – wie groß er war, das zeigt sich in letzter Konsequenz erst heute.

Neuere anthropologische Studien haben gezeigt, dass die Erfahrungswelt der Jäger und Sammler von den stärker körperlich geprägten kognitiven Funktionen – zu denen das Fühlen und die Sinneswahrnehmungen gehören – dominiert wird und dass sie eine starke Beziehung zur natürlichen Umwelt und eine Interaktion mit dieser aufweist. Die Jäger und Sammler streifen in einem jährlichen Zyklus durch die Landschaft und lesen dabei mit ihren Gefühlen, Sinnen und ihrer Intuition die sich ständig ändernden Muster der Tiere, der Vegetation sowie der „unbelebten" Landschaften, Gewässer und des Wetters. Durch ihre Mythen und Rituale stellen sie die Verbindung und Vereinigung mit der konkreten physischen Welt, die den Sinnen, den Gefühlen und der Intuition gegeben ist, her oder sie identifizieren sich gar mit dieser – mit einer Welt, die als durchdrungen von Energien, Intelligenz und Präsenz erfahren wird. Das begriffliche Denken spielt bereits eine Rolle, aber es ist noch ausbalanciert durch die stärker körperlichen Funktionen und dient diesen auch. Das Denken ist eingebettet in die interpersonale und die natürliche Welt, zu der der Mensch durch die Sinne und das Fühlen Zugang gewinnt, und dient diesen beiden Welten.

Bei dem für die Jäger und Sammler vorherrschenden Wissen ging es ganz klar um das Überleben. Wie die Jungianische Psychotherapeutin Esther Harding es formuliert hat: Wenn du durch den Dschungel marschierst und die Giftschlange, die auf dem Pfad vor dir unter den Blättern liegt, nichts siehst oder die Gefahr einer Boa Konstriktor, die bereit ist, sich aus einem Baum auf dich herabfallen zu lassen, nicht spürst, dann lebst du nicht lange. Je besser du in deinen Sinnen verwurzelt bist, je empfindlicher deine Gefühle und deine Intuition sind, desto größer ist deine Chance, zu überleben. Diejenigen, denen es an einer solchen Sensibilität und einem solchen Gewahrsein mangelt, fallen der Auslese aus dem genetischen Reservoir zum Opfer.

Aber bei dieser Art des Wissens ging es nicht allein um das Überleben. Im Dialog mit einer Welt zu sein, die von intelligenten und machtvollen Präsenzen erfüllt war – wozu für unsere Ahnen nicht nur die Fauna und die Flora gehörten, sondern auch Flüsse, Berge, Täler, die Erde und der Himmel –, bedeutete, die eigene Menschlichkeit vollständig zu entdecken. Das ist der Grund für die Bedeutung der Initiationszeremonien bei den Völkern der Jäger und Sammler. Bei ihnen war der Eintritt in das Erwachsenenalter durch Rituale markiert, die dem Einzelnen den Kosmos als eine lebendige Präsenz vorstellten, mit der man eine angemessene Kommunikation herstellen musste und in deren Kontext man den Sinn des Lebens fand.

Der Beginn des Ackerbaus markierte einen katastrophischen Umbruch, der den Menschen von der Lebensweise der Jäger und Sammler entfernte. Dieser Umbruch war so groß und hatte in mancher Hinsicht solch negative Konsequenzen für unsere Spezies, dass Paul Shepard, der Begründer der menschlichen Ökologie, ihn als „die eine wirkliche Superkatastrophe, die die menschliche Rasse heimgesucht hat", bezeichnet.[5] Der Ackerbau führte zu einer zunehmenden Abtrennung des Menschen von der Welt und schließlich zu unserer heutigen Unverbundenheit und unserer persönlichen, sozialen und ökologischen Körperfremdheit. Der Ackerbau führte zu Landbesitz, einer ständig wachsenden Bevölkerung, der Ansammlung und ungleichen Verteilung von Reichtum, der Sklaverei, sozialen Hierarchien,

---

[5] Aus einem Radiointerview mit Michael Thoms in der Sendereihe *New Dimensions.*

Armeen, Kriegführung und zuvor ungekannten Mustern der körperlichen Erkrankung und der sozialen Entwurzelung. Es sind all diese Erscheinungen, die wir heute als gleichbedeutend mit dem Begriff der „Zivilisation“ verstehen. Gleichzeitig führte diese Entwicklung zur fortschreitenden Zerstörung unserer irdischen Lebenswelt, deren Auswirkungen heute deutlich werden. Und was in dem hier diskutierten Kontext am wichtigsten ist: Der Ackerbau setzte die Entwicklung eines Ich-Konzepts und einer Weise des Umgangs mit dem Körper in Gang, die zu einer völlig anderen Beziehung zu unserem Körper als bei den Jägern und Sammlern führte.

Der Ackerbau treibende Mensch lebt im Gegensatz zum Jäger und Sammler durch das ständige Bemühen, die natürliche Welt zu kontrollieren. Dieses ständige Bemühen um Kontrolle, wie es sich bis hin in unserer modernen Welt entwickelt hat, führte zu einem allmählichen Verlust der Natur als einem unabhängigen, für sich stehenden „Anderen“, mit dem man in einem intimen und respektvollen Dialog stehen muss. Der Landwirt muss nicht nur die natürliche Welt kontrollieren, sondern auch seinen gesamten Besitz, zu dem – zumindest für die Eliten – auch die eigenen Frauen und Kinder und immer mehr andere Menschen sowie Reichtum und Ländereien gehörten. Auch wenn die Sinne, Gefühle und die Intuition für den Landwirt natürlich eine Rolle spielen, so ist die Funktion, mit deren Hilfe er all dies verwaltet, doch vor allem die Denkfunktion. Mit ihrer Hilfe bringt er dass, was es zu kontrollieren gilt, auf einen Begriff, macht er Pläne, bringt er andere dazu, bei seinen eigenen Projekten mitzuarbeiten, beurteilt er, was funktioniert hat und was nicht, behält er den Überblick über seine Mittel und so weiter. Ohne eine Menge an Denken und Planung kann man nicht auf nachhaltige Weise Ackerbau betreiben.

Es wird oft gesagt, dass das Fühlen vereint, während das Denken trennt. Wir können vielleicht noch weiter gehen. Die Sinneswahrnehmung bringt uns in intimen Kontakt mit unserer Umwelt, die

Intuition öffnet uns auf augenblickliche, nicht-diskursive Weise für unser Umfeld. Das Gefühl offenbart uns unsere tiefe Verbundenheit mit anderen, mit Menschen, Tieren und der Vegetation. Diese Funktionen sind unmittelbar, oft subtil und weitgehend nichtbegrifflich. Und sie sind im Wesentlichen somatisch; sie werden im Körper und durch den Körper erfahren.

Das Denken neigt, wie wir gesehen haben, zur Körperfremdheit: Es trennt uns dadurch von den Dingen ab, dass es einen „objektiven" Standpunkt verlangt. Auf der Grundlage vergangener Erfahrungen abstrahieren wir von dem lebendigen und unschätzbar wertvollen Anderen, machen ihn zu einem Objekt, ignorieren ihn als selbstständig Handelnden, verbegrifflichen ihn und überlegen uns, wie wir auf vorteilhafte Weise mit ihm umgehen können. Das Denken ist kühl, losgelöst und unverbindlich – mit anderen Worten: körperfremd. Wird das Denken zur vorherrschenden oder gar einzigen Funktion der wechselseitigen Beziehung zum anderen, so führt uns das, in den Worten von Martin Buber, zu einer „Ich-Es-" statt zu einer „Ich-Du-Beziehung". Die seit dem Auftreten des Ackerbaus wichtigste kognitive Funktion des Menschen, das Denken, hat immer mehr die Oberhand gewonnen, während die anderen Funktionen oder Weisen des Erkennens im modernen Menschen verkümmert sind.

Damit soll nicht gesagt sein, dass die Jäger und Sammler nicht versucht haben, ihr Leben zu kontrollieren, und dass die Ackerbau treibenden Völker keinen Dialog mit ihrer Welt geführt haben. Es ist vielmehr so, dass die Erfindung des Ackerbaus eine Verschiebung der Betonung mit sich brachte – weg von einer Modalität, in der der Dialog im Vordergrund stand und es ein Gleichgewicht der kognitiven Funktionen gab. In Zeiten des Ackerbaus wurde die verwaltende Funktion des Denkens, vom Standpunkt des Überlebens gesehen, immer wichtiger. Der Lebensstil der Ackerbau-Gesellschaften verschaffte dem Wunsch des Menschen nach Sicherheit, Bequemlichkeit, Kontrolle und

Vorhersagbarkeit – kurz gesagt, nach Kontrolle der Umwelt – immer mehr Gültigkeit, bis diese ein in Zeiten vor der Erfindung des Ackerbaus ungekanntes Ausmaß erreichten.

Ich sage dies hier nicht, um die Lebensweise der Jäger und Sammler zu idealisieren. Wir wissen aus modernen anthropologischen Studien, dass diese Lebensweise zwar offen, flexibel und anpassungsfähig war, dass sie aber auch unsicher war und auf der körperlichen Ebene schmerzlich schwierig sein konnte. Auf der Jagd konnte es zu ernsten Verletzungen kommen, es gab immer wieder Zeiten des Hungers, und die Menschen liefen Gefahr, einen frühzeitigen Tod zu erleiden, weil die nomadischen Gemeinschaften nicht immer ausreichend für die Kleinkinder, die Gebrechlichen und die Alten zu sorgen vermochten.

Der urbanen Bevölkerung in unserer modernen Welt ist es immer mehr gelungen, eine andere Wirklichkeit zu erzeugen: Wir verbringen unsere Zeit in Häusern – zuhause und am Arbeitsplatz –, die uns von einem direkten Kontakt mit den Elementen abschirmen und von diesen abtrennen. Wir leben in Städten, oft weit entfernt von der Natur, Städten, die unsere kollektiven menschlichen Ideen und Projekte verkörpern. Wir haben oft wenig direkte Beziehung zu den Quellen unserer Nahrung. Und im Bann des Wunsches nach vollständiger Kontrolle über unser Leben betrachten wir, wie schon ausgeführt, selbst unseren eigenen Körper als ein Objekt, das wir im Dienste unserer Zielsetzungen ausnutzen möchten.

Diese Verlagerung vom Körper in den Kopf in Hinsicht auf die Funktion des Überlebens ist heute offensichtlich: In der modernen Gesellschaft verlassen die meisten von uns sich nicht mehr auf die Schärfe ihrer Sinneswahrnehmung, ihre Feinfühligkeit oder die Weitsichtigkeit ihrer Intuition – Fähigkeiten, die im Kontext der Moderne oft als Belastung angesehen werden –, sondern eher auf ein hoch differenziertes begriffliches Denkvermögen. In dieser modernen Welt haben wir dann Erfolg, wenn wir in der Lage sind, als ein körperfremdes

Gehirn zu funktionieren (ein „Gehirn am Stiel", wie der Philosoph Ken Wilber es treffend formuliert hat) und wenn wir unsere Gefühle, die Welt der Sinneswahrnehmung und das weite Land der Intuition weitgehend zu ignorieren vermögen.

All das ist verständlich: In einer von Firmen und Konzernen beherrschten Kultur müssen Gefühle so weit wie möglich ausgeblendet werden, da sie sich nicht mit der Stechuhr regeln lassen. Sinneswahrnehmungen müssen als Ablenkungen verstanden werden. Die Intuition, die das diskursive Denken umgeht, um zu ihren Einsichten zu gelangen, auf einzigartige Weise in die Zukunft zu schauen und oft genug den Status quo infrage zu stellen, muss als „exzentrisch" abgetan werden. All diese anderen Weisen des Erkennens werden im Allgemeinen als nicht genügend „sachdienlich" oder in Hinsicht auf die Ziele der Geschäftswelt „realitätsbezogen" angesehen. Sie gelten nur allzu oft als „unproduktiv". Das führt uns in eine merkwürdige Situation, die es um so wahrscheinlicher macht, dass wir in unserer modernen Welt überleben und gesellschaftlichen Erfolg, Anerkennung und materiellen Reichtum erlangen, je körperfremder wir sind.

Wie grundlegend oder unvermeidlich ist die heutige Körperfremdheit? Ist sie etwas, wogegen wir Heutigen mit realistischer Hoffnung auf Erfolg etwas tun können? Wenn wir uns vor Augen führen, dass die Wurzeln der Ablösung und Entfremdung von unserem Körper über die Anfänge des Christentums hinaus bis in die Zeit des Beginns der Ackerbaukultur zurückreichen, dann mag die Situation nicht gerade rosig aussehen. Doch lassen Sie mich eine alternative Sichtweise aufzeigen.

Bedenken Sie einmal, dass die scheinbar lange Zeit, die seit den Anfängen des Ackerbaus vergangen ist, vom Standpunkt der Evolution gesehen nicht sonderlich bedeutsam ist. Sie ist nur ein winziger Bruchteil unserer Geschichte als Spezies, einer Spezies, deren Evolution sich mindestens fünf Millionen Jahre zurückverfolgen lässt. Nehmen wir als Bezugspunkt die Erfindung von Steinwerkzeugen vor zweieinhalb Millionen Jahren, dann macht die Zeitspanne seit Auftreten des Ackerbaus gerade einmal 0,4 Prozent unserer Entwicklungsgeschichte aus. Vom Standpunkt der Evolution gesehen, ist das ein sehr kleiner Zeitraum, gerade mal ein Zwinkern des Auges der Evolution. Auch wenn sich das menschliche Genom während dieses Zeitraums weiterentwickelt hat, bleiben seine grundlegenden Aspekte doch dieselben. Aus einer evolutionären Perspektive gesehen, sind wir modernen Menschen genetisch und biologisch noch die Jäger und Sammler, die wir waren, als der Ackerbau begann. Da unsere Grundbeschaffenheit sich so wenig von der unserer Urahnen unterscheidet, ist die volle Verkörperung, die im modernen Menschen verschüttet ist, durchaus noch zugänglich und wiedererlangbar. In unseren Genen und unseren Zellen ist sie noch immer das, was wir letztlich sind.

Ich bin der Überzeugung, dass wir modernen Menschen die volle Verkörperung, die für unsere Spezies immer eine Möglichkeit war, verwirklichen können. Die Auswirkungen und Implikationen einer solchen Wiederherstellung wären nichts weniger als revolutionär. Uns unseren ursprünglichen oder primären Körper wieder anzueignen, bedeutet nämlich, die Totalität unserer selbst ohne Urteile zu erfahren, mit einer Ausrichtung zu leben, die nicht durch den denkenden Geist gefiltert oder verzerrt wird, uns selbst innerhalb des Netzwerks von Beziehungen zu anderen neu zu entdecken sowie ein Gewahrsein der ursprünglichen natürlichen Welt als ein Subjekt wiederzuerlangen. Und was uns vielleicht am meisten überraschen würde: Wir würden beginnen, das wieder zu sehen, was man oft die „unsichtbare Welt“, die

„andere Welt“ oder die Welt der „Anderen“ genannt hat – derjenigen, die uns zwar nicht in Fleisch und Blut begegnen, die aber nichtsdestoweniger als lebendige Präsenz in uns und um uns herum vorhanden sind und die uns inspirieren, führen und beschützen.

Uns den grundlegenden, uns angeborenen Körper wieder anzueignen, würde also tief greifende Konsequenzen für die Heilung unserer selbst sowie für die Heilung unserer zerrütteten Beziehungen, für die Wiederherstellung einer gesunden Beziehung zu unserer Welt – der sichtbaren und der unsichtbaren – und für die Heilung des Planeten als Ganzem haben. Alles, was wir brauchen, ist eine Methode, die es uns ermöglicht, unseren ursprünglichen Körper wiederzufinden, der in eben diesem Moment unser grundlegendstes Sein darstellt, den wir jedoch nicht deutlich zu sehen und zu spüren vermögen. Diese Methode ist die in diesem Buch vorgestellte Körperarbeit, die somatische Praxis der buddhistischen Meditation.

9

Meditation ohne den Körper

Der Buddha lebte in Nordostindien, zu einer Zeit, in der der Ackerbau sich ausbreitete und es zu einer zunehmenden Urbanisierung und politischen Zentralisierung kam. Damit ging eine Entwicklung einher, welche dazu führte, dass die Menschen zunehmend körperfremd wurden und begannen, die Spiritualität als einen Prozess der Überwindung, Beherrschung und Unterwerfung der „Natur“ und des menschlichen Körpers anzusehen. Der Buddha verstand sich als jemand, der zu einer früheren Daseinsweise zurückkehrte. Er sagte: „Ich folge dem alten Weg.“ Er entzog sich dem Zwang der sozialen Veränderungen um ihn herum und zog sich in den Urwald zurück, der, wie wir gesehen haben, als ein unzivilisierter Bereich angesehen wurde, in dem man das Ursprüngliche wiederentdecken konnte. Als der Buddha bekräftigte, es sei für seine spirituelle Entwicklung wesentlich, seinen Körper ausreichend zu ernähren und sich um ihn zu kümmern, und als er die Erde berührte, um sie zur Zeugin seiner Erleuchtung anzurufen und die Legitimität seines Pfades zu bestätigen, distanzierte er sich deutlich von der zunehmenden Körperfremdheit, die so viele spirituelle Lehrer und Traditionen seiner Tage anstrebten, darunter auch seine früheren Meditationsmeister des zu jener Zeit vorherrschenden Systems des Sâmkhya-Yoga. Nachdem er sich von spirituellen Pfaden, die die Loslösung vom Körper und die Abtrennung von der „materiellen Welt" predigten, abgekehrt hatte, entdeckte der Buddha den Weg zu voller Verkörperung und folgte ihm.

Die Methode, die der Buddha entdeckte, war die Meditation, doch es war – wenigstens der Überlieferung zufolge – eine ganz andere Art der Meditation als die zu seiner Zeit gelehrte. Die vom Buddha gelehrte und in der buddhistischen Geschichte seither praktizierte Meditation ist zutiefst somatisch – sie ist ganz und gar in den Empfindungen, in der Sinneswahrnehmung, den Gefühlen und so weiter verwurzelt. Selbst die Gedanken werden als etwas Somatisches behandelt – als Energieausbrüche, die im Körper erfahren werden, und nicht als nichtphysische Phänomene, die uns von unserem Körper abtrennen. In ihrer ältesten Form ist die buddhistische Meditation eine Technik zur Lösung von der objektivierenden Tendenz des Denkens und zum vollen Eintreten in eine tiefe Kommunion mit unserer verkörperten Natur. Und deshalb führt sie dazu, dass wir „die Erleuchtung mit dem Körper berühren" oder „die Erleuchtung im Körper und durch den Körper berühren" können.

Es ist darum ziemlich erstaunlich, dass die somatischen Lehren des Buddhismus für viele von uns Menschen der Moderne nicht die kulturelle Wasserscheide, die den Osten vom Westen trennt, überschritten haben. Dass diese Überlieferung nicht geglückt ist, mag daran liegen, dass wir in unserem extrem körperfremden Zustand praktisch unfähig sind, den Ruf zur verkörperten Präsenz in der traditionellen buddhistischen Praxis zu erkennen. Es mag auch auf die Tatsache zurückzuführen sein, dass unsere asiatischen Lehrmeister, die aus einem ganz anderen und physisch sehr viel stärker verwurzelten kulturellen Umfeld kommen, nicht immer das volle Ausmaß unserer somatischen Entfremdung verstehen und damit nicht sehen, wie sehr diese unser Vermögen, zu meditieren und dem Pfad zu folgen, beeinträchtigt. Vielleicht ist die

Übertragung aber auch deshalb nicht vollständig, weil die klassischen buddhistischen Texte – so, wie wir sie lesen – nicht immer klare, direkte und wirksame Anleitung zur Überwindung unserer Abgetrenntheit liefern.

Welches auch immer die Gründe sein mögen, im Westen wird die Meditation oft als eine Art begriffliche Übung praktiziert, als eine mentale Gymnastik. Wenn wir uns der Meditation widmen, dann oft mit einer ganz anderen Zielsetzung – nämlich um besonders „spirituelle Menschen" zu werden, was immer das für uns bedeuten mag. Wir versuchen vielleicht, die Meditation zu gebrauchen, um durch sie innerlich friedvoller, weniger verwirrt, intelligenter und klarer im Kopf, psychisch „gesünder", leistungsfähiger oder intellektuell wendiger zu werden. Das Problem mit diesem Ansatz ist, dass wir – wieder einmal – versuchen, die Dinge zu verwalten, uns über das, was uns „gegeben" ist, hinwegzusetzen und etwas „anderes" zu kontrollieren. In diesem Fall ist das „Andere" unser Körper und unsere eigene Erfahrung. In unserer Meditationspraxis ist es letztlich oft unsere eigene körperliche Erfahrung der Wirklichkeit, über die wir uns in dem Versuch, auch hier wieder einmal unser Ego aufzubauen, hinwegzusetzen versuchen.

Aus einer westlichen Perspektive gesehen, mag das ganz in Ordnung erscheinen. Es ist die Rede davon, dass wir schließlich die Verantwortung für uns selbst übernehmen müssen, unseren Lebensunterhalt bestreiten, Grenzen besitzen, unsere Pläne verwirklichen und erwachsen werden müssen – und so weiter. Aber wenn das alles ist, worum es uns geht, dann sieht das, was auf dem Meditationskissen geschieht, letztlich oft folgendermaßen aus: Wir haben eine Idealvorstellung davon, was Meditation ist oder sein sollte, und wir haben eine Vorstellung davon, was wir an der Meditation mögen – und das mag irgendeine Erfahrung sein, die wir in unserer Praxis irgendwann einmal gemacht haben. Letztendlich gebrauchen wir unsere Meditation dann als eine Methode, um diesen bestimmten Bewusstseinszustand wieder herbeizuführen. So sind wir also nicht etwa für das offen, was sich – wie es gut für uns wäre – im Augenblick von selbst zeigt, sondern bemühen uns, die Vergangenheit nochmals aufzuwärmen, statt das Vergangene hinter uns zu lassen und auf die Zukunft zuzugehen. Um es drastischer zu formulieren: Letztlich benutzen wir die Meditation dann als eine Methode, unsere Körperfremdheit zu verewigen und manchmal noch zu vertiefen, uns noch deutlicher von den Aufforderungen und Anforderungen unseres täglichen Lebens abzuspalten.

Es ist dies, was John Welwood als die „spirituelle Umgehung" bezeichnet. Die Meditation wird so zu einem Weg, unsere ichbezogenen Pläne weiterzuverfolgen und anstehenden Entwicklungsaufgaben, die vielleicht schmerzlich oder beängstigend erscheinen, auszuweichen. Es sind dies Herausforderungen, die immer aus der Dunkelheit unseres Körpers aufsteigen, deren Bewältigung aber nichtsdestoweniger für jedes nennenswerte spirituelle Wachstum notwendig ist. Genau das nannte Trungpa Rinpoche „spirituellen Materialismus" – die Benutzung einer spirituellen Praxis zur Verstärkung bereits bestehender neurotischer Ego-Strategien, durch die wir uns in dem Streben nach Überleben, Bequemlichkeit und Sicherheit von unserem wahren Leben abschotten. Wenn wir die Meditation auf diese Weise verwenden, dann machen wir keine wirklichen Fortschritte, sondern verewigen und verstärken nur die Probleme, die wir bereits haben. Dann nimmt es nicht Wunder, wenn wir selbst nach Jahrzehnten der Praxis letztlich das Gefühl bekommen, dass sich nichts Grundlegendes verändert hat – denn genau das ist der Fall.

Nehmen wir zum Beispiel eine Meditationsmethode, die in den Texten eine so zentrale Rolle spielt und die zu praktizieren viele der heutigen Meditierenden aufgefordert werden: Richte deine Aufmerksamkeit auf die Nasenspitze und fühle, wie der Atem dort ein- und ausströmt. Für einen voll verkörperten Menschen ist dies eine wirksame Technik, durch die sich der Übende tiefer mit dem Körper verbinden und sein Gewahrsein zunehmend aktivieren kann. Doch für jemanden, der von seinem Körper abgetrennt ist und der sich gewohnheitsmäßig vorwiegend in seinem Kopf aufhält, fühlt sich diese Übung ganz anders an. Praktiziert eine solche Person eine Übung, die verlangt, dass er die Aufmerksamkeit auf seine Nase lenkt, so kann das leicht seine Neigung verstärken, ganz und gar im Kopf zu bleiben und den Rest des Körpers zu ignorieren. Haben wir also den Kontakt zu unserem Körper, seinen Empfindungen, Gefühlen und seinem Eigenleben verloren und widmen uns einer Übung, die von uns verlangt, auf die Empfindung des Atems an den Nasenlöchern zu achten, so kann das unsere Abtrennung verewigen oder gar noch verstärken.

Wenn wir auf eine solche Weise praktizieren, befinden wir uns in einem Teufelskreis und sitzen in der Falle einer nicht zuträglichen Praxis fest: Je mehr wir die Situation analysieren, desto festgefahrener fühlen wir uns; je intensiver wir uns unserer Praxis widmen, desto enger scheint sich der Teufelskreis um uns zu schließen. Wir bemühen uns verzweifelt, einen Ausweg zu finden, aber wir wissen nicht, wie das gehen soll. Wie es bei diesem Beispiel der Fall ist, geben uns die Übungen, die wir praktizieren, oft nicht den richtigen Schlüssel zur Meditation in die Hand. Wenn wir die Meditation dann nicht ganz aufgeben, was heutzutage leider nur allzu oft passiert, wird offensichtlich, dass wir Hilfe von außen brauchen. Aber woher soll diese Hilfe kommen?

Ich bin der Meinung, dass es äußerst hilfreich für uns sein könnte, wenn wir die Prinzipien der Tradition des tibetischen Yoga in die allgemeinen Praktiken des Buddhismus im Westen inkorporieren würden. Auch wenn die Methoden des Vajrayâna komplex und esoterisch sein mögen und in ihrem ursprünglichen Kontext oft der Geheimhaltung unterlagen, bin ich doch überzeugt, dass man Übende im Westen, auch auf der Anfängerebene, seine Grundprinzipien und einige seiner zentralen Praktiken lehren und damit unmittelbare und sehr positive Ergebnisse erzielen kann. Und interessanterweise können auch sehr fortgeschrittene Meditierende von denselben Perspektiven und Praktiken profitieren – oft sogar noch mehr als Anfänger. Diese Praktiken, so glaube ich, bieten uns modernen Menschen die beste Chance, unsere Körperfremdheit gründlich, tief gehend und dauerhaft zu überwinden. Das folgende Kapitel bietet eine kurze Zusammenfassung der somatischen Anschauungen und Methoden des tibetischen Yoga und zeigt, wie diese unsere körperfremden Vorstellungen von der Meditation und dem spirituellen Leben infrage stellen.

10
Die körperliche Herausforderung des tibetischen Yoga

Der Begriff „tibetischer Yoga" bezieht sich auf fortgeschrittene, esoterische körperliche Meditationspraktiken des Vajrayâna, Praktiken, die von als Einsiedler lebenden Männern und Frauen ausgeführt werden, welche ständig oder einen großen Teil ihrer Zeit in einsamer Klausur leben. Auch wenn diese Tradition innerhalb des Buddhismus, also in einer organisierten, institutionalisierten (und deshalb einer Ackerbaukultur angehörenden) Religion bewahrt wurde, sind ihre Wurzeln und ihre Essenz sehr viel älter. Als ich an der Universität von Chicago meine Doktorarbeit schrieb, behauptete mein Doktorvater, der international bekannte Religionswissenschaftler Mircea Eliade, das Vajrayâna sei zwar dem Namen nach „buddhistisch", stelle jedoch tatsächlich ein „Überleben" der uralten Spiritualität der Stammeskulturen der Menschheit dar – also mit anderen Worten, der paläolithischen religiösen Orientierung unserer Vorfahren aus Zeiten vor der Ackerbaukultur – und reiche vielleicht eine Million Jahre zurück. Es ist recht interessant, das Chögyam Trungpa in seinen Shambhala-Lehren mehr oder weniger dasselbe sagt: In jedem Menschen gibt es, ungeachtet des historischen Zeitalters, in dem er lebt, und ungeachtet seiner Kultur, Tradition oder Orientierung eine ihm innewohnende menschliche Spiritualität, die dem tiefsten Kern des menschlichen Wesens als solchem zueigen ist. Meine eigene Praxis des tibetischen Yoga (Vajrayâna) – die ich, wie bereits erwähnt, im Dialog mit dem Studium erdverbundener Spiritualitäten durchgeführt habe –, hat mir diese Tatsache auf der Ebene von Erfahrung und Praxis bestätigt.

Auch wenn die eigentliche Praxis des tibetischen Yoga in ihren eher esoterischen Aspekten sehr viel Vorbereitung verlangt, ist sie im vorliegenden Kontext dennoch aus zwei Gründen wichtig. Zuerst einmal stellt sie eine gründliche Herausforderung sämtlicher Vorstellungen dar, die Meditation könne in einem körperfremden Zustand oder in irgendeiner Form der Abtrennung vom Körper geübt werden. Tatsächlich vertritt der tibetische Yoga die genau gegenteilige Ansicht: *Um Verwirklichung erreichen zu können, müssen wir so üben, dass wir ganz und gar verkörpert werden.* Dieses Buch und die körperlichen Übungen, die es beschreibt, sind eine gezielte Antwort auf den tibetischen Yoga und besonders auf seine Anschauung, dass Verwirklichung das Resultat einer fortschreitenden Verkörperung ist. Der tibetische Yoga ist in diesem Kontext weiterhin deshalb von Bedeutung, weil er mir viele der speziellen Einsichten, der Eintrittstore in den Körper und der Methoden zur Erkundung des Körpers liefert, aus welchen diejenige Form der Körperarbeit besteht, auf der dieses Buch basiert. Aus diesen Gründen wird es nützlich sein, wenn ich eine kurze Zusammenfassung einiger der ursprünglichen Anschauungen und Praktiken gebe, die dieser alten, esoterischen Ur-Tradition entstammen, auf die ich mich hier berufe.

Die Reise, die man im Verlauf der Übung des tibetischen Yoga macht, entfaltet sich über eine Abfolge von Phasen. In der ersten Phase lernt man, die unzähligen Vorstellungen vom Körper, die wir mit uns herumtragen, zu identifizieren und zurückzulassen. Mit anderen Worten: Jeder von uns trägt sein Paket von geistigen Bildern des eigenen Körpers mit sich herum, die das ausmachen, was er für seinen Körper hält. Der erste Schritt auf dem Pfad des tibetischen Yoga besteht darin, nach und nach alle unsere Vorstellungen davon, was wir für unseren Körper halten, abzustreifen. Schließlich gelangen wir an einen Punkt, an dem keines dieser mentalen Bilder mehr zurückbleibt und wir tatsächlich nichts mehr davon *wissen,* was oder wie unser Körper ist. Erst jetzt sind wir in der Lage, hinzusehen und zu sehen, was unser Körper *tatsächlich* ist – so, wie er sich dem Auge der direkten Erfahrung offenbart.

In der zweiten Phase, in der wir unsere Aufmerksamkeit dem Körper zuwenden, um zu sehen, was er ist, bemerken wir, dass verschiedene Dinge passieren. Es gibt Momente dessen, was wir Empfindungen nennen können: intensive Wärme und Kühle, Hitze und Kälte; Blitze von Energie; Stimmungen, die sanft durch uns hindurchfließen; plötzliches Aufwallen von Energie, Freude und Schmerz; aufblitzendes Licht und Abgründe von Dunkelheit; und so weiter. Wenn wir in den Körper hineinsehen, sind zwei Dinge, die uns dann auffallen, besonders interessant. Erstens: Jede Erfahrung ist in einem ganz wirklichen Sinn *einzigartig.* Sie ist unbenennbar; keine Idee oder Vorstellung scheint angemessen, sie zu beschreiben. Zweitens: Es gibt in unserer Erfahrung des Körpers nichts Dauerhaftes; alles ist flüchtig und verändert sich andauernd.

In der dritten Phase lernen wir für immer längere Zeiträume innerhalb der grundlegenden Leere des Körpers (also der Tatsache, dass wir keine Vorstellung davon haben, was er ist) und der fortlaufenden Energiemuster, die im Körper auftauchen (zweite Phase), zu verweilen. Statt diese Erfahrungen des Körpers zu bemerken und dann rasch (und ängstlich) wieder zu unserem bewussten Denkprozess Zuflucht zu suchen, lernen wir, einfach im Körper zu verweilen.

In der vierten Phase lernen wir die Manifestationen des Körpers zu „lesen“, die Energie, die in uns auftritt, auf nichtverbale Weise zu verstehen. Und in der fünften Phase entdecken wir das in uns, was wir als Voraussetzung des Handelns begreifen. Mit anderen Worten: Wir entdecken, dass das Leben, das wir leben müssen, tatsächlich von Moment zu Moment neu geboren wird – innerhalb der Leere des Körpers (erste Phase), während die Energie aufsteigt (zweite Phase), bei der wir verweilen können (dritte Phase) und die wir schließlich zu verstehen lernen (vierte Phase). Auf diese Weise wird das spontane Leben des Körpers zur Quelle unseres Handelns und unseres Engagements in der Welt. Dieses Handeln und dieses Engagement sind dann, nach dem tibetischen Yoga, nichts anderes als Ausdruck des großen Erbarmens eines verwirklichten Menschen.

In jeder Phase finden wir uns dauernd mit dem konfrontiert, was wir über unseren Körper *gedacht* haben, und dazu herausgefordert, von unseren Vorstellungen abzulassen, um nackter und unmittelbarer zu sehen, damit wir immer tiefer vordringen können. Indem wir immer mehr loslassen, bauen wir allmählich all die Vorurteile und begrifflichen Überlagerungen ab, die sich zwischen uns und die vollständige, umfassende und nackte Erfahrung unseres Körpers stellen.

Zu all diesen Phasen gehört, dass wir immer aufmerksamer auf unseren Körper achten, uns in ihn einfühlen und spüren und entdecken, wie er tatsächlich beschaffen ist. Indem wir dabei Fortschritte machen, identifizieren wir uns immer mehr mit unserem wirklichen Körper, mit dem Körper, den wir in unserer tatsächlichen Erfahrung vorfinden – wir werden immer stärker verkörpert. Je weiter wir auf diesem Pfad der sich vertiefenden Verkörperung fortschreiten, desto deutlicher wird uns, dass die unmittelbare Erfahrung unseres Körpers in der Tat die Erfahrung von Erleuchtung ist. Während wir mehr und mehr verkörpert werden, zeigt sich, dass wir uns damit dem erwachten Zustand annähern.[6]

[6] Im tibetischen Yoga führt uns dieser Prozess durch viele Stufen und Ebenen zunehmender Verwirklichung. Am Ende, so sagt man uns, machen wir die erstaunliche Entdeckung, dass selbst der Anschein der Körperlichkeit, den unser Körper für andere Menschen hat, an sich davon abhängig ist, dass wir selbst nicht vollständig verkörpert sind, dass wir also nicht in

Es heißt manchmal, es sei die Absicht des Vajrayâna, die Materie zu erlösen, also den gröbsten, körperlichen, gewöhnlichen und erdverbundensten Aspekt unseres menschlichen Daseins. Es ist vielleicht richtiger zu sagen, dass das Vajrayâna uns dazu einlädt zu erkunden, was unser Körper, unsere physische Existenz und die Erde wirklich und wahrhaftig sind, wenn wir sie unmittelbar ansehen und nackt wahrnehmen – mit dem Auge der nichtbegrifflichen Weisheit. Wenn wir das tun, so heißt es (zum Beispiel im klassischen *Samdhinimocana-Sûtra*), dann werden wir sehen, dass jeder Aspekt unserer Welt, unseres Lebens und unserer selbst ein freizügiger, befreiter und vollkommen reiner Ausdruck der Erleuchtung ist und schon immer war. So gesehen haben wir nicht etwa die Materie erlöst, sondern wir haben uns selbst von dem schrecklichen Irrtum befreit, der darin besteht zu denken, dass die Materie letztlich nichts Spirituelles sei, dass die Verwirklichung irgendwie anderswo zu finden sei.

Die Herausforderung des tibetischen Yoga an den Meditierenden von heute ist also ganz einfach: Ziehen Sie die Möglichkeit in Betracht, dass wahre Spiritualität nicht darin besteht, uns von unserem Körper, von allen Aspekten unseres körperlichen Lebens und von der Erde selbst zu entfernen. Gestehen Sie die Möglichkeit zu, dass unsere wahre und letztendliche Verwirklichung tatsächlich in der Materie und durch die Materie zu finden ist, im Körper und durch den Körper, in der Erde und durch die Erde, und dass wir, *um unsere eigene Erleuchtung zu entdecken und zu erlangen, uns einfach nur gestatten müssen, voll und ganz verkörpert zu sein.*

---

der Lage sind, uns voll und ganz mit der letztendlichen Erfahrungswahrheit unseres Körpers zu identifizieren. Wenn wir schließlich alle unsere Vorstellungen von unserem Körper als etwas, das materiell ist sowie begrifflich identifizierbar, fallen lassen, dann, so heißt es, löst sich unser Körper einfach in Licht auf, in den berühmten „Regenbogenkörper", von dem im Dzogchen die Rede ist. Es gibt viele Berichte zuverlässiger Augenzeugen, die, selbst in moderner Zeit, davon berichten, dass sie erlebt haben, wie fortgeschrittene Praktizierende diesen letzten Schritt der Reise getan haben und sich ihr Körper in den leeren, klaren Glanz eines Regenbogens aufgelöst hat.

Zweiter Teil

Mit dem Körper meditieren

11

Der Ruf zur Rückkehr

Für einige von uns Meditierenden erreicht die Körperfremdheit schmerzliche und gänzlich inakzeptable Proportionen. Es ist beinahe so, als hätten unsere Übung selbst sowie die dadurch entwickelte Sensibilität uns auf eine Ebene der Bewusstheit in Hinsicht auf unsere körperliche Situation gebracht, die unerträglich ist. Wir haben das Gefühl, den Kontakt zu unserem Körper, zu unseren Gefühlen, zu unseren Sinneswahrnehmungen und sogar zur grundlegenden Erfahrung des Lebendigseins verloren zu haben. Vielleicht ist diese Bewusstheit im Laufe vieler Jahre langsam gewachsen; vielleicht dämmert sie uns auch eines Tages ganz plötzlich. Uns wird klar, dass wir unser Leben nicht wirklich leben, dass wir unsere Beziehungen und alle anderen Erfahrungen nur auf ziemlich dumpfe und mechanische Weise erleben. Auch wenn, von außen gesehen, alles vielleicht ganz in Ordnung zu sein scheint, stürzen uns diese Erfahrungen innerlich an sich und aus sich selbst heraus in eine tiefe persönliche Krise. Wir fühlen uns wirklich verloren. Ohne vielleicht genau zu wissen, was da nicht stimmt, beginnen wir nach Möglichkeiten zu suchen, in unseren Körper, in unsere Welt und in unser Leben zurückzukehren. Das Gefühl der persönlichen Krise ist an sich bereits ein Ruf des Körpers, zurückzukehren; es inspiriert uns dazu, den Versuch zu unternehmen, unsere Verkörperung wiederzuerlangen.

Bei anderen von uns erfolgt dieser Ruf durch die zufällige Intervention äußerer Ereignisse oder Umstände: eine Verletzung, eine Krankheit, extreme Erschöpfung, Zeichen des Alterns, und manchmal Gefühle wie Unwohlsein, Angst oder Panik, die wir nicht verstehen und mit denen wir nicht umgehen können. Einer der machtvollsten Aufrufe des Körpers zur Rückkehr in die Verkörperung ist die Depression – eine schreckliche Dunkelheit, eine unerträgliche Hoffnungslosigkeit und eine Verzweiflung, die sich über uns senkt und die uns dermaßen niederdrückt, dass wir kaum noch Energie haben, einen einzigen Gedanken zu denken, geschweige denn aufzustehen, um irgendetwas zu tun oder uns mit irgendjemandem zu treffen.

Wie auch immer – wir hören den Ruf des Körpers und fühlen einen unwiderstehlichen Drang, zu ihm zurückzukehren. Er zieht uns herunter, auf die eine oder andere Weise und manchmal mit einer furchterregenden Bruchlandung. Nach einer Periode, die sich wie der Tod anfühlen mag und die manchmal Jahre andauern kann, beginnt sich etwas in uns zu regen, eine neue Lebendigkeit.

Es ist nur natürlich, dass diejenigen von uns, die schon einmal von Meditation gehört haben, schließlich versuchen werden, herauszufinden, ob die Meditation ihnen helfen kann, mit diesem Ruf des Körpers umzugehen. Ob wir nun verletzt oder krank sind, ob wir es mit niederdrückenden psychischen Zuständen zu tun haben oder an einem Leben verzweifeln, das an uns vorbeizugehen scheint, es ist wahrscheinlich, dass wir versuchen werden, unser Heil in der Meditation zu suchen. Vielleicht nehmen wir uns ab und zu einige Momente Zeit, um unseren Geist zu entspannen, auszuruhen und uns für unsere Gefühle und unsere Situation zu öffnen. Wenn wir das tun, mag sich zeigen, dass es zu einer gewissen Verlagerung kommt – nicht unbedingt, was den Inhalt unserer Erfahrung angeht, sondern vielmehr in unserer Beziehung zu unserer Erfahrung.

In den oben beschriebenen Situationen haben wir zumeist ein untergründiges Gefühl, dass wir ein „Problem" haben. Wir empfinden eine andauernde Beklemmung und einen Widerstand gegen das, was mit uns geschieht. Öffnen wir unseren Geist jedoch in der Meditation, dann wird unser „Problem" plötzlich zum Fokus unserer Meditation. Ohne dass wir überhaupt darüber nachdenken, stellt sich heraus, dass der Ruf des Körpers zum Subjekt unserer Aufmerksamkeit geworden ist. Unsere Meditation wendet sich ganz natürlich dem Körper zu. Ohne uns dessen überhaupt bewusst zu sein, wird uns so die erste Lektion in „Meditation mit dem Körper" zuteil.

Wenden wir unsere Meditation dem Körper zu und öffnen unser Gewahrsein für den Körper, entdecken wir, dass die Erstarrung um unser körperliches oder psychisches Problem herum, unser allgemeines Gefühl der Abtrennung, plötzlich gelockert wird und wir mehr Raum haben. Unser „Problem" beginnt sich uns auf eine Art und Weise mitzuteilen, die man nur als „aktiv" beschreiben kann. Es ist wahrscheinlich, dass wir an diesem Punkt heilende und transformierende Informationen empfangen, die wir früher niemals zur Kenntnis genommen oder auch nur für möglich gehalten haben. Dies kann anfangs überaus subtil geschehen, so, dass wir es vielleicht kaum spüren. Doch irgendwann merken wir, dass etwas Neues auf uns zukommt. Wir erlangen immer mehr Klarheit und erkennen, dass das, was uns niederdrückt, aus der Perspektive der Meditation gesehen eine Lernsituation ist, die uns große Möglichkeiten bietet. Wir spüren, dass unsere Meditation zu einer Einladung für den Körper geworden ist, uns bestimmte Dinge zu zeigen. Dann ist es soweit, dass wir „mit dem Körper meditieren".

So stellt sich heraus, dass wir einen Partner auf dem spirituellen Pfad haben, von dem wir zuvor nichts wussten – unser eigener Körper. In unserer Meditation und in unserem Alltag wird der Körper zu einem Lehrer, der nicht in Worten mit uns kommuniziert, sondern der aus dem Schatten durch Empfindungen, Gefühle, Bilder und somatische

Erinnerungen zu uns spricht. Da wir den Körper nicht länger zwingen können, sich unseren bewussten Ideen und Absichten anzupassen, beginnen wir, die Sprache zu erlernen, die der Körper selbst von sich ausspricht. Früher glaubten wir zu wissen, was Sache war, aber wir entdecken nun wieder und immer wieder, dass wir das Wesentliche völlig übersehen haben. Und wir beginnen auch zu sehen, dass wir durch das, was wir früher für totale Verwirrung gehalten haben, etwas verstehen gelernt haben, was sehr viel tiefgründiger und weitreichender ist als alles, was wir uns vorstellen konnten. Es mag überaus erstaunlich sein, aber wenn der Körper zu unserem Führer wird, dann beginnen wir zu fühlen, vielleicht zum ersten Mal in unserem Leben, dass wir mit unserem Körper in der Präsenz einer Kraft und Intelligenz sind, die voller Weisheit ist, die liebevoll, unbedingt verlässlich und, so seltsam sich das anhören mag, unserer tiefsten Verehrung würdig ist.

12

Wie sollen wir vorgehen?

Wenn wir etwas gegen unsere körperliche Krise unternehmen, worin sie auch bestehen mag, dann wird uns klar, dass verkörperte Meditation etwas ganz anderes ist als der körperfremde Pfad, dem wir bisher gefolgt sind, und dass sie sehr viel fruchtbarer ist als Letzterer. So stellt sich uns dann die Frage, wie wir unsere Meditation auf verkörperte Weise ausführen und unseren Körper in der Praxis bewohnen können. Mit dem Körper zu meditieren, bedeutet zuallererst einmal, dem Körper auf direkte und nicht begriffliche Weise Aufmerksamkeit zuzuwenden. Dies verlangt sehr fokussierte Arbeit und bedarf der Regelmäßigkeit, der Ausdauer und einer fortlaufenden Verpflichtung. Wenn wir einmal begriffen haben, was Meditation mit dem Körper wirklich bedeutet, dann betreten wir, so würde ich sagen, einen Pfad, der sich, solange wir leben, immer weiter entfaltet. Allerdings spüren wir die Auswirkung unserer Arbeit sofort und erhalten damit eine Bestätigung dafür, dass wir das Richtige tun. So entwickelt sich ein natürliches Zutrauen zu dem Prozess, der sich zu entfalten beginnt.

Zur Meditation mit dem Körper gehört, dass wir durch verschiedene Übungen lernen, unseren Körper ganz und gar zu bewohnen.

Was wir hier tun, ist nicht so sehr, eine Technik zu erlernen oder etwas Bestimmtes zu *tun*. Wir fokussieren vielmehr die Brennweite unseres Bewusstseins neu und richten es auf andere Bereiche aus. So gelangen wir allmählich zu einem Gewahrsein, das tatsächlich *in unserem Körper* angesiedelt ist und nicht in unserem Kopf. Wir lernen damit eigentlich nicht, auf eine bestimmte Weise zu handeln, sondern vielmehr auf andere Weise zu *sein*.

Der Kern unserer Schulung ist ein Satz von etwa fünfzig „somatischen Protokollen", die zu mehreren Hauptgruppen zusammengefasst sind. Bei einer Gruppe von Übungen geht es darum zu lernen, wie wir ein Muster der Entspannung im Körper entwickeln können. Eine zweite Gruppe ist darauf ausgerichtet, eine Beziehung zur Erde, auf der wir stehen, zu entwickeln. Eine dritte Gruppe dient dem Zweck, ein Gewahrsein des Körperinneren aufzudecken. Eine vierte Gruppe ist dazu da, innere Spannungen im Körper zu lokalisieren und zu lernen, wie man sie auflöst. Bei einer fünften Gruppe geht es darum, ein Gefühl des inneren Raumes oder der Stille des Körpers zu entwickeln. Eine sechste Gruppe ist wiederum darauf ausgerichtet, den Prâna oder „inneren Atem" bis hinab auf die Ebene der Zellen zu lenken. Und so weiter. Die Übungen führen die Praktizierenden durch einen vielschichtigen Prozess der Entspannung, der Entwicklung von Präsenz im Körper, der Öffnung inneren Gewahrseins, des Lesens der Informationen, die der Körper vermittelt, des Lernens, wie man den Körper immer lebendiger werden lassen kann, und schließlich der Hingabe an den Körper als Führung für unser Leben. All diese Aspekte werden auf den folgenden Seiten im Detail behandelt. Eine kurze Zusammenfassung der einzelnen Protokolle findet sich im Anhang.

Wenn wir in den Prozess der Körperarbeit einsteigen wollen, ist es wichtig zu lernen, den Körper auf neue Weise zu sehen. Ich möchte das mit einem Beispiel illustrieren, das von Malidoma Somé stammt. Malidoma hat lange Zeit fern von seinem Heimatdorf gelebt. Im Alter von drei Jahren hatte man ihn gekidnappt und in einem katholischen Internat aufgezogen. Als er fast 20 Jahre später floh und in sein Heimatdorf zurückkehrte, wollte er eines Nachts Licht machen. In dem westafrikanischen Dorf, wo er geboren worden war, hatten die Leute zwar keine Elektrizität, aber sie hatten andere Mittel, Licht zu machen, wenn sie es wollten. Dennoch sagten sie oft in der Nacht: „Lasst uns das Licht löschen, damit wir sehen können." Als Malidoma nach mehr Licht verlangte, sagte man ihm: „Nein, wenn wir die Lampen anzünden, dann können wir nicht sehen." Die Dorfältesten erklärten ihm dann, dass man bei Tageslicht nichts wirklich Bedeutsames sehen kann. Alles, was man bei Tageslicht sieht, ist das, *was man sehen will.* Wenn man jedoch in der Nacht das Licht ausmacht, dann sieht man das, *was gesehen werden will* - und das ist etwas völlig anderes.

Mit unserem Körper ist es ganz ähnlich. Wir müssen das Licht unseres Denkens, unseres Tagesbewusstseins, ausschalten. Wir müssen in die Nacht hinabsteigen, in die Dunkelheit, die unser Körper ist. Wenn wir das tun, dann entdecken wir, dass er weder neutral noch tot ist und dass er auch kein Raum ist, der einfach nur zu unserem Gebrauch und Verbrauch bestimmt ist. In den tiefen Schatten des Körpers, inmitten seiner Dunkelheit, beginnen wir eine ganz eigene Welt zu entdecken, die sich völlig von alldem unterscheidet, was wir bewusst denken, erwarten oder wollen. Wir finden heraus, dass der Körper seine eigenen Bedürfnisse hat – in einem gewissen Sinn möchte er in seinem eigenen Bezugsrahmen und aus der Perspektive seiner eigenen Begriffe gesehen werden. Da wir modernen Menschen dem Körper so sehr entfremdet sind, kann dies für viele von uns eine ziemlich überraschende Entdeckung sein. Wir können uns kaum vorstellen, dass der Körper vielleicht eine lebendige Kraft ist, eine Quelle von Intelligenz und Weisheit und sogar etwas, das, wie wir erfahren können, eine eigene Intention besitzt. Wir können uns den Körper nicht als ein Subjekt vorstellen. Aber damit wir Körperarbeit durchführen können, müssen wir genau das tun.

Wenn wir tiefer in die Arbeit einsteigen, wird uns sehr bald deutlich, dass wir die Vergangenheit sterben lassen müssen. Wir dürfen uns von irgendwelchen früheren Vorstellungen über unseren Körper und unser Leben, die wir in unserem Geist mit uns herumtragen, nicht auf Abwege bringen lassen. Genau dies ist es, worum es bei der Körperarbeit geht. Das diskursive Denken besteht im Grunde aus einer Reihe von Erinnerungen, die wir jetzt immer wieder neu aufwärmen und für „uns" halten. Und da liegt der springende Punkt. Das kommt alles aus der Vergangenheit. Es ist zusammengesetzt aus Dingen, die wir hier und da und dort aufgesammelt haben. Doch das Einzige, was uns wirklich gehört, ist das Leben in unserem Körper, das sich entfalten möchte. Alles, was wir denken, all unsere Pläne und all unsere Werte, all unsere Projekte, unsere Selbstbilder und unser Gefühl einer persönlichen Identität – all das geht völlig an dem vorbei, was eben jetzt geschehen muss.

Verlieren wir wirklich etwas Wesentliches, wenn wir die Vergangenheit loslassen? Betrachten wir das Beispiel einer Beziehung. Wenn wir in unserer Beziehung zu einem anderen Menschen die Vergangenheit loslassen, dann bedeutet das nicht, dass wir die andere Person loslassen – ganz und gar nicht. Wir lassen viel mehr die gewohnheitsmäßigen und oft belastenden Muster los, die unser Zusammensein definiert haben, und bereiten den Weg dafür, dass sich für uns und unseren Partner das Mysterium der Gegenwart entfalten kann. Auf gleiche Weise müssen wir all die gewohnheitsmäßigen Muster loslassen, die definieren – und damit drastisch einengen –, wie wir mit unserem Leben als Ganzem umgehen. Das bedeutet nicht, dass unser Leben verschwindet, sondern dass unser Körper beginnt, uns zu zeigen, wie wir sein müssen und was geschehen kann. Aus diesem Grunde ist die Körperarbeit so machtvoll und tiefgründig: Sie trainiert uns dazu, auf gute Weise zu vergessen und die Vergangenheit loszulassen.

Manchmal mag es uns riskant erscheinen, auf diese Weise loszulassen, und das kann uns Angst machen. Wir haben vielleicht das Gefühl, dass wir durch die Körperarbeit etwas Wesentliches verlieren könnten, dass wir uns *selbst* verlieren könnten. Aber es geht bei dieser Reise ja gerade darum, unser solides und durchgängiges Gefühl unserer selbst, also unser Ich, zu verlieren. Dabei mag uns helfen, die Tatsache zu kontemplieren, dass wir irgendwann sterben werden. Wird uns dies einmal klar – dies sowie die Tatsache, dass unser Tod natürlich bedeuten wird, dass unser Ego stirbt und uns die Vergangenheit *vollkommen* verloren geht –, dann gibt es im Grunde nichts zu verlieren. An diesem Punkt können wir zu uns selbst sagen: „Was ist das Schlimmste, das geschehen könnte?" Dass wir sterben werden. Und das ist nicht nur das Schlimmste, was passieren *kann,* es ist etwas, das garantiert geschehen *wird.* An diesem Punkt die Vergangenheit loszulassen, kann also eine große Erleichterung sein und uns viel Frieden bringen.

13

Durch das Tor eintreten

Wir beginnen eine Beziehung zu unserem Körper herzustellen, indem wir eine Meditation üben, die unsere Aufmerksamkeit auf seine verschiedenen Teile ausrichtet. Wenn wir dies üben, sieht das anfänglich ganz so aus, als betrachteten wir den Körper von außen. Wir können unsere Aufmerksamkeit zum Beispiel auf unsere Hand oder unseren Fuß richten. Das ist so, als würden wir diese Körperteile aus einiger Entfernung beobachten, um zu sehen, was dort los ist.

Wenn wir das versuchen, so mögen wir anfangs das Gefühl haben, dass dort überhaupt nichts los ist. Auch wenn wir am Anfang gar nichts fühlen oder nur Taubheit spüren, wird der Bereich, auf den wir unsere Aufmerksamkeit richten, bei fortdauernder Übung allmählich Zeichen des Lebens erkennen lassen. Nehmen wir das Beispiel des großen Zehs. Vielleicht haben wir zuerst dort, wo unser großer Zeh ist, überhaupt keine Empfindung. Wir fahren mit der Übung fort und versuchen unseren Zeh zu fühlen, und wir spüren immer noch nichts. Es gibt dort, wo sich der große Zeh befindet, einfach keinerlei Empfindung. Es ist, als fehlte dieser Körperteil.

Wenn wir weitermachen, werden wir irgendwann eine zuerst sehr schwache Empfindung in der ungefähren Gegend des großen Zehs zu spüren beginnen. Dann haben wir immer mehr das Gefühl, dass dort etwas ist. Machen wir weiter, wird der große Zeh deutliche Zeichen des Lebens erkennen lassen und wir beginnen zu fühlen, dass dort etwas ist, das wir näher kennenlernen können. Bei weiterer Übung fühlen wir schließlich, dass der große Zeh ein ziemlich komplexes Ding ist, in dem alles Mögliche passiert. Schließlich spüren wir zunehmend, dass der große Zeh eine Art von Lebendigkeit, Energie und Intensität besitzt, die wir nie zuvor erfahren haben. Letztlich entdecken wir, dass der große Zeh ein Universum für sich ist, ein Universum mit Mustern der Spannung und Entspannung, der Erstarrung und Offenheit, der Schmerzen und der Gefühle des Wohlseins – etwas, das von Leben vibriert und das einen ganz eigenen Charakter und eine eigene, ihm einzigartige Verhaltensweise besitzt.

Man fängt also mit den offensichtlicheren und leichter identifizierbaren Körperteilen an, wie etwa mit dem großen Zeh unseres Beispiels. Da der Unterbauch ein Schlüsselbereich ist, von dem sowohl Spannungen ausgehen als auch Energie ausstrahlt, kann man mit der Übung auch hier beginnen. Doch dann entwickeln wir immer mehr Subtilität und werden allmählich bestimmter Bereiche innerhalb der Körperteile, auf die wir unsere Aufmerksamkeit lenken, gewahr – etwa Sehnen und Bänder, winzige Muskeln an versteckten Orten, Organe, Knochen, das Kreislaufsystem, das Herz und so weiter. Wenn wir weiter üben, wird uns klar, dass wir praktisch an jedem Ort im Körper, den wir genauer betrachten, ein offenes Forschungsfeld finden.

Indem wir unsere Praxis fortsetzen, entwickelt sich zunehmend ein Gefühl für unser Inneres. Zuerst richten wir unsere Aufmerksamkeit auf unseren Bauch oder auf unser Herzzentrum oder auf unsere Gliedmaßen, Füße, Finger oder Zehen. Anfänglich fühlt sich das so an, als *brächten* wir unsere Bewusstheit an diese Orte. Aber mit der Zeit beginnen wir zu spüren, dass in diesen Bereichen in Wirklichkeit bereits Bewusstsein vorhanden ist. Wir lenken unsere Aufmerksamkeit auf einen bestimmten Körperteil und entdecken dann, dass das, was wir erfahren, tatsächlich viel größer ist als die Aufmerksamkeit, die wir darauf gerichtet haben. Es ist, als würde diese größere, bereits vorhandene Bewusstheit dieses Körperteils auf uns zurückwirken. Wenn wir dies erfahren, wird uns klar, dass wir uns in Wirklichkeit auf ein bereits existierendes Bewusstsein einstimmen, das nicht nur in diesem bestimmten Bereich vorhanden ist, sondern im gesamten Körper.

Durch diese Übung entsteht eine Verlagerung der Gewichtung und des Umfangs unseres Bewusstseins, eine Verlagerung der Art und Weise, auf die wir uns unserer selbst bewusst sind. Gewöhnlich erfahren wir eine höchst begriffliche Form des Bewusstseins, das bereits erwähnte „Tagesbewusstsein", welches die meisten Menschen in ihrem Kopf oder sogar in ihrem Frontallappen erleben – ein Bewusstsein, das nach außen oder auf etwas anderes gerichtet ist, auf die Umgebung oder auf das, was wir uns bewusst oder unbewusst für unser Leben wünschen.

Diese Art des eingeengten Bewusstseins ist tatsächlich eine Art von Konzentration, die auf das gerichtet ist, was wir denken, und mit der wir versuchen, Dinge hervorzubringen, die für unser Ich-Projekt, für unser Selbstbild und für unser Leben irgendwie wichtig sind. In diesem stark gebündelten, absichtsvollen Bewusstsein schließen wir einen großen Bereich potenzieller Information aus – von Information, die eigentlich bereits an der Peripherie unserer Bewusstheit vorhanden ist. Tatsächlich besteht ein Teil des Bewusstseinsprozesses im „Tageslicht" darin, gegen ein viel größeres Feld potenzieller Bewusstheit anzugehen und dieses an den Rand zu drängen oder ganz zu verdrängen.

Doch wenn wir unsere Bewusstheit in unseren Körper einbringen, beginnt etwas anderes zu geschehen. Gewöhnlich bemerken wir bereits relativ früh in unserer Übung, dass es eine andere Weise der Bewusstheit gibt. Je länger wir mit dem Körper arbeiten, desto besser vermögen wir, in den Körper hineinzusehen. Dieses Sehen unterscheidet sich stark von dem Sehen im „Tageslicht". Wir werden immer mehr der

Peripherie unseres Tageslichtbewusstseins gewahr und achten nicht mehr nur auf sein Zentrum. Es ist beinahe so, als lernten wir, von dem abzusehen, was scharf umrissen, klar und genau fokussiert ist, und das zu empfangen, was an der Grenze geschieht. Dies ist nicht nur die Grenze unserer Bewusstheit, sondern auch die Grenze zwischen unserem „Geist“ und unserem „Körper“. Wir lernen, eher so zu sehen, wie der Körper sieht. Dieser Prozess beginnt bereits ganz zu Anfang der somatischen Meditationsarbeit, aber er setzt sich immer weiter fort und erreicht, scheinbar ohne Ende, immer subtilere Ebenen.

Mit der Zeit wandelt sich dann die Art und Weise, wie wir uns unserer selbst als Mensch bewusst sind. Eine Bewusstheit, die jenseits der Peripherie unseres Ich-Bewusstseins angesiedelt ist, ist im Körper angesiedelt. Je mehr wir unseren Körper bewohnen, desto stärker beginnen wir, in jenem Halbschatten-Bewusstsein des Körpers selbst zu wohnen. Mit der Zeit beginnen wir unsere Welt nicht so sehr dadurch zu kennen, dass wir darüber nachdenken, sondern indem wir sie empfinden und fühlen – nicht nur so, wie es der Körper tut, sondern *als* der Körper. Wir erfahren immer häufiger Momente, in denen wir erkennen, dass „wir“ im Grunde der Körper *sind.* Es stellt sich heraus, dass wir durch unsere zunehmende somatische Verkörperung in immer intensiveren Kontakt mit der Welt geraten. An diesem Punkt tritt das, was wir über die Welt denken, immer mehr zurück und wird relativ unwichtig. In unserem Leben geht es dann immer weniger um das, was wir denken, und immer mehr darum, einfach nur zu *sein.*

Die hier beschriebene Körperarbeit ist der Pfad zu diesem Ziel. Durch die somatischen Gewahrseinsübungen können wir eine immer größere

Einstimmung auf den Körper und schließlich die Identifizierung mit ihm erreichen. Wollen wir versuchen, in die verschiedenen Regionen unseres Körpers Bewusstheit einzubringen, so lässt sich der Atem sehr gut als Vehikel dafür gebrauchen. Um das bereits benutzte Beispiel wieder aufzugreifen: Bei einer der somatischen Übungen, die ich lehre, fordere ich die Meditierenden auf, ihre Aufmerksamkeit auf ihren großen Zeh zu richten. Wie ich schon sagte, vermögen viele Menschen anfänglich gar nichts zu spüren; da ist nichts als Taubheit. Doch die Lehren des tibetischen Yoga sagen uns, dass wir unsere Atmung benutzen können, um unser körperliches Gewahrsein zu vergrößern.

Im tibetischen Yoga spricht man vom äußeren Atem, unserer normalen Atmung, und auch vom inneren Atem, unserer Lebenskraft oder dem Prâna. Der äußere Atem umfängt den inneren Atem, so wie die Schale einer Frucht ihren Kern umfängt. Wenn wir unsere Aufmerksamkeit auf den äußeren Atem lenken, gewinnen wir Zugang zum inneren Atem.

Nach dem tibetischen Yoga können wir unseren inneren Atem oder Prâna auf verschiedene Weise lenken. Es ist zum Beispiel so, dass unser äußerer Atem unsere Lungen füllt. Wir können aber auch visualisieren, dass wir unseren äußeren Atem zu jedem beliebigen Ort in unserem Körper hinführen. Wir benutzen also die Visualisierung unseres Atems – und nicht etwa den physischen Atem selbst –, um unsere Aufmerksamkeit fokussiert auf irgendeine Stelle des Körpers zu richten. Es gehört zur Natur des Prâna, dass er in jenen Bereich des Körpers strömt, auf den wir unsere Aufmerksamkeit richten. Wenn wir also visualisieren, dass wir unseren Atem in einen bestimmten Bereich lenken, dann führen wir damit unseren Prâna, unseren inneren Atem, an diesen Ort.

Wir können dies auch tun, indem wir visualisieren, dass wir den Atem von außen durch die Haut in unseren Körper bringen. In dem Beispiel unseres großen Zehs können wir visualisieren, dass wir den

Atem durch alle Poren der Haut des großen Zehs, von oben, unten, links, rechts und von vorn in den großen Zeh hineinbringen. Eine andere Möglichkeit wäre, einfach zu visualisieren, dass wir direkt in einen Bereich hineinatmen, etwa in das Innere des Unterbauches oder in ein Gelenk wie das Knie. Dabei gehen wir nicht von außen nach innen, sondern atmen direkt in den inneren Bereich, also sozusagen von innen nach innen. Es ist so, als läge unsere gesamte Aufmerksamkeit im Unterbauch und wir spürten einfach, wie der Atem dort ankommt. Obwohl sich dies mit Worten nicht wirklich genau beschreiben lässt, zeigt uns ein wenig Übung sehr schnell, wie das funktioniert.

Der springende Punkt ist hier: Wohin immer wir unsere Aufmerksamkeit lenken, dorthin fließt der Prâna, und *der Prâna trägt Bewusstheit in diesen Bereich.* Durch die Lenkung des Prâna vermögen wir in jeden Bereich des Körpers Gewahrsein zu bringen. Der Übende atmet in den großen Zeh und durchdringt ihn damit mit Bewusstheit. Diese Art des Atmens unterstützt die Entwicklung unserer Fähigkeit, praktisch jedes Teils unseres Körpers gewahr zu werden. In den großen Zeh zu atmen, lässt viel schneller ein direktes Wissen um den großen Zeh entstehen als jede andere Methode. Es ermöglicht uns, die Eindrücke unserer Empfindungen ungehindert zu empfangen und öffnet uns direkt für die Erfahrung des aus sich selbst existierenden – das heißt, bereits vorhandenen – Bewusstseins des großen Zehs.

Diese Atemübung hilft uns auch, die Energie zu entdecken, die letztlich der große Zeh *ist,* wenn wir die Sache allein vom Standpunkt der Erfahrung sehen. Mit anderen Worten: Unsere scheinbar festen körperlichen Empfindungen des großen Zehs sind eine verfestigte und materialisierte Erfahrung einer ursprünglicheren Erfahrung des Zehs – dass er nämlich ein pulsierendes, vibrierendes Energiefeld ist. Indem wir dies direkt spüren, öffnen wir uns für eine Art der Kommunikation mit diesem Teil unseres Körpers, die ungehindert und sogar ohne jegliche Dualität ist. Wenn wir unsere gewöhnliche begriffliche

Vorstellung von uns selbst und unserem Körper beiseitelassen, wenn wir in der Lage sind, uns ganz und gar mit der Energie in dem großen Zeh zu identifizieren, dann gibt es nichts anderes mehr. Wir werden, in einem gewissen Sinne, zu der Energie des großen Zehs; wir sind diese Energie.

Diese Art der „nicht-dualen" Erfahrung des großen Zehs ist ganz deutlich ein dynamischer Prozess. Es ist tatsächlich so: Je mehr wir die energetische Welt, die der große Zeh ist, spüren, desto mehr Information, Erdung, Belebung und Nahrung beginnen in unser Bewusstsein einzufließen. Einfach nur dadurch, dass wir diese Bewusstheit entwickeln, spüren wir, dass wir uns auf einer ganz grundlegenden Ebene zu ändern beginnen. All dies ist eine bestimmte Art von „Information", die jedoch nicht von der Art ist, die wir irgendwie objektivieren oder benennen könnten.

14

Unbehagen bei der körperlichen Übung

Die somatischen Meditationen werden oft als zutiefst befriedigend erfahren. Sie hinterlassen ein tiefes Gefühl des Wohlbefindens in uns. Die Arbeit der Entwicklung jener Bewusstheit, zu der es durch unsere Übung kommt, ist jedoch oft auch von einem Stachel des Unbehagens begleitet. Zuerst einmal kann die schiere Energie und Intensität, die wir in einem bestimmten Bereich unseres Körpers aufdecken, einigermaßen unangenehm sein. Unserer Erfahrung scheint uns oft zu heftig, überbordend oder beinahe unerträglich zu sein. Da unser Geist gewohnheitsmäßig dazu neigt, um jeden Preis Annehmlichkeit, Bequemlichkeit und Kontrolle zu erstreben, kann uns diese intensive Energie ausgesprochen unwillkommen sein. Dieses Unbehagen zeigt, wie sehr wir die tatsächliche und ausgesprochen intensive Erfahrung unseres Körpers und seiner Energien an den Rand unseres Bewusstseins gedrängt oder sogar ganz verdrängt haben. Jetzt beginnt sich uns diese Intensität mitzuteilen, und zwar mit beträchtlicher Kraft. Wenn wir mit dem Körper arbeiten und seine verschiedenen Bereiche erkunden, kann es gut sein, dass wir beginnen, darin schmerzhafte „Spannungen" zu entdecken.

Der Begriff „Spannung" wird in diesem Buch als generelle Bezeichnung für eine breite Vielfalt unangenehmer somatischer Erfahrungen benutzt. Man kann Spannung aus zwei Blickwinkeln betrachten.

Einerseits wird damit eine Erfahrung im Körper benannt: Wir fühlen Spannung an einem bestimmten Ort. In einem anderen Sinn bezieht sich der Begriff auf das Resultat einer Aktivität unseres Ego-Geistes, der Aktivität des Festhaltens, Anspannens oder Einfrierens in einem bestimmten Bereich. Tatsächlich benennen diese beiden Bedeutungen dieselbe Sache, die nur aus verschiedenen Blickwinkeln gesehen wird. Anfänglich werden wir uns eines angespannten Körperteils bewusst. Später entdeckten wir durch die Übung, dass tatsächlich wir es sind, die festhalten, wir es sind, die den Körper anspannen. Es gibt also keine Spannung „da draußen" im Körper, die unabhängig von uns und von dem ist, was wir von Moment zu Moment tun.

Der Begriff „Spannung", wie er hier verwendet wird, bezieht sich auf die folgenden Formen körperlichen Unbehagens:

- Taubheit: Der Körper oder ein Teil des Körpers fühlt sich taub, gefühllos, tot an.
- Festigkeit: Ein Teil des Körpers fühlt sich schwer, dicht und fest an – als sei er ein Ziegelstein.
- Enge: Wir bemerken in gewissen Bereichen des Körpers eine übermäßig eingeengte Qualität – er fühlt sich unnatürlich beengt an.
- Schmerz: Der Körper oder ein Teil des Körpers fühlt sich wund oder schmerzend an. Wir spüren einen dumpfen Schmerz, pochenden Schmerz, stechenden Schmerz, eine Art von abgeschlossener Spannung, die uns eine mehr oder weniger große Notlage des Körpers signalisiert.
- Intensive Gefühlszustände, die sich nicht verändern und die unbeweglich erscheinen: Beklemmung, Angst, Depression, Furcht usw.
- Die subtile Spannung, die wir spüren, wenn wir vor irgendeiner Erfahrung zurückweichen, sei es eine Erfahrung der Sinne, der Gefühle oder von irgendetwas anderem.

Auf einer allgemeinen Ebene enthalten all diese Formen des körperlichen Unbehagens einen gemeinsamen Zug: Sie implizieren irgendeine Art des Festhaltens, des Feststeckens, der Einschließung oder des Mangels an Bewegung. Die bloße Tatsache, dass wir uns des Unbehagens bewusst werden, bedeutet jedoch, wie wir sehen werden, dass bereits eine Bewegung begonnen hat. Doch zuerst einmal signalisiert die Existenz des Unbehagens, dass das offene Feld des Bewusstseins und der damit einhergehende Fluss von Energie irgendwie beeinträchtigt sind. Sehen wir uns diese Formen der Spannung sowie die Prozesse, auf die sie hinweisen, genauer an:

- Taubheit impliziert, dass unsere Bewusstheit von diesem Teil des Körpers abgespalten ist. Wenn die Energie frei zirkuliert, so bewegt sie sich durch die Bewusstheit des Körpers. Wenn ein Teil taub ist, ist die Energie gestaut.
- Festigkeit weist darauf hin, dass wir nicht mehr total taub sind, dass wir aber auf eine scheinbar äußere, unnachgiebige Barriere in diesem Teil des Körpers stoßen. Unsere Bewusstheit kann nicht weiter vordringen, und deshalb haben wir das Gefühl der „Festigkeit".
- Enge konfrontiert uns mit der inneren Unbeweglichkeit der Region; sie ist ein Widerstand gegen jede Art der Aufweichung oder Bewegung.
- Schmerz ist der nächste Schritt über die Enge hinaus. Er ist das erste Anzeichen eines spezifischen Inhalts, ein Aufruf zur bewussten Erkundung – der Erkundung von etwas, das bisher im Körper festsaß und das nun an die Oberfläche unseres Bewusstseins steigt. Dieser Inhalt war so lange abgeschottet, bis er sich Bahn gebrochen hat, und er verlangt nun die psychische Aufmerksamkeit, die der Schmerz hervorruft. Alle Formen des körperlichen Schmerzes lassen sich in diese Kategorie einordnen, ob er nun von einer Krankheit, dem Alter oder einer Verletzung herrührt.

- Gefühlszustände, die sich nicht verändern und die unbeweglich zu sein scheinen, werden in verschiedenen Teilen des Körpers oder im Körper als Ganzem somatisch erfahren. Sie sind eine Art des Festhaltens, das schließlich an die Oberfläche getreten und offenkundig geworden ist, auch wenn dieses „Festhalten" sich deutlicher auf energetische Weise manifestiert als andere Formen des Festhaltens.
- Die subtile Spannung, die wir empfinden, wenn wir vor irgendeiner Erfahrung zurückweichen, wird in der buddhistischen Psychologie als das „Leiden konditionierter Zustände" bezeichnet. Gemeint ist damit die Spannung, die auftritt, wenn wir uns von Dingen, die wir erfahren, in unser zentralisiertes Ich zurückziehen, da wir ihre Frische nicht sehen oder fühlen.

Auch diese verschiedenen Formen des körperlichen Unbehagens können wir wieder allgemein als Spannung bezeichnen, weil sie als eine Art von Unbeweglichkeit oder Einengung im Körper zum Ausdruck kommen, und auch weil wir letztlich durch die Übung entdecken, dass wir diese Unbeweglichkeit oder Einengung selbst hervorbringen.

Es ist jedoch wichtig, dass wir uns bei all dem dessen bewusst sind, dass solche Versuche der Benennung nicht mehr als grobe Annäherungen sind. Letztlich ist jede Erfahrung einzigartig. In welche Kategorie oder Gruppe von Kategorien wir eine Form des Unbehagens auch einordnen mögen, sie wird immer über diese Kategorien hinausgehen und etwas ganz Eigenes sein. Wenn uns das klar wird, wird der Körper für uns immer wieder frisch und endlos faszinierend.

Praktizieren wir Körperübungen, so können alle möglichen Formen des Unbehagens auftauchen – manche davon äußerst subtil, andere lebhafter; manche nur für einen Moment, andere anhaltend. Das Unbehagen ist etwas, dessen wir zwar bereits gewahr waren, jedoch auf einer unterschwelligen und zuvor nicht zur Kenntnis genommenen Ebene.

So kann sich unser Unbehagen also in einem Gefühl der Taubheit und Leblosigkeit äußern, so als seien wir emotional und körperlich tot. Wir mögen das Gefühl haben, entkörpert zu sein, so als schwebten wir. Unser Unbehagen kann auch die Form einer Enge oder Spannung in einer großen Sehne, einem Muskel oder in einer Muskelgruppe annehmen. Oder es kann sich als Starrheit oder Festhalten in einem kleinen Bereich zeigen, sagen wir in einem winzigen Muskel an der Innenseite des Oberschenkels, an einem Punkt unterhalb des Schulterblattes oder als etwas in der Fingerspitze. Wie groß es auch sein oder wo es auch lokalisiert sein mag, wir fühlen die Gespanntheit und das Bedürfnis einer Lösung, aber wir können nicht loslassen. Das Unbehagen kann auch als körperlicher Schmerz erfahren werden, möglicherweise als kleine, scharfe Stiche oder als ein dumpfes Ziehen oder als etwas noch Intensiveres.

Unser Unbehagen mag auch von somatischen Erfahrungen herrühren, die wir nicht mit unserer vorgefassten Meinung von dem, was unser Körper ist oder wie er sein sollte, in Übereinstimmung bringen können. Wir mögen zum Beispiel entdecken, dass unser Körper nicht die ganzheitliche Einheit ist, für die wir ihn gehalten haben, und dass er sich tatsächlich in einem Zustand totaler Unordnung befindet. So mögen sich einige Bereiche sehr hart und gepanzert anfühlen, andere wiederum unglaublich verletzlich, ungeschützt, instabil und schwach. Einige Bereiche fühlen sich vielleicht verstopft und geschwollen an, andere unterernährt und ausgezehrt. Eine Körperseite mag sich kürzer oder kleiner anfühlen als die andere. Eine Seite fühlt sich lebendig an, die andere dagegen tot. Es mag sich anfühlen, als sei alles völlig aus dem Gleichgewicht, was dann selbst wiederum ein starkes Unbehagen oder sogar Angst erzeugen kann. Vielleicht würden wir am liebsten schreien oder wegrennen oder aus unserem Körper herausspringen.

Auf einer subtileren Ebene mag Spannung jedoch auch Gefühle und Empfindungen umfassen, die sich nicht wirklich körperlich anfühlen. Wir mögen in bestimmten Bereichen des Körpers vielleicht eine Art emotionaler Enge spüren, eine Energie, die sich irgendwie eingesperrt anfühlt. Das Gefühl ist nicht wirklich körperlich, und doch fühlen wir es somatisch, in unserem Körper, und manchmal sogar sehr intensiv. Zu solchen Gefühlen mag die Empfindung gehören, dass unser Herz ganz eng ist, so als sei es von einem Panzer umgeben. Wir mögen das Gefühl haben, dass uns etwas den Hals zuschnürt und dass wir keine Luft mehr bekommen, oder dass unser Kopf schwindlig ist, dass uns übel ist, oder dass unser Sexualzentrum mit seiner Energie auf unangenehme Weise eingeengt ist. Es mag ein Gefühl der Festigkeit und des Feststeckens vorhanden sein, auch wenn es sehr subtil sein mag. Wir verspüren den Wunsch loszulassen, freizugeben, sind aber nicht dazu fähig.

Unser Unbehagen mag sich wiederum auch als schmerzliche Gefühle äußern: Wir mögen plötzlich tiefe Trauer, unangenehme Erregung, schreckliche Angst oder extreme Schwindligkeit fühlen. Vielleicht fühlen wir Furcht, Panik, Bodenlosigkeit, Zorn, Ärger, Paranoia, Gier, Stolz usw. Die Liste ist endlos. Diese Emotionen sind Ausdruck der Spannung, denn es zeigt sich, dass wir in ihnen feststecken – sie wollen nicht vergehen und wir vermögen ihnen nicht zu entfliehen.

Dieser anfängliche, überaus wichtige Schritt in der Körperarbeit lässt uns einen Körper entdecken, in dem es viel Unbehagen, Festhalten oder Enge gibt. Während sich unsere Bewusstheit entwickelt, beginnen wir zu erkennen, dass unsere gewohnheitsmäßige, wenn auch unterschwellige Reaktion auf all dieses somatische Unbehagen ein unbewusstes oder kaum bewusstes Muster der Erstarrung ist: Wir halten fest, koste es, was es wolle, ängstlich und paranoid. Wir spannen unseren Körper an, damit wir nicht fühlen müssen. Wir beginnen zu erkennen, dass wir all dieses Unbehagen seit Jahren, seit Jahrzehnten oder bereits unser ganzes Leben lang abgeschottet haben.

15

Der Hintergrund und der Prozess des Unbehagens

In Unterweisungen über „die Geburt des Egos" geben buddhistische Lehrer uns eine theoretische Erklärung des Unbehagens. Anfänglich entsteht Unbehagen auf einer rein geistigen Ebene: Während unseres Lebens stürmen alle möglichen Phänomene auf uns ein – Sinneswahrnehmungen, Gefühle, Gedanken, Menschen, Situationen und so weiter. Im ersten Moment ihrer Erscheinung kommen sie unerwartet und äußerst lebhaft, und so erfahren wir sie anfänglich als einen Schock. Sie sind eine Herausforderung für unsere kleine, eingeengte Ich-Empfindung, weil sie immer aus dem Nichts auftauchen und anfangs stets unabhängig von dem sind, was wir denken oder wollen. Sie sind, im ersten Moment, ein Schlag für unsere Ich-Empfindung. In jenem ersten Augenblick jeder Erfahrung befinden wir uns in einem Schwebezustand in der offenen Weite und der Leere des Nicht-Selbst. Nun ist es typisch für uns, dass wir unser kleines Selbst, das „Ich", gleich wieder herstellen wollen und deshalb Zuflucht zu einer ersten Gefühlsreaktion auf diesen offenen Raum suchen: zu Furcht, Beklemmung, Angst oder sogar Panik. Dies ist der Beginn des Egos.

Furcht und die anderen grundlegenden Emotionen an sich sind allerdings eine weitere Herausforderungen für eine feste Ich-Empfindung, da sie so beunruhigend und unkontrollierbar sind. Wir wehren uns gewöhnlich gegen die Intensität dieser Gefühlsreaktionen, indem wir sie zu gröberen und greifbareren Gefühlen verdichten – wie etwa Gereiztheit, Zorn, Bedürftigkeit, Stolz, Begehren, Paranoia und so weiter. Mit diesen verbinden wir gewöhnlich eine Art von Ego-"Geschichte", irgendeine Story, die diese Gefühle in Beziehung zu unserem „Ich" bringt. Auch die gröberen Emotionen stellen also für unsere Ich-Empfindung eine Bedrohung dar, da sie so machtvoll und schmerzlich sind. So versuchen wir vielleicht in einem weiteren Schritt die Intensität dieser Gefühle zu leugnen, indem wir unseren Körper als Abwehr gegen das, was wir fühlen, anspannen oder erstarren lassen. Wir erstarren, damit wir die Intensität dessen, was geschieht, nicht erfahren müssen.

Das, was hier theoretisch umrissen wurde, wird in der Körperarbeit, durch die wir uns unserer eigenen Prozesse immer bewusster werden, zu einer Sache der persönlichen Erfahrung. Wir können genau sehen, wie unser „Ich" zustande kommt: 1. Etwas Beunruhigendes taucht auf; 2. wir fühlen einen Moment der Panik; 3. wir reagieren mit plötzlichem Zorn, Eifersucht, Stolz und so weiter; und 4. wir spannen unseren Körper als Abwehr an – unser Brustkorb verengt sich, wir haben ein komisches Gefühl in der Magengrube, wir ziehen die Schultern hoch. All dies geschieht zwar innerhalb von ein oder zwei Sekunden, aber je mehr wir unseres Körpers gewahr werden, desto deutlicher können wir diese einzelnen Stadien unterscheiden.

Dieser Prozess hat noch ein letztes Stadium. Wir sollten uns daran erinnern, dass die Erfahrung von Anspannung, Enge und Verhärtung an sich äußerst unangenehm ist und dass dieses Zurückweichen vor unserer Erfahrung und diese Erstarrung körperlich oft sehr quälend sind. Wie gehen wir also mit diesem äußerst unangenehmen Gefühl der Erstarrung um? Wenn wir bereits viel Erfahrung mit der körperlichen Meditation haben, sind wir fähig das, was geschehen ist, zu erkennen und die einzelnen Schichten unserer Reaktion rückwirkend durch Entspannung aufzulösen.

Die meisten von uns werden jedoch ihre Aufmerksamkeit von der unangenehmen Spannung und Verhärtung ablenken. Sie schließen die Gefühle ihres Körpers einfach aus und ziehen sich in den Prozess des begrifflichen Denkens zurück. Will Johnson geht in dem, was er über die Meditationshaltung schreibt, auf diesen entscheidenden Schachzug ein. Unsere Methode, den Körper und seine unangenehmen Gefühle auszuschließen, besteht in der Tat darin, uns in obsessives Denken zurückzuziehen. Je stärker wir unseren Körper ausgrenzen, desto mehr ziehen wir uns ins Denken zurück. Die Intensität unseres obsessiven Denkens ist direkt proportional zu dem Ausmaß, in dem wir uns dagegen wehren, unseren Körper direkt und voll und ganz zu erfahren. Wir haben uns in der Tat davon abgespalten.

Dieses letzte Stadium, in dem wir mehr oder weniger komplett von unserem Körper abgetrennt sind, in dem wir körperlich taub sind und uns unserer Taubheit nicht einmal mehr bewusst sind, ist der Zustand, in dem die meisten von uns modernen Menschen leben. Wenn wir uns erst einmal so vollständig von unserem körperlichen Leben und unserer physischen Verkörperung zurückgezogen haben, dann ist eine körperliche Krise, wie ich sie oben beschrieben habe, oft das Einzige, was uns noch helfen kann, aus der Entfremdung vom Körper herauszufinden. Wir werden krank, verletzen uns oder fühlen uns von irgendeiner anderen unkontrollierbaren körperlichen Situation überwältigt. Wenn es so weit gekommen ist, haben wir keine andere Wahl mehr, als die Botschaften, die der Körper uns sendet, ernst zu nehmen.

Im Kontext der Körperarbeit ist das Auftreten von Unbehagen also eine gute Nachricht. Dem ist so, weil das Unbehagen signalisiert, dass wir begonnen haben, den Prozess, den ich oben beschrieben habe, umzukehren – den Prozess der Entwicklung und Stärkung des Egos, welches letztlich die Ursache für unsere Körperfremdheit und die Entfremdung von unserem tieferen Selbst ist. Indem wir mit dem Körper arbeiten und uns dem Unbehagen stellen, wird uns die Spannung bewusst, und wir können den Prozess der Auflösung der einzelnen Ebenen unserer Ich-Empfindung in Gang setzen.

Der erste Schritt in diesem Prozess ist, dass wir aus dem Zustand der Taubheit in den Zustand des Unbehagens zurückkehren. Im weiteren Verlauf arbeiten wir uns dann durch eine Ebene des Unbehagens nach der anderen hindurch, wobei wir manchmal große Freiheit und Erfüllung empfinden, oft aber auch nur eine weitere Schicht der Spannung entdecken, wie bei einer Zwiebel. Indem wir immer tiefer in den Körper vordringen, von einer Ebene der Gefühle, der Empfindungen und der Stimmung zur nächsten, wird das Unbehagen subtiler und transparenter. Schließlich gelangen wir zu unserem Kern, dem leeren Raum in der Mitte, der offen und frei ist und der gleichzeitig die Grundlage unseres gesamten Seins darstellt. An diesem Punkt ist unsere Verkörperung vollendet, unsere Verwirklichung ist echt und das solide „Ich" ist zu einem fernen Traum geworden.

Damit wir also offen und kreativ mit dem auftauchenden Unbehagen arbeiten können, ist es wichtig zu verstehen, dass dieses Unbehagen keineswegs ein Problem darstellt, sondern genau das ist, wonach wir gesucht haben. Wenn wir glauben, dass unser Unbehagen ein Zeichen dafür ist, dass etwas nicht stimmt, dann ist es nur natürlich, dass wir uns dagegen wehren und versuchen, es in den Schatten unseres Körpers zurückzudrängen. Sehen wir es jedoch als das, was es ist – eine positive Entwicklung und ein Zeichen dafür, dass unsere Körperarbeit Fortschritte macht –, dann ist es sehr viel eher möglich, dieses Unbehagen willkommen zu heißen und in einer Haltung der Offenheit und Neugierde damit umzugehen.

Das Unbehagen, das wir in der Körperarbeit erfahren, ist also ein Zeichen dafür, dass unsere körperliche Übung beginnt, Erfolg zu zeitigen. Es bedeutet, dass der Körper uns Informationen kommuniziert, die uns – vielleicht schon seit langer Zeit – bewusst werden sollten. Wir beginnen zu verstehen, dass diese Unannehmlichkeiten an sich ein Ausdruck der „Weisheit des Körpers“ sind. Sie sind die Art und Weise, auf die der Körper uns wissen lässt, dass Arbeit auf uns wartet und wir unser Leben leben müssen – und dass unser Unbehagen der Anfang davon ist. Unbehagen ist also immer eine *Botschaft,* dass wir zu fest an unserer Ich-Empfindung festhalten; es ist eine *Einladung* uns zu entspannen, uns zu öffnen und uns dem Feuer einer umfassenderen Erfahrung hinzugeben.

16

Der Prozess des Loslassens

Innerhalb der körperlichen Anspannung finden wir eine Einladung zum Loslassen. Diese Einladung geht mit einer wichtigen Information einher: Indem wir uns der unangenehmen Spannung immer bewusster werden, beginnen wir auch zu spüren, dass tatsächlich wir selbst es sind – das bewusste, absichtsvolle, fokussierte Bewusstsein, das wir ständig aufrechtzuerhalten versuchen –, der eigentlich für diese Spannung verantwortlich ist. Es ist, sozusagen, unsere eigene Hinzufügung, die dieses Phänomen der Erstarrung erzeugt.

Diese Einsicht ist durchaus kein begriffliches Verständnis, sondern etwas, das sich auf einer ursprünglicheren, ja sogar körperlichen Ebene zeigt. Durch die Körperarbeit beginnen wir das Muster unserer Beteiligung an der Spannung zu „fühlen". Wir bemerken, dass wir zu dieser Spannung beitragen, dass wir sie aufrechterhalten und verstärken. Indem diese Empfindung immer stärker und greifbarer wird, beginnen wir zu entdecken, dass wir in die Lage versetzt werden, die Verantwortung für die Spannung zu übernehmen, bewusst in sie hineinzugehen und sie zu lösen.

Zuerst ist es so, als betrachteten wir dieses Festhalten von außen. Wenn wir dann näher hinsehen, können wir eine Grenze zwischen uns und dem Festhalten fühlen. Als Nächstes fühlen wir, dass diese Grenze sich auflöst, und wenn dies geschieht, beginnt unsere Bewusstheit die Spannung selbst zu durchdringen, sodass wir uns sozusagen innerhalb der Spannung wiederfinden und entdeckten, dass tatsächlich wir es sind, die da festhalten. An diesem Punkt tritt eine plötzliche, wenn auch oft sehr subtile körperliche Angst auf, fast so etwas wie Panik – ein zittriges, wackliges, unsicheres Gefühl. Für einen Moment halten wir gleichzeitig fest und lassen los. Wir schwanken hin und her. Einerseits haben wir das Gefühl, dass wir nicht loslassen können, doch gleichzeitig fühlen wir, dass wir loslassen *müssen* – dass wir uns öffnen, entspannen und hingeben müssen. Auf diesem qualvollen Grat schwanken wir eine Zeit lang hin und her – wenn wir nicht zurückweichen und davonlaufen –, bis wir darüber hinausgehen und loslassen.

Dieser Prozess des Loslassens wiederholt sich in praktisch allen Übungen der Körperarbeit, jedes Mal, wenn wir sie ausführen, und ganz gleich, ob wir Anfänger sind oder die Übungen schon seit Jahren praktizieren. Manchmal ist die Identifizierung von Spannung und ihre Lösung der Kern des somatischen Protokolls, das wir praktizieren. Bei anderer Gelegenheit konzentrieren wir uns vielleicht auf etwas anderes, aber selbst dann finden wir immer wieder Bereiche, wo wir festhalten und die nach Loslassen verlangen. Manchmal, zum Beispiel wenn unser Gewahrsein tief in der Stille unseres Unterbauches ruht, wird uns bewusst, dass auf einer oberflächlicheren Ebene noch ein Lösungsprozess in Gang ist, und wir sind in der Lage, diese Lösung in die Arbeit, die wir gerade tun, zu integrieren, ohne uns von ihr ablenken zu lassen. Oft findet die Lösung in einem sehr kleinen Bereich unseres Körpers statt, aber manchmal ist es auch so, dass wir eine Spannung lokalisieren, in sie hineingehen und loslassen, und dass dann auf einmal eine ganze Seite unseres Körpers loslässt und sich öffnet. Der Prozess des Loslassens scheint immer weiter zu gehen, weil kein Ende der Reise in unsere volle Verkörperung und des damit einhergehende Abbaus des soliden, pathologischen Egos abzusehen ist.

Unser Festhalten ist sowohl physischer als auch psychischer Natur. Das, woran wir festhalten, ist letztlich eine Art fixierten Gefühls des Seins. Das ist die psychische Dimension. Das Festhalten manifestiert sich als physisches Festhalten, aber die treibende Kraft ist letztlich eine psychische Angst und Unsicherheit, ein Greifen nach persönlicher Festigkeit und Sicherheit, nach einem persönlichen Territorium, das wir uns zu erhalten suchen. Wenn wir also loslassen, dann ist das nicht nur ein körperliches Loslassen, sondern gleichzeitig ein Loslassen unserer Empfindung, etwas Festes zu sein. Dies stellt einen Sprung ins Unbekannte dar.

Der Moment des Loslassens ist deshalb ein Sprung ins Unbekannte, weil wir in diesem Moment unseren denkenden Geist – den Geist, der unsere Erfahrungen objektiviert und der begrifflich denkt – nicht mitnehmen können. Wenn wir springen, dann finden wir uns plötzlich nackt und aller begrifflichen Vorstellungen von unserem Körper entblößt vor – vielleicht sogar aller anderen Dinge entblößt.

In diesem Augenblick kommt es zu einer plötzlichen und vollständigen Verlagerung der Erfahrung unseres Körpers. Vor dem Loslassen haben wir intensive Festigkeit gefühlt, eine unerträgliche Klaustrophobie, die mit unserem körperlichen Festhalten und unserer Erstarrung zu tun hatte. Im Moment des Loslassens ist es jedoch so, als sei diese unerträgliche, uns erstickende Klaustrophobie plötzlich vollständig verschwunden.

Mit einem Mal erfahren wir uns selbst als nichts als leerer Raum, in dem niemand mehr ist, der kommentiert oder beobachtet. Allerdings ist unser Körper immer noch vorhanden, denn dies ist kein entkörperter Zustand. Dies ist tatsächlich das genaue Gegenteil: Wir haben das Gefühl, ganz und gar in unserem Körper und mit ihm eins zu sein, während wir uns gleichzeitig leer von jeglicher soliden und objektivierbaren Realität fühlen. Und da er sich nirgendwo niederlassen und an nichts festhalten kann, fällt unser Geist in einen Zustand totaler

Stille. Wir fühlen Erleichterung oder Freiheit, mögen in Gelächter oder unkontrollierbares Schluchzen ausbrechen, in dem in diesem Augenblick keinerlei Gefühl eines „Ich" mehr vorhanden ist.

Diese Erfahrung des „Nichtwissens", wie wir sie nennen können, dauert nur einen Augenblick. Nur allzu schnell kommen wir zurück, konfigurieren wir uns neu und beginnen erneut mit dem Prozess des Festhaltens und Einfrierens, des Denkens und der Objektivierung unseres Körpers. Doch solch eine Erfahrung hinterlässt einen Eindruck – wir werden uns künftig danach sehnen, werden das Verlangen spüren, zu dieser Geräumigkeit des „Nirgendwo" unseres Körpers zurückzukehren, die seltsamerweise genau das ist, was wir unser ganzes Leben lang gesucht haben.

17

Die Reise entfaltet sich

Während wir mit der Übung fortfahren, geht der Prozess der Erkundung unseres körperlichen Seins und der Auflösung somatischer Spannung immer weiter. Er schreitet zu immer tieferen Bereichen des Körpers und auf immer tiefere Ebenen der Subtilität fort. Bei jeder neuen Erfahrung bringen wir Prâna, Leben und Bewusstsein in unseren Körper; wir spüren eine Blockade, wir erhalten die Einladung zur Auflösung, wir lassen los und wir erfahren schließlich Entspannung, die Empfindung eines nicht-wissenden und offenen Raumes, die sich daraus ergibt.

In diesem Prozess lernen wir unseren Körper immer wieder neu kennen. Während wir weiter fortschreiten, bekommen wir vielleicht das Gefühl, als öffneten sich die einzelnen Bereiche unseres Körpers wie eine Blüte. Indem wir mit der Atemübung fortfahren, entdecken wir beispielsweise in unserer Hand zunehmend ein Gefühl der Energie, Lebendigkeit und Vitalität.

Darüber hinaus spüren wir, dass die Hand ihr ganz spezielles Bewusstsein besitzt, das für sie ziemlich einzigartig ist. Führen wir die gleiche Übung mit anderen Körperteilen durch, dann erkennen wir, dass auch alle anderen Körperteile ihr ganz spezielles und einzigartiges *Bewusstseins-Profil* besitzen – man könnte sagen, ihre eigene Persönlichkeit, ihr eigenes Wissen und ihre eigene lebendige Wahrheit. Jeder Körperteil hat seinen eigenen Daseinsgrund, seine eigene Beziehung zu dem „Ich“ unseres bewussten Gewahrseins und seine eigene Weise, sich fortlaufend mitzuteilen.

Wenn wir uns also auf unseren Körper einstimmen, dann zeigt sich, dass jeder unserer Körperteile seine eigene Daseinsweise hat, die lebendig, intelligent und grundsätzlich unabhängig von unserem bewussten Geist ist. So kann es zum Beispiel sein, dass Menschen, die häufig barfuß gehen, uns viel darüber zu sagen haben, wie intelligent Füße sind, wie viel sie wissen und wie viel Information und Vitalität sie von der Erde empfangen. Solche Menschen empfangen durch ihre Füße ständig Information und Energie – oder, besser gesagt, ihre Füße empfangen diese Aspekte ihres eigenen Bewusstseins – allein dadurch, dass sie auf der Erde gehen und den ständigen energetischen Austausch spüren, der bei jedem Schritt stattfindet.

Mit jedem einzelnen Körperteil öffnet sich eine ganz neue Welt für uns und wird für unsere Erkundung zugänglich, sobald wir beginnen, damit zu arbeiten. Mit jeder neuen Entdeckung wird das, was „wir“ sind, tiefer, subtiler, komplexer, stärker verbunden und offener sowie umfassender. Und gleichzeitig wird es unbekannter. All dies entfaltet sich aus der ersten Erfahrung von Taubheit, Erstarrung und Klaustrophobie heraus.

Wenn wir weitermachen, wird uns klar, dass jeder Teil des Körpers eine lebendige Kraft und an und für sich eine eigene Galaxis ist. Jeder Körperteil ist, auf ganz reale Weise, ein Ding für sich, ein Individuum mit seiner eigenen Intelligenz, seiner eigenen Stimme und sogar seinem eigenen Willen. Jeder Körperteil ist eine Galaxis, die in ständiger Beziehung zu anderen Körperteilen, anderen Galaxien, im unendlichen, unbekannten Universum des Körpers schwebt.

Diese Entdeckung kann für diejenigen von uns, die den Körper für ein einheitliches Ding halten, das „uns“ gehört und unseren Vorstellungen entspricht, ziemlich beunruhigend sein. Wir sehen jetzt, dass die Etikette „Ich“ und „mein Körper“ ungenaue und letztlich unzutreffende Bezeichnungen sind für dieses Universum individueller und doch irgendwie wechselseitig verbundener Welten, für die Teile unseres Körpers vielleicht bis hinab auf die Ebene einzelner Zellen. Diese Erkenntnis kann verstörend sein, weil wir erkennen, dass die Vorstellung vom Körper als Teil eines einheitlichen, fortdauernden und definierbaren „Ichs“ – zumindest in Hinsicht auf den Körper – wenig mit der Wirklichkeit zu tun hat.

18

Der Körper hat eigene Pläne

Im Prozess unserer Entdeckungsreise beginnt uns zu dämmern, dass der Körper seine eigenen Pläne hat und möchte, dass wir diesen folgen. Diese Pläne beginnen sich zu zeigen, sobald ein Bereich unseres Körpers in den Vordergrund und in unser Bewusstsein tritt, uns auf unser Festhalten aufmerksam macht und uns dann dazu einlädt, den Prozess des Loslassens und der Entspannung zu beginnen.

Das Interessante dabei ist, dass wir dem Körper hierbei nicht die Pläne unseres Egos aufzwingen. Wir sagen also nicht: „Nun gut, ich habe Rückenprobleme und ich werde deshalb diese Körperarbeit benutzen, um meinen Rückenprobleme zu lösen." Stattdessen lassen wir den Körper die Initiative ergreifen. Der Körper sagt: „Wir werden mit dem Spann der Füße beginnen. Genau hier fangen wir an." Am nächsten Tag kommen wir darauf zurück, weil der Körper uns erneut auf den Spann aufmerksam macht, aber diesmal sammeln wir uns vielleicht auf das Innere des Fußes unterhalb des Spanns. Und so mag es eine Zeit lang weitergehen. Später sind es vielleicht die Waden, als Nächstes der Nacken und am nächsten Tag oder im nächsten Monat ist die Region unter den Schulterblättern, unter dem Schlüsselbein, im Inneren der Brust, im Inneren der Wirbelsäule oder entlang der Wirbelsäule dran.

Mit anderen Worten: Der Körper selbst gibt uns den Verlauf unserer Übung vor. Er liefert uns die Protokolle und zeigt uns den Kurs unserer Reise. Und irgendwann im Verlauf dieser Reise werden unsere Rückenprobleme vielleicht besser oder verschwinden ganz.

In dem Moment, in dem wir den Hinweisen des Körpers folgen, verstehen wir gewöhnlich nicht, *warum* die Körperarbeit gerade in diese Richtung geht. Während wir den Körper erkunden, spüren wir sehr spezifische Einladungen und Aufrufe, aber warum gerade *diese* Einladungen und Rufe zu dieser speziellen Zeit im Vordergrund stehen, bleibt ein Geheimnis.

Damit werden wir aufgerufen, von dem abzulassen, was wir zu wünschen oder zu brauchen *denken,* und stattdessen sehr genau hinzuhören. Wir werden dazu aufgefordert, den Einladungen des Körpers zu Bewusstheit, Offenheit und Loslassen nachzukommen. Durch diesen Prozess gewinnen wir ein sich immer weiter vertiefendes Verständnis dafür, dass der Körper keineswegs ein Werkzeug unseres persönlichen Egos ist, sondern dass er uns ständig mit einer Stimme ruft, die viel ursprünglicher ist als die des Egos. Er verlangt unsere Aufmerksamkeit und verwickelt uns in einen Prozess, den wir außerordentlich faszinierend finden, auch wenn wir nicht genau verstehen können, nach welchem übergeordneten Muster er verläuft.

Allerdings gibt es im Verlauf der Körperarbeit auch Perioden, in denen wir das, was abläuft, sehr genau sehen und verstehen. Um ein Beispiel zu geben: Es ist sehr interessant, dass sich bei Menschen, die diese Körperarbeit gründlich und in die Tiefe gehend ausführen, oft ungelöste persönliche Aufgaben auf somatische Weise manifestieren. Es kann sich dabei um Aufgaben handeln, die sich im Moment stellen, die über einen längeren Zeitraum relevant sind, oder sogar um Lebensaufgaben.

Es ist manchmal erstaunlich, wie buchstäblich sich diese Aufgaben im Körper manifestieren können. Menschen zum Beispiel, denen es schwerfällt, sich selbst auszudrücken, haben vielleicht an einem bestimmten Punkt das Gefühl, dass ihnen etwas die Luft abschnürt, weil sie spüren, wie sich Energie in ihrem Hals ansammelt. Sie sind nicht in der Lage, „ihre eigene Stimme zu finden". Fällt es uns schwer, unsere jeweilige Situation „zu schlucken", dann können wir große Schwierigkeiten beim Essen oder Trinken haben. Menschen, die sich ihrer Gefühle nicht bewusst sind, haben vielleicht das Gefühl, dass ihr Herz von einem Schraubstock eingezwängt wird. Jemand, der gerade erst begonnen hat, sich seiner eigenen negativen Züge bewusst zu werden, und der diese nicht verdauen kann, hat vielleicht ständig das Gefühl, sich übergeben zu müssen. Jemand, der in einer Phase der Neuorientierung in Hinsicht auf sein Selbstbild ist, in Hinsicht auf seine Beziehungen oder auf sein Leben, dem mag ständig schwindlig seien, so als könne er nicht klar denken oder wahrnehmen. Jemand, der es vermeidet, sich die Hände an den konkreten, erdverbundenen Aspekten des Lebens schmutzig zu machen, bekommt vielleicht Ausschlag oder gar Ekzeme auf Händen und Armen. In solch lebendigen, aber auch in weniger dramatischen Ausdrucksformen können wir vielleicht etwas von dem erkennen, worauf der Körper uns mit bestimmten somatischen Phänomenen hinweisen will.

Diese Aufgaben werden uns vom Körper ganz klar präsentiert, und zwar immer mit Rücksicht auf seinen eigenen Entwicklungsplan. Selbst wenn uns einigermaßen klar ist, welche somatischen/gefühlsmäßigen Entwicklungsaufgaben anstehen, bleiben die meisten von uns doch im Dunkeln darüber, wie die Arbeit sich entfalten wird, was von uns verlangt sein wird, welche anderen Dimensionen unseres Lebens, sowohl kleinere als auch größere, von der Arbeit betroffen oder involviert werden mögen und nach welcher Art von Wandel der Körper verlangt.

Es ist wichtig, dass wir den schmerzlichen Momenten der Verwirrung und des Chaos während der Arbeit genauso trauen wie den leichter annehmbaren Momenten des Friedens und des klaren Begreifens – ja vielleicht sogar noch mehr als Letzteren. Wir liegen wohl nicht falsch, wenn wir annehmen, dass das, was bei der Körperarbeit jeweils passiert, genau das ist, was wir aus der Sicht des Körpers gerade fühlen *müssen.* Die Perioden in der Körperarbeit, in denen wir große Klarheit über das erfahren, was gerade abläuft und warum es abläuft, sind nicht unbedingt besser als die anderen Perioden. Sie werden uns, wie auch die schwierigeren Momente, vom Körper präsentiert, weil sie das sind, was wir gerade am meisten brauchen. Der größte Teil der Arbeit vollzieht sich in den dichten, dunklen Wolken unserer eigenen unaufgelösten relativen Wahrheit. Wir werden hinabgerufen in die Dunkelheit des Körpers, in ein offenes, ungewisses und beunruhigendes Reich der Wirklichkeit, das mit dem gegenwärtigen Standpunkt unseres bewussten Egos nicht unbedingt viel zu tun hat.

An bestimmten Punkten jedoch scheint der Körper es für erforderlich zu halten, dass unser Verständnis sich öffnet und unser Zutrauen erneuert wird. In solchen Momenten teilen sich die Wolken. Plötzlich sehen wir die ganze weitläufige Landschaft, durch die wir reisen, und erhaschen einen Blick auf die strahlenden und majestätischen Berge, auf die wir die ganze Zeit zugereist sind, auch zu jenen Zeiten, da wir uns total verloren fühlten und überhaupt nichts sehen konnten. Durch diesen Prozess entwickelt sich langsam ein tiefes Vertrauen auf diesen unseren menschlichen Körper und eine Freude über diesen Körper sowie über die Reise, die zu unternehmen er uns ermöglicht.

Wir können dem Körper in Hinsicht auf das, was er uns anbietet, und auf sein Timing sowie den Ablauf und die Intensität der jeweiligen Erfahrung tatsächlich voll und ganz vertrauen. Der Körper kennt uns nicht nur in- und auswendig, er ist sogar, wie wir sehen werden, nichts anderes als unsere eigene Totalität. Er ist das tiefere Selbst, das uns heimwärts ruft, und er weiß genau, wie diese Reise sich entfalten muss, was wir in einem bestimmten Moment gerade noch verkraften können, wie uns die notwendige Information am besten zu vermitteln ist und auf welche Weise die notwendige Transformation am besten ablaufen kann. In einem gewissen Sinn ist der Körper also – wenn wir fähig sind, offen für ihn zu sein und ihm mit Klarheit zuzuhören – verlässlicher als ein Therapeut, der oft raten muss, wo unser Problem liegen könnte und wie man am besten damit arbeitet. Er ist auch verlässlicher als ein Medikament, dessen Verschreibung oft mehr oder weniger zufällig und experimentell ist und das körperfremde und oft ziemlich schädliche Chemikalien in unser System einbringt. Wieder einmal: Wenn wir in der Lage sind, seine Weisheit zu erkennen, dann ist der Körper der beste Lehrer und ein verlässlicher Führer auf unserer Reise.

Dritter Teil

Den Prozess der Meditation mit dem Körper verstehen

19

Die Wichtigkeit nichtbegrifflichen Verstehens in der Körperarbeit, und wo Begriffe nötig sind

Wie ich bereits erwähnt habe, verlangt die Körperarbeit, dass wir bereit sind, unsere Vorstellungen vom Körper loszulassen und in das Reich seiner direkten, nichtbegrifflichen Erfahrung einzutreten. Dies ist eine Voraussetzung für die Körperarbeit, weil wir nicht auf authentische Weise in den Körper eintreten können, solange wir noch in begrifflichen Vorstellungen davon festsitzen. Wir müssen diese Vorstellungen sozusagen an der Tür abgeben; dies ist der Preis für den Eintritt in die Mysterien des Körpers. Auch um uns für das, was der Körper uns offenbart, öffnen und um wirklich Gewinn daraus ziehen zu können, müssen wir unser Denken loslassen, wenn auch nur vorübergehend. Darüber hinaus verlangt Erleuchtung oder Verwirklichung, dass wir lernen, auf nichtbegriffliche Weise im Körper zu leben und uns in unserem Leben weniger auf das zu verlassen, was wir denken, als auf das, was der Körper unmittelbar und gänzlich nackt weiß und uns mitteilt. Angesichts der enormen Wichtigkeit, die man in der modernen abendländischen Kultur dem begrifflichen Denken zuschreibt, wird es sehr hilfreich für uns sein, wenn wir die zentrale und wesentliche Rolle des nichtbegrifflichen Wissens in der Körperarbeit genauer untersuchen. Außerdem müssen wir uns überlegen, ob das begriffliche Denken nicht durchaus eine legitime, wenn auch untergeordnete Rolle zu spielen hat.

In der modernen westlichen Kultur glauben die meisten Menschen, dass das einzig gültige und verlässliche Wissen das begriffliche Wissen ist. Andere Arten des Wissens – Gefühle, Intuitionen, Empfindungen, Bilder, Träume, Visionen – gelten als sekundär, da sie ihren Sinn und ihre Werte erst dann preisgeben, wenn sie in einem begrifflichen Bezugsrahmen „interpretiert" werden.

Gelegentlich trifft man natürlich auch im Westen moderne Menschen, die die Annahme zurückweisen, das begriffliche Wissen sei die einzig wirklich gültige Art des Wissens. Doch auch diejenigen von uns, die dieser Meinung sind, neigen dann, wenn es hart auf hart kommt, dazu, aus dem heraus zu handeln, was sie über die Welt *denken.* Auch wenn wir vielleicht der Meinung sind, das begriffliche Denken sei untergeordnet, funktionieren wir doch nicht auf diese Weise. Besonders, wenn wir Unbehagen oder eine Bedrohung empfinden, fallen wir gewohnheitsmäßig in unsere begriffliche Weise des Wissens zurück, die wir für unseren primären Bezugspunkt und für die Methode, sichere und verlässliche Orientierung zu bekommen, halten.

Die meditativen Traditionen des Buddhismus, die die Quelle der in diesem Buch beschriebenen Körperarbeit sind, vertreten einen völlig anderen Ansatz. Ihnen gilt die direkte Erfahrung, die nicht von Begriffen vermittelt wird, als die primäre und die bei Weitem wichtigste Art des Wissens. Das begriffliche Verständnis wird natürlich ebenfalls für wesentlich gehalten, gilt jedoch immer als sekundär. Zuerst haben wir unser Leben; dann denken wir darüber nach und ziehen Schlussfolgerungen darüber. Die Schlussfolgerungen sind immer sekundär und kommen im Nachhinein. Für Buddhisten sind Vorstellungen nicht die Wirklichkeit selbst, sondern nur abstrakte Verbegrifflichungen unserer Erfahrung – und damit stark reduzierte Versionen des wirklichen

Lebens, nur kleine Ausschnitte und bloße Erinnerungen. Ich mag glauben, dass ich die Frau, mit der ich seit dreißig Jahren verheiratet bin, ziemlich gut kenne; aber oft überrascht mich das, was sie sieht oder sagt, zutiefst. Was ich über meine Frau denke, ist eine begriffliche Abstraktion, es ist nicht sie. Wer sie als Person tatsächlich ist, unterscheidet sich beträchtlich von meiner Vorstellung von ihr, und es offenbart sich nur dann voll und ganz, wenn es als Überraschung kommt. Die Überraschung bringt mich in Kontakt mit der wahren Person, und um diese wirkliche und wahre Person erfassen zu können, muss ich bereit sein, die begrifflichen Vorstellungen, die ich zuvor von ihr hatte, loszulassen.

Aus buddhistischer Sicht hat das, was genau jetzt geschieht, immer Vorrang vor Konzepten, die eine bloße Erinnerung an vergangene Erfahrungen sind. Die begrifflichen Abstraktionen müssen ständig im Lichte der sich entfaltenden Erfahrung korrigiert und neu formuliert werden. Darum werden im Buddhismus begriffliche Versionen der Wirklichkeit „Träume" genannt. Sie haben letztlich in Relation zur tatsächlichen, unmittelbaren und konkreten Fülle der Wirklichkeit keinerlei Substanz.

Warum halten dann die meisten von uns die verbegrifflichten Abstraktionen und die Schlussfolgerungen, die wir treffen, für die Wirklichkeit selbst? Weil unser nichtbegriffliches Leben stets vollkommen unvorhersehbar und offen ist. Das kann dazu führen, dass wir uns unsicher und schutzlos fühlen. Wenn wir in der Lage sind, „die Dinge festzunageln" und sie in definitive und definierbare Begriffe zu fassen, dann fühlen wir uns plötzlich wohler und sicherer. Wir wissen, wer oder was wir sind – oder wir glauben es wenigstens zu wissen.

Indem wir unsere begriffliche Version für die Wirklichkeit selbst halten, verlieren wir den Kontakt zur Substanz, der Wirklichkeit, der Fülle und der Freiheit, die uns im gegenwärtigen, vorbegrifflichen Augenblick zur Verfügung stehen. Zum Prozess der Meditation gehört, dass wir allmählich die ihrerseits wieder auf Meinungen beruhende Vielfalt der Meinungen darüber, wie die Dinge sind, abwerfen und immer mehr des tatsächlichen, nichtbegrifflichen Substrats all unseres Denkens gewahr werden – jenes Substrats, das die Wirklichkeit selbst ist.[7]

Wenn wir mit dem Körper arbeiten, ist dieses fundamentale Prinzip – dass nämlich das Nichtbegriffliche der verbegrifflichten Version vorausgeht und grundlegender sowie bedeutsamer ist als diese – ganz

---

[7] Für die Gelehrten unter meinen Lesern mag es hilfreich sein, wenn ich erwähne, dass Asanga – ein großer buddhistischer Meister des fünften Jahrhunderts unserer Zeitrechnung, der ein Meditierender und Denker innerhalb der Yogâchâra-Schule des Buddhismus war und für die körperliche Arbeit des tibetischen Yoga sehr wichtig war – sich in seinem philosophischen Werk vor allem mit diesen Themen beschäftigt. Nach Asanga stellt das begriffliche Denken eine Abstraktion von einer ursprünglicheren Wirklichkeit dar. Asanga nennt diese begriffliche Abstraktion *parikalpita,* „vorgestellte Wirklichkeit". Da wir diese Vorstellung gewohnheitsmäßig mit der Wirklichkeit verwechseln, von der sie eine bloße Abstraktion ist, ist sie letzten Endes falsch und trügerisch. Diese Vorstellungen sind letztendlich alle Lügen. Damit wir uns von etwas einen Begriff machen können, so sagt Asanga, muss es eine ursprünglichere Erfahrung geben, die die Grundlage oder das Substrat, auf Sanskrit vastu, ist, worauf sich unser Begriff bezieht. Um eine begriffliche Abstraktion erzeugen zu können, muss man etwas haben, wovon man abstrahiert. Dieses Vastu ist eben das, was in jedem gegebenen Augenblick erscheint, und wie es erscheint. Es ist unfassbare, d.h. nichtbegriffliche Erfahrung. Es ist das, was im Augenblick aufgrund des Reifens von Ursachen und Bedingungen erscheint. Asanga nennt dieses nichtbegriffliche Substrat *paratantra,* d.h. die Kontinuität *(tantra,* die nichtbegriffliche Erfahrung, die sich ständig als unser Leben entfaltet), die letztendlich „anders" *(para)* ist – d.h. die sich jeglichem Versuch widersetzt, sie zu einem Teil unseres begrifflichen Inventars zu machen. Können wir diese ungreifbare Erfahrung benennen? Ja, das können wir, aber dann haben wir den Bereich des Paratantra verlassen und sind wieder auf der Ebene des Parikalpita. Asanga bezeichnet den Geist, der in der Lage ist, im Nichtbegrifflichen zu verweilen, als *parinishpanna,* „das voll ausgereifte und vervollkommnete Gewahrsein". Er fasst dies auf einfache Weise zusammen: Wenn wir Paratantra, das nichtbegriffliche Substrat, so sehen, wie es ist, ohne es zu benennen und Begriffe daran festzumachen, dann ist das Parinishpanna, unsere eigene umfassende Vollkommenheit. Wenn wir dieses Substrat mit Begriffen überlagern, dann befinden wir uns in Parikalpita, d.h., wir sehen die Dinge nicht, wie sie sind, sondern wie wir sie sehen wollen, und dies ist die Quelle aller Verwirrung und allen Leidens im Samsâra (einer Existenz, die in einem soliden, zentralisierten Ego gefangen ist). Es ist wichtig zu begreifen, dass Asanga hier nicht theoretisiert. Wie die anderen großen Philosophen-Yogis des Buddhismus spricht er auf der Grundlage dessen, was er in seinem Leben mithilfe der buddhistischen Meditation wieder und immer wieder *erfahren* hat. So haben denn auch viele westliche Kommentatoren darauf hingewiesen, dass Asangas „Philosophie" in Wirklichkeit eher eine psychologische Beschreibung des Funktionierens der Dinge ist, wenn Sie so wollen eher eine Phänomenologie als eine „Philosophie" in dem Sinne, wie wir sie gewöhnlich verstehen.

entscheidend. Bei dieser Arbeit müssen wir unsere buchstäbliche, unmittelbare somatische Erfahrung, worin auch immer sie bestehen mag, als Grundlage nehmen. Darum haben wir uns in diesem Buch auch zuerst mit Prozess der Körperarbeit beschäftigt und nicht damit, wie man ihn verstehen könnte. In der Arbeit selbst gehen die Übung und die Erfahrungen, die daraus entstehen, stets dem begrifflichen Verständnis voraus. Und das begriffliche Verständnis, zu dem wir schließlich gelangen, muss immer als provisorisch und als eine bloße Annäherung gesehen werden, eine Annäherung, die stets dem, was wir bei der Erkundung des Körpers vorfinden, untergeordnet ist und davon korrigiert werden muss. Es gibt niemals die „eine richtige Antwort". Die Erfahrung jedes Menschen wird sich letztlich von der aller anderen Menschen unterscheiden.

Sind wir uns aber erst einmal über den Primat des Nichtbegrifflichen im Bereich unseres Verstehens und, was noch wichtiger ist, in unserer Meditation im Klaren, dann ist es durchaus der Mühe wert, die begriffliche Geografie zu betrachten, die unsere körperliche Erkundung umgibt. Es ist nicht nur hilfreich, sondern sogar wichtig für unsere Körperarbeit, dass wir ein gewisses Verständnis des historischen und kulturellen Kontexts haben, in dem wir die Arbeit ausführen (wie im ersten Teil), und dass wir verstehen, warum wir Körperarbeit praktizieren, was geschieht, wenn wir sie praktizieren, und wie wir das, was geschieht, sowohl in praktischen als auch in theoretischen psychologischen Begriffen verstehen können (wie in diesem Teil).

Dieses begriffliche Verständnis ist wichtig, weil wir als Menschenwesen immer begriffliche Landkarten unserer Realität erstellen. Gerade wenn wir uns einem Bereich annähern, der so stark Erfahrungssache ist wie die somatische Meditation, wird es wichtig zu verstehen, was wir tun und warum wir es tun. Ohne ein solches Verständnis würden uns die Klarheit und das Zutrauen fehlen, das, was wir durchmachen, ganz anzunehmen. Ist unser begriffliches Verständnis jedoch umfassend, klar und entwickelt genug, dann wissen wir unsere Entdeckungen einzuordnen, worin sie auch bestehen mögen, und wir können am meisten von ihnen lernen.

Ein präzises begriffliches Verständnis kann uns in unserem Vorstoß in den Schatten des Körpers auch für größere Subtilitäten sensibilisieren und uns helfen, mehr zu sehen. Für erfahrene Reisende in den Körper kann das, was wir selbst über diese Art von Arbeit denken oder was jemand anders darüber denkt, eine Hilfe sein. Sie stellt uns eine Sprache zur Verfügung, mit der wir das, was wir selbst entdecken, kritisieren und neu formulieren können, sodass wir eine Grundlage für den kreativen Ausdruck unserer Erfahrungen haben, die wir nun mit anderen teilen und mit ihnen zusammen erforschen können. In diesem Teil des Buches werden wir also einige der traditionellen und der modernen Sichtweisen des Prozesses betrachten, durch den wir „die Erleuchtung mit dem Körper berühren" können.

20

Was der Körper weiß

Was hat diese ganze Körperarbeit denn nun mit Spiritualität und mit Meditation zu tun? Wir müssen begreifen, dass wir dann, wenn wir somatische Bewusstheit entwickeln und in den oben beschriebenen Prozess der Entspannung und des Loslassens eintreten, nicht nur mit unserer körperlichen Existenz Frieden schließen. Wir treten dabei tatsächlich in einen Prozess ein, der den Kern des spirituellen Lebens ausmacht, wie das der Buddha schon vor langer Zeit verstanden hat. Er fand heraus, dass spirituelle Strategien der Körperferne – wie etwa die Abwendung vom Körper, den Gefühlen, der Sexualität und dem Schmerz – zwar kurzfristig positive Resultate erzielen können, dass uns diese Strategien jedoch auf lange Sicht zurückfallen lassen in die Verwirrung und in das Leid, von denen wir ausgegangen sind, und dass sie diese sogar noch vertiefen.

Bei der Meditation mit dem Körper wird unsere Bewusstheit selbst auf neue Weise trainiert und umerzogen. Wir beginnen unser Leben als etwas zu leben, das unablässig aus der Tiefe unseres Körpers aufwallt, aus unseren Zellen, Knochen und Geweben. Statt davon auszugehen, dass der bewusste Geist der Ingenieur unseres Lebens sein sollte, beginnen wir zu erkennen, dass der bewusste Geist tatsächlich mehr so etwas wie ein Diener des Körpers ist. Der Körper wird zur ständigen Quelle unserer Inspiration, Kreativität, Ausrichtung und unseres Umganges mit anderen – zur Quelle all dessen, was wir brauchen, um authentisch leben zu können. Der Körper selbst ist der unerschöpfliche Quell der Wasser des Lebens.

Unsere unablässigen Versuche, die „Integrität" unserer Empfindung eines fortdauernden, soliden Ichs zu bewahren, führen dazu, dass wir uns dagegen sträuben, Information aufzunehmen, die nicht in dieses Selbstbild passt, oder dass wir solche Information einfach ignorieren. Und das bedeutet, dass wir von Moment zu Moment eine Unmenge an Information abblocken müssen.

Unser Körper ist ein Empfänger von Erfahrung, der keinerlei Urteile fällt. Heutzutage ist viel die Rede davon, man müsse wirksame persönliche Grenzen errichten. Was dies angeht, sollten wir nicht übersehen, dass wir in Wirklichkeit keine Grenzen um unseren Körper herum errichten können. Die Grenzen werden weiter oben gezogen, im Kopf. Im Körper gibt es keine Grenzen. Der Körper ist offen und durchlässig, er ist sensibel und verletzlich und befindet sich bereits in Wechselwirkung mit allen Dingen im Universum. Der Körper ist intelligent und das Wissen des Körpers operiert vollkommen außerhalb und jenseits des Bereiches unseres überaus engen Ego-Bewusstseins und seines Strebens nach „Grenzen".

Vom Standpunkt des Körpers wird alles, was in unserer Welt geschieht – ob wir es nun mögen oder nicht, ob wir es gut oder schlecht finden –, mit vollkommener Offenheit wahrgenommen. Was in unserer Umgebung geschieht, das nimmt unser Körper auf. Auf der somatischen Ebene wird uns stets die volle Erfahrung zuteil. Es gibt keine Grenzen um den Körper herum und keine Möglichkeit, sich selbst zu schützen – es sei denn, wir ziehen uns in ein dunkles Verlies zurück, verbarrikadieren die Tür und verstecken uns unter dem Bettgestell. Doch selbst dann empfängt der Körper weiterhin all die Energien seiner Umgebung. Ungeachtet dessen, was der Geist denkt oder möchte, empfängt der Körper und weiß der Körper. Er befindet sich unweigerlich in ständigem und direktem Kontakt mit der nackten, nichtbegrifflichen Erfahrung des Lebens. Ja, der Körper ist in einem ganz realen Sinn eben diese Erfahrung – das nichtbegriffliche Substrat, das der Überlagerung durch Begriffe, Benennungen und Urteile vorausgeht. Wie wir in der Körperarbeit und durch die Körperarbeit entdecken, verweilt der Körper in dem, was er spürt und auffängt, in der ungreifbaren Wirklichkeit dessen, was ist. Seine Weisheit und sein Wissen bleiben stets uneingeschränkt.

Der Körper empfängt also in völliger Offenheit und ohne zu urteilen Erfahrung, aber weil wir dermaßen an dem hängen, was wir zu sein glauben oder was wir gern sein würden, weil wir dermaßen an unseren Hoffnungen und Ängsten hinsichtlich unseres „Ichs" hängen und stets versuchen, dieses Ich aufrechtzuerhalten, weigern wir uns, einen großen Teil dessen, was der Körper fühlt und weiß und versteht, aufzunehmen. (Mit „wir" ist hier unser bewusstes Ich, unser bewusster Geist, unser Ego gemeint.) Das läuft folgendermaßen ab: Etwas geschieht, die Totalität der Erfahrung wird auf der somatischen Ebene registriert, aber unser bewusster Geist sagt: „Nein." Oder wir sagen: „Ich akzeptiere diesen Teil von dem, was geschehen ist, aber nicht jenen Teil." Unser Ich-Bewusstsein nimmt also nicht einfach auf, was der Körper weiß. Wir empfangen die somatische Information, die er uns mitteilen will, nicht direkt und vollständig.

Dies ist es, was der Buddhismus Unwissenheit *(moha)* nennt. Diese Unwissenheit hat nichts mit einem Mangel an Intelligenz oder Information zu tun. Sie besteht vielmehr im Ausschließen des Wissens und der Weisheit, die der Körper empfängt und in die er stets eingetaucht ist, weil diese nicht in unser Selbstbild passen. Unsere Unwissenheit ist in der Tat ausgesprochen intelligent. Sie weiß ganz genau, was sie annehmen kann und was sie ausschließen muss, um die Illusionen der Einheit und Fortdauer unseres Egos aufrechtzuerhalten.

Im Buddhismus gilt Unwissenheit als eines der drei grundlegenden Geistesgifte, die darauf hinwirken, unser „Ich" zu schützen. Der Prozess des Nicht-wissen-Wollens, der gerade beschrieben wurde, impliziert auch die beiden anderen Geistesgifte, nämlich Leidenschaft *(raga)* und Aggression *(dvesha).* Wir benutzen Leidenschaft oder Begehren dazu, die kleinen Anteile unserer gesamten somatischen Erfahrung, die unser „Ich" zu stützen scheinen, anzuziehen und in unserem Bewusstsein festzuhalten. Die Aggression benutzen wir in dem Versuch, all die Anteile des Wissens unseres Körpers, die nicht in das Selbstbild passen, das wir aufrechtzuerhalten versuchen, zurückzuweisen, zu negieren oder zu zerstören. So erzeugt unsere Aggressionen einen tiefen Konflikt – nicht so sehr mit äußeren Situationen oder anderen Menschen, auch wenn wir das so sehen mögen, sondern mit unserem Körper selbst, mit der Information über die Wirklichkeit, die der Körper uns vermitteln will. Dies ist der Grund, warum Menschen, die gewohnheitsmäßig mit starken aggressiven Tendenzen leben, das Leben oft als eine solche Hölle empfinden und in Elend sterben – weil sie sich nämlich ständig im Krieg mit ihrer eigenen physischen Verkörperung befinden.

21

Was geschieht mit dem, was wir zurückweisen?

Das eben Gesagte führt zu einer weiteren überaus wichtigen Frage: Was geschieht mit all der zurückgewiesenen und verweigerten Erfahrung, die unser Körper bereits empfangen hat? Um es einfach zu sagen: All dieses somatische Gewahrsein und all diese Erfahrungen werden von unserem Bewusstsein abgeschottet. Wie wir gesehen haben, lassen wir unseren Körper – der die Totalität kennt und ihrer gewahr ist – buchstäblich erstarren, damit wir nicht mehr als jenen kleinen Teil der Wirklichkeit, den wir akzeptieren können, fühlen müssen.

Die Erfahrung des Körpers wird durch diese Zurückweisung jedoch nicht ausgelöscht, und sie verschwindet auch nicht irgendwie. Der Körper lebt vielmehr weiter mit den Mustern mentaler Vermeidung und physischer Spannung, die wir um diese Verweigerung herum aufgebaut haben. In der Tat ist das Ego – zusammen mit der körperlichen Erstarrung und dem Festhalten, die das Ego aufrechterhalten – nichts weiter als eine einzige fortdauernde Vermeidung und Verweigerung. Wie Freud schon vor langer Zeit bemerkt hat, brauchen wir das Ego nur auf die richtige Weise zu untersuchen, um zu finden, dass alle zurückgewiesene Erfahrung, die wir „unterdrückt" haben, sich immer noch in einer komprimierten, verzerrten und pathologischen Weise in der Natur und Struktur des Egos selbst wiederfindet.

Darum verweilt die Erfahrung, die unser Körper aufgenommen hat, die unser bewusstes „Ich" jedoch nicht annehmen mochte, in einer Art von Niemandsland oder Bardo („Zwischenzustand") in unserem Körper. Dort fühlen wir sie unterschwellig, vor allem als eine andauernde Bedrohung und eine Quelle subtiler Angst, die sich durch unser Leben zieht. Deshalb ist das, was wir fürchten oder wovor wir Angst haben – vielleicht überraschenderweise – niemals in der äußeren Welt selbst zu finden. Es ist vielmehr unser eigener Körper, also das, was er bereits fühlt und kennt.

Die Aufrechterhaltung unseres Egos ist eine fortlaufende Aktivität des Wiederholens und Wiederkäuens der „Geschichte" unseres persönlichen Ichs. Wir sagen uns wieder und immer wieder vor, wer wir sein sollten, wer wir sein möchten und wer wir sein müssen, damit wir als „Ich" überleben und der Vernichtung entgehen können. Das ist ein ziemlich aufwendiges Unterfangen. Und je mehr diese andauernde begriffliche Erzählung von dem abgeschnitten ist, was der Körper weiß, desto mehr leben wir in Verblendung.

Wir denken vielleicht, der Prozess des Abschottens von Erfahrung sei ziemlich einfach und manifestiere sich durch offensichtliche körperliche Spannung – durch einen verkrampften Rücken, verspannte Schultern, ein steifes Becken und so weiter. Wenn wir mit dem tibetischen Yoga vertraut sind, ist uns jedoch klar, dass dies eine übermäßig vereinfachte Anschauung ist. Die „Verdrängung", zu der es kommt, wenn wir gegen das Wissen unseres Körpers angehen, involviert tatsächlich jeden Teil unseres Körpers, nicht nur unsere Muskeln und Sehnen, sondern auch unser Knorpelgewebe, alle unsere Organe, unser Nervensystem, unsere Knochen und sogar unser Blut und unser Lymphsystem. Gehen wir gegen unsere Erfahrung an, dann wird die Totalität des verweigerten Wissens nach Ansicht des tibetischen Yoga in jedem Teil unseres physischen Organismus bis hinab zu den Zellen „festgehalten". Auf diese Weise wird der Körper buchstäblich „versteinert" und versperrt, sodass er seine genetisch bestimmte Funktion – die natürliche Funktion, zu der er ursprünglich „entworfen" ist – in Relation zu unserem Bewusstsein nicht mehr ausüben kann. Und worin mag diese Funktion bestehen?

Die natürliche oder genetische Funktion des Körpers besteht darin, die Totalität seiner Erfahrung der Wirklichkeit aufzunehmen. Diese Totalität wird – für ein Ich-Bewusstsein, das dafür offen ist – zu der sich ständig verändernden und immer wieder neu formulierten Grundlage dessen, was ein menschliches Wesen über sich selbst, über andere Menschen und über die Welt denkt. Wir wollen diesen Prozess etwas detaillierter betrachten. Wenn etwas geschieht, das auf irgendeine Weise unsere Ich-Empfindung ankratzt oder bedroht, dann können wir in unserem gewöhnlichen Zustand der Körperfremdheit beobachten, wie unser Geist sich gegen das verschließt, was uns der Körper sagen will. Wie wir oben gesehen haben, verkrampfen wir uns buchstäblich, damit wir nicht sehen oder fühlen müssen. Wir wenden uns von der somatischen Information, die uns erreichen will, ab und wehren uns dagegen.

Die Körperarbeit erlaubt uns jedoch, mit einer solchen Situation auf andere Weise umzugehen. Wenn wir die Fähigkeit erlangt haben, im Laufe unseres Lebens durchgängig und fortlaufend in unserem Körper zu wohnen, dann bemerken wir, wie viel Information uns zukommt, die uns unter anderen Umständen sehr beunruhigt hätte und von der wir uns deshalb abgewendet hätten. Doch verweilen wir im Körper, so wird deutlich, dass wir diese Information durchaus empfangen können, ganz gleich wie sehr sie dem widerspricht, was wir über uns selbst gedacht haben oder was wir gern über uns selbst denken würden. Das Nächste, was wir bemerken, ist äußerst interessant, ja sogar erstaunlich: Wenn wir diese Information empfangen, dann können wir das, was wir gedacht haben, leicht und einfach loslassen, manchmal mit Humor und manchmal mit Traurigkeit, und sind fähig, in dem „unbekannten“ Raum zu verweilen, von dem wir oben gesprochen haben. Manchmal geht dies so weit, dass wir auf andere Weise von unseren Situationen, unserem Leben und dem, wer oder was wir sind, zu denken beginnen.

Je mehr wir uns auf unseren Körper einstimmen und je mehr wir in der Lage sind, die Totalität seiner Erfahrung anzunehmen, desto mehr ist unser bewusstes Ich und das, was wir über uns selbst und unsere Welt denken, locker, durchlässig und flexibel, sodass es sich leicht wandeln kann. Wir werden in der Lage sein, das, was wir gedacht haben, loszulassen. Wir werden die neue Information, die der Körper uns anzeigt, aufnehmen können. Unser vorgefasstes Konzept unseres Ichs wird sich leicht auflösen lassen und wir werden in der Lage sein, unsere Vorstellungen von uns selbst – die nun einmal Teil unserer menschlichen Daseinsweise sind – neu zu gestalten, diesmal jedoch auf besser informierte, realistischere, gelassenere und der Situation angemessenere Weise.

Es ist wichtig zu betonen, dass die Art und Weise des Körpers, Information zu kommunizieren, die Entspannung des Egos, das Loslassen und die Neuformulierung im Licht der neuen Erfahrung etwas ganz anderes sind als die übliche Weise der „Informationsverarbeitung“ des Egos. Üblicherweise funktionieren wir so, dass jede neue Information durch den Filter des Egos gehen muss, also der „wählerischen Wahl“ des Egos unterliegt. Die Information wird „bearbeitet“, zurechtgestutzt, manipuliert und so ausgesiebt, dass das Endprodukt in unser vorgefasstes Ich-Konzept passt. So wird die Integrität unserer vorgefassten Ich-Empfindung aufrechterhalten, indem wir das Leben unserer „neuen“ Erfahrung praktisch zerstören.

Betrachten wir einmal, wie jemand zu unserem „Feind“ wird. Anfänglich tut oder sagt jemand etwas, das impliziert, dass sie oder er uns nicht mag, uns schaden möchte, andere schlecht von uns denken lassen möchte oder auf irgendeine andere Weise gegen uns ist. Unsere übliche Reaktion darauf ist, ernüchtert oder ärgerlich zu sein und oft geradezu zwanghaft über das, was geschehen ist, nachzudenken, bis wir „wissen, was los ist". Der Schluss, zu dem die meisten von uns kommen, ordnet diese Personen in die Kategorie unserer „Feinde" oder Gegner ein, als eine Person, die durch ihre Feindseligkeit gegen uns und unseren Abscheu vor ihr definiert ist. Wenn wir auf dieser Schlussfolgerung beharren, so involviert das unweigerlich, dass wir die Information unseres Körpers auf vielfältige Weise ignorieren. Denn einerseits beginnen wir – besonders wenn es sich um eine Person handelt, die wir vorher schon gekannt haben – uns gegen alle positiven Eigenschaften oder Erfahrungen, die vielleicht Teil unserer früheren Erfahrung mit dieser Person waren, abzuschotten. Andererseits sind wir von jetzt ab nicht mehr bereit, ein gutes Haar an dieser Person zu lassen und irgendwelche guten Eigenschaften an ihr zu sehen und zur Kenntnis zu nehmen. So haben wir schließlich nur noch eine Karikatur dieser Person, eine stark eingeschränkte Version dessen, wer oder was sie gewesen ist, jetzt ist oder in Zukunft sein könnte.

In der gewohnten Funktionsweise unseres Egos kann unsere Erfahrung den folgenden Zyklus nicht beenden: Meldung des Körpers an ein flexibles Ich-Bewusstsein, Auflösung des vorgefassten Ich-Konzepts, neue Formulierung des „Ichs", weiterhin in Einklang mit der wahren somatischen Erfahrung der Welt bleiben. Da der Zyklus nicht abgeschlossen werden kann, wird die im buchstäblichen Sinne „organische" Reise unserer Erfahrung in Richtung auf Bewusstwerdung abgebrochen, und die Erfahrung wird zusammengestaucht und bleibt in sich selbst stecken. So verweilt die Erfahrung dann in einer Art ungesunder Stagnation in unserem Körper, sodass sie – in manchen Fällen vielleicht erst Jahre oder Jahrzehnte später – erst durch die hier beschriebene Körperarbeit oder durch eine andere Form somatischer Intervention oder Disziplinen freigesetzt werden kann. In unserer heutigen Gesellschaft nennen wir dies die Freisetzung eines „Traumas". In Wirklichkeit ist nackte Erfahrung für unser Ich „traumatisch", das heißt inakzeptabel. Und wie unseren Traumata, so ergeht es praktisch jedem Augenblick unseres Lebens – das volle Spektrum unserer Erfahrungen wird nicht zugelassen, sondern zurückgewiesen, unterdrückt und abgeschottet, sodass es in unserem Körper als bewusste oder unbewusste Spannung zurückbleibt.

In der Körperarbeit wird dieser Prozess umgekehrt und die Integrität der Kommunikation unseres Körpers wird wiedererlangt. Dies führt dazu, dass unsere frühere Weise, uns selbst und unsere Welt zu verstehen, zusammenbricht. Nehmen wir das vorangegangene Beispiel: Statt zu versuchen, zu irgendwelchen Schlussfolgerungen über unseren scheinbaren Gegner zu kommen, und statt uns aktiv darum zu bemühen, genau zu verstehen, was „los ist", was geschehen ist und wie das mit unserer Vorstellung von unserem „Ich" zusammenpasst, verweilen wir einfach im Körper, in dem Unbehagen und dem Schmerz und vielleicht der Erniedrigung und Konfusion dessen, was geschehen ist. Indem wir dabei verweilen, lassen wir all das im Schatten und der Dunkelheit auf uns wirken.

Gelingt es uns, der Versuchung, den Prozess zu beeinflussen, zu widerstehen, dann gelangen wir mit der Zeit unweigerlich zu einem viel umfassenderen Verständnis unserer selbst und der anderen Person. Wahrscheinlich können wir dann auch sehen, was wir vielleicht in Beziehung auf die andere Person getan haben oder gewesen sind, das zu deren Feindseligkeit beigetragen hat. Wir sehen vielleicht, wie sehr die andere Person an ihrem eigenen Leben leidet und dass wir ihr nur eine Gelegenheit geboten haben, diesen Schmerz auszudrücken. Wir sehen vielleicht Eigenschaften oder Einstellungen in uns selbst, die wir vorher übersehen haben und die Anteil an der Gesamtsituation haben. All diese Information stand uns vor dem beunruhigenden Ereignis nicht zur Verfügung. Doch indem wir uns der Erfahrung, wie wir sie in unserem Körper spüren, öffnen und bereit sind, uns vom Körper den Weg weisen zu lassen, wird der Zwischenfall zu einem Katalysator für eine umfassendere Seinsweise unserer selbst und eine größere Sympathie für diese Personen und für andere Menschen. Durch diesen Prozess haben wir unsere frühere Weise, zu sein und zu denken, unwiederbringlich verloren, und sind zu etwas Noch-nie-Dagewesenem gelangt, einem neuen „Ich" und einer neuen Weise zu sein. Wir sind auferstanden wie Phönix aus der Asche.

In der modernen Forschung gibt es viele Hinweise darauf, dass diese offene, frei fließende Beziehung zwischen Körper und Geistes in der Tat Teil unseres genetischen und unseres fundamentalen biologischen Erbes ist. Tatsächlich lassen anthropologische Studien vermuten, dass diese Art eines offenen, durchlässigen, flexiblen, sich stets verändernden und körperzentrierten Selbstbildes für die heutigen Sammler-und-Jäger-Gesellschaften charakteristisch ist, so wie es für die Völker und Gemeinschaften des Paläolithikums charakteristisch war. Im Lichte dieser Forschungsergebnisse sieht es so aus, dass, wie oben bereits angedeutet, die zunehmende Betonung der Erlangung eines soliden, fortdauernden und relativ isolierten „Ichs" seit der Zeit der Ackerbaugesellschaft, in der Industriegesellschaft und in der heutigen Informationsgesellschaft ein zunehmend dysfunktionales Muster darstellt, welches zu unserem genetischen Konstruktionsplan und der Art und Weise, wie wir biologisch zu funktionieren bestimmt sind, in Widerspruch steht. Wenn dem so ist, dann kann die hier vorgestellte Körperarbeit vielleicht ein Weg sein, ohne dass wir unbedingt versuchen müssten, zu anderen Menschen aus einer anderen Zeit und einer anderen Gegend zu werden, wieder zu einer sehr viel gesünderen und befriedigenderen Beziehung zu unserem Körper zu gelangen und unsere „ursprüngliche Natur" wieder zu entdecken.

22

Ein Beispiel

Ich möchte das Vorangegangene mit einem persönlichen Beispiel illustrieren. Obwohl ich in diesem Kontext viele verschiedene Beispiele anführen könnte, scheint dieses besonders geeignet zu sein, weil es eine Fülle an praktischen Einsichten in den hier beschriebenen Prozess der Körperarbeit liefert. Ich will das Beispiel hier erst einmal beschreiben und werde gegen Ende dieses Kapitels und in den folgenden Kapiteln auf einige seiner wichtigsten Implikationen zurückkommen.

Vor vielen Jahren befand ich mich in einsamer Klausur. Zu jener Zeit starb meine Mutter gerade an einer Krebserkrankung. Während ich eines Tages auf der Veranda meiner kleinen Hütte saß und zu Mittag aß, überfiel mich plötzlich aus heiterem Himmel eine schreckliche und hoffnungslose Verzweiflung. Ich wusste irgendwie, dass dieses Gefühl nicht aus meinem gegenwärtigen Ich kam, sondern eine für lange Zeit vergrabene Erinnerung darstellte, die jetzt an die Oberfläche gekommen war. Trotzdem war die Erfahrung ganz frisch, lebhaft und absolut wirklich. Nach einigen Momenten unerträglicher Intensität verschwand die Verzweiflung plötzlich wieder.

Ihr folgte jedoch unmittelbar eine Erinnerung aus meiner Kindheit. In meinen Teenagerjahren hatte meine Mutter mir ihre Überzeugung anvertraut, man solle Babys ruhig sich in den Schlaf weinen lassen, weil es sie „hart mache“ und „gut für ihre Lunge“ sei. Sie erzählte mir auch, dass sie dies mit mir als Baby praktiziert habe, und dass sie mich Nacht für Nacht unbeachtet in meinem Kinderbett hätte weinen lassen. Damals, als sie mir dies erzählte, reagierte ich sehr negativ und wurde überaus wütend. Als ich mich nun an diese Aussagen meiner Mutter erinnerte, erkannte ich glasklar, dass das, was ich gerade gefühlt hatte, meine Verzweiflung als Baby gewesen war, das nach seiner Mutter schrie, ohne erhört zu werden. Ich konnte ganz genau nachvollziehen, wie ich mich damals gefühlt hatte – hilflos und hoffnungslos und dem Tod überlassen. Ich verstand auch, warum ich niemals in der Lage gewesen war, meine eigenen kleinen Kinder längere Zeit weinen zu lassen, ohne mich um sie zu kümmern, und warum es mich immer sehr wütend gemacht hatte, wenn ich mitbekam, dass andere Eltern ihre Kinder scheinbar ungerührt weinen ließen. Nach meiner Klausur ordnete ich diese Erfahrung als eine der vielen Lektionen aus dieser Klausur ein, und sie schien für mich damit erledigt zu sein.

Einige Jahre später, lange nachdem meine Mutter gestorben war, leitete ich in einem buddhistischen Zentrum ein Meditationsprogramm, als meine chronischen Rückenschmerzen intensiver zu werden schienen. Ich bat eine der Teilnehmerinnen, die eine Netzwerk-Chiropraktikerin war, um Hilfe. Netzwerk-Chiropraktiker arbeiten mit präzisen Mustern unbewussten Festhaltens in der Wirbelsäule und in anderen Bereichen des Körpers. Sie gab mir einige Behandlungen, und diese schienen viel von der Spannung in meinem Rücken zu öffnen und zu lösen.

Eines Tages, als ich gerade eine weitere Behandlung erhielt, befand ich mich plötzlich als Baby in meinem Kinderbett und erfuhr dieselbe schreckliche und hoffnungslose Verzweiflung, die ich zuvor während meiner Klausur erfahren hatte. Dieses Mal war es jedoch nicht mein erwachsenes Ich, das diese Gefühle erfuhr – es war das Baby selbst.

Obwohl ich jemand war, der nicht gewohnt war, seine Gefühle zu zeigen, und der das auch nicht mochte, besonders vor einer meiner Schülerinnen, brach ich in unkontrollierbares Schluchzen und Weinen aus, rief nach meiner Mutter, flehte sie an, zu mir zu kommen, und bat sie, mich nicht allein zu lassen. Dieser Ausbruch von Gefühlen hielt etwa zwei Stunden an. Der schreckliche Schmerz des Verlassenseins wechselte ab mit rasender Wut auf meine Mutter, die, wie ich es empfand, mich verlassen hatte und mir nicht zu Hilfe kam. Meine Frau und eine meiner beiden Töchter im Teenageralter waren in dem Haus, wo ich damals wohnte und behandelt wurde, anwesend. Meine Tochter sagte später zu meiner Frau: „Ich dachte, Daddy sei vollkommen verrückt geworden. Es war einfach irre. Ich habe noch nie gesehen, dass er so aus sich herausgegangen ist, und ich glaube, ehrlich gesagt, ich habe überhaupt noch niemanden gesehen, der solch intensiven Schmerz und Zorn zum Ausdruck gebracht hat."

Die Erfahrung des Verlassenseins war irgendwie in meinem Rücken gespeichert gewesen. Zu der Zeit des ursprünglichen Verlassenwerdens und in den darauf folgenden Jahren war sie nicht verarbeitet worden. Der Zyklus der Erfahrung konnte also nicht zu einem Abschluss kommen. Vielleicht hatte sie bis nach dem Tod meiner Mutter „gewartet", bevor sie ganz und gar hervortrat, denn meine Mutter war zwar immer eine etwas kalte und gefühllose Person, aber sie war auch ziemlich zerbrechlich, und hätte ich den Schmerz zu ihrer Lebzeit erfahren, dann hätte das unsere Beziehung vielleicht auf eine für mich inakzeptable Weise gestört. Vielleicht war es so, dass diese Erfahrung erst durch die Hilfe meiner Chiropraktikerin und im Kontext einer Meditationsklausur zutage treten konnte – zu einem Zeitpunkt, da meine Mutter bereits gestorben war und ich durch viele Jahre der Meditation genügend Kraft und Selbstvertrauen gewonnen hatte.

Danach begannen die Dinge sich für mich auf neue Weise zu entwickeln. Mein Rücken war nicht mehr so erstarrt wie früher, und ein dunkler Schatten, der, wie ich jetzt sah, mein ganzes Leben über mir gelegen hatte, sowie ein für mich unerklärliches periodisches plötzliches Auftauchen von Kummer und Traurigkeit wurden nun weniger bedrohlich, flüssiger und durchsichtiger, und ich vermochte besser damit umzugehen. Ich bemerkte auch, dass ich nun, wenn das Gefühl schwarzer Hoffnungslosigkeit aufstieg, ziemlich direkt und mit Selbstvertrauen in meinen Zustand als Baby im Kinderbett zurückkehren und solange in der Verzweiflung des Kleinkindes verweilen konnte, wie nötig war, bis die Gefühle nach ihrem eigenen Zeitplan ihr Werk getan hatten und ich dann weitergehen konnte. Ich hatte immer das Gefühl, erfrischt aus solchen Erfahrungen zurückzukehren, mit mehr Tiefe und einer erneuerten Offenheit für das Leben und Freude am bloßen Lebendigsein.

Dieses Beispiel illustriert die vorangegangene Diskussion auf interessante und vielfältige Weise. Zuerst einmal, und das war das Offensichtlichste, war die schreckliche Erfahrung des Kleinkindes in seinem Kinderbett – und sehr wahrscheinlich andere und ähnliche traumatische Erfahrungen früheren emotionalen Verlassenwerdens – irgendwie in meinem Körper vergraben und hatte sich anfänglich als Rückenschmerzen manifestiert. Zweitens trug diese unerkannte Erfahrung, auch wenn sie meinem bewussten Gewahrsein verborgen blieb, auf entscheidende Weise zu dem Schatten bei, der mein ganzes Leben lang über meinem Leben gelegen hatte. Drittens waren mir die verborgenen Traumata des Verlassenwerdens sowie ihre Auswirkungen auf meine bewusste Erfahrung verborgen geblieben: Ich erkannte ihren Schatten nicht, bis ich über ihn hinausgegangen war. Viertens zeigt sich hier auch das erstaunliche Timing des Körpers: Meine Rückenschmerzen erreichten genau zu der Zeit ein unerträgliches Ausmaß, als ich mich in einer Meditationsklausur befand, als meine Mutter bereits gestorben war und als meine eigene Entwicklung es erlaubte, dass diese verborgenen Traumata mir bewusst wurden. In diesem Kontext vermochte ich die ursprünglichen Traumata zu erfahren und zu durchleben. Ich vermochte die Gefühle des Zorns und der Wut meiner Mutter gegenüber voll und ganz zu fühlen und sie in meine anderen Gefühle ihr gegenüber zu integrieren, in mein Verständnis unserer Beziehung und in den weiteren Verlauf meines Lebens. Erstaunlicherweise erschien die benötigte äußere Hilfe – meine Therapeutin – gerade zu diesem entscheidenden Zeitpunkt.

Nach dieser Erfahrung wusste ich noch mehr zu schätzen, was meine eigene Reise zur Verkörperung und meine lebenslange Meditationspraxis mir im Verlauf dieses Prozesses gebracht hatten. In dieser Hinsicht war ich dankbar für die durchgehende und körperlich präsenter Offenheit, die der tibetische Yoga kultiviert, aber auch für die durch die verkörperte Meditation genährte Fähigkeit, sehr intensive Gefühle und äußerst schmerzliche Zustände auf ganz und gar geerdete Weise zu erfahren und mich dabei nicht von Angst ablenken zu lassen, sondern voller Zutrauen und frei von Urteilen zu sein. Meine Schulung und meine Praxis hatten mich auf diese Weise befähigt, mich genau dann, als die Zeit dafür reif war, einfach und rasch für das ganze Chaos und den Schrecken der grenzenlosen Verzweiflung eines kleinen Kindes zu öffnen, so lange wie nötig bei diesen Gefühlen zu verweilen, die rasende Wut gegen meine Mutter zu durchleben, ohne mich zurückzuhalten, und aus der Erfahrung hervorzugehen, ohne mich in weiteres Grübeln oder Urteile zu verstricken, sondern die ganze Sache einfach loszulassen und mit meinem Leben weiterzumachen.

23

Karma der Ursache, Karma der Wirkung

Das Konzept des Karma, des Prinzips von Ursache und Wirkung, ist ein philosophischer Eckpfeiler des Buddhismus im Allgemeinen und ganz besonders des tibetischen buddhistischen Yoga. Als der Buddha seine Lehre über das Karma entwickelte, tat er dies nicht in erster Linie, indem er darüber spekulierte, sondern indem er sorgfältig und sehr genau beobachtete, wie die Dinge in seinem eigenen Leben funktionierten. Es bleibt bis heute eine Wahrheit, dass wir die tiefsten Einsichten in das Karma gewinnen, wenn wir gesammelt und mit Klarheit untersuchen, wie genau die Dinge bei uns ablaufen. Die im vorigen Kapitel beschriebenen Erfahrungen waren für mich eine ergiebige Quelle der Einsicht in das, was Karma ist, wie es die funktionelle Beziehung zwischen Körper und Geist offenbart und wie somatische Meditation den Weg zu seiner Reinigung und Transformation öffnen kann.

Das Prinzip des Karma lässt sich in zwei Teile unterteilen: in *das Karma der Wirkung* und in *das Karma des Resultats.* Das Karma der Ursache bezieht sich auf *die Art und Weise des Handelns und die Taten,* die das ungelöste Karma erzeugen. Das Karma des Resultats bezieht sich auf *die Totalität des ungelösten Karma, das wir erzeugt haben.* Mit dem Karma der Ursache ist also das Hervorbringen dessen gemeint, was wir „offene Rechnungen“ nennen können. Wir handeln in unserem Leben, mit anderen Worten gesagt, oft auf eine Weise, die eine Art von Katerstimmung hinterlässt, welche uns verfolgt, bis sie aufgelöst wird. Lassen Sie mich ein einfaches Beispiel geben: Wenn ich morgens zur Arbeit gehe und das Haus in Eile verlasse und dabei meiner Frau gegenüber zu kurz angebunden bin, ohne das einzugestehen und ohne mich dafür zu entschuldigen, dann hinterlässt das eine Wolke in unserer Beziehung, die bleibt, bis sie aufgelöst wird. Ich habe ungelöstes Karma erzeugt. Bleibt es unaufgelöst, dann wird es zu einer sich immer stärker verdichtenden Wolkenbank ähnlicher unaufgelöster Situationen beitragen, die unsere Beziehung überschatten wird, bis wir sie bearbeiten. Wird nichts davon jemals bearbeitet, so kann das zu einer Beziehung führen, die entweder tot ist oder vor dem Scheidungsrichter endet. Nach Ansicht des Buddhismus hat ein jeder von uns in diesem Leben und in früheren Leben eine beinahe unendliche Masse an ungelöstem Karma erzeugt – das Karma der Wirkung.

Wenn wir uns mit dem Karma der Ursache beschäftigen, dann sehen wir uns an, wie wir mit unserem Leben und unserer Erfahrung umgehen, um herauszufinden, wie durch unser Handeln Karma erzeugt wird. Wenn wir uns andererseits mit dem Karma des Ergebnisses beschäftigen, dann konzentrieren wir uns auf die gesamte Wolkenbank des ungelösten Karma, die uns in jedem Augenblick begleitet, und erkennen, dass sie tatsächlich das Resultat unserer eigenen früheren Handlungen ist. Wenn wir uns das Karma der Wirkung, also die Totalität unserer gegenwärtigen Situation, „zu eigen machen“, indem wir sehen, dass wir es selbst erzeugt haben, dann gibt uns das Kraft und macht es uns möglich, die Verantwortung für unser Leben und für das, was wir sind, zu übernehmen.

Wir können das Karma der Ursache und das Karma der Wirkung auch in somatischen Begriffen betrachten. Die offenen Rechnungen, die vom Karma der Ursache erzeugt werden, kommen durch die nicht abgeschlossenen Geist-Körper-Prozesse zustande, die wir zuvor beschrieben haben und die zu Mustern des Festhaltens und der Spannung führen. Wenn in unserem Leben etwas geschieht, dann neigen wir, wie wir gesehen haben, dazu, uns nur eines kleinen Teils der totalen Erfahrung bewusst zu werden und den Rest abzublocken, sodass er in Form von nicht zur Kenntnis genommenen Gefühlen, Empfindungen und Einsichten in unserem Körper eingesperrt, von unbewusster Spannung festgehalten und durch Erstarrung in Schach gehalten wird. Wenn wir uns gegen die Erfahrung unseres Körpers sperren, dann nehmen der Rückstau unvollendeter Erfahrung und damit unsere körperliche Erstarrung zu. Um diesen Rückstau eingedämmt zu halten, müssen wir immer raffiniertere Egostrategien der Vermeidung, Leugnung und Rationalisierung entwickeln und müssen gleichzeitig immer mehr Kraft und Energie investieren, um unseren Körper abzuschotten, uns zu betäuben und unsere Verdrängung aufrechtzuerhalten. Es ist dieser Prozess, den man als Erzeugung von Karma, des Karma der Ursache, bezeichnet. Gerät unsere Ego-Situation immer mehr in Widerspruch zu dem, was im Körper festgehalten wird, dann nehmen unser karmischer Rückstau und unsere karmischen Schulden zu und unsere körperlichen Funktionen werden immer mehr beeinträchtigt. Das Karma der Wirkung ist in jedem gegebenen Moment die Totalität all dessen, was wir nicht voll und ganz erfahren wollten, sowie der Art und Weise, auf die wir Erfahrung vermieden haben, indem wir den natürlichen Zyklus des Lebens kurzgeschlossen haben.

Nach Ansicht des Buddhismus wird jedes Baby in ganz bestimmte Umstände geboren, die in Übereinstimmung mit seiner karmischen Situation sind, das heißt mit dem unaufgelösten Karma, das am Ende seines vorigen Lebens vorhanden war. Der gesamte Komplex des Geschlechts des Babys, seiner körperlichen Gestalt, seiner allgemeinen Kraft und Konstitution, seiner Erfahrungen während der Schwangerschaft, seiner Familie, der Gegend, des Landes und der Kultur, in die es geboren wird, ja sogar seiner Geburt als ein menschliches Baby, spiegelt die Endsumme des Karma wider, das dieser Mensch in seiner vorangegangenen Inkarnation angesammelt hatte. Diese Endsumme enthält auch altes unaufgelöstes Karma aus den früheren Inkarnationen der Person, zurück bis in die anfanglose Vergangenheit. Dies ist ein Karma, das in der unmittelbaren Situation nicht leicht erkennbar ist, das aber unter der Oberfläche in der Form von mentalen Spuren und Neigungen im kosmischen Bewusstsein *(âlaya)* vorhanden ist. Es sind Prägungen, die zu einem späteren Zeitpunkt zum Vorschein kommen werden. Dies alles zusammen macht die Totalität der relativen Situation des Babys aus, das Karma der Wirkung des Babys. In diesem Leben verändern wir unser Karma der Wirkung entsprechend der Art und Weise, wie wir mit unserer bereits bestehenden karmischen Situation umgehen, indem wir bestimmte karmische Samen auslöschen und andere säen.

Teile der karmischen Situation eines Individuums treten während seiner Kindheit zutage und werden zuerst für seine Familie, später dann für das Individuum selbst sichtbar. Doch ein großer Teil des unaufgelösten Karma – jener Teil, der in unmanifestierte Form im Unterbewussten verborgen ist – wird erst später im Leben zum Vorschein kommen, wenn das Kleinkind zum Kind, zum Jugendlichen, zum Erwachsenen wird und schließlich altert und stirbt. Nach Auffassung des Buddhismus tritt der größte Teil des unaufgelösten Karma eines Individuums nicht in einem einzigen Leben zutage, sondern wartet auf eine andere Zeit und einen anderen Ort, eine andere Geburt, bis der Moment seines Auftauchens gekommen und dieses Auftauchen notwendig geworden ist.

Das Kleinkind ist einfach nur der Empfänger seines angesammelten Karma und hat, zumindest nach Ansicht des Buddhismus, noch nicht die Mittel, sich aktiv um die Begleichung der offenen Rechnungen aus seiner Vergangenheit kümmern zu können. Wenn das Individuum jedoch das Erwachsenenalter erreicht, dann beginnt es auf aktive Weise in sein Karma einzugreifen und arbeitet mehr oder weniger bewusst damit – und dieser Prozess dauert dann bis zum Tode an. In einem gewissen Sinne ist das gesamte Leben, ob man nun ein bewusster Praktiker irgendeiner spirituellen Tradition ist oder nicht, ein Prozess des Umgangs mit dem eigenen Karma und von dessen Entfaltung – ein Prozess, in dem neue karmische Samen erzeugt werden und vielleicht einige ältere aufgelöst werden.

24

Unser ungelebtes Leben

Wie wir gesehen haben, erzeugen wir Karma, indem wir mit etwas, das wir erfahren oder tun, nicht angemessen umgehen. Wir erfahren Dinge nur bis zu einem gewissen Punkt offen im Körper; dann trennen wir uns von ihnen ab, bevor sie ganz ins Bewusstsein getreten sind und ihr eigener Prozess abgeschlossen ist, und nehmen aus Angst Zuflucht zu unserem denkenden Geist. Wie wir gesehen haben, erzeugt dies einen Überhang, einen Rückstau offener Rechnungen, die vielleicht nur für wenige Momente, manchmal aber auch für eine Million Inkarnationen offenbleiben.

In dem oben beschriebenen Beispiel war ich als Kleinkind unfähig, entweder den Schrecken des Verlassenseins oder die mörderische Wut, die ich aufgrund der Vernachlässigung durch meine Mutter empfand, zu integrieren, also in bewusster Verbindung damit zu bleiben. Diese Emotionen zu empfinden, hätte das Kleinkind überfordert und hätte es ihm, in Relation zu seinen Bedürfnissen, unmöglich gemacht, die Entwicklungsaufgaben in Beziehung zu seiner Mutter zu lösen, die einem Kind während seines Aufwachsens obliegen. Also brachte ich es fertig, die Verzweiflung und die Wut des Kleinkindes erst einmal zu „vergessen“, was es mir möglich machte, mich auf den genetisch vorgegebenen ontogenetischen Entwicklungsprozess zu konzentrieren, den ein heranwachsendes Kind durchlaufen muss, und so in das Leben und seine verschiedenen Stadien hineinzuwachsen. Doch die Erfahrungen des Kleinkindes waren, wie wir gesehen haben, nicht wirklich vergessen, denn sie blieben lebendig und aktiv, wenn auch in den Körper eingeschlossen, und manifestierten sich durch den Schatten, der stets in den Randbereichen meines Bewusstseins lauerte, sowie in periodisch auftretender Traurigkeit. Dass ich mich zu jener Zeit dazu aufgerufen fühlte, Schülern, die ebenfalls Depression und Verzweiflung in ihrem Leben empfanden, zu helfen, mag ebenfalls ein Ausdruck davon gewesen sein.

Wir könnten unser unaufgelöstes Karma, unser zurückgewiesenes somatisches Wissen, als unser „ungelebtes Leben" bezeichnen. Es ist jener große Teil unserer menschlichen Existenz, den wir nicht bewusst fühlen, dem wir uns nicht stellen, mit dem wir nicht umgehen und den wir nicht inkorporieren. Es ist etwas, das unserem Körper zugekommen ist, etwas, das ein Ausdruck der Reifung und des Zutagetretens unseres Karma ist, dem wir es jedoch nicht erlaubt haben, zum Abschluss zu kommen. Viele von uns haben das Gefühl, dass sie im Leben etwas verpassen, dass das Leben an ihnen vorbeigeht und sie nicht mitbekommen, was ihr Leben wirklich sein könnte. Doch sie wissen nicht, warum sie das empfinden oder was sie dagegen tun könnten. Vom Standpunkt des Körpers aus gesehen, ist dieses ungelebte Leben das Leben, das bereits das unsere, das bereits passiert ist, das wir aber ignorieren und dem wir uns aus Angst und aus dem Wunsch, unseren Status quo aufrechtzuerhalten, verweigern. Natürlich sehnen wir uns nach diesem Leben, und natürlich kann das Gefühl, es zu verpassen, ausgesprochen quälend sein. Dies ist unsere gewohnte Art und Weise, niemals etwas ganz und gar zu durchleben. Wir durchleben die Dinge nur bis hin zu jenem Punkt, an dem wir noch mit ihnen umzugehen wissen, und dann machen wir einfach zu. Wir erlauben der Erfahrung nicht, ganz und gar durch uns hindurchzufließen. So erzeugen wir ständig Karma und bleiben gefangen im Griff eines eingeschränkten Bewusstseins und einer unvollständigen Erfahrung. Mit dem Körper zu meditieren, ist eine Methode, uns wieder mit unserem ungelebten Leben zu verbinden und mit der Zeit allmählich zu lernen, wie wir auf vollständigere, befriedigendere und erfüllendere Weise leben können.

25

Der Körper und seine Dimensionen: Das volle Ausmaß des Karma der Wirkung

Der physische Körper, den wir eben jetzt haben – menschlich, männlich oder weiblich, groß oder klein usw. –, ist also das Resultat all unseres früher erzeugten Karma. Um das Karma des Ergebnisses oder der Wirkung zu verstehen, müssen wir jedoch erkennen, dass unser Körper nicht auf die Hülle unserer unmittelbaren physischen Person beschränkt ist. Wenn wir unseren Körper durch die Körperarbeit in die Tiefe gehend erforschen, dann entdecken wir, dass er eine interpersonelle und sogar eine kosmische Dimension hat. Der interpersonelle Körper bezieht sich auf die anderen Menschen, mit denen wir wechselseitig verbunden sind; der kosmische Körper meint den „Körper" der natürlichen Welt, der belebten wie der unbelebten. Wir werden diese verschiedenen Körper später noch genauer betrachten, aber es ist hilfreich, sie bereits hier zu erwähnen, weil sie nämlich *zusammengenommen das Karma der Wirkung darstellen.*

In unserer heutigen Welt stellen wir uns unseren Körper üblicherweise als ein Ding vor, das von anderen Menschen und der es umgebenden Welt getrennt ist. Diese Anschauung ist ein Ausdruck unseres Gefühls der Unverbundenheit mit der interpersonellen und kosmischen Dimension des Lebens. Wenn wir den Körper jedoch in der Körperarbeit immer tiefer ausloten, gelangen wir zu der etwas überraschenden Entdeckung, dass wir auf der Ebene des Körpers durchaus nicht von diesen umfassenderen Dimensionen des Seins abgeschnitten sind. Wir sehen, dass unsere scheinbare Getrenntheit einfach nur darauf zurückzuführen ist, dass wir dessen, was unser Körper weiß, nicht gewahr sind und stattdessen in unserem Kopf wohnen und unser Leben von dort aus erfahren. Uns wird klar, dass unser Körper seine Verbundenheit mit anderen Dingen fühlt, spürt und kennt. Tatsächlich sind und existieren wir nur in der Verbundenheit mit anderen Dingen und durch diese. Letztlich sind wir nichts anderes als das, was Thich Nhat Hanh auf Englisch *„interbeing"* genannt hat, eine Wortschöpfung, die sich in etwa mit „Dasein in Interaktion" übersetzen lässt. Dies alles wird uns immer deutlicher, je tiefer wir in unsere somatische Existenz eindringen.

Unser physischer Körper, jener Körper, der scheinbar von der Hülle unserer Haut eingegrenzt ist, ist die erste somatische „Schicht", mit der wir es in unserer Übung zu tun bekommen. Zu Beginn unserer somatischen Erkundungen konzentrieren wir uns vor allem auf ihn. Der zweite Körper, der „interpersonelle Körper", stellt eine Schicht dar, die sich allmählich bemerkbar zu machen beginnt, nachdem wir die eher individuellen Aspekte unseres Körpers ausführlich erkundet und eine relativ offene und freie Beziehung zu ihnen entwickelt haben. Dieser interpersonelle Körper lässt sich als das Netzwerk unserer Beziehungen mit anderen Menschenwesen definieren, ein Netzwerk, dessen Inkarnation und Ausdruck wir sind. Der dritte Körper, also das, was ich den „kosmischen Körper" nenne, wird uns erst in einem ziemlich fortgeschrittenen Stadium unserer somatischen Übung zugänglich, nachdem wir längere Zeit mit dem physischen und dem interpersonellen Körper gearbeitet haben. Der kosmische Körper ist der ursprüngliche „Körper" der Erde, der natürlichen Welt und ihrer nichtmenschlichen Kreaturen, deren Ausdruck und Verkörperung wir auf einer noch tieferen und subtileren Ebene sind.

Je tiefer wir unseren Körper also erforschen, desto deutlicher sehen wir, was er „wirklich" ist – nämlich nicht nur dieser unmittelbare individuelle Körper, sondern in Wirklichkeit ein interpersonelles und darüber hinaus ein kosmisches Phänomen. Durch diese Arbeit entdecken wir, dass es nicht möglich ist, gänzlich verkörpert und für unseren Körper ganz und gar präsent zu sein, wenn wir nur auf unseren physischen Körper reduziert bleiben. Wenn wir wirklich „geerdet", ganz und gar wirklich und vollkommen verkörpert sein wollen, ist es notwendig, dass wir uns auch der interpersonellen und der kosmischen Dimension unseres Körpers öffnen.

Unser physischer Körper ist also die Pforte zur Totalität unserer verkörperten Existenz – der eine und einzige Zugang, den es gibt. Unser individueller, persönlicher Körper ist die äußere Schicht. Das interpersonelle Netzwerk und die lebendigen Energien der ursprünglichen Welt sind auf tieferen und subtileren Ebenen in uns angesiedelt. Je tiefer wir in unseren Körper vordringen, desto mehr dringen wir in die unendlichen Welten anderer fühlender Wesen und des Kosmos selbst ein. Auf diese Weise stellt der physische Körper die ungemein wichtige Eingangspforte zu unserer Verkörperung in ihren verschiedenen Dimensionen und Schichten dar, das unvergleichliche, heilige Tor. Aus diesem Grund konnte der große Siddha Saraha singen:

Genau hier [in meinem Körper]
ist der süße Yamuna[-Fluss],
genau hier sind die Fluten des Ganges,
genau hier
sind die [heiligen Städte] Prayan und Benares,
genau hier sind der Mond und die Sonne.
Heilige Stätten, Schreine und andere Orte,

sie alle sind genau hier.
Ich habe sie auf meinen Reisen besucht,
aber ich habe keine Pilgerstätte gesehen,
die glückseliger wäre als der Körper.[8]

Auch wenn wir moderne Menschen dazu neigen, uns unseren Körper anders vorzustellen – nämlich als ein Ding, das vom interpersonellen und dem kosmischen Körper getrennt ist –, so ist es doch lohnend, sich klarzumachen, was die moderne Wissenschaft uns zeigt: nämlich dass es keine solide, undurchdringliche und für sich bestehende Hülle unseres individuellen Körpers gibt und dass wir in ständiger, fortlaufender Wechselwirkung mit den umfassenderen Körpern stehen – so wie unser Gehirn in Wechselwirkung mit unserer Lunge steht und unsere Knochen in Wechselwirkung mit unserem Kreislaufsystem stehen. Es gilt das gleiche Prinzip, nur auf einer höheren Ebene. Dass man sich heute immer mehr der tiefen wechselseitigen Durchdringung unseres physischen Körpers mit dem sozialen und dem kosmischen Körper bewusst wird, zeigt, dass unser Verständnis des Körpers sich immer mehr der Auffassung des Körpers im Buddhismus und im buddhistischen Yoga sowie in vielen Stammeskulturen annähert.

[8] Übersetzt nach Roger R. Jackson, *Tantric Treasures: Three Collections of Mystical Verse from Buddhist India,* New York (Oxford University Press) 2004, S. 80-81.

26

Der Augenblick der größten Entfremdung

Der Körper bringt in seiner eigenen Weisheit und mit seinem eigenen unfehlbaren Timing Manifestationen von unaufgelöstem Karma hervor, und zwar in Form von körperlichen Empfindungen, durch die Freisetzung von Energie, durch eine Verletzung, eine Krankheit, einen Traum, das machtvolle Aufwallen von Gefühlen, von aufgeladenen Gedanken oder Erinnerungen. Vielleicht manifestiert es sich überraschenderweise sogar scheinbar „von außen“, wie etwa durch eine zufällige menschliche Begegnung oder ein „Naturereignis“. Wenn ein bestimmter Aspekt unseres unaufgelösten Karma auf diese Weise in unser Bewusstsein tritt, so sagt man, eine bestimmte karmische Anlage sein „herangereift“. Sie ist in dem Sinne herangereift, dass sie jetzt zusammen mit einer unvermeidlichen Einladung, manchmal mit der unausweichlichen Aufforderung an uns herantritt, sie anzunehmen, sie voll und ganz zu erfahren und sie damit aufzulösen.

Nach Auffassung des Buddhismus tauchen solche Geschenke aus der Dunkelheit des Körpers auf, in dem all unser unaufgelöstes Karma gespeichert ist. In der buddhistischen Philosophie wird das „Auffangbecken“, welches der Körper darstellt, Âlaya genannt, der „Speicher“ oder das universale Unbewusste. Der Körper als das Unbewusste enthält all die karmischen Samen, die wir selbst gesät haben und die auf unserer Reise zur Verwirklichung irgendwann heranreifen und ins Licht des Bewusstseins treten müssen, wo wir uns ihnen stellen, sie erfahren, sie durchleben und durcharbeiten müssen, bis sie zum Abschluss gelangen.

Wir alle empfangen unser ganzes Leben lang von Augenblick zu Augenblick solche „Geschenke“ des Körpers. Nach Auffassung des Buddhismus gibt es zwei sehr unterschiedliche Weisen, mit dem Eintreffen solcher Geschenke umzugehen. Die erste Weise besteht darin, das Geschenk, dessen der Körper gewahr wird, nicht anzunehmen. Wir versuchen vielmehr, es zu vermeiden, und wenden uns davon ab, indem wir uns in diskursives Denken flüchten. Wie wir gesehen haben, erzeugen wir in diesem Falle neues Karma – eine Entscheidung, die die meisten von uns in den meisten Fällen treffen. Dies führt zu dem, was der Buddhismus als Verewigung und sogar Vertiefung des Samsâra bezeichnet – unserer gewohnheitsmäßigen Flucht vor unserer Erfahrung durch die somatische Entfremdung. Bei der zweiten, der wirklich spirituellen Herangehensweise, akzeptieren wir das Geschenk voll und ganz. Wir verweilen in unserem Körper bei dem Geschenk und erlauben der Erfahrung, ihre Reise durch unser Leben abzuschließen. Auf diese Weise lösen wir das Karma, das sie verkörpert, auf.

Wie wir hier bereits diskutiert haben, neigen wir dazu, unsere Erfahrung irgendwo auf halbem Wege kurzzuschließen. Es gibt zwei Weisen, auf die man dies tun kann: Entweder wir verdrängen sie, oder wir agieren sie aus. Im Beispiel meiner Verzweiflung als Säugling habe ich die Wahrnehmung der bedrohlichen Gefühle blockiert; ich habe, einfach um der psychischen Vernichtung zu entgehen, die Erinnerung an das, was geschehen war und was ich empfunden hatte, verdrängt. Es war die Weisheit meines damaligen Seinszustandes, die diese Erfahrungen vorübergehend an den Rand gedrängt hatte, weil ich noch so klein war und noch keine ausreichende Ichstärke entwickelt hatte.

Zugleich gehört es zum Mysterium unserer Inkarnation, dass nichts jemals verloren geht. Alles muss als Manifestation von unaufgelöstem Karma erhalten bleiben, weil wir es irgendwann auf unserer spirituellen Reise zu voller Verwirklichung brauchen werden. Und so wurden die Erfahrungen des Säuglings in meinem Körper zurückgehalten, damit ich mich ihnen später zuwenden und sie integrieren konnte.

Wäre ich älter gewesen – vielleicht ein Jugendlicher – und hätte dieselbe Art von beinahe mörderischer Verlassenheit vonseiten meiner Mutter erlebt und die gleiche Art von unbändiger Wut erfahren, dann hätte ich vielleicht versucht, mit den überwältigenden Gefühlen und ihrer schrecklichen Intensität umzugehen, indem ich offen gegen meine Mutter, gegen andere Autoritätsfiguren oder gegen die Gesellschaft im Allgemeinen rebelliert hätte. Auch hier findet sich in solchem Geschehen wieder eine äußerst angemessene Weisheit, wenn uns die Erfahrung der vollen Intensität von Geschehnissen, die wir zurzeit noch nicht zu assimilieren vermögen, erspart bleibt. Auch wenn jeder dieser beiden Ansätze auf seine eigene Weise verständlich und „weise" ist – die Verdrängung bedrohlicher Gefühle oder der Versuch, diese Gefühle loszuwerden, indem man sie ausagiert –, so produzieren sie doch beide ganz offensichtlich ihre eigenen karmischen Ergebnisse, die sich stark auf das Leben einer Person auswirken und zusätzliche Hindernisse erzeugen können.

Nach Ansicht des tibetischen Yoga gibt es eine kreativere Weise, mit unserem Karma umzugehen, wenn es heranreift. Diese Alternative ist das durch verkörperte Meditation gewonnene Vermögen, die nicht gelebten und nicht integrierten Empfindungen und Emotionen aus früherer Zeit offen und gänzlich zu erfahren. Da ich während der Meditationsklausur endlich die Werkzeuge dazu besaß, war es mir möglich, inmitten des Infernos der entsetzlichen Erfahrungen des Säuglings zu verweilen und so lange bei ihnen zu bleiben, bis die Feuersbrunst ihre größte Intensität erreicht hatte, und darüber hinaus dabei zu bleiben, bis sie zum Abschluss gelangen, langsam erlöschen und schließlich abgeschlossen sein konnte.

Es reicht nicht aus, sich auftauchendes Karma vom Leib zu halten und in sicherer Distanz von dem zu bleiben, was geschieht. Wenn ein solch bedrohlicher Inhalt auftaucht, genügt es nicht, wenn wir einen Schritt zurück tun und ihn vom sicheren Standpunkt unseres gegenwärtigen Ichs beobachten. Bleiben wir in sicherem Abstand, wird sich nichts Grundsätzliches ändern. Wir müssen vielmehr zu dem Ausgestoßenen werden, zu dem Teil unserer selbst, den wir zurückgewiesen und ausgeschlossen haben. Wir müssen uns erlauben, in die Hölle der von uns verabscheuten Erfahrung einzutreten, sie in ihrer ganzen Identität und Realität anzunehmen, in ihrem ganzen Ausmaß als menschliche Erfahrung. Nur wenn wir bereit sind, das zu tun, ist die Erlösung möglich.

Dies ist, wie ich glaube, eine der profunden Einsichten der christlichen Spiritualität. Das Beispiel von Jesus Christus zeigt uns, dass es nur dann zur Erlösung kommen kann, wenn wir uns gestatten, den Verbrecher, den Verdammten, den ganz und gar Ausgestoßenen in uns zu erfahren. Wir werden nur dann erlöst, wenn wir bereit sind, uns der Dunkelheit und Hölle von all dem hinzugeben und uns damit zu identifizieren. Der heilige Johannes vom Kreuz, der in diesen Dingen immer ein guter Mentor und Führer ist, sagt uns, dass der Moment der tiefsten, vollständigsten Entfremdung und Trennung von allem, was gut und heilig ist, von allem, was wir kennen und dem wir vertrauen, *nichts anderes als der Moment der Erlösung selbst ist.* Dies ist der einzige Weg; es gibt keinen anderen! In der Körperarbeit müssen wir bereit sein, genau so weit zu gehen; ansonsten kann es zu keiner grundlegenden Transformation kommen. Und die einzige Weise, so weit zu gehen, besteht in der immer weiter fortschreitenden Verkörperung. Die Körperarbeit bringt uns das Verständnis, die Methoden und, vor allem, die Kraft und das Zutrauen, dies zu leisten.

Um dies alles etwas allgemeiner zu formulieren: Der Weg zur Auflösung von Karma besteht darin, das, was auftaucht – sei es aus unserem Inneren oder von außen – voll und ganz zu erfahren, ohne Zurückhaltung, ohne Urteile und ohne verbleibenden Rest. Nehmen wir nochmals das zuvor erwähnte Beispiel meines Aufbrechens zur Arbeit in großer Eile, bei dem ich kurz angebunden zu meiner Frau bin und ohne ein weiteres Wort aus dem Haus gehe. Wir können sehen, dass ich dabei nicht voll und ganz mit meiner Erfahrung umgehe und auf diese Weise weiteres Karma erzeuge. Ich bin einfach nicht für die Totalität meiner Situation, meiner Gefühle und meiner Interaktion mit meiner Frau präsent. Wenn ich „hetze", habe ich mich abgelöst; ich befinde mich in einem körperfernen Zustand. Ich laufe vor dem schmerzlichen Gefühl meiner Situation davon – davor, dass ich zu spät aufgestanden bin, dass ich nicht genug Zeit habe, mich fertigzumachen, dass ich befürchte, zu spät zur Arbeit zu kommen – und vor dem Zusammensein mit meiner Frau, die eine gewisse grundlegende Höflichkeit und emotionale Präsenz von mir erwartet. In meinem körperfernen Zustand strömen die Ängste zwar durch meinen Körper, doch ich bin ihrer nur ganz dumpf gewahr. Die Angst hat mich zwar am Wickel, aber ich versuche damit umzugehen, indem ich sie und alles, was sie impliziert, ignoriere. Ich tue dies, indem ich immer schneller und schneller mache, so als könnte ich der Situation und meiner Angst davonlaufen. Indem ich derart von meiner Angst getrieben bin, schlittere ich nur an der Oberfläche meines Lebens entlang, ich lasse meine Zahnpastatube fallen, lasse meinen Pyjama auf dem Fußboden zurück (von wo meine Frau ihn dann aufheben muss), stoße mir den Zeh an der Schlafzimmertür, vergieße meinen Kaffee und bin zu allem Überfluss auch noch kurz angebunden mit meiner Frau. Ich befinde mich in einem Zustand totaler Körperferne und in einer solchen geistigen Verwirrung, dass mir nicht bewusst wird, dass ich mich so verhalte, als sei Pünktlichkeit wichtiger, als die zärtlichen und offenen Gefühle meiner Frau, meiner Lebenspartnerin und größten Freundin, zu respektieren.

Hätte ich es mir in diesem kritischen Augenblick wirklich erlaubt, ganz in meinem Körper zu sein und die Anspannung und Aggressionen gegenüber dieser Person, die ich so sehr liebe, zu spüren, dann hätte ich einfach innegehalten, hätte sie angeschaut und wäre für mich selbst präsent und für die ungewisse Zukunft dessen, was genau jetzt vielleicht notwendig wäre, offen gewesen. Und ich wäre vielleicht in Gelächter oder auch in Tränen ausgebrochen. Aber nein: Da ich das somatische Wissen, das genau hier vor meiner Nase bereitstand, vollständig ignorierte, machte ich einfach weiter in meinem Gehetztsein. So kam es zur Erzeugung von neuem Karma, von zusätzlichen karmischen Schulden und vergrößertem karmischem Druck, von zusätzlichen (wenn auch unterschwelligen) Schuldgefühlen und einer Belastung meiner Beziehung. Mit größter Wahrscheinlichkeit wird es zu einem späteren Zeitpunkt sehr viel schwieriger und schmerzlicher sein, dieses neue Karma aufzulösen, als wenn ich an einem bestimmten Punkt einfach innegehalten und begonnen hätte, für das, was da ablief, somatische präsent zu sein. Wir können diesen Ansatz generalisieren und auf alles beziehen, was wir in unserem Leben tun. Weil wir immer irgendwelche Pläne haben, die wir gerade ausführen wollen, sind wir niemals wirklich hier, niemals ganz und gar in unserem Körper und in unserem Leben, in seinen Situationen und unseren Emotionen präsent, sind wir niemals für die anderen Menschen und die Ereignisse unseres Lebens präsent. Und wir weichen nicht nur der Gelegenheit aus, vergangenes Karma, welches die Situation uns präsentiert, aufzulösen, sondern wir erzeugen, indem wir ausweichen, immer noch mehr und mehr Karma, mehr und mehr unbezahlte Rechnungen.

Vom Standpunkt des Buddhismus gesehen, geschieht das, was in unserem Leben auftaucht, niemals zufällig, kommt es niemals, wie es vielleicht aussehen mag, „aus heiterem Himmel“. Es ist vielmehr immer Ausdruck von unaufgelöstem Karma. Das bedeutet, dass alles, was irgendeinem von uns in seinem menschlichen Leben widerfährt, wie „religiös" oder „weltlich" die Person auch ausgerichtet sein mag, im Grunde durch und durch und zutiefst spirituell ist.

Es ist ebenfalls wichtig zu erkennen, dass das Auftauchen von Karma, welches nach Auflösung verlangt, immer als Herausforderung für unser gegenwärtiges Ich-Konzept empfunden wird. Dies ist der Fall, weil wir in der Vergangenheit versucht haben, die Vorstellung von unserem Ich dadurch aufrechtzuerhalten, dass wir uns geweigert haben zu erfahren, was gerade jetzt auftaucht. Das Karma, das jetzt zutage tritt, ist also ein Aufruf, es voll und ganz zu durchleben, von dem Ich-Konzept, das diese Erfahrung zuvor verdrängt hat, abzulassen und zu etwas Anderem und etwas Umfassenderem zu werden.

Dies ist der tiefere Sinn von Buddhas Lehre der „Ersten Edlen Wahrheit", dass nämlich das Leben Leiden ist. Das Leben ist nicht an sich gleichbedeutend mit Leiden. Wenn wir jedoch versuchen, die Empfindung eines soliden „Ichs" aufrechtzuerhalten und den Rückstau des angesammelten Karma einzudämmen, dann erfahren wir Stress, Angst und Druck von der „anderen Seite", vom Unbewussten, vom Körper. Fahren wir fort, uns gegen das in jedem Augenblick auftauchende Karma – das uns aufruft, uns zu öffnen, es zu assimilieren und uns zu verändern – abzuschotten, dann werden wir mit dem Leben ständig auf Kriegsfuß stehen, wir werden in ständigem Konflikt mit dem stehen, was geschieht, und werden ständig gegen unseren Körper ankämpfen.

Es ist buchstäblich so, als seien wir mit jemandem, den wir unser ganzes Leben lang misshandelt haben, in einem Raum eingesperrt und als versuchte diese Person uns zu sagen, wie schlecht sie sich fühlt, während wir uns weigern, ihr zuzuhören. Der Schmerz des Versuchs, die Wahrheit über uns selbst und über unser Leben auszublenden – eine Wahrheit, die unser Körper bereits in vollem Umfang kennt –, ist das, worauf die Erste Edle Wahrheit hinweist. Wenn wir uns tatsächlich öffnen und hinhören, gelangen wir zu einer völlig anderen Beziehung zum Leben. Das Leben entfaltet sich weiter wie zuvor, aber weil wir keinen Widerstand mehr leisten und uns nicht davon abwenden, erfahren wir kein Leiden, sondern nur Offenheit, Freiheit und Freude; wir machen die Erfahrung der vollständigen Verkörperung.

27

Die Reaktionen des Egos transzendieren

Wenn wir uns der Körperarbeit widmen, dann gehen wir tiefer, als unser Denkprozess reicht, begegnen dem Körper in seinem eigenen Raum und erkunden, was wir dort vorfinden. Durch diesen Prozess finden wir sehr viele Dinge heraus. Zuerst einmal entdecken wir, wie es sich tatsächlich anfühlt, einen Körper zu haben oder ein Körper zu *sein* – wir entdecken die körperlichen Empfindungen, die Ströme von Energie, das Unwohlsein und die Schmerzen und die positiven Gefühle. Wir entdecken Bereiche, in denen wir uns offen fühlen, und andere, wo wir eine Einengung empfinden; Bereiche der Undurchlässigkeit und andere, die durchlässiger und transparenter sind; Regionen der Kohärenz und Regionen, in denen wir uns zersplittert fühlen; und so weiter. Diese Entdeckungen sind sehr buchstäblich zu nehmen, und es geht endlos damit weiter.

Durch diese Arbeit finden wir auch mehr darüber heraus, wer wir als dieses *spezifische* Menschenwesen sind. Es ist nicht so, dass wir neue Information im gewöhnlichen, begrifflichen Sinne gewinnen, Information, die unser mentales Selbstbild verstärkt. Wir beginnen vielmehr durch etwas, das man wohl nur nichtbegriffliches Wissen nennen kann, Zugang zu einem Prozess zu gewinnen, der sich so anfühlt, als käme er dem, wer oder was wir *wirklich* sind, näher als unser mentales Selbstbild.

Dieser Prozess entfaltet sich über eine Abfolge von Inhalten. Empfindungen, Bilder, Gefühle, Gedanken, Sinneswahrnehmungen, Erinnerungen und Hoffnungen und Ängste beginnen durch uns hindurchzufließen. Manchmal ist dieses Fließen relativ ungehindert; zu anderen Zeiten wird etwas auftauchen, das unsere Aufmerksamkeit, das uns, eine Zeit lang gefangen nimmt – eine bestimmte Erinnerung, eine gewisse Person, etwas, das wir uns besonders wünschen oder das wir besonders fürchten, ein bevorstehendes Ereignis und so weiter.

Was aber bestimmt, was in der Körperarbeit zu einem bestimmten Zeitpunkt auftaucht? Auch hier wird das, was uns widerfährt, von der Gesamtheit des unaufgelösten Karma, das in unserem Körper gespeichert ist, bestimmt. Wir haben offene Rechnungen aus der Vergangenheit, und diese Rechnungen machen sich in Form von gegenwärtigen Erfahrungen bemerkbar. Diese Erfahrungen bringen eine Bürde aus der Vergangenheit zum Ausdruck, um die wir uns *jetzt* zu kümmern haben. Wie schon gesagt, erfahren alle Menschen, ob sie nun einer „spirituellen Praxis" nachgehen oder nicht, ob sie mit dem Körper arbeiten oder nicht, diesen selben Prozess.

Wie wir gesehen haben, ist das Auftauchen von Situationen, die auf vergangenem Karma beruhen, immer mehr oder weniger unerwartet, weil es wenigstens etwas von dem enthält, was wir früher vermieden haben oder was wir früher nicht vollständig erfahren wollten. In diesem Sinne sind für den Buddhismus alle Erfahrungen zu einem gewissen Ausmaß unerwartet, ungewollt und tatsächlich potenziell, wenn nicht gar offenkundig, bedrohlich. Wir haben sie in der Vergangenheit nicht erfahren, weil sie unser Ich-Konzept bedroht haben, und jetzt tauchen sie wieder auf.

Nach Ansicht des tibetischen Yoga erscheint jeder Augenblick unserer Erfahrung anfänglich als abrupte Erscheinung, die buchstäblich außerhalb unseres Geistes ist; sie ist zumindest außerhalb unseres *verbegrifflichenden* Geistes. Wenn eine Erfahrung auftaucht, so ist da anfänglich etwas, aber es taucht zuerst im Körper auf – als ein somatisches Wissen, das noch nicht vom denkenden Geist „verarbeitet" wurde. Es wurde noch nicht als ein Ding „erkannt", das sich von anderen Dingen unterscheidet, und es wurde noch nicht benannt. Wir haben noch kein Etikett darauf geklebt. Mit diesem ersten Auftauchen verbindet sich ein Gefühl der Totalität, und es ist die Erfahrung eines Geistes, der nicht weiß, was er denken soll.

Wenn Sie zum Beispiel das nächste Mal ein lautes Geräusch hören, das sie nicht erwartet hatten, dann achten Sie einmal genau darauf, was in Ihrem Geist abläuft. Sie bemerken vielleicht, dass im Augenblick des Geräuschs zuerst einmal diese große Sache da ist, die geschehen ist, und dass Ihr Geist sich augenblicklich total öffnet. Das Geräusch hat Sie erschreckt und Sie fühlen sich für einen Moment verloren. Sie denken überhaupt nichts, Ihr Geist ist einfach nur leer. Doch sehr bald schon versuchen Sie sich durch eine Abfolge von mentalen Bildern und Gedanken, die jetzt auftauchen, wieder zu orientieren. So erkennen Sie vielleicht als Erstes, dass das, was Sie erschreckt hat, ein Geräusch war. Kurz darauf fragen sie sich, woher das Geräusch kam: „Ach ja, aus der Küche." Dann versuchen Sie herauszufinden, was das Geräusch verursacht hat: „Au weia, das war bestimmt die Blumenvase, die ich ans offene Fenster gestellt habe; sie ist wohl vom Wind umgekippt worden." Und als Letztes kommt dann: „O nein, bestimmt ist meine schöne Vase kaputt." Alle unsere Erfahrungen tauchen auf dieselbe Weise auf. Anfänglich, im ersten Augenblick, ist da nichts Festes, kein Ding, das erkannt wird, und noch nicht einmal ein Beobachter. Jeder Moment unserer Erfahrung kommt bei seinem ersten Auftauchen als etwas daher, das wir nicht auf begriffliche Weise einordnen können. Es ist uns zu viel und wir sind zu leer.

Wenn also irgendetwas auftaucht, dann erscheint es zuerst von außerhalb unseres bestehenden Bezugsrahmens, und wir haben nicht die geringste Idee, was wir darüber denken sollen. Also denken wir, für einen Augenblick, gar nichts. Wir erfahren einfach nur einen völlig offenen und empfänglichen Seinszustand. Dies wird im Buddhismus der „vorgedankliche Augenblick“ genannt, ein Moment der Erfahrung, der (in Begriffen unseres Geistes) leer ist, der jedoch gleichzeitig voll verkörpert ist. Das heißt, er wird von meinem Körper empfangen, noch bevor „ich“ irgendetwas darüber denke oder damit tue.

Unser Ego, paranoid, fragil und reaktiv, wie es ist, antwortet sofort mit Panik, mit Furcht vor der uneingeschränkten Erfahrung, die sich uns plötzlich präsentiert hat. Trungpa Rinpoche hat diesen Ablauf sehr präzise beschrieben: Wir schrecken vor der Erfahrung dieses undefinierten „Etwas“ zurück und versuchen herauszufinden, was es ist und wie es in unser mentales Inventar passt. Wir beginnen diese Erfahrung einzugrenzen, eine Einstellung ihr gegenüber zu entwickeln, sie zu benennen und sie in die Geschichte unseres Egos einzupassen, sie in unser bereits vorhandenes Ich-Konzept einzufügen. Der springende Punkt hierbei ist, dass wir die umgrenzte und definierbare „Dinglichkeit“, zu der wir schließlich gelangen, aus der offenbar grenzenlosen Totalität dessen, was unser Körper anfänglich empfangen hat, buchstäblich selbst erschaffen haben.

Für die meisten von uns läuft dieser Prozess so schnell ab, dass wir ihn nicht einmal bemerken. Alles, was wir sehen, ist unser eigener Prozess der Bestätigung von ich, ich, ich. Wir übersehen die Totalität, auf die wir ständig reagieren und gegen die wir uns ständig verwahren, während wir uns unablässig auf diese Weise selbst bestätigen. Die grundlegende Erfahrung unseres Körpers, unser vorbegriffliches, somatisches Gewahrsein, geht verloren. Tatsächlich können die meisten Menschen ihren Ego-Prozess nur beim Auftreten katastrophaler Ereignisse, wie etwa bei einem Autounfall, dem Eintreffen einer Nachricht vom Tod eines geliebten Menschen, in akuter Lebensgefahr oder bei einem ernsthaften psychischen Zusammenbruch genügend verlangsamen, um das somatische Gewahrsein, dass unserer unablässigen „Egoisierung“ von allem zugrunde liegt, einigermaßen deutlich zu bemerken. Wenn solche Erfahrungen jedoch eintreten, dann haben sie das Potenzial, unser Leben für immer zu verändern.

Wenn wir Erfahrung empfangen, wie unser Körper sie kennt, als eine Art von Totalität, dann wird eines ganz deutlich: dass unsere Erfahrung an und für sich tatsächlich weder „für“ noch „gegen“ uns ist. Sie ist im Grunde weder wünschenswert noch verabscheuenswürdig. Sie ist so riesig und grenzenlos, so vollständig und unfassbar, dass wir tatsächlich keinerlei Einstellung dazu gewinnen können. Diese Entdeckung ermöglicht es uns, das Reifen von Karma in unserem Leben umfassender und vollständiger zu empfangen und zu würdigen. An diesem Punkt können wir unserem Karma nicht länger ausweichen. Wir begegnen dem Ausreifen unseres Karma nicht mehr mit Reaktivität, indem wir es selektiv annehmen oder zurückweisen und damit die unbezahlte karmische Rechnung, die in unseren Erfahrungen enthalten ist, offen lassen und sogar noch neue karmische Samen säen, die in Zukunft weiteres Leiden hervorbringen werden. Wenn wir unserem Karma begegnen, wo es auftaucht, nämlich in unserem Körper, dann haben wir in einem ganz realen Sinne eine Wende in unserem Leben herbeigeführt.

28
Befähigung

Die Fähigkeit, dem Karma in unserem Körper zu begegnen, genau dort, wo es auftaucht, ist für den Menschen ein außerordentlicher Kraftgewinn. Nach dem tibetischen Yoga hat diese Befähigung mehrere wichtige Aspekte:

- Wir hören den Ruf. Welches Karma auch immer auftaucht, es ist von dem deutlichen und machtvollen Aufruf begleitet, es ganz und gründlich zu erfahren, ohne Vorbehalte und ohne Zurückschrecken. Es ist die eigentliche Natur der menschlichen Erfahrung, dass ein solch zwingender Aufruf mit ihr einhergeht. Jedes Menschenwesen fühlt auf einer grundlegenden, wenn auch manchmal unbewussten Ebene das Gebot, gänzlich zu fühlen und gänzlich zu erfahren. Wenn wir in den Körper hinabsteigen und uns zunehmend dazu befähigt finden, seinem ursprünglichen Ruf zu folgen, dann erfüllt uns das auf einer sehr grundlegenden Ebene mit Kraft und Befriedigung.
- Wir haben Zutrauen zu dem Prozess. Je besser wir die Körperarbeit verstehen, desto mehr Zutrauen gewinnen wir zu dem Prozess, den sie in Gang setzt. Wir sehen, dass unser Körper

bereits alles enthält, was wir für die Reise brauchen: all unsere Vergangenheit, an der wir arbeiten müssen, all unsere gegenwärtige Weisheit, die wir brauchen, um uns der Vergangenheit zu stellen, und alle künftigen Möglichkeiten, die sich entfalten müssen. Wir müssen einfach nur bereit sein, die arrogante, unwissende und alles kontrollieren wollende Einstellung des Egos aufzugeben und uns der Führung und tiefen Weisheit hinzugeben, die der Körper bereits enthält. Alles, was wir im Augenblick brauchen, ist, über die Reaktivität von Hoffnung und Furcht hinauszugehen, damit wir das Leben in seiner spontanen Totalität annehmen können. Wenn wir dies realisieren, werden wir ein tieferes Gefühl des Zutrauens entdecken.

- Wir vertrauen auf das Timing. Durch sich wiederholende Erfahrungen kommen wir zu der konkreten und persönlichen Einsicht, dass alle karmischen Einladungen genau zur rechten Zeit kommen. Die Reifung von vergangenem Karma geschieht genau zu dem Moment, wo wir sie brauchen, um in unserer Entwicklung fortschreiten zu können. Vergangenes Karma reift nie zu früh oder zu spät. Auch dies gibt uns wiederum ein tiefes Gefühl des Vertrauens auf das Leben und seine Entfaltung.
- Wir nehmen die Gelegenheit wahr. Wir beginnen zu unserem eigenen Erstaunen zu verstehen, dass jede karmische Einladung stets die beste Gelegenheit für unser Leben mit sich bringt. Indem wir unser Leben voll und ganz erfahren, so wie es von Moment zu Moment in unserem Körper geboren wird, fühlen wir uns nicht nur frei, die Dinge gänzlich und in vollem Ausmaß zu erfahren, wir gelangen auch zu einem grundlegenden Verständnis des Sinns des menschlichen Lebens. Darin findet sich ein tiefes Gefühl der Erfüllung.
- Wir erkennen, dass wir uns entfalten. Was immer jetzt auftaucht, tut dies auf einer Grundlage, die wir in der Vergangenheit gelegt

haben. Wie alle fühlenden Wesen haben wir in der Vergangenheit das, was uns widerfahren ist, zum Teil angenommen und zum Teil zurückgewiesen. Ob wir etwas anzunehmen vermochten, lag an der Reife, die wir zum jeweiligen Zeitpunkt erreicht hatten, und ebenso haben wir damals das, was wir zurückgewiesen haben, deshalb abgelehnt, weil wir für diesen nächsten Schritt noch nicht bereit waren. Mit anderen Worten: Wir sind jetzt und waren schon immer unterwegs auf einem Pfad zur letztendlichen Erfüllung, zu der Person, die wir werden müssen, und wir machen diese Reise in Übereinstimmung mit unserem eigenen unfehlbaren Timing.

- Wir sehen, dass es keine Probleme gibt. Mit der neu gewonnenen Sichtweise sind wir in der Lage, die volle Verantwortung für uns selbst zu übernehmen und alles, was in unserem Leben geschieht, wie positiv oder negativ es auch sein mag, als Schritt auf dem Weg zu unserer endgültigen Verwirklichung zu begreifen. In einem ganz wirklichen Sinne waren wir nie von unserem tieferen Selbst getrennt oder dem, was wir wahrhaft sind, entfremdet. Es gibt jetzt keinerlei Fehler und kein grundlegendes Problem, und es hat sie nie gegeben. Dies ist es, was Trungpa Rinpoche die „ultimative Positivität" genannt hat.

Verstehen wir den karmischen Prozess aus dieser somatischen Sicht, so hat das einige wichtige Implikationen. Zum einen bedeutet dies, dass es letztlich keine Opfer gibt. Wir alle sind durch zahllose Leben hindurch unzählige Male zum „Opfer" gemacht worden. So schwer die Erfahrung, ein „Opfer" zu sein, auch sein mag – ob wir nun einem anderen Menschen ausgeliefert sind, einer Naturkatastrophe, einer Krankheit, einem Unfall oder einem anderen unser Leben verändernden Ereignis ausgesetzt sind –, in jedem Fall, so verstehen wir jetzt, hat diese Erfahrung letztlich einen positiven Sinn: Sie enthält einzigartige und unersetzliche Gelegenheiten, etwas zu lernen und uns spirituell zu entfalten.

Dies bedeutet natürlich nicht, dass wir nicht alles in unserer Macht Stehende tun sollten, um das Leiden und die Unterdrückung anderer Wesen zu lindern. Die Tatsache, dass es im Leben eines „Opfers“ andere gibt, die sich dazu inspiriert fühlen und die fähig sind zu helfen, ist von wesentlicher Bedeutung: Dies ist Teil der Begleitumstände, die jemandem gerade soweit das Gefühl geben mögen, dass ihm Mitgefühl entgegengebracht und geholfen wird, dass er in die Lage versetzt wird, das, was er gerade durchmacht, zu verstehen und das Beste daraus zu machen. Unsere bloße Existenz sowie die Tatsache, dass wir vom Leiden eines anderen Menschen angerührt werden und in der Lage sind, ihm zu helfen, das ist alles Teil seines positiven Karma. Wir sollten niemals vor der Verpflichtung zurückschrecken, einem Opfer beizustehen, auch wenn dies, wie es im Mahâyâna immer wieder heißt, unser Leben kosten sollte.

Die Lehren über das Karma weisen uns darauf hin, dass wir in einem ganz realen und überaus befähigenden Sinn die bereitwilligen und kreativen Schöpfer all der Schwierigkeiten sind, in denen wir uns so oft wiederfinden. Dies gilt für den Raucher, der Lungenkrebs bekommt, für den untreuen Ehemann, dessen Ehe zerbricht, für den Workaholic, den ein chronisches Erschöpfungssyndrom ereilt, für den Vielfraß, der einen Herzanfall bekommt, für den Menschen, dessen verletzende Worte Leid und Chaos in seine persönlichen Beziehungen bringen, und so weiter. In jeder dieser Situationen wissen wir auf irgendeiner Ebene, dass wir das rechte Maß überschritten haben. Wir richten, sozusagen, alles so ein, dass uns und anderen etwas widerfahren muss, das auf schmerzliche Weise und manchmal zu unserem tiefsten Bedauern unsere ganze Aufmerksamkeit verlangt. Sagen wir uns nicht oft: „Daran ist er selber schuld“, oder sogar: „Das habe ich mir selbst eingebrockt“? Wir bringen uns mit Absicht in Schwierigkeiten und wir tun das zu unserem eigenen Besten, weil wir daraus lernen und daran wachsen können. Auch Goethe wies darauf hin, dass der Mensch in seinen tiefsten und ursprünglichsten Antrieben unfehlbar weiß, was das Beste für ihn ist.

Somit steht hinter all unseren Aktivitäten, und seien sie noch so sinnlos, und hinter allem Chaos, das wir für uns selbst erzeugen, doch eine sehr tiefe Intelligenz. All dies ist Ausdruck eines sich entfaltenden Lebenszwecks, einer Ausrichtung in unserem Leben. Diese Ausrichtung wird uns nicht von einer äußeren Gottheit vorgegeben, sondern kommt aus der tiefsten Tiefe unserer eigenen menschlichen Person, aus den verborgenen Winkeln unseres Körpers. Wir könnten Goethes Aussage auch dahin gehend umformulieren, dass wir sagen: „Im tiefsten und dunkelsten Geheimnis seines eigenen Körpers entdeckt der Mensch sein Heil."

Karma ist also die Art und Weise, wie unser Leben angelegt ist, damit wir daraus lernen. Es ist kein unpersönlicher Mechanismus, der uns einfach aufgezwungen wird. In diesem Sinne gehen wir durch alles, was uns widerfährt, hindurch, weil da etwas ganz tief in uns drin ist, das danach verlangt, auf dass wir zu dem werden können, der wir letztlich sind und sein müssen. Das alles ist immer die letzte Wirklichkeit des Universums, die durch uns hindurchfließt, die mit uns identisch ist und die in uns und durch uns zur Reife gelangt.

Durch die Körperarbeit kann ein solches Verständnis des Karma auf einzigartige Weise entstehen. Indem wir in das kreative Chaos des Körpers hinabsteigen, indem wir uns dem Quell nähern, dem unser Leben unablässig entspringt, beginnen wir unser ständig zutage tretendes Karma so zu sehen, wie (um die wundervolle Formulierung von G. M. Hopkins zu benutzen) „Gottes Auge es sieht". Das heißt mit anderen Worten: Anstatt vollkommen von *unseren Reaktionen* auf unser Karma eingenommen und in sie verwickelt zu sein, sind wir in der Lage, dieses Karma voll und ganz anzunehmen und auszukosten und gleichzeitig zu kontemplieren, wozu es gut sein mag. Wenn wir das tun, beginnen wir zu sehen, dass alles, was in unserem Leben geschieht, uns in gewissem Sinn eine ganz konkrete, ausgesprochen reale und außerordentliche Hilfe ist. Diese Entdeckung lässt uns fühlen, dass unser Leben selbst ein endloser Prozess der Segnung und des Gutseins für uns ist.

Dieses Verständnis des Karma führt uns auch zu echter Sympathie, wahrem Mitgefühl, zu Wertschätzung und Respekt für andere Menschen. Wir haben Sympathie für sie, weil wir aus der Tiefe unseres eigenen Seins verstehen können, wie schwierig das Leben für alle Menschen ist. Wir haben Mitgefühl mit anderen, weil wir sehr wohl wissen, wie verführerisch die Reaktivität ist, der wir uns die meiste Zeit überlassen, und gleichzeitig wissen, dass sie nicht notwendig ist. Und wir gelangen zu großer Wertschätzung und tiefem Respekt für andere, weil wir sehen können, dass ihre Prüfungen, ihr Leiden und ihre Kämpfe eine Verkörperung genau jenes Pfades zu Erfüllung und Befreiung sind, auf dem auch wir selbst reisen.

29
Unpersönlich und individuell

Gelangen wir zu einem umfassenderen Verständnis des Karma und seiner Funktionsweise, dann beginnen wir auch unser Leben anders zu verstehen: als zugleich unpersönlicher *und* individueller als wir gedacht haben.

Die Unpersönlichkeit unseres Lebens

Bevor wir lernen, uns unseres Körpers voll und ganz und in die Tiefe gehend zu bedienen, neigen wir dazu, unser Leben hauptsächlich aus einer individualistischen Perspektive zu sehen. Wir haben eine mehr oder weniger beherrschende Vorstellung davon, wer wir sind – ein Konzept von letztlich ganz individuellem Charakter –, und wir neigen dazu, alles, was geschieht, vom Standpunkt dieses zentralisierten Bezugspunktes zu bewerten und zu beurteilen.

Praktizieren wir jedoch Körperarbeit, dann entdecken wir, dass das Reifen des Karma, welches sich als die Ereignisse unseres Lebens manifestiert – also die Totalität der Erfahrung, die dem Körper von Moment zu Moment erscheint – einen grundsätzlich neutralen Charakter hat. Wir erleben diese Neutralität als eine Art von „Gegebenheit" unseres

Lebens. Die Dinge tauchen einfach so auf, wie sie es tun; sie erscheinen unabhängig von unseren persönlichen Erwartungen, Urteilen oder Bewertungen. Jede Art von Beurteilung oder Kontrolle kommt immer erst nach dem Auftauchen von Erfahrung. Zuerst ist da die Totalität in ihrer Gegebenheit; als Nächstes kommt, wie wir darauf reagieren.

In diesem Prozess werden wir uns der Entfernung zwischen unserer somatischen Erfahrung, über die wir keinerlei Kontrolle haben, und unserer persönlichen Einschätzung, die wir im Nachhinein konstruieren, bewusst – dazwischen klafft ein großer und unüberbrückbarer Abgrund. Je mehr wir uns dieses Auseinanderklaffens bewusst werden, desto stärker werden wir der Unvermeidlichkeit der Ereignisse gewahr. Schon vom Konzept her, also im Rahmen der buddhistischen Philosophie, *ist* unsere Erfahrung deshalb unausweichlich, weil sie das natürliche Ergebnis früherer Ursachen und Bedingungen ist. Hier ist der springende Punkt jedoch, dass wir diese Unvermeidlichkeit als eine Eigenschaft unserer Erfahrung *fühlen* – als eine ziemlich überraschende Eigenschaft.

Diese Erfahrung der Unvermeidlichkeit schneidet den Fluss unseres gewöhnlichen, gewohnheitsmäßigen diskursiven Urteilens ab. Wir empfinden unsere Erfahrung als dermaßen markant und „wie sie ist", dass wir buchstäblich nicht wissen, was wir denken sollen – und oft auch keine Lust haben, irgendetwas zu denken. Und so wird unser urteilender Geist schwächer und beginnt sich aufzulösen. Tritt unsere Erfahrung zusammen mit diesem intensiven Gefühl der Unvermeidlichkeit auf, dann ist das etwa so, als seien wir Zeuge eines wundervollen Naturereignisses, das so überwältigend ist, dass es uns die Sprache und sogar das Denken verschlägt.

Wenn dies geschieht, sind wir plötzlich für das, was abläuft, sehr viel präsenter. Und dank dieser Präsenz beginnen wir einen Sinn, eine Ausrichtung und einen Lebenszweck in unserer Erfahrung zu finden. Mit anderen Worten: Es zeigt sich, dass unserer Erfahrung – völlig unabhängig von dem, was wir denken oder denken wollen – ihr eigener Charakter, ihr eigener Sinn und ihr eigener Zweck innewohnt.

Diesen Zweck erkennen wir in der spezifischen Stoßkraft und Ausrichtung der Erfahrung, in ihrem Drang, Ausdruck zu finden, und in ihrer Auswirkung auf unsere Umgebung, die belebte wie die unbelebte, wobei die soziale Umgebung der Menschenwelt für uns nur besonders hervorstechend ist. Wir bemerken, dass sich unsere Erfahrung in Übereinstimmung mit ihrer eigenen inneren Natur entfaltet, wenn wir das zulassen. Doch wir sehen noch mehr: Lassen wir unserer Erfahrung ihren Lauf, dann hat sie eine besonders tief greifende Wirkung auf uns selbst und auf andere.

An diesem Punkt beginnen wir zu spüren, dass unsere Erfahrung und damit unser unmittelbares Leben letztlich nicht *um uns* kreist und auch nicht *für uns* da ist. Wir beginnen zu spüren, dass wir ein Gefäß oder ein Vehikel für etwas sind, das sehr viel größer ist als wir selbst – nämlich für die Wirklichkeit selbst in all ihrer Unendlichkeit. Und wir erkennen, dass sich unser Leben ziemlich unabhängig von unserer persönlichen Ich-Empfindung mit all ihren Hoffnungen und Ängsten, ihren Wünschen und Plänen entfaltet. Wir beginnen, mit anderen Worten, zu sehen, dass unser Leben letztlich überhaupt kein persönliches Phänomen ist.

Die Geburt unserer Individualität

Seltsamerweise markiert die Erkenntnis, dass unser Leben kein persönliches Phänomen ist, die Geburt unserer wahren Individualität. Unsere wahre Individualität ist genau das Gegenteil von einem als persönlich empfundenen Leben. Der Grund dafür ist ganz einfach. Wenn wir uns unser Leben als persönlich vorstellen, dann muss es eine Vorstellung von einer *Person* oder einem „Ich" geben, in Beziehung zu dem wir alles, was geschieht, sehen, verstehen und bewerten. Wir können uns unser Leben, mit anderen Worten, nicht als persönliches Leben vorstellen, wenn wir keine Vorstellung von einem „Ich“, einem kohärenten und zentralisierten „Ego“ haben.

Wie wir gesehen haben, ist dieses Konzept eines „Ichs“, dieses selbstbewussten „Egos“, eine abstrakte mentale Konstruktion, die wir auf der Grundlage verschiedener Begegnungen und Ereignisse unseres Lebens aufgebaut haben. In unserem Streben nach dem Trost und der Sicherheit einer definierbaren und lokalisierbaren Identität versuchen wir dieses Ich-Konzept im Angesicht unserer Erfahrung aufrechtzuerhalten. Damit wir dies tun können, müssen wir, wie wir gesehen haben, andauernd unsere tatsächliche Erfahrung negieren. Auf diese Weise versuchen wir uns eine personalisierte Interpretation unseres Lebens zu bewahren, indem wir unsere Erfahrung leugnen. Transzendieren wir jedoch diese begrifflichen Fantasien, dann stoßen wir in der Tiefe auf eine Ebene der Erfahrung, die echt, einzigartig und machtvoll ist. Wenn wir das loslassen, was wir denken, begegnen wir in unserem Körper einem Wesen oder so etwas wie einem Wesen, das informativ, sich selbst bejahend und befriedigend ist.

Wir erfahren dieses „Wesen“, dem wir in unserem Körper begegnen, als ganz und gar einzigartig. Ziehen wir uns jedoch auf die Ebene der Begriffe zurück, so können wir das, was wir erfahren, benennen und es dann unseren Ideen über die Erfahrung anderer gegenüberstellen. Wir können es – wie der begriffliche Geist das gern tut – mit unserer Vorstellung von den Erfahrungen anderer vergleichen, damit wir schließlich zu einer Einschätzung gelangen, inwieweit sich diese Erfahrungen ähneln oder unterscheiden. An diesem Punkt geht dann alle Einzigartigkeit verloren. Das geschieht nicht etwa, weil es in unserer Erfahrung keine Einzigartigkeit gäbe; es ist vielmehr so, dass der begriffliche Geist seiner Natur nach nicht fähig ist, die Erfahrung von Einzigartigkeit zu erfassen. Allein schon, wenn wir „einzigartig“ sagen, identifizieren wir das, was wir mit unserem nichtbegrifflichen Auge gesehen haben, mit einer allgemeinen begrifflichen Kategorie. Wenn wir dies tun, dann verraten wir, wie Kierkegaard schon vor langer Zeit angemerkt hat, die Natur der Wirklichkeit selbst.

Doch wenn wir im Bereich des Körpers bleiben, dann gehört es zur verblüffenden Erscheinung von allem, was auftaucht, dass es sich jeglicher begrifflichen Kategorisierung entzieht. In ihrer Lebendigkeit und Fülle, ihrem grenzenlosen, leeren und doch faszinierenden Charakter enthüllt uns unsere Erfahrung die Fülle des Lebens. Sie definiert sich aus sich selbst, und jeder Versuch, sie von außen her zu identifizieren, führt unvermeidlich zu ihrem Verlust. Nur wenn wir in unserem Körper und vollkommen präsent für unsere Erfahrung bleiben, kann man sagen, dass wir die Wirklichkeit kennen, wie sie ist.

Doch wenn unsere Erfahrung in Übereinstimmung mit Ursachen und Bedingungen als die Reifung von vergangenem Karma entsteht – negiert das dann nicht unsere wahre Individualität? Verstehen wir das Karma erst einmal voll und ganz, dann wird uns klar, warum jeder Augenblick einzigartig ist und sein muss. Bedenken Sie, dass die Ursachen und Bedingungen, die sich in jedem Augenblick unserer eigenen Erfahrung und der Erfahrung anderer manifestieren, aus der anfanglosen und grenzenlosen Gesamtheit von Raum und Zeit hervorgehen. Aus diesem Grund kann kein Augenblick der Erfahrung jemals einem anderen gleichen. Dies ist die Lehre der buddhistischen Psychologie (des *Abhidharma*), wie sie in der wichtigsten und einflussreichsten philosophischen Schule des Mahâyâna-Buddhismus, dem *Mâdhyamaka* oder der „Schule des mittleren Weges“ weiter vertieft wurde. Ein jeder Augenblick ist eine einzigartige Erscheinung, eine einzigartige Reifung des Lebens des Universums. In jedem Moment zeigt sich das Universum auf frische, vollständige und noch nie da gewesene Weise. Dies ist die zentrale Lehre eines der wichtigsten buddhistischen Texte in Ostasien, des *Avatamsaka-Sûtra.*

Geben wir die Vorstellung auf, dass das, was wir „wirklich“ sind, ein unseren Vorstellungen entsprechendes zentralisiertes Ich sei, dann entdecken wir uns selbst als das sich unablässig verändernde Kaleidoskop der Erfahrung, die als unser Leben auftaucht. Auf diese Weise wird uns deutlich, dass wir in jedem Augenblick ein wahrhaft individuelles Phänomen sind, welches nicht einmal (oder vor allem nicht) von irgendeiner Vorstellung eines fortdauernden oder kohärenten „Ichs“ eingegrenzt wird.

Wie wir gesehen haben, wohnt diesen einzigartigen Augenblicken unserer Erfahrung ein Weg oder eine Weise – ein *Dao* – inne, eine Energie, Intelligenz, Ausrichtung und Aufgabe im Universum. Daraus ergibt sich, dass wir immer mehr – und immer müheloser – zu einem Vehikel oder Kanal für diese „Intention“ unserer Erfahrung werden, zu einem Instrument der Selbsterfüllung des Universums. So erstaunlich uns das auch vorkommen mag, ist diese Zielgerichtetheit doch vollkommen rein und völlig unbefleckt von irgendwelchen egoistischen Plänen oder persönlichen Strategien. Das sehen wir deutlich daran, wie sie auftaucht, zum Ausdruck kommt und auf andere wirkt. Wir erfahren diese Intention als etwas, das der Wirklichkeit des Daseins selbst dient und ein Ausdruck dieser Wirklichkeit ist.

Zu dieser Erkenntnis gelangen wir natürlich nur, wenn jedes seiner selbst bewusste „Ich“ – jede Empfindung eines „Ichs“, das ich bin – aufgehört hat, wenn vielleicht auch nur für einen Augenblick. Wenn es dazu kommt, wird diese Erkenntnis begleitet von einem sehr machtvollen und das Leben verändernden Gewahrsein. Mit nicht zu leugnender und erstaunlicher Evidenz entdecken wir, dass wir dann, wenn das Leben auf solch reine und machtvolle Weise durch uns hindurchfließt - vollkommen jenseits jeder Vorstellung oder Idee, die wir haben mögen –, unser wahres Leben finden. Mit einem überwältigenden Gefühl des Wiedererkennens, der Freiheit und der Dankbarkeit realisiert der Einzelne: „Dies ist der Grund, warum ich geboren wurde.

Dies ist der Zweck meines Lebens. Dieser Augenblick zeigt mir, endlich und endgültig, warum ich hier bin." Dieser Moment markiert die Verwirklichung unserer wahren, unvergleichlichen Individualität.

30
Der Segen des Chaos

Unsere Erkundung der somatischen Grundlagen des spirituellen Lebens führt uns zu einer wichtigen Entdeckung: Wir erreichen das Ziel unserer spirituellen Reise nicht, indem wir uns von der relativen Realität unseres Lebens abkoppeln und irgendeinen „höheren Zustand erreichen". Die Reise besteht auch nicht darin, die Wirklichkeit unseres Lebens zu ignorieren, um auf einer Umgehungsstraße um unser Leben herum oder auf einem Schleichweg irgendein fernes Ziel zu erreichen. Für jeden Menschen besteht die spirituelle Reise darin, dass er sich seiner relativen Erfahrung mit absoluter Direktheit und in völliger Nacktheit stellt und es der relativen Wirklichkeit gestattet, ihn zu erden, zu informieren und zu führen sowie die Transformation herbeizuführen, die er letztlich sucht.

Doch was *ist* diese relative Wirklichkeit, die für unsere Reise so wichtig ist? Es ist ganz gewiss nicht unser seiner selbst bewusstes Ego mit seinen übersteigerten Vorstellungen von sich selbst und seinem Platz im Universum, mit seinen Plänen und Strategien der Selbstverewigung und Selbsterhöhung. Diese Wirklichkeit besteht auch nicht aus unseren Vorurteilen und Vorstellungen über die Emotionen, die uns widerfahren, die Situationen, mit denen wir es zu tun bekommen, oder die Menschen, die wir treffen. Sie besteht nicht aus unseren Hoffnungen, Erwartungen oder Befürchtungen. Kurz gesagt: Diese relative

Wirklichkeit ist nicht *unsere* Version der Dinge, der Dinge, wie wir sie von unserem egozentrischen Standpunkt aus sehen. Stehen wir weiterhin im Bann unserer eigenen Versionen der Wirklichkeit und sind völlig eingenommen von dem Versuch, diese Versionen aufrechtzuerhalten, dann gehen wir unserer wahren relativen Wirklichkeit, unserem Karma, aus dem Weg. Und je häufiger wir die Wirklichkeit vermeiden, desto häufiger käuen wir einfach unsere gewohnheitsmäßigen Vermeidungsmuster wieder und bleiben gefangen in einem leblosen und körperfremden Bardo, in dem nichts geschehen kann.

Aber was gibt es sonst? Man könnte argumentieren, dass es nichts anderes gibt, dass alles, was wir im relativen Bereich erfahren, einfach nur unsere eigene verzerrte Version ist und dass es darüber hinaus nichts gibt. Der buddhistische Yoga sagt jedoch, dass es eine andere Art von relativer Wirklichkeit gibt, die sich von unserer egozentrischen Version sehr wohl unterscheidet. Es ist die Welt selbst, die in ihrer eigenen Einheit, Macht und Integrität verweilt. Dies ist die relative Wirklichkeit, die wir im Körper und durch den Körper erkennen, das somatische Wissen, das die Grundlage des spirituellen Pfades ist.

Die relative Wirklichkeit, die so zentral und wesentlich für unsere Reise ist, findet sich in all jenen Emotionen, Menschen und Ereignissen, die aus einer unbekannten Quelle aufzutauchen scheinen, die auf uns einstürmen und die unsere Vorstellungen von allem durcheinanderbringen. Doch sie findet sich, *bevor* wir all diese Erscheinungen interpretieren. Wir erfahren diese „reine" relative Wirklichkeit als etwas, das uns aus dem Gleichgewicht bringt, das uns in einen Raum der Ungewissheit stürzt und das unsere Pläne und Erwartungen stört. Sie ist das, was Chaos in unser Leben bringt. Diese relative Wirklichkeit ist das, was der Körper bereits weiß und schon immer wusste, und dem wir begegnen, wenn wir durch die Körperarbeit in unseren Körper eindringen.

Sie ist der Partner, der uns eines Tages aus heiterem Himmel verkündet, dass die Beziehung, die wir für so fest gefügt hielten, tatsächlich nicht funktioniert. Sie ist der unerklärliche Schmerz, der sich als lebensbedrohliche Krankheit erweist. Sie ist der „ideale" Job, der sich plötzlich als untragbar erweist. Sie ist die „todsichere" Investition, die bei einer Veränderung des Marktes plötzlich ihren Wert verliert. Sie ist die Reifenpanne auf dem Weg zu einer wichtigen Besprechung, der Kaffee, den wir unserem Chef auf die Hose kippen, der Computer, der zum dritten Mal in dieser Woche abstürzt. Sie ist das Baby, das verfrüht aus seinem Schläfchen aufwacht und zu schreien beginnt, wenn wir uns gerade zum Meditieren hinsetzen wollen, oder das Elternteil, das gerade dann krank wird und unsere Hilfe braucht, wenn wir in eine Klausur gehen wollen. All diese Dinge bringen uns dazu, innezuhalten. Wir finden uns plötzlich einfach in unserem Körper wieder, präsent für sein somatisches Wissen, ohne zu wissen, was wir sagen oder denken sollen. Wir befinden uns wieder am Ausgangspunkt und spüren ganz neu, was unser Leben ist und wie irregeleitet unsere Vorstellungen davon waren. In jenem Augenblick verweilen wir im Wissen des Körpers und sind im Kontakt mit der Welt, wie sie ist.

Das Auftreten von unerwartetem Chaos kann auch mit Ereignissen einhergehen, die wir als positiv bezeichnen würden: Die „hoffnungslose" Beziehung erweist sich plötzlich als funktionstüchtig; ein Leben, das in die Sackgasse geraten schien, überrascht uns plötzlich mit einer unvorhergesehenen Fülle von neuen Möglichkeiten; wir werden schwanger, obwohl man uns gesagt hat – und wir es akzeptiert haben –, dass dies nie geschehen würde; ein finanzielles Desaster wendet sich plötzlich zum Positiven, sodass unsere Depression und unser negatives Denken plötzlich ins Leere gehen; eine Erkrankung, an die wir uns bereits gewöhnt hatten, verschwindet plötzlich ganz von selbst; aus einem tristen und langweiligen Job wird im Handumdrehen eine neue, offene und kreative Herausforderung. Auch hier erweist sich das, was wir über unser Leben gedacht haben – unser mentales Bild vom Leben – plötzlich als unzutreffend und überholt; wir müssen das, was wir gedacht haben, loslassen und müssen uns dem umfassenden und stillen Wissen des Körpers hingeben. Wir müssen zum Ausgangspunkt zurückkehren und von Grund auf – buchstäblich vom Körper aufwärts – neu einschätzen und sehen, wer und was wir jetzt sind.

Es sind diese Situationen, die unser gegenwärtiges Karma repräsentieren, wie wir es im Körper und durch den Körper erkennen. Dieses Wissen des Körpers unterscheidet sich von allem, was wir darüber denken oder denken möchten. Solche Situationen sind Ausdruck des Wissens des Körpers, und sie sind auf eine Weise real und konkret, an die unser Wunschdenken und unsere voreingenommenen Interpretationen niemals heranreichen. Wenn wir bereit sind, mit diesem somatischen Wissen zu arbeiten, wenn wir für unser tatsächliches Karma auf diese Weise präsent und bereit sind, damit umzugehen, dann kann unsere spirituelle Reise sich entfalten.

Das Kennzeichen des Chaos, das durch die Manifestation unseres gegenwärtigen Karma entsteht, ist unsere emotionale Reaktion darauf. Wenn die Dinge über das hinausgehen, was wir erwartet haben, dann fühlen wir etwas, das wir „Gefühle mit offenem Ende" nennen könnten. Es sind Gefühle, die irgendwie außer Kontrolle sind und die doch grundlegend somatische sind, die wir im Körper und durch den Körper fühlen. Diese somatischen Gefühle sind etwas ganz anderes als die körperfremden Gefühle des Egos, die immer eine alles überdeckende mentale Komponente haben wie etwa Dumpfheit, Sicherheit, Bestätigung, Selbstbefriedigung, Arroganz, Stolz, Gewissheit. Dies sind alles Gefühle, die uns in eine Sackgasse führen, die das Ego nur dazu benutzt, sich selbst zu gratulieren, sich zu rechtfertigen und sich hochzujubeln, und die uns kein bisschen weiterbringen. Doch es gibt auch andere Emotionen oder Gefühle, die im Körper auftauchen und darin verweilen, die ein offenes Ende haben, weil sie keine bestimmten Umrisse oder Grenzen haben. Sie unterliegen nicht der Kontrolle des Egos. Zu diesen Gefühlen gehören Angst, Unruhe, Depression, Hoffnungslosigkeit, Furcht, Bodenlosigkeit und Leere, aber auch Gefühle der Grenzenlosigkeit, der Inspiration und der Freude. Wenn wir auf unsere gegenwärtige karmische Situationen treffen und sie sehen, so ist dies immer eine Einladung zu weiterem Wachstum. Diese Einladung hat zwei wichtige Aspekte. Zuerst einmal erkennen wir zunehmend, dass die Person, die wir zu sein dachten oder die wir sein wollten, nicht authentisch ist, dass sie falsch ist, auf wackligen Füßen steht und keine wirkliche Substanz hat. Wir fühlen, dass das, was wir für uns selbst halten, sich auflöst, dass es auseinanderfällt und stirbt. Wir fallen zurück in den Körper. In der zweiten Phase erkennen wir, wie klaustrophobisch und beengend unser „Selbstbild" war, und spüren, wie in unserem Körper parallel zu dieser Auflösung ein Gefühl großer Erleichterung und Freiheit aufsteigt. Haben wir uns mit diesem Prozess vertraut gemacht, dann werden wir, wenn wir sterben, in der Lage sein, uns mit einer Erfahrung der weiten Offenheit unserer Personen zu verbinden, und wir werden spüren, wie aus unserem Inneren zunehmend Inspiration und Freude aufsteigen.

Um diese Punkte zu illustrieren, mag es hilfreich sein, einige dieser Emotionen etwas detaillierter zu betrachten und uns im Einzelnen anzusehen, welcher Abfolge sie bei ihrer Entwicklung oft folgen.

- Angst: Die meisten Menschen leben mit einer andauernden, allem zugrunde liegenden Angst, einem Gefühl, dass mit ihrem Leben, ganz gleich was darin gerade geschieht, etwas nicht in Ordnung ist. Sie fühlen sich unsicher und meinen, dass gerade irgendetwas „schief geht" oder gleich etwas schief gehen wird. Es mag zwar so aussehen, als sei „alles in Butter", aber unterschwellig haben wir das Gefühl, dass dem nicht so ist.
- Unruhe: Unterhalb der Angst fühlen wir vielleicht ein deutlicher zutage tretendes Zittern der Seele, ein starkes körperliches Gefühl, dass unsere Grundlage wackelig und unser Leben ver-

letzlich ist, dass in jedem Augenblick irgendetwas Unvorhergesehenes geschehen kann. Oft beneiden wir andere um die Sicherheit, in der sie sich offensichtlich wiegen.

- Furcht: Unterhalb der Angst spüren wir vielleicht, dass der Tod des Egos bevorsteht oder gerade eintritt, und wir fürchten uns zutiefst vor dem Loslassen.
- Bodenlosigkeit: Wir haben das Gefühl, dass alles sich aufzulösen beginnt. Wir finden nichts mehr, woran wir uns festhalten können und was uns ein Gefühl der Sicherheit oder einen verlässlichen Bezugspunkt gibt. Das mag sich so anfühlen, als stürzten wir ab, als fielen wir immer tiefer durch leeren Raum.
- Depression: Wir fühlen eine Art starken inneren Sog – etwas zieht uns machtvoll nach innen und unten, in die Dunkelheit des Körpers, in die Dunkelheit des Unbewussten. Wir nähern uns der Totalität des somatischen Wissens, in dem unseren gewöhnlichen Hoffnungen und Ängsten, unseren gewöhnlichen Urteilen der Boden unter den Füßen weggezogen wird und sie nicht überleben können. Für unseren hilflos zappelnden Ego-Geist fühlt sich das natürlich schrecklich an. Wir können nicht länger am Leben teilnehmen, weil wir sehen, wie verblendet und müßig alle unsere Versuche waren, irgendetwas zu tun oder zu erreichen, und wie unrealistisch unsere frühere hoffnungsfrohe Sicht des Lebens war. Wir können uns nicht mehr auf die Art und Weise emotional engagieren, auf die wir es zuvor getan haben und auf die wir das Leben gesehen haben, weil wir jetzt sehen, wie leer und sinnlos das alles war. Dieser Abstieg in den Körper ist eine sehr machtvolle Erfahrung eines Ego-Todes, auch wenn diese Erfahrung, besonders für uns moderne Menschen, sehr schwierig ist, weil sie in unserer heutigen Welt so sehr stigmatisiert wird und weil sie es schwer oder gar unmöglich

macht, weiter an die „große Lüge“ der modernen Kultur und ihrer materialistischen Werte zu glauben.

- Leere oder Nichtexistenz: Wenn wir mutig genug sind, selbst die ziemlich subtilen Urteile und Bewertungen, die zur Depression gehören (Ich bin wertlos; die anderen haben ihr Leben im Griff, nur ich nicht), loszulassen, dann fallen wir schließlich durch den Boden selbst des depressiven Geisteszustands in einen Raum, der offen und leer ist. Hier gelangen wir dadurch, dass wir tiefer und tiefer in den Schatten und die Dunkelheit des Körpers selbst absteigen, zu einer Erfahrung der kompletten Verkörperung. Wir kommen an einen Ort, an dem es keinerlei Bedenken mehr gibt, nur das totale Wissen unseres Körpers.
- Offenheit und Grenzenlosigkeit: Dann mögen wir fühlen, wie sich unser Geist für eine sehr viel größere Empfindung des Daseins öffnet, als die, an die wir bisher gewöhnt waren. Dies mag zuerst ein ziemlicher Schock sein, dem dann aber eine große Erleichterung folgt.
- Inspiration: Wir mögen jetzt fühlen, dass etwas in unserem Körper aufsteigt – eine Art Frische und Leichtigkeit, ein Gefühl, dass aus unserer Offenheit heraus ganz von selbst sehr viele Möglichkeiten aufsteigen.
- Freude: An solchen Übergangspunkten können wir eine Energie in unserem Körper spüren, die man nur als Freude beschreiben kann, Freude über die Empfindung des Lebens in uns sowie darüber, dass sich der Weg weiteren Wachstums vor uns entfaltet.

Wir können diesen ganzen Prozess als einen heiligen Abstieg, einen Abstieg in den Körper verstehen. Wir beginnen mit einem subtilen Unbehagen und einer Wahrnehmung grundlegender menschlicher Angst, der Oberfläche des menschlichen Lebens, und vernehmen einen Ruf – der vielleicht als ein Sog erfahren wird –, in etwas Tieferes abzusteigen. Wenn wir das tun, manchmal durchaus gegen unseren Willen, dann stoßen wir auf eine tiefere Schicht des Fühlens und fallen schließlich in Depression und durch diese hindurch in das Nichtsein. Dies ist die Endhaltestelle unserer somatischen Verkörperung, und wir erfahren nun, vollkommen verkörpert, das spontane Leben, das ab diesem Punkt geboren wird.

Dieser ganze Prozess entfaltet sich aus der anfänglichen Erfahrung von Chaos heraus, aus einem Chaos, das von dem Wissen des Körpers verursacht wird. Wenn wir starr an unserem körperfremden Zustand festhalten, wird das Auftauchen von Chaos als reine Bedrohung erfahren. Doch wenn wir verstehen, welche Chancen das Chaos mit sich bringt, dann können wir es als einen Segen erfahren.

Wenn wir versuchen, in einem körperfremden und abgetrennten Zustand zu meditieren, dann sind wir nicht fähig mit dem Chaos umzugehen, das unser Körper uns präsentiert, und wenden uns deshalb davon ab. Auch wenn wir dadurch vielleicht zu einem gewissen relativen Frieden gelangen, werden der Umfang und die Tiefe dieses Friedens doch ziemlich eingeschränkt und begrenzt sein. Der Grund hierfür ist, dass wir dann, wenn wir das Chaos des somatischen Wissens zurückweisen und Zuflucht zum diskursiven Denken nehmen, unser Bewusstsein gegen sich selbst wenden. Wir handeln, denken und fühlen, als würde der Körper nicht existieren. Wenn wir uns ins diskursive Denken *über* etwas flüchten, statt dieses Etwas einfach nur in seiner nackten somatischen und chaotischen Form anzunehmen, dann haben wir uns von der Erfahrung abgewandt. Wir schieben unser diskursives Denken, das eine Art von blockierter Bewusstheit ist, als einen Puffer oder Schirm zwischen uns und die direkte Erfahrung, um uns dagegen abzuschotten. Dadurch wird unser Bewusstsein von dem andauernden Bemühen, uns dem Wissen des Körpers zu widersetzen, es wegzustoßen und abzuschotten, gefesselt.

Wenn wir uns dagegen dem „Segen“ des Chaos öffnen, dann lösen wir unser Karma auf oder erschöpfen es, und indem wir das tun, befreien wir unsere Bewusstheit zu seinem natürlichen grenzenlosen Zustand. Indem wir voll und ganz erfahren, was hier ist – ohne Zurückhaltung, Vermeidung oder Verdrängung –, bauen wir tatsächlich die Muster mentaler Vermeidung, mentaler Abwehr und des Festhaltens ab, die in der Vergangenheit für diesen Aspekt unserer Beziehung zu unserer relativen Wirklichkeit charakteristisch waren. Durch diesen Prozess lösen wir uns langsam von unserer Verstrickung in unser Denken und von unserer dauernden Beschäftigung damit. Dann kann unser Bewusstsein zu seinem natürlichen Zustand zurückkehren.

Solange wir nicht bereit sind, das Chaos des Körpers anzunehmen und einen gewissen Anteil jenes Reichtums an Information und Emotionen, der sich uns geboten hat, den wir aber zurückgewiesen haben, zu durchleben, bleibt unser Bewusstsein eingekerkert. Nach Ansicht des tibetischen Yoga bringt uns die körperliche Meditation in Kontakt mit dem Feuer der direkten Erfahrung, dem Feuer all der lebhaften und intensiven Schmerzen, die in diesen zuvor abgewiesenen Aspekten unserer Erfahrung enthalten sind. Dieses Feuer der Erfahrung brennt und brennt und verbrennt allmählich die Strukturen unseres Egos. Dies ist ein inneres Inferno, von dem es heißt, dass es unser Bewusstsein reinigt und den Grund für eine sehr helle Bewusstheit bereitet. Je gründlicher wir unsere Arbeit leisten und in das Feuer hineingehen, desto größeres Gewahrsein kann sich schließlich öffnen. Nach Ansicht der Tradition des tibetischen Yoga ist die Erleuchtung dann gegeben, wenn kein Rest-Karma mehr übrig bleibt. Dann ist unser Bewusstsein nicht mehr von den Vermeidungsstrategien des Egos gefesselt. Es ist frei und in vollem Umfang befreit.

31
Der Körper des Buddha

An diesem Punkt möchte ich das, was wir zuvor diskutiert haben, wieder in den Rahmen der buddhistischen Geschichte stellen, es insbesondere mit Shâkyamuni Buddha, dem Begründer der buddhistischen Tradition, in Verbindung bringen. Beginnen wir damit, zu betrachten, was einen Buddha ausmacht. Wie können wir eine solche Person definieren? Eine besonders interessante Definition, die in der Lebensgeschichte von Gautama – dem Mann, der schließlich zum Buddha Shâkyamuni wurde – auftaucht, ist, dass ein Buddha nicht jemand ist, der irgendeinen ätherischen und körperfremden Zustand erreicht. Ein Buddha ist insbesondere eine Person, die voll und ganz verkörpert ist, die sich an alle ihre früheren Leben erinnert und für diese präsent ist. Sie erinnert sich nicht nur an diese früheren Leben, sondern *fühlt* sie und durchlebt sie, *als würde sie sie noch einmal erleben.* Um ein Buddha, ein Vollkommen Erwachter, zu werden, musste Gautama sich mit anderen Worten alles zueigen machen, was er jemals erlebt hatte, jedes Ereignis in jeder Inkarnation, die er jemals erfahren hatte. Für einen Buddha muss das Unbewusste, das aus allen nicht erinnerten, nicht gelebten und nicht integrierten Erfahrungen zusammengesetzt ist, ins Bewusstsein gehoben und damit ausgeschöpft werden. Die Bewusstwerdung aller Inhalte des Unbewussten, des Âlaya, ist Erleuchtung.

Die erste Nachtwache

Während der vier Nachtwachen der Nacht seiner Erleuchtung machte der Buddha sich all das Wissen bewusst, das auf tieferen Ebenen in seinem Körper gespeichert war. Wie das *Buddhacarita,* die früheste umfassende Biografie des Buddha, berichtet, bedachte der Buddha während der ersten Nachtwache: „'Da war einmal der Ich-Soundso; das war mein Name; als jener starb, bin ich hierher gekommen' - und auf diese Weise erinnerte er sich an Tausende von Geburten, so als durchlebte er sie noch einmal."[9] Zu Gautamas Pfad der Erleuchtung gehörte also, dass er sich die verschütteten Erinnerungen seiner gegenwärtigen Inkarnation und seiner früheren Inkarnationen komplett in Erinnerung rief, so als „durchlebte er sie alle noch einmal".

Warum war es für Gautama so wichtig, sich zu erinnern? Nach Auffassung des Buddhismus sind Erfahrungen in ihrer vollständigen, unzensierten Form *nichts anderes als reines Gewahrsein.* In der tibetischen Tradition wird dies folgendermaßen beschrieben: „Was immer geschieht, ist Ausdruck des erwachten Zustands." Dies ist eine traditionelle Weise, zum Ausdruck zu bringen, dass Erfahrung an und für sich, in ihrer uneingeschränkten Form, nichts anderes ist als eine Manifestation von Weisheit. Wenn wir uns jedoch dafür entscheiden, alles zu vergessen, außer den kleinen Bruchstücken unserer Erfahrung, die in unserer Vorstellung von unserem „Ich" hineinpassen, dann wendet sich, wie wir gesehen haben, die Energie dieser Weisheit gegen sich selbst. Steht sie in Widerspruch zu sich selbst, produziert sie Unwissenheit

[9] Edward Conze, *Buddhist Scriptures,* New York (Viking Publishing) 1986, Seite 49.

und wir verlieren den Kontakt mit der Unendlichkeit und Freiheit der erwachten Intelligenz in unserem Inneren.

Um Erleuchtung zu erlangen, musste Gautama sich also auf eine ganz spezielle Weise erinnern: Er musste alles, was er jemals erfahren hatte, erneut durchleben. In einem ganz realen Sinn eignete er sich so die Fülle der Erfahrung seiner eigenen Geschichte an, die er nie zuvor gehabt hatte. Er erfuhr etwas, das bereits geschehen war, doch er erlebte es so, als sei es das erste Mal. In gewisser Weise *war* es auch das erste Mal, da seine frühere Erfahrung unvollständig gewesen war und einen Rückstand in der Form von Karma hinterlassen hatte. Nun musste er in jene lange verlorenen Welten seiner Vergangenheit zurückkehren, offen für die Totalität all dessen, was er durchgemacht hatte. Seine Reise zur Erleuchtung stellte also ein zunehmendes Transparenterwerden für die gewöhnlichen, weltlichen und schmerzlichen Aspekte seiner früheren Existenz dar, für all jene Dinge, die er zuvor in die Vergessenheit abgedrängt hatte. Er musste sich dem überlassen, was gewesen war, was auch immer es gewesen war, und musste sich der (vom Standpunkt des Egos) verheerenden Wahrheit und Wirklichkeit all dessen ausliefern, was ihm jemals widerfahren war, und musste es vollkommen unzensiert erleben.

Nach dem *Buddhacarita* hatte Gautamas emotionale Offenheit und seine Intimität mit seiner eigenen Lebenserfahrung zwei tief greifende Auswirkungen auf ihn. Einerseits wurde davon jegliche Vorstellung von einem kontinuierlichen, substanziellen Selbst oder Ich ausgelöscht. Je mehr er sich erinnerte, desto deutlicher sah er, dass „er" zu verschiedenen Zeiten so viele verschiedene Dinge gewesen war, dass jede Vorstellung von einer kohärenten, andauernden Identität keinerlei Sinn mehr machte. Diese „Totalität", die seine Erfahrung war, war so unendlich, so chaotisch, so intensiv, so widersprüchlich, so überwältigend, so unergründlich und so endlos, dass jeder Versuch, sie zu verstehen und eine einzelne und kohärente „Person" zu finden, vollkommen müßig war. Die Geschichte des Buddha macht uns deutlich, warum wir in unserem Ringen darum, im Samsâra zu verweilen, *so viel vergessen müssen.* Würden wir das nicht tun, so würde das unsere Ich-Identität, die wir so verzweifelt aufrechtzuerhalten suchen, auslöschen.

Außerdem verlor Gautama, je mehr er sich erinnerte, desto mehr jedes Gefühl der Unterschiedenheit oder Trennung von allen anderen leidenden Wesen. Im Verlauf seiner zahllosen Inkarnationen hatte er, wie der Text uns berichtet, alles erlebt, was irgendein menschliches Wesen jemals erleben konnte. Durch seine Erinnerung wurde er sich der Tatsache bewusst, dass wir alle in einem kosmischen Ozean sich ständig wandelnder Erfahrungen schwimmen, ohne Hoffnung, jemals festen Boden unter die Füße zu bekommen und das Festland eines „Ichs" zu erreichen. Je mehr Gautama sich erinnerte, desto deutlicher sah er, dass er mit allen anderen Menschen die gleichen Freuden und Sorgen gemeinsam hatte, die gleichen Lebensbedingungen, die gleiche Verblendung und die gleiche Hoffnungslosigkeit, dies alles jemals auflösen oder abschließen zu können. Der Schmerz, den andere Menschen fühlten – und zwar aller Schmerz – war ein Schmerz, den er unmittelbar und genau in diesem Augenblick als seinen eigenen Schmerz erkannte. Diese Erkenntnis führte zur Geburt von grenzenloser Liebe, grenzenlosem Einfühlungsvermögen und grenzenlosem Mitgefühl mit anderen.

Auf dieser Grundlage entfalteten sich für Gautama noch tiefer reichende Ebenen des Erinnerns. Nach Auffassung des Buddhismus – sowohl in den frühen biografischen Texten als auch in der späteren Überlieferung, insbesondere im *Avatamsaka-Sûtra* – stehen wir alle miteinander in solch enger Wechselwirkung, dass wir alles, was irgendein anderer Mensch erfährt, auf tiefe und subtile Weise kennen. Wir sind uns dieser intimen Verbindungen und Wechselwirkungen nur deshalb nicht bewusst, weil wir dieses Wissen ignorieren, es vergessen und verdrängen. Und doch ist die Information über das, was andere erfahren, in uns gespeichert, in unserem Körper – zwar implizit und unerkannt, aber doch lebendig, aktiv und mit Auswirkungen auf uns.

Die zweite Nachtwache

Auf dem Weg zur Erleuchtung muss diese Art von Unwissenheit jedoch überwunden werden. Die Erleuchtungsgeschichte macht diesen Punkt sehr deutlich. In der zweiten Nachtwache schaute Gautama in seinen eigenen Herz-Geist *(citta)* und sah, wie ihm die Welt „wie eine Widerspiegelung in einem makellosen Spiegel erschien".[10] Er sah, dass alle Wesen, in Übereinstimmung mit ihrem karmischen Handeln, dem unablässigen Fluss von Tod und Wiedergeburt unterliegen, ohne jemals Ruhe zu finden. Er sah unmittelbar und in seinem eigenen Herzen, in seinem eigenen Körper, dass es innerhalb des Samsâra nirgendwo und an keiner Stelle irgendein Ausruhen von dem stets gegenwärtigen Leiden und Sterben, irgendeine Sicherheit und Zuflucht vor der stets gegenwärtigen Vergänglichkeit gibt. Dies war für Gautama eine weitere Bestätigung dafür, wie müßig und fruchtlos es ist, innerhalb des Samsâra nach Glück zu streben. Und diese Einsicht führte wiederum zu noch mehr spontanem Mitgefühl, das er für alle leidenden Wesen, die ihm unter die Augen kamen, empfand.

Die dritte Nachtwache

Während der dritten Nachtwache vertiefte sich Gautamas Erinnern noch mehr, und er rief sich all das ins Bewusstsein, was er in der Tiefe seines konditionierten Geistes außerdem noch wusste, was er aber zuvor nicht hatte zur Kenntnis nehmen können. Er sah, dass „die Lebewesen sich ganz umsonst aufreiben. Wieder und wieder werden sie geboren,

---

[10] Edward Conze, *Buddhist Scriptures,* New York (Viking Publishing) 1986, Seite 50.

altern und sterben sie, gehen sie weiter zu neuem Leben und werden sie erneut geboren. Und zudem verdunkeln Gier und Verblendung ihre Sicht und sie sind von Geburt an blind. Auch wenn sie überaus bange sind, wissen sie doch nicht, wie sie dieser großen Masse an Übel entrinnen sollen."[11] Wie wir alle auch, wusste Gautama dies bereits auf einer tiefen, zuvor unbewussten Ebene. Jetzt war es an die Oberfläche gekommen.

Die vierte Nachtwache

Gautama erinnerte sich nun an alles uralte, ihm eingeborene Wissen um das Karma, gegen das er sich zuvor abgeschottet hatte: In der vierten Nachtwache sah er, dass alles, was geschieht, nach Maßgabe der Erzeugung und der Reifung der Handlungen eines Wesens entsteht. Dazu gehören auch sämtliche mentalen und physischen Phänomene, einschließlich der Vorstellung von einem substanziellen persönlichen „Ich", die wir für selbstverständlich halten, die wir gewohnheitsmäßig mit uns herumtragen und die wir für real halten. Diese Erkenntnis führte ihn zu der folgenden befreienden Einsicht: „Vom Gipfel der Welt bis ganz nach unten konnte ich nirgendwo ein Selbst (Ich) auffinden."[12] Er begriff, dass der ganze Kampf, aus dem die samsârische Existenz besteht, sowie jegliche Vorstellung von einem „Ich", das geschützt und aufrechterhalten werden muss, vollkommen unbegründet, fruchtlos und ohne jegliche Wirklichkeit ist.

Gautamas vorangegangene spirituelle Schulung und Praxis waren durch eine zunehmende Entfremdung vom Körper, durch ein Abstandnehmen von der weltlichen, relativen Erfahrung als Menschenwesen gekennzeichnet. Seine beiden hauptsächlichen Lehrer, Arada Kalama und Udraka Ramaputtra, hatten beide Praktiken gelehrt, mit deren

---

[11] Edward Conze, *Buddhist Scriptures,* New York (Viking Publishing) 1986, Seite 50.
[12] Ebenda, Seite 50.

Hilfe man durch zunehmend entkörperte und ätherische Trancen zuerst zur Erfahrung eines reinen Nichts und dann zur Erfahrung von „weder Erfahrung noch Nichterfahrung" gelangte. Auf seiner weiteren spirituellen Reise mit fünf Gefährten, die Askese praktizierten, verleugnete Gautama seinen Körper auf andere Weise, indem er ihn durch extreme asketische Praktiken beinahe vernichtete.

Schließlich erkannte Gautama jedoch, dass dies alles in die falsche Richtung ging. Er sah, dass er sich in der Ablehnung des Relativen auch der Möglichkeit beraubte, die Verwirklichung zu erlangen, nach der er suchte. Ob man nun versucht, das Relative zum Zweck gewöhnlicher Befriedigung und Sicherheit zu benutzen (wie das die meisten Menschen tun), oder ob man versucht, es auf der Suche nach irgendeinem idealen spirituellen Zustand zu verdrängen (wie es seine Lehrer und seine asketischen Begleiter getan hatten) – dies alles war doch nur das alte Spiel des Egos, das alte Spiel des Vergessens, Ignorierens und Verdrängens. Buddha begriff, dass das letzte Erwachen und die Freiheit, die er suchte, nur im Erinnern zu finden war, einem Erinnern ohne Begrenzung oder Zurückhaltung – nur in der vollen Identifizierung mit dem Relativen und seiner Verkörperung, nur im gegenwärtigen Gewahrsein der Totalität der relativen Wirklichkeit, in der kein Ego Fuß fassen kann.

Also kehrte Gautama seine Ausrichtung um und erinnerte sich. Er öffnete sich für die volle Wahrheit und Wirklichkeit seiner relativen Erfahrung und machte sich vertraut mit allem, was er gegenwärtig war und was er jemals gewesen war, aber auch mit der unendlichen Menge an Erfahrungen der anderen. Je mehr er sich den konkreten Erfahrungen des menschlichen Lebens annäherte und je verkörperter er auf diese Weise wurde, desto weniger Platz gab es für irgendeine Empfindung eines vereinzelten oder abgetrennten Ichs. Im Augenblick der Erleuchtung gab es dann schließlich überhaupt niemanden mehr, nur noch die Erfahrung selbst in ihrem vollen Ausdruck, frei, vollständig und fraglos. Er erkannte sich selbst wahrhaft als die Welt, als der Prozess der Wirklichkeit, der sich in seiner menschlichen Person und als seine menschliche Person entfaltete.

Als der Buddha, der unter dem Bodhi-Baum gesessen hatte, sich als Erwachter wieder erhob, war er für das, „was ist“, so präsent, war er dessen auf so nackte Weise gewahr und war er mit der Erfahrung aller Lebewesen dermaßen eins, dass er sich entschied, seine Erfahrung mit jedermann zu teilen. Da seine Person nicht mehr von anderen getrennt war, war seine Entdeckung der Befreiung, die sich aus der rückhaltlosen Intimität mit der relativen Wirklichkeit ergab, ebenso sehr die ihre wie die seine. Es war eine menschliche Entdeckung, die allen gehörte. Da gab es keine Frage, ob er sich aufmachen und auch anderen die Freiheit, die er selbst gefunden hatte, bringen sollte.

In diesem Kontext müssen wir den „Universalismus“ des Buddha verstehen. Auf einer Ebene bedeutet dieser Universalismus, dass seine Methode auf alle Menschenwesen anwendbar ist, auf welchem Entwicklungsstand sie sich auch befinden und unter welchen Umständen sie auch leben. Seine Entdeckung war die Entdeckung der spirituellen Begabung des Menschen als solcher. Aber in einem noch tieferen Sinn ist dieser Universalismus die Erkenntnis, dass es keine Wahrheit, keine endgültige Wirklichkeit gibt, die man von der Totalität abtrennen, die man aus ihr extrahieren und als einen „besonderen“, das heißt gesonderten Bereich von anderen Dingen abtrennen könnte.

Die konventionellen Religionen behaupten: „Unsere Wahrheit, unsere Wirklichkeit, unser Weg ist besser als der eure; darum solltet ihr eure Religion aufgeben und euch der unseren anschließen.“ Doch der Buddha sah, dass Offenheit und Transparenz für die relative Wirklichkeit, *ganz gleich, wie unsere relative Wirklichkeit beschaffen sein mag,* dass die Hingabe an diese relative Wirklichkeit und die Weisheit, die sie verkörpert, der vorzügliche, der ideale und der einzige Pfad zum vollen Erwachen eines menschlichen Wesens ist. Mit anderen Worten:

Für jedes fühlende Wesen ist sein Pfad zur Erleuchtung bereits in der Totalität seiner karmischen Situation impliziert, in der gesamten Anordnung seiner Erfahrungen im Verlauf all seiner Leben, die letztlich alles umfassen, was ist. Die letzte Wirklichkeit zu verwirklichen heißt, sich der vollen Verkörperung zu öffnen, in Frieden damit zu sein und sich in diese aufzulösen.

Vierter Teil

Die Dynamik des Pfades: Prinzipien, Übungen und Erfahrungen

32

Frieden entwickeln: Körperliches Shamatha

Im Allgemeinen heißt es, dass die buddhistische Meditation zwei Phasen hat: Die erste ist Achtsamkeit und die zweite Gewahrsein. In der ersten Phase, der des *Shamatha* oder der Beruhigung des Geistes, wählen wir ein Meditationsobjekt und versuchen dadurch, dass wir unsere Aufmerksamkeit darauf ausrichten, allmählich unseren inneren Tumult zu beruhigen und zu einem Zustand mentaler Stille zu gelangen. In der zweiten Phase versuchen wir, aus der in Shamatha entwickelten Stille heraus Gewahrsein oder *Vipashyanâ,* „Klares Sehen", zu entwickeln. Der somatische Ansatz der Meditation und seine Übungen spiegeln in mancher Hinsicht diese grundlegende Shamatha-Vipashyanâ-Struktur aller buddhistischen Meditation wider, jedoch mit einigen wichtigen Unterschieden.

In der somatischen Überlieferung wird der Körper selbst zum Objekt der Achtsamkeit. Dadurch, dass wir unsere Aufmerksamkeit auf den Körper als ganzen oder auf einen Teil oder einen Bereich des Körpers richten, verlangsamt sich unser Geist allmählich. Er vertieft sich und tritt in einen Zustand des Friedens ein. Jemand, der sich mit buddhistischer Meditation auskennt, mag sagen: „Na ja, das ist eben Shamatha."

Das ist zwar richtig, aber doch gibt es hier einen sehr wichtigen Unterschied. Wie wir gesehen haben, ist es möglich, Shamatha zu üben, indem man etwa auf das Gefühl des Atems an der Nasenspitze achtet. Man kann damit einen Zustand relativer Gedankenfreiheit erreichen, den man als Stille versteht, und doch weiterhin völlig vom Körper abgetrennt bleiben, von unserem Karma und von unserer inneren Reise. Es war eben diese Art von Shamatha, die der Buddha bei seinen ersten Meditationslehrern gelernt hatte und die seiner Erfahrung nach in die falsche Richtung führte.

Das Problem mit dieser nicht im Körper verankerten Form von Shamatha sowie dem „Frieden", zu dem es führt, ist, dass dies kein umfassender, vollständiger und echter Frieden ist. Es ist vielmehr ein harter, brüchiger und kalter Frieden, der ein subtiles Streben enthält, den Körper auf Abstand zu halten. Man schottet sich dabei gegen die Wärme des Körpers und seine komplexen Sinneserfahrungen und Gefühle ab – also gegen die verkörperte Totalität seiner Erfahrung. Die Härte gegenüber dem Körper, den diese Art von Shamatha impliziert, enthält die drei Geistesgifte in einer aktiven, aber äußerst subtilen Form: das *Festhalten* an einem „Frieden", der leicht und unkompliziert ist; *Aggressionen* gegenüber der Fülle, dem Tumult und dem Chaos des körperlichen Lebens; und *Unwissenheit* in Hinsicht auf die unendliche Welt, um die der Körper weiß, und in Bezug auf die eigenen, vom Ego angetriebenen „spirituellen" Programme.

Auch die Übung der somatischen Meditation bringt uns in einen Zustand des Friedens, doch ist dies ein zutiefst körperlicher Frieden, ein Frieden, der untrennbar ist von tiefer Entspannung. Es ist ein Frieden, der den Körper wie ein zutiefst befriedigendes, sich ausdehnendes goldenes Glühen durchdringt. Wir fühlen den Frieden nicht vorwiegend mental, sondern mehr auf eine ganz und gar körperliche Weise. Es ist nicht unser Geist, der in Frieden ist, sondern vielmehr unser Körper, der zutiefst friedlich und entspannt ist und sich außerordentlich wohlfühlt. Wird Shamatha auf diese somatische Weise geübt, so kann es zu einer tiefen Empfindung inneren Wohlseins und sogar der Glückseligkeit führen.

Es ist hilfreich, diesen Prozess, durch den wir zu einem Zustand vollkommen geerdeter und verbundener Entspannung, des Friedens und des Wohlseins gelangen, näher zu betrachten. In mancher Hinsicht ist dieser Prozess weit spontaner als die gewöhnliche Übung von Shamatha und unterscheidet sich deutlich davon. Nehmen wir noch einmal das Beispiel einer weitverbreiteten Anweisung für Übende des Shamatha: Achten Sie auf das Gefühl des Atems an der Nasenspitze. Die Übenden werden oft angewiesen, sich ganz auf den Atem zu konzentrieren und dabei alle Gedanken, Wahrnehmungen und Gefühle, die auftauchen mögen, auszublenden. Der Ehrgeiz des Egos des Übenden, diesen friedvollen Zustand zu erreichen, macht den Kern seiner Intention aus und treibt seine Übung an.

Wie schon gesagt, haben die Menschen unserer Tage aufgrund ihrer gewohnheitsmäßigen Körperfremdheit bereits große Schwierigkeiten mit den somatischen Aspekten von Empfindungen, Gefühlen und Emotionen. Weil dem so ist, neigen sie, vielleicht ohne das zu merken, dazu, sich den „Frieden", nach dem sie streben, als einen Zustand ohne Empfindungen, Gefühle, Emotionen oder irgendeinen Inhalt vorzustellen. Wenn sie also auf den Atem an der Nasenspitze achten, versuchen sie einen körperfernen Frieden zu erreichen. Sensible Menschen finden diesen Ansatz oft zu aggressiv, und das mit gutem Recht. Viele Übende berichten, dass dieser Ansatz nur ihr Gefühl der Getrenntheit von ihren Sinneswahrnehmungen und Gefühlen verstärkt und sie einer authentischen Erfahrung der Existenz nur noch mehr entfremdet. Das Resultat ist oft das Gefühl eines „harten Herzens", der Leere oder der Taubheit.

Wenn wir das Achten auf den ganzen Körper praktizieren, werden wir angewiesen, eine der Methoden einfachen somatischen Gewahrseins oder eine der vielen körperorientierten Atemtechniken zu benutzen, wie sie im Anhang beschrieben werden. „Üben Sie einfach mit offenem Geist und offenem Herzen, doch nehmen Sie Abstand von jedem Versuch, irgendetwas zu erreichen.“ Wir werden angewiesen, nicht nach einem begrifflichen Ideal, etwa dem Ideal von Frieden oder Stille, zu streben. Wir achten einfach auf den Körper, mit Sanftheit und Neugierde, um zu sehen, was sich daraus ergibt.

Was dann geschieht, ist, dass der Körper durch den oben beschriebenen Prozess zu erwachen beginnt. Wenn er das tut, erlangen wir ein Gefühl der physischen Präsenz und der Verankerung in unserem Körper. Wir haben das Gefühl, mehr und umfassender in unserem Körper zu wohnen. Und wir beginnen, all die Erfahrungen des Empfindens, Fühlens und Erinnerns, die mit diesem Aufwachen einhergehen, anzunehmen. Bei diesen Übungen beseitigen wir in einem ganz realen Sinn die Aggression, welche die begriffliche Einschränkung und Überlagerung des Körpers darstellt. Wir entfernen die schwere Haube der Vorurteile und Pläne, die wir über das Leben des Körpers gestülpt hatten und die dieses Leben niedergedrückt, verdrängt, deprimiert, es abgelehnt und unsichtbar gemacht haben.

Will Johnson meint, dass unser unkontrollierbares diskursives Denken weitgehend darauf zurückzuführen ist, dass die Energie nicht frei durch unseren Körper fließen kann. Da sie im Körper aufgestaut wird, manifestiert sie sich in der pathologischen Form von zwanghaftem Denken, dass heutzutage so viele Meditierende plagt. Da die Energie des Körpers negiert wird, weicht sie aus in die einzige Form, die für das Ego akzeptabel ist – in unablässiges Denken. Und je stärker der bewusste Geist in Opposition zum Körper und zu seinem Leben steht, desto mehr geraten unsere Gedanken außer Kontrolle. Beginnen wir jedoch die Blockaden des Egos zu entfernen und überlassen wir uns der Achtsamkeit für den Körper, dann beginnt sich der natürliche Prozess des Körpers offen und ungehindert zu entfalten. Unser

Körper entspannt sich, unser Gewahrsein durchdringt den Körper, das diskursive Denken versiegt ganz natürlich und spontan, und wir treten in einen Zustand wahren und sehr tiefen somatischen Friedens und der Entspannung ein. Wir haben endlich begonnen, den Körper ernst zu nehmen und auf ihn zu hören, und unser Körper, der genau mitbekommt, was da vor sich geht, antwortet darauf, indem er uns ein großes Geschenk macht: die Freude und die Glückseligkeit unserer schlichten körperlichen Existenz.

33

Sind wir bereit zu sehen? – Somatisches Vipashyanâ

Die tiefe Entspannung sowie das Gefühl körperlichen Friedens und Wohlbefindens, die sich durch die somatische Shamatha-Arbeit einstellen, sind zutiefst befriedigend. Die Erfahrung, die wir hier machen, ist so überzeugend und bringt uns solche Befriedigung, dass wir denken mögen: „Dies ist es. Darum geht es in dieser Übung. Was könnte man sich mehr wünschen?"

Auch wenn die Erfahrung dieses völlig geerdeten Friedens sehr machtvoll ist, ist dies doch nur das erste der beiden Stadien der Übung, die im vorigen Kapitel erwähnt wurden. Haben wir die Erfahrung völlig entspannten und verkörperten Wohlbefindens erreicht, dann sehen wir uns nun vor der Herausforderung, das zu untersuchen, was jetzt aufzusteigen beginnt, und es uns ganz und gar zu eigen zu machen.

Shamatha, die Übung des „Ruhigen Verweilens", erzeugt eine Umgebung, eine Art Forum. Es erzeugt eine Situation, in der wir besser fähig sind, zu *sehen.* Und dieses *Sehen* ist das Ziel der Körperarbeit, denn nur durch das Sehen sind wir in der Lage, uns zu verändern, die grundlegende menschliche Transformation zu erfahren, die wir uns wünschen. Shamatha entspricht der Beruhigung der Wellen auf der

Oberfläche eines Teiches, sodass er vollkommen ruhig und klar wird. Wenn wir nun auf die Wasseroberfläche schauen, deren Wirbel und Wellen zur Ruhe gekommen sind, können wir in die Tiefe des Teiches hinunterschauen, und wir beginnen zu sehen, welche Wunder ist dort gibt: Fische aller Größen und Formen, Kaulquappen, Schildkröten und andere Wesen schwimmen darin herum, Wasserpflanzen wachsen der Oberfläche entgegen, und der Grund selbst ist zerklüftet und farbenfroh.

Je länger wir durch die nun stille Oberfläche in die Tiefe hinabschauen, desto deutlicher wird uns, dass unser Körper uns einlädt, in einen Prozess der immer intimeren Kommunikation und sogar Kommunion einzutreten. Lassen wir uns auf diesen Prozess ein, dann spüren wir irgendwann, dass er niemals ein Ende findet und sich immer weiter entfaltet. Zuerst lädt uns unser Körper ein, uns ihm anzunähern; dann werden wir aufgerufen, den Kontakt herzustellen. Als nächstes fühlen wir uns zu immer tieferen Ebenen der Ruhe, Harmonie und Stille hingezogen. Und dann zieht es uns auf einmal, ganz spontan, noch tiefer und wir beginnen zu sehen. Um es noch einmal zu sagen: Shamatha, das Kultivieren von Frieden und Entspannung allein, ändert uns noch nicht. Es ist das Sehen, Vipashyanâ, welches die Transformation herbeiführt - die Transformation, nach der wir suchen und um derentwillen wir hier sind. Das Sehen ist die Hauptsache.

Aber was für eine Art des Sehens ist das? Diese Frage lässt sich nicht präzise beantworten. Wir könnten sagen, dass der Körper uns dazu aufruft, mehr zu sehen oder zu wissen – mehr über den Körper, mehr über uns selbst und mehr über das Leben und die Wirklichkeit. Und es geht hier um ein Wissen, das kein intellektuelles Verständnis ist, sondern ein vorbegriffliches, nacktes, somatisches Wahrnehmen, welches sich daraus ergibt, dass wir für das, was auftaucht, präsent sind. Es ist wie jene Art des Wissens, die wir erfahren, wenn wir am Morgen aufwachen und die Präsenz eines geliebten Menschen spüren, der neben uns liegt – es ist so einfach, so unmittelbar, so verkörpert und so direkt.

Was genau zu einer bestimmten Zeit aus dem Körper auftauchen muss, lässt sich nicht vorhersehen; wir wissen es erst, wenn es sich zeigt. Wir fühlen, wie es in unserem Körper aufsteigt, und je tiefer wir uns entspannen, desto häufiger bekommen wir, sozusagen, Besuch von somatischen Abgesandten, die als Gäste kommen und uns alle möglichen Gaben und Geschenke mitbringen.

Was bringen Sie uns? Man könnte sagen, dass sie uns bringen, was wir zuvor nicht gespürt, gefühlt oder gewusst haben. Es ist dies nicht etwas, das wir im Sinne eines ‚Fehlens von Information' nicht wussten. Bei dem, was auftaucht, geht es nicht darum, unser Inventar von Fakten zu vergrößern und die Schubladen, die bereits in unserem Geist existieren, weiter zu füllen. Es geht um kein horizontales oder laterales Wissen, durch das das Bild der uns bereits bekannten Welt weiter ausgemalt wird.

Das, was sich uns jetzt mitteilt und was wir zuvor nicht wussten, ist mehr eine Art und Weise zu existieren. Dem Körper geht es nicht darum, dass wir noch mehr Information ansammeln; er ist nur daran interessiert, dass wir in eine tiefere, vollständigere, verkörperte und authentische Weise des Daseins hineinwachsen. Bei dem Wissen, das uns jetzt zuteil wird, geht es vielmehr um einen Sprung in der vertikalen Dimension, auf eine Ebene, die umfassender, subtiler und tiefgründiger ist.

Wenn diese neue „somatische Information" ankommt, dann können wir nur auf eine einzige Weise damit umgehen. Wir müssen das Alte loslassen, unser früheres Leben zurücklassen. Und an diesem Punkt wird der Prozess jetzt ausgesprochen persönlich, sehr herausfordernd und manchmal auch ziemlich schmerzlich. Je entspannter unser Körper und je offener unser Gewahrsein ist, desto klarer wird unsere Schau sein und desto mehr werden wir sehen. Die Frage, mit der wir nun konfrontiert werden, ist die Folgende: Sind wir bereit, das anzusehen, was nun aufzutauchen beginnt, auch wenn wir dabei einiges durchmachen müssen? Ist unsere Sehnsucht so groß, haben wir so viel Zutrauen zu unserem Leben und so viel Hingabe an die Wirklichkeit und an das unserer Existenz zugrunde liegende Unbekannte, dass wir uns darauf einlassen wollen?

34
Auseinanderfallen

Wenn wir uns der Übung von somatischem Shamatha und somatischem Vipashyanâ widmen, dann beginnt sich unserer Erfahrung, wie schon erwähnt, auf neue und oft überraschende Weise zu öffnen. Auch wenn sich über diesen Prozess nicht viele verallgemeinernde Aussagen machen lassen, so sagt man in der somatischen Tradition doch Folgendes: Es kümmert unseren Körper nicht im geringsten, was unsere Persönlichkeit bei dieser Arbeit durchzumachen hat. Damit wird zum Ausdruck gebracht, dass die Pläne unseres Körpers ganz andere sind als die unseres Egos. Unser Ego ist im Allgemeinen damit beschäftigt, alles zusammenzuhalten. Dieses Zusammenhalten von allem läuft im Grunde auf ein Zusammenhalten des „Ichs“ durch Abtrennung vom Körper hinaus.

Unser Körper hat jedoch ganz andere Pläne mit uns. Er lädt uns dazu ein, das, was wir aufrechtzuerhalten versuchen, loszulassen und in eine tiefere und umfassendere Weise des Daseins einzutauchen. Der Körper ist nicht daran interessiert, dass wir die Dinge zusammenhalten, und tatsächlich unterminiert er sogar unsere Versuche, das zu tun. Das ist der Grund, aus dem manche Menschen ihren Körper so eifrig ignorieren und ihn aus ihrem Bewusstsein ausblenden: Sie sind nicht bereit, ihre ausschließliche Ausrichtung auf das „Ich“ und sein

Überleben aufzugeben. Doch haben wir erst einmal begonnen, auf den Körper zu achten, dann führt er uns in einen Raum, in dem wir beginnen „auseinanderzufallen". Wir beginnen die Kontrolle über unser Ego-Projekt zu verlieren, das darin besteht, unsere Erfahrung zu gängeln und uns in einem Zustand der Unwissenheit und der Abgetrenntheit zu halten. Das Ego empfindet den hier eintretenden Prozess als Bedrohung; deshalb haben wir gesagt, dass es den Körper nicht im Geringsten kümmert, was wir auf unserer Reise durchmachen müssen. Es ist nämlich so, dass wir im Verlauf der Körperarbeit *tatsächlich* auseinanderzufallen beginnen.

Viele buddhistische Lehrer haben darauf hingewiesen, dass dieses Auseinanderfallen zum Pfad der Meditation gehört, und sie haben den Übenden geraten, sich auf den Prozess einzulassen und ihm zu vertrauen. In den meisten Diskussionen dieses Themas werden jedoch zwei Dinge nicht ausreichend betont. Zuerst einmal: Das Auseinanderfallen ist ein *notwendiger* Teil der Reise und nicht nur etwas, das manchen Übenden passiert; es ist unvermeidlich, wenn wir durch das Tor in ein umfassenderes Sein eintreten wollen.

Und was ebenso wichtig ist: *Das Auseinanderfallen ist eine zutiefst somatische Erfahrung.* Damit wir uns nicht missverstehen: Was hier auseinanderfällt, ist nicht unser Körper. Das Einzige, was auseinanderfällt, ist unser Geist oder, um es genauer zu sagen, das, was wir typischerweise über alles denken – all unsere Vorstellungen von einem „Ich" und „der Welt". Es ist also die selbstbezogene, sich selbst bestätigende oder sich selbst verstümmelnde Aktivität unseres begrifflichen Prozesses, die zu wackeln, zu eiern, unrund zu laufen und schließlich unter dem Gewicht unserer somatischen Erfahrung zusammenzubrechen beginnt.

Doch wenn wir beginnen, auf diese Weise auseinanderzufallen, dann spüren wir, dass dies eine intensiv körperliche Erfahrung ist. Wenn unser begrifflicher Bezugsrahmen zu wackeln und zu schwanken beginnt, dann fühlen wir uns zuerst ein wenig unbehaglich, dann wird uns mulmig, dann sind wir alarmiert und schließlich mag uns Angst packen. Wenn das ganze Gerüst zu beben beginnt, fühlen wir einen zunehmenden Schrecken. Wenn es beginnt einzubrechen, fürchten wir uns zutiefst, und wenn es schließlich zusammenbricht, wallt eine intensive Energie in uns auf, die etwas von Panik oder Entsetzen hat. Die zunehmend somatische Natur dieses Prozesses des Auseinanderfallens lässt sich kaum übersehen. Das anfängliche Unwohlsein mag sich als eine leichte Übelkeit manifestieren. Setzt sich der Prozess des Auseinanderfallens fort, bis wir schließlich Angst oder gar Schrecken empfinden, mögen wir das Gefühl haben, uns gleich übergeben zu müssen. Während diese Gefühle anfänglich meist im Magen lokalisiert sind, beginnen sie sich auszudehnen, wenn der Schrecken immer intensiver wird, und wir fühlen die Furcht in der Brust, im Bauch, im Herzen und im Hals. Unser Gesicht mag beginnen zu brennen und unser Kopf zu pochen, und wir empfinden vielleicht leichten Schwindel oder geraten ganz aus dem Gleichgewicht. Wenn sich schließlich Panik oder Entsetzen einstellt, kommt es zu einer Freisetzung von Energie, die wir als Offenheit und Leere erfahren mögen, als etwas, das keine physische Festigkeit mehr besitzt und doch unseren ganzen Körper durchdringt. Dieses Gefühl ist ganz und gar in unserem Körper, und doch ist der solide Boden, den wir gewöhnlich mit unserer körperlichen Erfahrung assoziieren, nicht mehr vorhanden. Wir kommen so zu einer ganz anderen Erfahrung unseres sogenannten Körpers, einer Erfahrung, die mehr die Erfahrung einer reinen Energie ist.

Während also unser Geist oder das, was wir denken, auseinanderfällt, fallen wir gleichzeitig *in unseren Körper hinein.* Aber der Körper, in den wir hineinfallen, ist kein bestimmtes Ding – er ist ein sich überstürzender Ablauf von sich ständig verändernden, sich ständig vertiefenden Ereignissen. Wir lernen hier sehr viel über die „physische Verkörperung", das wir zuvor nicht wussten und uns niemals vorzustellen vermochten.

Das Auseinanderfallen ist für alle von uns eine, gelinde gesagt, beunruhigende Erfahrung. Wir fühlen, wie unsere mentale Struktur instabil wird, wie sie zu zittern und zu wanken beginnt und uns dann in die Leere abstürzen lässt. Wenn dies einem Menschen geschieht, der seinem Körper entfremdet ist, dann fällt es ihm sehr schwer, bei diesem Prozess des Auseinanderfallens zu bleiben, ihn durchzustehen und die Früchte zu ernten, die er bietet. Wenn wir hauptsächlich in unserem Kopf angesiedelt sind, dann werden wir die Erfahrung kurzschließen und uns ins Denken flüchten. Wir werden nach Strategien der Ablenkung suchen, nach medikamentöser Behandlung, nach Therapie, nach Arbeit und so weiter – ganz gleich was, wenn wir nur diese Erfahrung nicht noch einmal durchmachen müssen. Sind wir jedoch in unserem körperlichen Dasein verwurzelt und geerdet und spüren, dass unser Gewahrsein den ganzen Körper durchdringt, fühlen wir also den Frieden und das Wohlbefinden des Körpers im Hintergrund unserer psychischen Auflösung, ist da dieses Gefühl der *Sicherheit* einer völlig verkörperten Existenz, dann ist das Auseinanderfallen vielleicht schmerzlich, aber es ist nicht mehr so bedrohlich.

Gestatten wir es uns, auf diese Weise auseinanderzufallen und in unseren Körper zu fallen, dann entdecken wir eine Erfahrung körperlicher Existenz, die ziemlich einzigartig ist. An diesem Punkt ist der Körper wie ein riesiger Ozean und die Drangsal unseres Auseinanderfallens ist wie eine plötzliche Windböe, die über seine Oberfläche fährt und vorübergehend einen kleinen Teil dieses Ozeans aufwühlt – manchmal zu heftigen Wellen, die gegeneinander klatschen und schäumende Gischt aufwerfen. Das ist, in gewisser Hinsicht, eine sehr intensive Erfahrung, eine Erfahrung, die auf ihre Weise Ehrfurcht gebietend, schrecklich oder auch schön sein mag, die aber im Grunde kein Problem ist, jedenfalls kein größeres Problem.

Wir müssen uns also nicht davor fürchten auseinanderzufallen; was hier auseinanderfällt, ist nur das, was wir von uns selbst denken und was wir glauben sein zu müssen. Es ist nur das Auseinanderfallen unserer eingefrorenen und erstarrten Verkörperung und unserer selbst auferlegten Begrenzung. Lassen Sie uns also erkennen, welch ein Segen es ist, wenn unsere Übung mit dem Körper so weit geht, dass wir auseinanderfallen. Keine Angst, wir stürzen nicht in die Grube von Verzagtheit und Verzweiflung. Wir stürzen nicht aus der Wirklichkeit ins Nichts. Tatsächlich fallen wir *in* die Wirklichkeit hinein. Wir gebären etwas, nämlich uns selbst. Und zu einer Geburt kommt es niemals ohne Schmerzen und ohne Hingabe.

Unser Ego, unser Ich-Mechanismus, unser körperfremdes Leben ist wie eine Rüstung, die uns viel zu klein ist. Wir stecken darin fest, werden davon erstickt und ertrinken in unserem eigenen psychologischen und spirituellen Erbrochenen. Dann sagt uns jemand: „Hör mal, du kannst dich davon befreien, wenn du dem spirituellen Pfad folgst." Also probieren wir es aus, wir üben, und die Rüstung beginnt langsam abzufallen. Und dann sehen wir, was dieser Prozess wirklich bedeutet – wir fühlen uns wie ein freiliegender Nerv. Wir fühlen uns verletzlich. Doch andererseits fühlen wir auch die frische Luft auf unserer Haut, die Wärme des Sonnenlichts und den reinigenden klaren Regen. Wir beginnen uns endlich frei zu fühlen.

Also gut, wir fallen auseinander, und wir fühlen uns verletzlich, unsicher und vielleicht sogar ein wenig verrückt. Aber wir sind in unserem Körper und in unseren Gefühlen präsent, wie wir es nie zuvor waren. Wir beginnen aufzuwachen und unser Leben, nach all diesen Jahren, endlich ganz und gar zu spüren.

35

Die Spur unserer Gefühle verfolgen

Wenn wir Körperarbeit praktizieren und spüren, wie wir auseinanderzufallen beginnen, dann erfahren wir meist sehr intensive Gefühle. Es ist, als würde das Aufbrechen unserer früheren psychischen Starrheit und Festigkeit uns ein sehr viel lebendigeres, reicheres und ursprünglicheres emotionales Leben aufschließen. So stellt sich denn die Frage nach der Beziehung zwischen der Körperarbeit und dem Auftauchen dieser Emotionen und Gefühle sowie danach, wie wir mit der neuen Stärke und Intensität unserer Empfindungen umgehen können.

Emotionen wie leidenschaftliches Verlangen, rasende Wut, verzweifelte Einsamkeit, grenzenlose Paranoia oder entsetzliche Angst vor der Vernichtung tauchen nicht aus heiterem Himmel in unserem Bewusstsein auf. Sie sind vielmehr das Resultat eines Prozesses, der mit der ursprünglichen Offenheit unseres physischen Körpers beginnt und der dann eine zunehmende Differenzierung der Energie hin zu spezifischeren Gefühlen durchläuft, bis er sich schließlich in voll entwickelter Form als Emotionen manifestiert, die mehr oder weniger offensichtlich in Verbindung mit den Geschichten unseres Egos stehen.

Wenn wir einige Erfahrung mit der somatischen Meditation haben, sind wir in der Lage, diesen Prozess auf zwei unterschiedliche Weisen zu verfolgen. Wenn wir mit dem Körper arbeiten, beginnen wir zuerst die verschiedenen Ebenen des Auftauchens von Emotionen zu erkennen. Wir können diese nicht immer direkt untersuchen, weil wir dann, wenn wir das tun wollen, den Prozess unterbrechen. Aber durch periphere Einblicke, die uns im Verlauf der Körperarbeit immer wieder mal hier und mal da zuteil werden, entwickeln wir allmählich eine Topografie der Reise der Emotionen von ihrem ursprünglichen somatischen Zustand hin zu ihrer voll entwickelten, am stärksten neurotischen und mit dem Ego verquickten Manifestation.

Der andere Weg herauszufinden, wo die Emotionen herkommen und wie sie zustande kommen, ist, den Prozess rückwärts zu verfolgen. Wir können mit stark aufgeladenen, intensiven Emotionen beginnen, um ihre Spur dann mithilfe unserer somatischen Erkundung durch ihre verschiedenen Entwicklungsstadien hindurch bis zum Punkt ihres Ursprungs zurückzuverfolgen.

Wenn wir mit dem Prozess des Zurückverfolgens arbeiten, der durch die Körperarbeit möglich wird, dann wollen wir bei den stark aufgeladenen Emotionen beginnen. Zu Anfang stellt sich jedoch heraus, dass wir zwar starke Emotionen empfinden mögen, dass diese aber mit den Geschichten unseres Egos verquickt sind. „Ich bin wütend, weil ...“ – „Ich bin verzweifelt, weil ...“ – „Ich empfinde Paranoia, weil ...“, und so weiter. Wir müssen also zuerst davon ablassen, uns vor allem mit diesen Geschichten zu beschäftigen. Wir tun dies dadurch, dass wir in den Körper eintreten. Wenn wir das tun, mag sich zwar die Geschichte auflösen, aber die Emotionen bleiben. An diesem Punkt verweilen wir einfach in der stark aufgeladenen Atmosphäre unserer heftigen Emotionen, wo auch immer diese im Körper auftauchen mögen.

Anfänger auf dem Gebiet der somatischen Meditation machen dabei häufig einen Fehler. Wenn sie nämlich von ihren Geschichten ablassen, dann wehren sie oft auch die Emotionen ab, die diese antreiben, und verdrängen sie. Der Trick hierbei ist jedoch, in den Körper abzusteigen und herauszufinden, wo die betreffenden Emotionen lokalisiert sind. Wenn wir ganz und gar im Körper bleiben, dann wird die Geschichte wegfallen und wir können trotzdem bei der Intensität der Emotionen verweilen.

An einem bestimmten Punkt wird die aufgewühlte Qualität der Emotionen, die wir fühlen, sich zu beruhigen beginnen, und wir werden ein subtileres, durchgängiges Gefühl entdecken, das den dramatischeren Ausdrucksformen der Emotionen zugrunde liegt. Hinter dem Zorn mag Traurigkeit stehen, hinter der Paranoia Furcht, hinter der Verzweiflung verletzte Gefühle. Diese Gefühlszustände sind wahrscheinlich somatisch weniger konkret als die aufgewühlten Emotionen. An diesem Punkt besteht unsere Aufgabe darin, einfach bei den Gefühlen in unserem Körper, die gerade auftreten, zu verweilen.

Wenn wir weitermachen, taucht eine sogar noch subtilere Ebene der Erfahrung auf, eine Art von „bedeutungshaltiger Körperempfindung“ *(felt sense)*.[13] Auch wenn es in diesem Stadion schwierig ist, exakt festzunageln, was wir fühlen, so wissen wir doch ohne Zweifel, dass da „etwas passiert“. Doch wir können es nur fühlen und empfinden, es aber nicht begrifflich erfassen und „erkennen“. Der Körper wird etwas widerspiegeln, das wir weiter oben eine „Totalität“ der Erfahrung genannt haben. Es ist eine Verkörperung der Totalität dessen, was der Körper weiß, und hat damit keine spezifische Lokalisierung innerhalb des Körpers. Diese Totalität der körperlichen Empfindung kann auch deshalb nicht benannt werden, weil sie so vielfältig und so komplex ist, dass jede Benennung sie eingrenzen würde und deshalb künstlich erscheint. Außerdem ist das, was der Körper auf dieser Ebene weiß, eher implizit, weil das, was wir empfinden, in jenes „Etwas“ eingefaltet ist,

[13] *Felt sense* ist ein von dem Philosophen und Psychotherapeuten Eugene Gendlin geprägter Terminus, der von John Welwood in seinem Buch *Toward a Psychology of Enlightenment* (Boston, Shambhala, 2000) auf interessante Weise diskutiert wird. Siehe dazu auch David Rome, „Searching for the Truth that Is Far Below the Search“, *Shambhala Sun,* September 2004, Seite 60-63 und 91-93.

das noch nicht emergiert und ins Licht des Ego-Bewusstseins getreten ist. Der *Felt Sense* ist eine Art von globaler somatischer Umgebung, die Totalität der Art und Weise, auf die wir unsere Existenz eben jetzt fühlen. Wir können diese Umgebung begrifflich nicht erfassen oder in eine Schublade einordnen, weil wir sie damit nämlich verlieren würden; aber sie ist da, sie zeigt sich als ein ganz bestimmter Erfahrungsraum.

Unterhalb davon stoßen wir auf etwas, das wir als eine Grenze empfinden, über die wir nicht hinausgehen können, zumindest solange es noch ein „Etwas" gibt, das wir als unsere Erfahrung bezeichnen. Wir empfinden diese Grenze anfänglich als Furcht oder sogar Panik. Aber Furcht wovor? Panik in Beziehung worauf? Wenn wir in dieser Furcht oder Panik verweilen, sie ansehen und durchschauen, dann kann es geschehen, dass wir uns plötzlich in einer Art „offener Weite" wiederfinden.

Hier sind wir, zu guter Letzt, bei der grundlegendsten Erfahrung des Lebendigseins angelangt, die einfach nur der leere, offene Raum unseres Gewahrseins ist. Wenn wir in den Körper hinabreisen, bis auf seine tiefste Ebene, wenn wir unser Gewahrsein subtiler und immer noch subtiler werden lassen, dann erreichen wir schließlich den vollkommen offenen Bereich des leeren Raumes, der unser grundlegender Körper, unsere grundlegende Natur ist. Auch wenn diese Natur offenes, geräumiges Gewahrsein ohne jede Grenze oder Einschränkung ist, so ist sie doch von einer energetischen Qualität gefärbt. Wie der große Dzogchen-Meister Tulku Urgyen es formuliert, ist dieses grundlegende, leere Gewahrsein wie ein von Sonnenlicht durchfluteter Raum. Es ist dermaßen subtil. Und wenn wir hier angekommen sind, dann haben wir das lange ersehnte Ziel der vollkommenen Verkörperung erreicht – dies ist es, was unser Körper letztlich ist.

36

Auf unsere Emotionen vertrauen

In der Körperarbeit sind wir aufgerufen, voll und ganz bei jeder Schicht unserer Erfahrung zu sein, was immer auch in uns auftauchen mag. Wir bekommen es mit der Geschichte unseres Egos zu tun, gehen weiter durch die aufgewühlten Emotionen, die subtileren Gefühle, den Felt Sense, durch unsere Furcht und Panik und gelangen schließlich zu unserer eigenen Nichtigkeit. Bei dieser Arbeit dürfen wir es nicht zu eilig haben. Oft haben wir nämlich das Gefühl, wir müssen etwas gegen unsere lebhafte Erfahrung unternehmen, besonders gegen unsere starken Gefühle und Emotionen – je früher, desto besser. Aber genau das ist ein großer Teil unseres Problems. Wenn wir starke Wut oder Frustration fühlen, überwältigende Nervosität oder Furcht, schreckliche Leere oder Sinnlosigkeit, dann sind wir oft nicht in der Lage, bei dem zu bleiben, was auftaucht. Wenn wir nicht in unserem Körper verankert und geerdet sind, dann ist es höchst unwahrscheinlich, dass es uns gelingen wird, bei den auftauchenden Gefühlen und Emotionen zu verweilen.

Atmen wir jedoch in unseren Körper hinein und sind völlig präsent, dann werden die Emotionen sich zeigen. Wenn sie kommen, gehen wir durch einen bestimmten Prozess hindurch, und dann gehen sie wieder – so haben wir mit keiner dieser Emotionen ein Problem. Wie kann das sein? Es kann sein, weil wir uns mit einem tieferen Teil unserer selbst identifizieren. Wir haben unseren denkenden Geist vorübergehend abgeschaltet und sind einfach da. Wir sind einfach in unserem Körper, bei dem, was dort geschieht. Wir erfahren die Emotionen und Gefühle, ohne das Gefühl zu haben, etwas dagegen unternehmen zu müssen. Wenn wir das tun, dann geistert unser begriffliches Denken natürlich immer im Hintergrund herum, zusammen mit unserer Furcht, die uns in Versuchung bringt, etwas zu unternehmen. Oft nehmen wir Zuflucht zum Denken. Unsere Übung besteht dann darin, einfach immer wieder zum Körper zurückzukehren und zu fühlen, was wir fühlen.

Können wir lernen, unsere Emotionen zu fühlen, ohne vorschnell etwas dagegen zu unternehmen, dann werden sie zu eben jener Gabe, die wir in der speziellen menschlichen Situation, in der wir uns gerade befinden, unbedingt zum Ausdruck bringen müssen, worin auch immer sie bestehen mag. Wir müssen jedoch die Impulsivität und die Furcht aus diesem Ausdruck heraushalten. Das tun wir einfach dadurch, dass wir ganz und gar in unserem Körper sind und es der Emotion erlauben, ihren Lauf zu nehmen, durch uns hindurchzufließen und auf ihre eigene Weise und zu ihrer eigenen Zeit Ausdruck zu finden.

Oft wird dieser Ausdruck das genaue Gegenteil von dem sein, was wir vielleicht für angemessen halten. Er wird vielleicht zu einer Geste der Freundlichkeit, die alles abmildert, oder zu einem Scherz, der die Situation entspannt, oder zu einem mitfühlenden Handeln, das im gegebenen Kontext so unerwartet und unerhört erscheint, dass alles in einem völlig neuen Licht erscheint. Diese Art von Ausdruck entspringt jedoch keineswegs einer Strategie, ist kein bewusstes und absichtliches Handeln. Der Ausdruck taucht einfach aus der Leere der Emotionen auf, überrascht uns selbst ebenso sehr wie die andere Person und bringt ein Gefühl der Offenheit, Freiheit und Freude mit sich. Die ganze Angelegenheit kann sehr überraschend sein. So etwas kann bei Eifersucht, Paranoia, Begehren, Unwissenheit, Furcht, Hoffnungslosigkeit und bei jeder anderen der schmerzlichen und bedrohlichen Emotionen ebenso auftauchen wie bei Wut.

Wenn wir innerhalb des Körpers verweilen und dadurch in der Lage sind, offen genug zu bleiben, um es dem Prozess der Emotionen zu erlauben, sich auf seine eigene Weise zu entfalten, dann machen wir die überraschende Entdeckung, dass die sogenannten „neurotischen Emotionen“ an sich durchaus nicht neurotisch sind. Die neurotische Emotionalität – die egozentrischen oder verzerrten Reaktionen, die so oft in uns ablaufen – ist überhaupt nicht das Ergebnis der Emotionen selbst, sondern vielmehr Resultat unserer Versuche, die Emotionen zu kontrollieren und den natürlichen Prozess ihrer Entwicklung kurzzuschließen, womit wir ihnen vorzeitig ein Ende machen. Diese Entdeckung, die wir immer und immer wieder machen, wenn wir mit subtilen wie mit hoch aufgeladenen emotionalen Zuständen arbeiten, kann sehr überraschend, bewegend und zutiefst inspirierend sein.

Zu Beginn dieses Buches habe ich gesagt, es gäbe zwei Gründe dafür, dass der moderne Mensch oft solche Schwierigkeiten hat, auf seine Emotionen zu vertrauen und auf offene Weise mit ihnen zu arbeiten: einerseits die speziellen und stark strukturierten, oft sogar rigiden Anforderungen des modernen Lebens, und andererseits eine Art von grundlegender Paranoia in Hinsicht auf Emotionen, die wir unserem kulturellen und religiösen Erbe verdanken.

Wir sollten noch einen weiteren, vielleicht tieferen Grund dafür, dass es uns heute so schwer fällt, mit Emotionen umzugehen, erwähnen, weil dieser nahe legt, dass eine Änderung unseres grundlegenden Verständnisses helfen kann, unsere Emotionen vertrauenswerter erscheinen zu lassen, sodass wir selbst in unserem heutigen kulturellen Kontext und angesichts unserer Geschichte besser damit umgehen können.

Wie wir gesehen haben, bedeutet unsere heutige Körperfremdheit, dass die Menschen hauptsächlich in einer selbst konstruierten begrifflichen Welt leben und versuchen, Erfahrungen „in den Griff zu bekommen“, indem sie sie in die fortlaufende begriffliche Erzählung ihres „Ichs“ oder Egos einfügen. Die Fortführung dieses unablässigen Prozesses des Erzählens der eigenen Geschichte wird umso zwanghafter, je körperfremder wir sind. Je mehr wir unserem Körper entfremdet sind, desto isolierter und abgetrennter sind wir zudem, getrennt nicht nur von unseren Emotionen, sondern auch von einem Gefühl der Verbundenheit mit anderen Menschen und unserer Umwelt. Diese Abtrennung und Isolation spiegelt sich wider in dem hohen Grad von Personalismus (es geht immer nur um mich/Narzissmus) und Individualismus (ich habe die Freiheit zu handeln, wie es mir gefällt, ohne Rücksicht auf Bindungen und Verpflichtungen irgendjemandem oder irgendetwas gegenüber nehmen zu müssen), die wir in unserer modernen Gesellschaft vorfinden. Der Personalismus und der Individualismus, die für den modernen Menschen typisch sind, sind, mit anderen Worten, eine direkte Funktion der Entfremdung von seinem Körper.

Uns modernen Menschen scheinen Emotionen deshalb so überwältigend und beängstigend zu sein, weil wir in unserer Körperfremdheit eine übermäßig individualistische und personalistische Auffassung davon haben. In anderen Kulturen werden Emotionen oft in einem viel umfassenderen und weniger individualistischen Kontext gesehen. Wenn zum Beispiel Malidoma Somé von Emotionen spricht, dann tut er das in einem ganz anderen und eher transzendenten Bezugsrahmen. Wenn jemand in seinem Dorf von einer starken Emotion überwältigt wird, so berichtet Malidoma, dann kümmert sich das ganze Dorf um diese Person. Der Grund dafür ist, dass für das Dagara-Volk, dem Malidoma entstammt, starke Emotionen niemals nur mit einer Person allein zu tun haben, sondern immer mit der ganzen Gemeinschaft des Dorfes. Nach dem Verständnis dieser Menschen ist eine Person in einem hoch aufgeladenen emotionalen Zustand dabei, etwas zu gebären, das das ganze Dorf wissen und womit das ganze Dorf umgehen muss. Außerdem werden Emotionen hier als eines der Mittel angesehen, mit denen die „unsichtbare“ oder „andere“ Welt der Urahnen – welche die transzendente Quelle unseres Lebens, Wohlergehens und Weisheit ist – der menschlichen Gemeinschaft lebensnotwendige Informationen übermittelt.

Im Vajrayâna-Buddhismus findet sich eine ähnliche Sichtweise. Eine in uns aufwallende starke Emotion wird als etwas angesehen, das – in seiner eigenen Natur – jenseits des Egos und an sich rein ist. Dies bedeutet, dass die Emotion aus einem Bereich jenseits des Egos auftaucht – aus der Buddha-Natur. Sie schneidet durch die Stabilität unseres Egos und dessen Wunsch, die Kontrolle zu behalten, hindurch und lädt uns ein, die Weisheit zu kontemplieren, die darin enthalten ist. Ein Praktizierender des Vajrayâna heißt das Chaos der Emotionen deshalb willkommen und begegnet ihm mit meditativer Präsenz und Offenheit.

Wenn wir, wie der moderne Mensch das im Allgemeinen tut, Emotionen als etwas betrachten, bei dem es nur um uns selbst geht, dann leugnen wir ihre interpersonellen und transpersonalen Implikationen. Wir versuchen, die große Macht, die sie verkörpern, im Kontext unseres persönlichen Ichs in den Griff zu bekommen, im Rahmen unserer individuellen Geschichte und unserer individuellen Lebensplanungen und Absichten. Wie C. G. Jung beobachtet hat, sind starke Emotionen Träger des Transzendenten. Wenn ein Individuum sie allzu persönlich nimmt, dann lädt es damit entweder Verdrängung und emotionale Taubheit ein, oder Ego-Inflation, Krankheit oder Wahnsinn. Das ist ein wenig so, als versuchte man, den Ozean in eine Teeschale aufzunehmen. Das funktioniert einfach nicht und kann niemals funktionieren. Kein Wunder also, dass sich in unserer heutigen Kultur jene Menschen, die für die emotionalen Dimensionen des Lebens besonders sensibel sind, oft als Außenseiter oder gar als „verrückt“ empfinden, dass sie oft zum Opfer kulturell sanktionierter, aber unangebrachter und schädlicher Medikation werden und manchmal in der Irrenanstalt landen.

37
Imagination in der Körperarbeit

Wenn wir mit unserer Bewusstheit in den Körper eintreten und beginnen, ihn zu erkunden und in einen Dialog mit ihm zu treten, dann spielt die Imagination eine wesentliche Rolle. Wer sich mit Körperarbeit beschäftigt, macht oft die Erfahrung, dass er ständig versucht, Teile seines Körpers zu visualisieren und sich unterschiedliche Wege zu seinen verschiedenen Bereichen vorzustellen. In dem Versuch, eine innere Dynamik zu erkennen, tun wir dabei „so als ob". Das wirft einige wichtige Fragen auf: Geben wir uns bloßen Fantasien hin, wenn wir unsere Imagination benutzen? Bedeutet dies, dass diese Arbeit nichts anderes ist als Einbildung? Oder geht hier etwas Konkreteres vor sich? Diese Fragen zu beantworten, ist wesentlich, weil die Antworten sich stark darauf auswirken werden, ob wir fähig sind, die Körperarbeit durchzuführen, und natürlich auch darauf, welches Vertrauen wir zu dieser Arbeit gewinnen.

Der tibetische Yoga, der in seiner somatischen Arbeit häufig Gebrauch von der Imagination macht, kann uns helfen, zu einigen Antworten zu gelangen. In dieser Tradition wird die Imagination *Bhâvanâ* oder „Visualisierung" genannt; das meint den Akt der mentalen Kreation. Der buddhistische Ansatz geht von der Einsicht aus, dass Menschenwesen ständig dabei sind zu visualisieren, sich alles in ihrer Welt vorzustellen. Die so genannte „gewöhnliche Realität" unseres Alltagslebens ist tatsächlich das Produkt einer umfassenden Aktivität der Imagination und Visualisation. Wenn wir etwas ansehen und es erkennen, dann ist dies ein komplizierter Prozess des Empfangens von Sinneswahrnehmungen, die wir dann mit bereits bekannten Wahrnehmungskategorien vergleichen, sie als „dies und nicht das" identifizieren, mit einem Etikett versehen und sie dann in unserer fortlaufenden Erzählung über unser „Ich" und die „Welt" einbauen, wodurch wir in unserer Erfahrung eine grundlegende, aber illusionäre Dualität erzeugen.

Damit wir irgendetwas als ein ganz spezifisches Ding erkennen können, filtern wir aus unserer Wahrnehmung eine Unmenge an potenzieller kognitiver Information heraus. So ist zum Beispiel der „Impressionismus" des Malers Monet Ausdruck eines noch einigermaßen amorphen Ansturms von Farben, des Überschießens von visueller Energie und der wirbelnden Intensitäten sowie der schemenhaften Muster, die wir im ersten Moment wahrnehmen, wenn wir ein Feld voller blühender Blumen ansehen. Sind wir mit diesem buchstäblich überwältigenden und verwirrenden ersten Aufflammen von Erfahrung konfrontiert, dann haben wir im ersten Augenblick tatsächlich noch kein mentales Konzept von dem, was wir sehen. Monet malt dieses erste Aufflammen. Um unsere visuelle Erfahrung zu „begreifen", sie zu domestizieren und auf eine für uns fassbare Größenordnung zu reduzieren, beschneiden wir sie drastisch und bringen sie in Einklang mit Begriffen wie Tulpen, Narzissen und Hyazinthen sowie rot, gelb und weiß. Und was geht uns in diesem Prozess noch verloren? Das Geräusch und Gefühl der Sommerbrise, die über das Blumenfeld weht? Der wilde Duft der Blumen, der uns durchströmt? Die schockierende Tiefe des blauen Himmels darüber? All das mag uns entgehen, denn in jenem Moment glauben wir, dass wir eine Welt anschauen, die angenehm anzusehen ist, weil sie unseren begrifflichen Größenordnungen entspricht und uns vertraut ist. Dies erzeugt eine mehr oder weniger luftdicht abgeschlossene Visualisation: Wir haben das Gefühl, genau zu wissen, wo wir sind und was wir ansehen.

Zum Glück vermögen wir diesen Prozess der Reduzierung und Neutralisierung in den intensiveren Momenten unseres Lebens nicht so strikt aufrechtzuerhalten. In Momenten großer Bewegtheit können wir in das Antlitz unseres oder unserer Geliebten sehen und realisieren: „Ich habe diese Person bisher niemals *wirklich* gesehen.“ Es ist, als sähen wir sie oder ihn zum ersten Mal. Wir könnten sagen, dass unsere Vorstellung von dem oder der Geliebten, die wir für die Realität gehalten haben, die Visualisation war, die wir mit uns herumtrugen. Doch dann, in einem bestimmten Augenblick, brach etwas anderes durch: *Die intensive Wirklichkeit des Seins des geliebten Menschen manifestierte sich uns jenseits unserer Imagination.*

Ein anderes Beispiel ist der Bericht einer meiner Freundinnen, die einen Flugzeugabsturz erlebte, bei dem die Hälfte der Passagiere ums Leben kam. Sie wurde zwar verletzt, kam aber mit dem Leben davon. Dem Wrack entkommen, so berichtet sie, fand sie sich in einem Maisfeld in Iowa stehend wieder und erkannte in diesem Moment, dass sie nie zuvor die überwältigende Wirklichkeit und Schönheit der satten braunen Erde, des leuchtenden Grüns des von Vitalität vibrierenden Maises und die Tiefe und Intensität des leuchtend blauen Himmels gesehen hatte. Ihre vorherige, gewohnte und etwas eintöniger Erfahrung von Erde, Mais und Himmel war ihre Visualisation gewesen, aber was sie an jenem Tag sah, war das Durchbrechen von etwas unendlich viel Wirklicherem.

Es ist also so, dass wir immer imaginieren, uns etwas vorstellen. Wir stellen uns vor, dass unsere intime Beziehung auf eine ganz bestimmte Weise funktioniert. Wir stellen uns vor, was unsere Familie, unsere Freunde, unsere Arbeit und unsere finanzielle Situation sind. Und wir stellen uns insbesondere andauernd die Person vor, von der wir glauben, sie sei unser „Ich". Manchmal wird das, was wir uns vorstellen, von der Realität nicht sonderlich infrage gestellt. Aber oft geschieht es auch, dass das, was wir uns vorgestellt haben, sich plötzlich als vollkommen falsch erweist. Dinge brechen durch unseren mentalen Bezugsrahmen hindurch, die uns eine völlig andere Realität, eine Wirklichkeit jenseits unserer Visualisation zeigen: Ein nicht eingelöster Scheck zeigt uns, dass wir nicht so viel Geld auf unserem Konto haben, wie wir dachten; von einem Partner, dessen Treue wir niemals infrage gestellt haben, erfahren wir, dass er seit Jahren eine Affäre hat; wir verlieren unseren Job, obwohl wir glaubten, dass beruflich alles gut lief; unsere Emotionen und unser Verhalten machen deutlich, dass wir nicht gerade die liebevolle Person sind, für die wir uns immer gehalten haben.

Es ist interessant, dass uns in solchen Situationen oft rückblickend klar wird, dass es in unserer Umgebung bereits viel Information gab, die auf die Irrigkeit unserer Visualisation hingewiesen hat, ohne dass wir das jedoch zur Kenntnis genommen haben. Dann fragen wir uns oft: „Warum habe ich das bloß nicht gesehen? Warum habe ich nicht auf das geachtet, was ich direkt vor der Nase hatte?" In solchen Situationen erkennen wir im Nachhinein genau, wie viel von dem, was tatsächlich in unserer Erfahrung präsent war, wir ignoriert haben, weil uns einfach so sehr daran gelegen war, an unserer imaginierten Version festzuhalten. Der Ausdruck „die Augen vor der Wahrheit verschließen" enthält eine tiefere Weisheit, als wir oft realisieren!

Wir filtern das, was uns später so offensichtlich erscheint, deshalb so oft heraus, weil dieses Herausfiltern etwas ist, das wir als menschliche Wesen die ganze Zeit tun. Wir halten immer Ausschau nach einer uns vertrauten und kohärenten Welt. Um eine solche Welt zu finden, müssen wir ziemlich viel ignorieren. Besonders wenn wir emotional sehr stark daran hängen, dass die Dinge auf eine ganz bestimmte Weise existieren, entscheiden wir uns einfach dafür, viele Aspekte der tatsächlichen Situation nicht zu sehen – bis dann etwas geschieht, das durch unsere Unwissenheit hindurchdringt.

Wir gehen durch das Leben, indem wir unsere Realität imaginieren, sie visualisieren und entweder mehr oder weniger daraus machen, als tatsächlich gegeben ist. Deshalb mögen wir auf den Gedanken kommen, dass es diese Neigung zur Imagination ist, die uns Probleme bereitet. Wenn wir uns ansehen, wie unsere Imagination gewöhnlich funktioniert, dann ist das oft sicherlich richtig. Unser diskursives Denken, das alles benennt und in einer Schublade einordnet, fungiert als Puffer zwischen uns selbst und der Wirklichkeit. Wenn wir uns unverbunden und von uns selbst, von anderen Menschen, unserem Leben und der Welt abgeschnitten fühlen, dann liegt das daran, dass wir uns in eine rein begriffliche Welt, die wir selbst konstruiert haben, zurückgezogen haben, eine Welt, in der alles tot und nichts wahrhaft ist. In einer solch verbegrifflichten Welt zu leben, macht uns im Umgang mit Menschen, Situationen und – letztlich – uns selbst nachlässig und ungenau.

Unser Problem ist jedoch nicht, dass wir unsere Welt imaginieren, sondern dass wir an diese vorgestellte Version der Welt glauben und daran festhalten, als sei sie die Wirklichkeit. Wenn wir die Sache etwas genauer untersuchen, werden wir sehen, dass *die Imagination an sich ein Bindeglied zwischen uns selbst und der Wirklichkeit, die sich jenseits davon befindet, sein kann.* Wir gehen von der Tatsache aus, dass wir Menschenwesen, wie bereits gesagt, nicht bei unserer nackten Erfahrung der Welt bleiben können, sondern mentale Bilder davon erzeugen. Diese mentalen Bilder halten wir dann für die Wirklichkeit und versuchen mit ihnen zu leben, wodurch wir den Kontakt zur lebendigen und sich ständig wandelnden Natur unseres tatsächlichen Lebens verlieren. Genau dies ist Samsâra, der Versuch, in mentalen Vorstellungen von Dingen zu leben, so als seien diese Vorstellungen real.

Doch damit, dass wir versuchen, unsere verbegrifflichte Version der Wirklichkeit für real zu halten, stellen wir uns gewissermaßen selbst eine Falle. Die Tatsache, dass meine Visualisation nicht ganz zutreffend ist, lässt zumindest die Möglichkeit zu, dass die Wirklichkeit durch meine Version hindurchbricht und in Erscheinung tritt, womit dann deutlich wird, wie unzutreffend das war, was ich gedacht hatte. Dann sind wir, wie im Fall meiner Freundin, die in dem Maisfeld in Iowa stand, in diesem Durchbruch in der Lage, die Wirklichkeit an und aus sich selbst zu erkennen. Diese Wirklichkeit ist einfach nur unser Leben – was es ist und wie es sich entfaltet –, aber es ist ein Leben, das uns zuvor unbekannt blieb, weil wir uns in unsere Vorstellungen darüber, in unsere Ideen von dem, was wir dafür hielten, verloren hatten. Wenn das visualisierte oder vorgestellte Leben zusammenbricht, wird die wahre Wirklichkeit des Lebens offenbar. Unsere reduzierte, verbegrifflichte Version eines geliebten Menschen bringt diesen dazu zu protestieren: „Ich bin nicht deine Vorstellung!" Dann ist ein Durchbruch möglich. So kann Imagination also das Bindeglied zwischen mir selbst und der Realität sein. Sie kann einen Weg eröffnen, die Dinge wahrhaft und genau so zu sehen, wie sie sind, jenseits aller Fantasien und jenseits einschränkender Vorstellungen.

Doch müssen wir auf solche sehr seltenen, sporadisch eintretenden Höhepunkte in unserem Leben warten, um jene Öffnung zur Wirklichkeit durch die Imagination zu finden? Der buddhistische Yoga verneint diese Frage. Er sagt, dass wir die Imagination in dem Verständnis handhaben können, dass sie nicht mehr als eine begriffliche Vorstellung ist, aber auch mit einer Offenheit und sogar einer Sehnsucht nach dem, was jenseits der Vorstellung liegt. Dann können wir die Imagination, auch wenn sie letztlich unwirklich ist, als Sprungbrett zu der Wirklichkeit, die wir suchen, benutzen.

Im buddhistischen Yoga visualisieren wir ganz bewusst etwas und benutzen diese Visualisation als Bindeglied zu der umfassenderen Wirklichkeit dessen, was jenseits des Egos ist. So können wir uns unseren Körper zum Beispiel als etwas vorstellen, das leer ist und doch verschiedene innere Manifestationen hat, wie etwa Energie, Farben, Orte besonderer Bewusstheit, Glückseligkeit und so weiter. Anfänglich haben wir keine tatsächliche Erfahrung eines solchen Körpers, sondern wir erzeugen nur ein mentales Bild. Doch indem wir unsere Visualisation als Sprungbrett benutzen, kommt es zu einem Moment des Durchbruchs, in dem wir die Leere und Manifestation unseres Körpers ohne jegliche begriffliche oder imaginative Überlagerung sehen.

Die vorangegangenen Beispiele weisen darauf hin, wie unsere Visualisation gewöhnlicher Sinneserfahrung zusammenbrechen kann, sodass die dahinter liegende Wirklichkeit offenbar wird. Wir können aber auch Aspekte der Erfahrung, die sehr subtil und deshalb schwer zugänglich sind, auf ähnliche Weise visualisieren und unsere Visualisation dann ganz bewusst dazu benutzen, die Pforten der Wirklichkeit selbst zu öffnen. Ein Beispiel aus dem Vajrayâna-Buddhismus mag zeigen, wie das funktioniert. In einer traditionellen Visualisationsübung visualisiert der Meditierende sich selbst als die Vajrayoginî, das demantene Weisheitswesen – eine weibliche Repräsentation unserer eigenen inneren Erleuchtung. Zu der Visualisation gehört eine präzise Vorstellung davon, wie sie aussieht, wie sie spricht und wie ihr Geist beschaffen ist. Sie ist von roter Farbe, hat ein Gesicht und zwei Arme, ist nackt und mit Schmuck vom Leichenacker geschmückt, und so weiter. Ihre Rede besteht aus heiligen Lauten, aus einem Sanskrit-Mantra, das die Tradition mit ihr assoziiert. Und ihr Geist ist der Geist der Erleuchtung - leer, klar und leuchtend. In einem ganz realen Sinne ist die Vajrayoginî, die wir visualisiert haben, die imaginäre Form unseres eigenen erwachten Zustandes, der in uns vorhanden ist, uns aber bisher unzugänglich war. In der Meditation laden wir die wahre Wirklichkeit der Vajrayoginî – die wahre Wirklichkeit unserer eigenen inneren Erleuchtung, die jenseits unserer Imagination ist – dazu ein, durch die Visualisation hindurchzubrechen. Der Prozess der Meditation selbst lädt zu diesem Durchbruch ein, da sich unser Geist in der

Meditation weiter und vollständiger öffnet. An einem bestimmten Punkt – allerdings oft erst nach Jahren der Übung – erkennt der oder die Meditierende sich plötzlich selbst als Vajrayoginî, als das erleuchtete Wesen, das wahrhaft leer ist und wirklich in der Welt erscheint.

Dasselbe Prinzip wenden wir auch in der Körperarbeit an. Wir haben ein mentales Bild von unserem Körper, das wir die ganze Zeit mit uns herumtragen. Zuerst haben wir keine direkte Erfahrung des Körpers, nur die Erfahrung unseres Gedakens über unseren Körper, unseres Körpers. Wenn wir aufgefordert werden, unsere Aufmerksamkeit auf einen bestimmten Punkt oder einen bestimmten Bereich unseres Körpers zu richten, richten wir unseren Geist anfänglich auf einen Ort in unserem vorgestellten oder imaginierten Körper, der nicht wirklich real ist.

Doch dann, an einem bestimmten Punkt, beginnen wir unseren tatsächlichen Körper jenseits jeglicher Imagination wahrzunehmen. Unsere Visualisation bricht zusammen und was übrig bleibt, ist eine direkte Erfahrung unseres körperlichen Daseins, ohne Filter oder Konzepte. Bei dieser Erfahrung verschwindet unser imaginierter Körper einfach, und was bleibt, ist etwas ganz anderes. Dann mögen wir sehen, dass unser Körper nicht fest, sondern von Raum ausgefüllt ist; dass er nicht dunkel und trübe ist, sondern überquillt von sich ständig verändernden Mustern funkelnder und glitzernder Energie; dass er nicht eine bestimmte Form hat, die dem entspricht, was wir denken, sondern dass er eine sich ständig verändernde Konfiguration ist oder vielleicht gar keine bestimmte Form hat. Außerdem mag sich zeigen, dass unser Körper ständig Inspirationen hervorbringt und sogar Anweisungen gibt, wie wir mit der Welt umzugehen haben. Öffnen wir unseren „wahren" Körper auf diese Weise, so kommen wir in Kontakt mit unserem inneren Erwachen, das in reiner und ungehinderter Form in uns vorhanden ist. In einem solchen Augenblick berühren wir tatsächlich die Erleuchtung mit dem Körper.

Wenn wir also Körperarbeit praktizieren, dann stellen wir uns bei jeder Übung vor, was wir tun. Wir visualisieren, wir imaginieren. Die Sache ist noch nicht real, wir sind noch nicht mit dem verbunden, was jenseits unserer Vorstellung existiert. Auf diese Weise fungiert unsere Imagination oder Visualisation als notwendiges Sprungbrett zum Körper, wie er wirklich ist. Es kann sein, dass es ziemlich lange braucht, bis wir den Übergang vom imaginierten Körper zum wirklichen Körper vollziehen können, und dass wir anfänglich nur kurze Einblicke in die Wirklichkeit erhaschen. Auch hier ist, wie immer in der Körperarbeit, Geduld unser größter Schatz.

38

Das Verständnis von Schmerz im tibetischen Yoga

Nichts, was in unserem Körper und in unserem Leben auftaucht, geschieht außerhalb unserer Reise, außerhalb unseres Pfades zur vollen Verwirklichung. Wir müssen alles, was geschieht, mit einer Haltung der Akzeptanz und der Offenheit willkommen heißen. Ganz gleich, was geschieht, *es ist von größter Wichtigkeit, dass wir es nicht beurteilen.* Besonders wenn wir sehr schwierige und belastende Erfahrungen machen, können wir uns nicht oft genug sagen: „Nicht beurteilen, nicht beurteilen." Nur wenn wir der Versuchung widerstehen, das zu beurteilen, was wir gerade durchmachen, kann sich die Reise, die es in diesem Augenblick zu machen gilt, weiter entfalten und können wir die notwendige Entwicklung und Transformation, die sie mit sich bringt, durchmachen.

Aber was ist mit körperlichem Schmerz? Ich glaube, die meisten von uns betrachten körperlichen Schmerz, der aus einer Verletzung, einer Krankheit, Degenerationserscheinungen, schwierigen Lebensumständen (wie etwa schwere körperliche Arbeit, Hunger, Kälte usw.) oder einfach aufgrund des Alters entsteht, gewöhnlich als ein Hindernis auf dem Pfad oder eine Ablenkung von diesem. Körperlicher Schmerz, ganz gleich, wodurch er verursacht wird – und dazu gehört auch das manchmal intensive Unbehagen, das wir fühlen, wenn wir auf dem Meditationskissen sitzen –, ist gewiss eine der unangenehmsten körperlichen Erfahrungen, die wir machen können.

Der tibetische Yoga hat einige interessante Dinge darüber zu sagen, was körperlicher Schmerz tatsächlich ist und wie wir ihn als ein Sprungbrett zu unserer eigenen verkörperten Erfüllung gebrauchen können. Da dies Lehren sind, die wir schon in relativ frühen Stadien der Meditation mit dem Körper anwenden können, möchte ich sie hier kurz beschreiben.

Die Essenz dieser Lehren ist, dass wir durch den Abstieg in die Tiefe unseres Körpers, die leer von Substanz ist, und in das offene, leere Gewahrsein, das oben beschrieben wurde, einen Standpunkt gewinnen können, von dem aus wir zu einem Verständnis und sogar zu einer Erfahrung körperlicher Schmerzen gelangen können, die uns eine tiefgründige Lehre sein können und uns Erleichterung oder sogar Erfüllung zu bringen vermögen.

Indem wir mithilfe der somatischen Übungen durch die Schichten unseres Körpers absteigen, gelangen wir zu einem Punkt, an dem wir unseren Körper als leere und leuchtende Präsenz erfahren. Durch fortgesetzte Übung sind wir in der Lage, für immer längere Zeiträume auf dieser Ebene zu verweilen. Jetzt können wir beginnen, aus dieser nicht-konditionierten Dimension unseres Körpers heraus eine nicht auf dem Ego basierende Beziehung zu unserer relativen Erfahrung, die auch den körperlichen Schmerz einschließt, zu entwickeln. Das bedeutet in diesem Fall, dass wir so an den körperlichen Schmerz herangehen, wie unser Körper selbst ihn sehen und damit umgehen würde. Wenn wir das tun, können wir entdecken, dass der körperliche Schmerz durchaus kein Problem sein muss, sondern das Potenzial hat, uns den vollen Umfang unserer Möglichkeiten als ein somatisches Wesen zu offenbaren. Der tibetische Yoga gibt uns drei grundlegende Unterweisungen, die diesen Prozess ermöglichen.

Entsprechend der ersten Unterweisung sollen wir dann, wenn körperlicher Schmerz auftaucht, tief in unserem Körper ruhen. Wenn wir das tun, gestatten wir es unserem Gewahrsein, direkt in den Schmerz einzutreten. Dies ist nicht das Ego, das den Schmerz von seiner dualistischen, egozentrischen Warte aus betrachtet, sondern eine Betrachtung, die sich aus dem Inneren des Körpers selbst auf der Ebene seines eigenen ursprünglichen Gewahrseins vollzieht. In diesem Fall bin nicht „ich" es, der sieht. Hierbei habe ich vielmehr meinen Ego-Standpunkt aufgegeben und lasse den Körper einfach selbst den körperlichen Schmerz, der auftaucht, „halten" oder widerspiegeln.

Wir lassen zu, dass die Erfahrung körperlichen Schmerzes auf der tiefsten Ebene des Gewahrseins unseres Körpers registriert wird, und sehen uns dort an, was genau Schmerz eigentlich ist. Sind wir bereit, von unserem Glauben abzulassen, dass Schmerz etwas „Schlechtes" ist – und dies tun wir, indem wir aufmerksam auf seine physische Empfindung achten –, so machen wir einige interessante Entdeckungen. Wir können diese Entdeckungen in Gang bringen, indem wir uns selbst einige Fragen stellen: Hat der körperliche Schmerz irgendeine Substanz? Hat er irgendein Herz, eine Essenz, die ihn als „körperlichen Schmerz" qualifiziert? Es mag sich herausstellen, dass das Ding, welches wir für körperlichen Schmerz gehalten haben – und das aus der Sicht unseres dualistischen Bewusstseins so real, so konkret und so problematisch erschien –, nicht wirklich definitive Züge oder ein definitives Profil aufweist. Es ist in der Tat leer von irgendetwas, das es als körperlichen Schmerz ausweisen würde. Und es ist auch kein „Problem" mehr.

Kehren wir wieder in den dualistischen Geisteszustand zurück, so finden wir dort denselben „körperlichen Schmerz" wieder, der uns zuvor verfolgt hat. Doch innerhalb der Tiefe des Körpers ist nichts vorzufinden, das sich als körperlicher Schmerz identifizieren ließe – oder als irgendetwas anderes. Es ist nicht so, dass die körperlichen Empfindungen verschwunden sind. Was aber nicht mehr vorhanden ist, ist unsere Beurteilung der Empfindung als „schlecht" und „problematisch". Doch seltsamerweise erscheinen die körperlichen Empfindungen jetzt, wo wir sie nicht mehr benennen und beurteilen, ganz anders, als wir zuvor gedacht haben.

Lama Thubten Yeshe hatte eine schwere und schmerzhafte Herzkrankheit, an der er schließlich starb. Er sagte oft, er könne durch die Anwendung dieser Unterweisung zur Arbeit mit körperlichem Schmerz jedes Gefühl eines „Problems" oder sogar eines „Schmerzes" aus dem Schmerz selbst entfernen. Er sagte: „Wenn Sie diese Übung praktizieren, brauchen Sie nie mehr zum Arzt zu gehen, damit er Ihnen ein Schmerzmittel verschreibt." Er hat damit nicht gesagt, dass man eine Krankheit nicht behandeln lassen sollte, sondern nur, dass man durch diese Übungen das „Problem", welches Schmerz gewöhnlich bedeutet, beseitigen kann – also die Identität des Schmerzes selbst, die dazu führt, dass wir so sehr im Schmerz abgekapselt und von ihm eingenommen sind.

Als Seine Heiligkeit der XVI. Karmapa mit Krebs im Endstadium in einem Krankenhaus in Zion, Illinois, lag, dachten die Ärzte und das Pflegepersonal, er müsse aufgrund seines zerrütteten körperlichen Zustands unter entsetzlichen und ihn völlig überwältigenden körperlichen Schmerzen leiden. Doch alle, die ihn dort besucht haben, berichten, er sei vollkommen präsent für andere gewesen und seine einzige Sorge habe dem Wohlergehen der anderen gegolten. Ich habe oft gedacht, dass er wahrscheinlich einen hohen Grad der Meisterschaft in diesem Präsentsein für den Schmerz aus der tiefsten Tiefe des Körpers, von dem hier die Rede ist, verkörpert hat.

Manchmal ist der körperliche Schmerz so intensiv oder quälend, dass wir auf unserem gegenwärtigen Niveau der Praxis nicht in der Lage sind, die erste Anweisung, unser Gewahrsein unterhalb des Schmerzes anzusiedeln und ihn allein aus der Perspektive des Körpers zu sehen, zu befolgen. Wenn dies der Fall ist, wird uns eine zweite Unterweisung angeboten: Nimm die Intensität und Lebhaftigkeit des körperlichen Schmerzes selbst als Objekt deiner Meditation. Wir tun dies, indem wir unser Gewahrsein unmittelbar auf oder in dem Schmerz selbst verweilen lassen. Das ist so, als würfen wir unser gesamtes Sein in das Feuer der schmerzlichen Empfindung. Wir tauchen einfach in das Innere des Schmerzens, in sein Herz, ein. Wenn wir das tun, frisst sich das Feuer des Schmerzes durch alles hindurch, was sich gegen den Schmerz als ein „Problem" wehrt, was ihn beurteilt und was versucht, sich davon abzutrennen. Wir gehen immer wieder mitten in den Schmerz und in seine Tiefe hinein. Wenn wir das tun, zeigt sich, dass wir in der Lage sind, einfach bei seiner Intensität zu verweilen. In einem bestimmten Moment zeigt sich dann, dass wir ihn nicht mehr wirklich als Schmerz empfinden können: Er ist einfach nur noch eine starke Energie. An diesem Punkt gibt es keine Person mehr, die den Schmerz von außen beobachtet, ihn beurteilt und sich davon abtrennt. Da ist nur noch diese Manifestation innerhalb des Körpers. Wenn dies geschieht, kann man sagen, dass wir durch die Verwendung von körperlichem Schmerz als Pfad unsere vollständige und totale Verkörperung gefunden haben.

Gelingt es uns nicht, die zweite Unterweisung anzuwenden, dann wird uns eine dritte angeboten: Benutze den Schmerz auf indirekte Weise, um zur vollen Verkörperung zu gelangen. Diese dritte Unterweisung des tibetischen Yoga erinnert uns daran, dass nichts in unserem Leben ohne guten Grund geschieht. Jede relative Erfahrung erscheint, mit anderen Worten gesagt, genau zur rechten Zeit und ist immer exakt unserer unmittelbaren karmischen Situation und deren Bedürfnissen angemessen. Das Auftauchen von körperlichem Schmerz ist da keine Ausnahme. Wenn irgendjemand von uns kurzfristig oder langfristig Schmerz empfindet, so kommt dieser immer in einem seiner jeweiligen Situation angemessenen Ausmaß. Aus dieser Perspektive gesehen, ist es möglich, dass wir den Schmerz als Segnung empfinden. Das Auftauchen von Schmerz durchschneidet die einzigartige Fesselung dieses Augenblicks und befreit uns zur Freiheit und Tiefe des Körpers selbst. In dem Moment, in dem wir diese Freiheit erfahren, wird uns klar, wie viele Erwartungen wir mit uns herumgetragen haben und wie sehr wir uns mit einer bestimmten relativen Situation oder Erfahrung identifiziert haben. Wird unsere Situation auf diese Weise abgeschnitten, so mögen wir das als schrecklich, lustig, beängstigend, traurig, inspirierend usw. erfahren. Auf jeden Fall bringt es uns zu einer Wertschätzung der Heiligkeit der Erfahrung von Schmerz als Eingreifen einer hilfreichen und sogar befreienden Weisheit in unser Leben.

Den Schmerz als die offene Leere unseres Körpers (erste Unterweisung) und als dessen energetischen Aspekt (zweite Unterweisung) zu erfahren, ist eine Übung, die wir zuerst auf dem Meditationskissen entwickeln. Nachdem wir diese Praktiken in der formellen Meditation geübt haben, können wir sie jederzeit und überall anwenden. Den körperlichen Schmerz als förderlichen Umstand zu erfahren (dritte Unterweisung) ist eine Übung, die wir sofort im Zustand der Postmeditation ausführen können, indem wir einfach – wiederum aus der Tiefe unseres Körpers – die Auswirkung des Schmerzes auf unseren Bewusstseinszustand und unser Verständnis unseres Lebens betrachten.

Gehen wir mithilfe dieser Unterweisungen mit dem körperlichen Schmerz um, so zeigt sich, dass wir nicht darin gefangen und von ihm besiegt sind, sondern dass wir auf zunehmend offene, furchtlose und kreative Weise damit umgehen können. Machen wir uns so immer mehr mit dem Schmerz vertraut und sind wir immer besser in der Lage, aus der tiefsten Tiefe unseres Körpers damit umzugehen, dann kann uns das, wie der tibetische Yoga sagt, im Prozess des physischen Todes eine große Hilfe sein.

39
Einige grundlegende Veränderungen

Entfaltet sich unsere Körperarbeit immer weiter, dann ergeben sich daraus einige grundlegende Änderungen in unserem Seinszustand. Der bewusste Geist, der zuvor der Ingenieur unserer menschlichen Existenz war, übernimmt immer mehr die Rolle eines Zuhörers und Helfers. Uns wird klar, dass wir in Beziehung zu etwas stehen, das die Reise unseres Lebens trägt. Aufgrund der Körperarbeit sehen wir, dass der Körper ständig mit uns kommuniziert. Er kommuniziert anfänglich durch Spannung und Lösung und dann durch Veränderungen in unserem emotionalen Leben. Bilder tauchen auf, Gefühle, subtile Zustände, Gedanken, Inspirationen, Furcht und Beklemmung. Wir finden ein ganz eigenes, ungemein reiches inneres Leben des Körpers vor, das wir fühlen und erfahren, das uns aber immer auch irgendwie ein Mysterium bleibt. An einem bestimmten Punkt wissen wir nicht einmal mehr, was wir von dem, was wir erfahren, denken sollen und wie wir es einordnen können – ob es eine Emotion, eine Energie oder eine körperliche Empfindung ist –, und wir beginnen zu vermuten, dass es irrelevant ist, das herauszufinden, und dass ein Nachforschen sogar die Entdeckungsreise, auf der wir uns befinden, beeinträchtigen kann. Wir lernen auf andere Weise zu fühlen, zu empfinden und auch zu denken.

Sie wissen nicht. Und dieses Nichtwissen beginnt sich zu entfalten. Sie erfahren sich selbst als eine sich ständig verändernde Person und Sie entdecken eine Weise des Daseins, die weniger materiell und weniger festgelegt ist. Es ist fast so, als sei ihr Leben ein Fluss, der durch einen Wald fließt. Dieser Fluss strömt, gluckert und plätschert andauernd, er verhält sich mal auf diese und mal auf jene Weise, fließt mal in diese und dann wieder in eine andere Richtung. An diesem Punkt wird das so genannte „Ich", jene relativ konsistente Person, die zu sein wir immer versucht haben, weniger wichtig. Der Meditierende oder der Betrachter des Körpers ist bereit, sich selbst – also die bewusste Erfahrung eines Ichs – immer wieder aufzulösen und neu entstehen zu lassen. An diesem Punkt beginnt Ihr Leben wirklich auf neue Weise zu verlaufen.

Wenn wir diese Verlagerung vom Ego-Bewusstsein hin zum somatischen Gewahrsein erfahren, beginnen sich unser Leben und unsere Praxis auf zwei interessante Weisen zu öffnen. Einerseits befreit die Arbeit mit dem Körper in der Meditation unsere Erfahrung der relativen Wirklichkeit; sie befreit die konkreten Phänomene unseres Alltagslebens. Wenn wir uns in einem körperfremden Zustand befinden, neigen wir dazu, die Erfahrungen unseres Lebens für zufallsbedingt, relativ bedeutungslos und langweilig zu halten. Und natürlich geben wir uns alle Mühe, etwas Interessantes und Bedeutsames in unserem Leben zu finden. Je langweiliger und grauer alles wird, desto mehr greifen wir nach Sex oder Gewalt oder bewusstseinsverändernden Substanzen oder irgendetwas anderem, das uns einen gewissen Kick bringt – alles ist recht, wenn es nur die schreckliche Langeweile und allgemeine Sinnlosigkeit unserer menschlichen Existenz durchbricht. Wir denken vielleicht: „Nächste Woche werde ich in dieses tolle Restaurant gehen, und vielleicht bekomme ich dort ein Gericht, das mir wirklich Freude machen wird." Oder: „Nächsten Monat werde ich Ferien machen und werde einen Ort besuchen, der mich vielleicht wirklich interessiert und der mir etwas bedeutet", und so weiter.

Aus der Sicht der somatischen Lehren liegt das Problem mit unserem Leben nicht an den individuellen Umständen oder Ereignissen unseres Alltagslebens. Es ist nicht so, dass sie an sich sinnlos und langweilig wären. Das Problem ist, dass wir sie sinnlos und langweilig *machen,* weil wir so abgetrennt und so mit der Aufrechterhaltung unserer „Ich-Empfindung" beschäftigt sind, dass wir zu nichts eine volle und unmittelbare Beziehung herstellen. Da wir nicht bereit sind, das Leben, das in unserem Körper von Moment zu Moment ankommt, voll und ganz zu leben, haben wir schließlich überhaupt kein wirkliches Leben mehr. In unserem Zustand körperfremder Unzufriedenheit denken wir vielleicht: „Ich fühle mich irgendwie unausgefüllt. Vielleicht sollte ich meinen Job wechseln, vielleicht sollte ich einen neuen Partner finden, vielleicht, vielleicht, vielleicht." Doch in Wirklichkeit ist es so, dass die Fülle unserer menschlichen Existenz, wie wir gesehen haben, immer schon die ganze Zeit vorhanden ist. Wenn wir mit unserem Körper arbeiten und beginnen, unser Gewahrsein zu öffnen, wenn wir es der Erfahrung des Körpers erlauben, mit unserem bewussten Geist zu kommunizieren und sich uns auf direkte Weise mitzuteilen, dann entdecken wir in der Tat in den gewöhnlichen Kleinigkeiten unseres Lebens Intensität, Sinn, Fülle und Erfüllung.

Zweitens beginnen wir durch die Körperarbeit zu entdecken, dass unser Körper ein unfassbar großes und vielfältiges Ding ist, wahrhaft ein sich ausdehnendes Universum. Tatsache ist, dass wir Milliarden von Zellen in unserem Körper haben. Und wie die Forschungsarbeit der Neurobiologin Candace Pert vermuten lässt, könnte jede einzelne Zelle ein Zentrum von Intelligenz, Gewahrsein, Emotion und Erfahrung sein.[14] Jede Zelle hat Tausende von Rezeptoren, die unterschied-

---

[14] Candace Pert, *Molecules of Emotion,* New York (Scribner) 1999.

liche Arten der Erfahrung machen können. Dies ist unsere Natur. Wir sind kein einzelnes, einheitliches Ding. Wir sind ein Universum, dessen Teile alle ihre eigene Unabhängigkeit besitzen, ihren eigenen Status als lebendige Energie, und die alle jeweils mit allem anderen in Wechselwirkung stehen. Wir sind eine Galaxis, in der all diese Dinge gleichzeitig geschehen. Was wir sehen, hängt davon ab, wohin wir schauen und wann wir schauen. Und gleichzeitig berühren wir, wann immer wir schauen und wohin auch immer wieder schauen, immer das Ganze, weil jeder Teil, jede Zelle, in Beziehung zu allem anderen steht. Der Körper besteht also aus Milliarden von wechselwirkenden Ereignissen und die Totalität ist in jedem Augenblick eine andere. Der Körper geht damit unendlich weit über alles hinaus, was wir darüber denken könnten. Ganz offensichtlich ist das, wofür wir unseren Körper halten, letztlich wenig mehr als etwas, womit wir uns gegen den fast unendlichen Bereich des Seins unseres Körpers abschotten.

Durch den Prozess der körperlichen Meditation beginnen wir diese Unendlichkeit, die unser eigener Seinszustand ist, zu entdecken, und wir entdecken den unvorstellbaren Reichtum und die Fülle des Lebens, die *als wir selbst* in jedem Augenblick in Erscheinung treten. Und die Erfahrung verändert sich ständig. Manchmal sehen wir leeren Raum. Manchmal sehen wir Energie. Und manchmal zeigt sich das, was uns begegnet, als eine absolute Festigkeit, wie die Masse vor dem Big Bang. Wenn wir aufmerksam sind, ist unsere Erfahrung niemals dieselbe. Aber sie ist immer ein Ausdruck *unserer selbst,* was immer das sein mag. Es ist jedenfalls nicht etwas, das irgendein Konzept eines wirklichen und fortdauernden „Ichs“ rechtfertigen würde, das ist gewiss. Durch die Verlagerung der Aufmerksamkeit, die durch die Körperarbeit herbeigeführt wird, steigen wir aus dem Bereich unseres Gehirns, in dem wir denken, planen, Strategien entwerfen und etwas konstruieren aus und in den großartigen und grenzenlosen Strom der Ereignisse unseres tatsächlichen Lebens hinab.

Fünfter Teil

Der Körper und die Person

40

Der Körper ist die Buddha-Natur

Der Begriff „Buddha-Natur" bezeichnet im Buddhismus unsere grundlegendste Natur. Es heißt, dass alle Menschenwesen die Buddha-Natur als Grund und Kern ihrer menschlichen Persönlichkeit besitzen. Unsere Buddha-Natur hat drei hauptsächliche Aspekte. Zuerst einmal ist sie unser offenes und leeres Gewahrsein selbst. Die Buddha-Natur ist, mit anderen Worten, nicht Intelligenz im Sinne des „Intelligenzquotienten", sondern vielmehr das Vermögen, Dinge offen, klar, auf intelligente Weise und völlig ohne Voreingenommenheit zu sehen und zu erfahren. Sie ist unsere Ur-Intelligenz, die immer in uns aktiv ist, ob wir uns dessen bewusst sind oder nicht. In den meisten von uns ist diese Urintelligenz oder ursprüngliche Intelligenz jedoch von unserem zwanghaften Urteilen und Denken überdeckt. Wir vertrauen nicht auf uns selbst, auf das grundlegende Selbst unserer Buddha-Natur, und greifen deshalb auf unsere Ideen und Vorstellungen über die Dinge zurück.

Die zweite Eigenschaft der Buddha-Natur ist Wärme und Mitgefühl. Erfahren wir die Welt vom Standpunkt der Offenheit unserer grundlegenden Natur, so ist eine natürliche Wärme uns selbst, anderen Menschen und der Welt gegenüber vorhanden. Die Buddha-Natur ist also von sich aus mitfühlend. Es ist nur der urteilende, verbegrifflichende Geist, der diese Wärme überdeckt und ungesunden Zorn, Feindseligkeit und Aggressionen anderen gegenüber in uns ausbrütet.

Der dritte Aspekt der Buddha-Natur ist ein inneres Gefühl des Wohlbefindens, der Stärke, des Zutrauens und der Freude am Leben. Die buddhistischen Lehren sagen, dass diese ein natürlicher Teil unserer grundlegenden Person sind. Wenn wir sie nicht als ein durchgehendes Lebensgefühl erfahren, dann liegt auch das wiederum daran, dass unsere Buddha-Natur von unserer zwanghaften „Egoisierung“ aller Dinge überdeckt und verdunkelt wird.

Auch wenn die Buddha-Natur in den meisten von uns überdeckt ist und relativ unsichtbar bleibt, ist sie in unserem Leben jedoch keineswegs inaktiv. Sie hat in der Tat eine Zielrichtung, ist eine unwiderstehliche Kraft, die uns stets antreibt, zu wachsen und uns spirituell zu entwickeln. Wie wir in diesem Kapitel sehen werden, *trägt die Buddha-Natur tatsächlich die Stadien unserer Entfaltung* – unserer spirituellen Reifung –, die Stadien, durch die wir hindurchgehen müssen, wenn wir unsere tiefste menschliche Sehnsucht erfüllen und unseren grundlegenden Lebenszweck entdecken wollen. Die spezielle Ausrichtung unseres Lebens, die ein jeder von uns erfährt, entsteht aus der Schubkraft der uneingelösten karmischen Schulden unseres Lebens. In diesem Sinne trägt die Buddha-Natur die Totalität des Prozesses der Individuation, durch den wir voll und ganz zu dem werden, was wir sind.

Die Buddha-Natur ist also kein objektivierbares Ding oder irgendeine begriffliche Realität. Weil das, was wir letztlich sind, ein offener, fortlaufender und letztlich ungreifbarer Prozess ist, wird die Buddha-Natur als „leer“ beschrieben: Sie besitzt keine unveränderlichen, definierbaren Kennzeichen oder Charakteristika. Sie ist, so könnten wir sagen, die Dunkelheit oder das Mysterium, das sich unablässig *als* unser Leben entfaltet.

Wie bereits erwähnt, ist die Buddha-Natur jenseits von allem, was auf unserer Reise geschieht und geschehen muss. Was immer uns widerfährt und in uns passiert, ist Ausdruck der Buddha-Natur, die uns zu weiterer Entfaltung vorantreibt. Es gibt nichts in unserem Leben oder in unserer Erfahrung, das außerhalb von ihr wäre. Man könnte die Buddha-Natur also als die „Totalität" bezeichnen. Während wir auf dem Pfad zu unserer Selbstentdeckung, unserem Erwachen und unserer Verwirklichung voranschreiten, entwickelt sich unsere Beziehung zu „unserer" Buddha-Natur ganz natürlich und wird immer reifer; sie wird letztlich von der Buddha-Natur selbst „gestaltet". Die traditionellen buddhistischen Texte sehen andere religiöse Bezeichnungen der „letzten Wahrheit" als Versuche, auf die Buddha-Natur hinzuweisen oder diese zu postulieren. Hier werden oft indische Vorstellungen wie die vom *Âtman,* dem innersten Selbst, vom *Purusha,* der letztendlichen und höchsten „Person", oder Personifizierungen der Wirklichkeit wie die Götter Brahmâ oder Shiva erwähnt. Buddhisten würden auch das judäochristliche Konzept von „Gott" und das muslimische Konzept von „Allah" als Versuche ansehen, die Buddha-Natur zu bezeichnen. Auch im modernen westlichen Denken gibt es Parallelen. So ist zum Beispiel C. G. Jungs Vorstellung vom „Selbst", das unser grundlegendstes Sein bezeichnet und die Totalität umfasst, ein Konzept, das zumindest teilweise vom indischen Denken beeinflusst ist, das jedoch vor allem deutlich auf die Buddha-Natur hinweist.

Aus dem zuvor Gesagten sollte klar werden, dass der Körper selbst die Buddha-Natur ist. Wenn wir dies sagen, dann sprechen wir natürlich nicht von dem Körper, wie wir ihn uns normalerweise vorstellen oder wie wir ihn im Verlauf der Reise auf dem Pfad immer umfassender erfahren und wertzuschätzen lernen. Wir sprechen viel mehr vom Körper, wie wir ihn in der Körperarbeit und durch diese entdecken – als die mysteriöse, offene Dunkelheit, aus der das Leben unablässig hervortritt und zu der die persönliche, die zwischenmenschliche und die kosmische Dimension gehören.

Es ist dieser Körper, in dem wir die Buddha-Natur in ihrer nacktesten Form antreffen. Indem wir immer tiefer in den Körper eindringen und, während wir das tun, den unablässigen Fluss der Erfahrung, der auftaucht, annehmen, stellen wir eine intime Beziehung zur Buddha-Natur her. In der Körperarbeit lernen wir, die festgeschriebenen und rigiden Grenzen unseres in sich selbst relativ abgeschlossenen, abgeschnittenen und isolierten „Ichs“ loszulassen. Wenn wir das tun, werden wir fähig, mit der Buddha-Natur, unserem tiefsten oder höchsten „Selbst“, zu kommunizieren.

41

Die Reise als Entfaltung der Beziehung zur Buddha-Natur

Der Körper, die Buddha-Natur, wird auch Âlaya, das „universale Unbewusste", genannt. Als das Unbewusste – also als all das, was wir sind, dessen wir aber nicht gewahr sind, ist der Körper der Ort, an dem wir einerseits die Bewusstheit, die Wärme und die Kraft finden, die früher erwähnt wurden, und andererseits die Ausrichtung, die sich aus der Totalität unseres Karma ergibt, aus unserer Vergangenheit, Gegenwart und unseren künftigen Möglichkeiten.

Bei der Herausbildung unseres bewussten „Ichs" oder „Egos" haben wir den größten Teil dessen, was wir gewesen sind, was wir jetzt sind und was wir sein könnten, ausgeblendet. Dieses Ausblenden hat drei Aspekte: Zuerst einmal haben wir ein mehr oder weniger begrenztes Bewusstseinsfeld geschaffen; zweitens wird diese begrenzte Bewusstheit durch das spezielle Konzept oder Selbstbild, das wir von uns selbst konstruiert haben, strukturiert und definiert; und drittens wird dieses begrenzte Bewusstseinsfeld durch den regulativen Aspekt unseres Egos aufrechterhalten. Er lässt uns auf alles, was geschieht, reagieren und auf eine Weise handeln, die ein unablässiger Versuch ist, unseren „Platz in der Welt" einzunehmen, aufrechtzuerhalten und abzusichern.

Unser Ich-Konzept ist in der Tat eine bilaterale Vorstellung: Sie umfasst sowohl das, was ich zu sein glaube – das Subjekt –, als auch die verbegrifflichten Objekte in meiner Welt – also diejenigen Dinge oder Menschen, die ich nicht zu sein glaube. Das „Ich“ ist, mit anderen Worten, in Wirklichkeit ein mentales Konstrukt, in Bezug auf das alles, was wir erfahren, in diese beiden wechselseitig voneinander abhängigen und einander verstärkenden Kategorien von Subjekt und Objekt aufgeteilt wird.

Zu der *Subjekt-Kategorie* gehört das, was ich als mein eigenes „Ich“, mein unmittelbares *persönliches Ego* identifiziere sowie dessen Rückzug von meinem persönlichen „Körper“ oder meiner Realität sowie meine Reaktion auf meinen Körper. Die *Objekt-Kategorie* umfasst zwei Aspekte: zuerst einmal meine Vorstellung von allen anderen – also von dem, was wir das *interpersonale Ego* nennen. Diese Vorstellung ist ein Rückzug von meiner umfassenderen somatischen Erfahrung der interpersonalen Realität sowie meine Reaktion darauf. Zweitens gehört dazu meine begriffliche Vorstellung von allen Dingen in der nichtmenschlichen, äußeren Welt – also von dem, was wir das unpersönliche oder kosmische Ego nennen könnten, die belebte und die unbelebte Natur. Diese Vorstellung ist ein Rückzug von der Totalität meiner somatischen Erfahrung des Kosmos sowie meine Reaktion darauf.

Das komplexe Selbstverständnis des „Ichs“ besteht also aus dem Ego, den anderen und der Welt, aber nicht so, wie diese an sich sind, sondern als etwas, von dem ich mich zurückgezogen und auf das ich reagiert habe, das ich in meinen Körper eingefaltet und von dem ich mich durch meine Vorstellungen abgeschottet habe. Ich erhalte meinen Glauben an die Realität meines „Ichs“ aufrecht, indem ich alles in diesen Subjekt-Objekt-Bereich eingefaltet halte und meine Ich-Vorstellung dagegen stelle. Durch die Abgrenzung des Territoriums unseres Ichs haben wir dann einerseits ein sehr stark eingegrenztes Feld, das „mich“ definiert, und andererseits einen riesigen Speicher, das „universale Unbewusste“, dessen wir zurzeit nicht gewahr sind und das in seinem Umfang und Inhalt praktisch grenzenlos ist.

Die spirituelle Reise kreist um unsere sich entwickelnde Beziehung zur Buddha-Natur. In der Kindheit entwickelt sich im ersten Stadium unseres Pfades unser Ego. Dazu gehört die unvermeidliche Abtrennung von der Totalität unseres Seins und die Herausbildung eines kohärenten und relativ kontrollierbaren „Ichs“ im Gegensatz zu der ozeanischen Weite unseres Säuglingszustands. An einem gewissen Punkt, gewöhnlich erst später im Leben, werden dann die Grenzen des kleinen „Ichs“ als beengend erfahren. Wir haben das Gefühl, von den Quellen unseres eigenen Lebens abgeschnitten zu sein. Das Territorium des Egos fühlt sich immer mehr wie eine dürre Wüste an, in der nichts blühen oder gar leben kann. Diese Abtrennung und Entfremdung wird als ein Leiden erfahren, das unser gesamtes Leben durchdringt – und dies ist genau das, was der Buddha als die Erste Edle Wahrheit bezeichnet hat.

Dieses wachsende Bewusstsein ist etwas, das sich entwickelt, und nicht etwa eine zeitlose Wahrheit über das Ego, die erst jetzt offenbar wird. Mit anderen Worten: Bis zu diesem Punkt war die Entwicklung des Egos eine gesunde Angelegenheit, ein guter und notwendiger Ausdruck unserer sich entfaltenden Spiritualität. Wenn wir jedoch reifer werden, dann wandeln sich die spirituellen Anforderungen, die an uns gestellt werden. Ab einem bestimmten Punkt beginnt der Glorienschein des menschlichen Egos zu verblassen: Wir haben das Gefühl, dass der Anzug des Egos zu klein geworden ist für die Personen, die wir nun werden müssen.

An diesem Punkt wenden wir uns vielleicht einer spirituellen Disziplin zu, um eine gesunde und kreative Beziehung zu dem umfassenderen Selbst, der vollständigen Person, die die Buddha-Natur für uns bereithält, herzustellen. Durch die Entwicklung dieser Beziehung kann sich die spirituelle Reise entfalten; wir werden fähig, mit dem Unbewussten zu kommunizieren, und beginnen das unendlich viele größere Feld des Bewusstseins, das das Unbewusste darstellt, in unser bewusstes Gewahrsein zu integrieren.

Wie wir gesehen haben, kann es nur durch die Assimilation von „Information" – von Aspekten unserer eigenen relativen Wahrheit, die bisher als das Unbewusste in die Dunkelheit des Körpers eingeschlossen waren – zu dieser Integration kommen. Durch die Integration dieser Information wird unser Bewusstsein, sozusagen, erzogen und befreit sich nun allmählich von dem, was jetzt zu einer unangemessenen Vorstellung von uns selbst und unserer Welt geworden ist. Dabei wird die Bewusstseinsenergie, die zuvor durch die Aufrechterhaltung der Unwissenheit und Verblendung des Egos gebunden war, freigesetzt, und eine umfassendere und durchlässigere Empfindung des „Ichs" taucht auf. Wir erfahren dies als eine allmähliche Rückkehr zu unserer eigenen wahren Natur, haben das Gefühl, dass wir zunehmend zu der Person werden, die wir sein müssen und die wir letztlich sind.

Unter den vielen spirituellen Pfaden und Techniken, die sich uns heute zur Verfolgung dieses tiefsten und grundlegendsten aller menschlichen Projekte anbieten, ist die somatische Meditation, wie ich meine, eine herausragende, einzigartige und ganz zentrale Methode – vielleicht die einfachste, zugänglichste und wirksamste Methode in unserer modernen Welt. Indem wir in den Körper eintreten, geben wir vorübergehend unsere bewussten Ego-Grenzen auf und öffnen uns auf ganz und gar direkte und nackte Weise für das, was unser Körper uns mitzuteilen hat, was er uns eben jetzt sagen möchte. Vermittels der Körperarbeit hören wir die Stimme des universalen Unbewussten, des Âlaya, die wir so lange gesucht haben. Was immer zu unserem bewussten Ich durchdringen muss, kann nun reich, unmittelbar und ungehindert fließen.

Es ist interessant, die auf dem Körper beruhende Meditation anderen Methoden der Herstellung einer Verbindung zu unserem höheren Selbst oder unserer letztendlichen Person gegenüberzustellen. So kann zum Beispiel das traditionelle religiöse Ritual diese Funktion erfüllen. Die Rituale werden jedoch so oft durch eine institutionalisierte Religion vermittelt und sind so stark konkreter Interpretation unterworfen, dass der Sinn für die Notwendigkeit einer ganz und gar persönlichen und einzigartigen Kommunikation mit der letzten Wirklichkeit verloren geht. Außerdem neigen die konventionellen Religionen dazu, die Wahrheit außerhalb des Gläubigen anzusiedeln, was diesen letztlich um die ihm innewohnende Kraft bringt.

Auch die traditionelle Meditation kann den hier beschriebenen Individuationsprozess antreiben, aber da sie in der heutigen Welt vor allem auf körperfremde Weise angewendet wird, kann sie auch zu körperfremden Resultaten führen: Wir mögen zwar die Leere unseres Geistes berühren, sehen uns dabei jedoch vom Zugang zu dem sich stets ausweitenden Feld unserer relativen, konditionierten Realität – unserer karmischen Situation, die für ein echtes spirituelles Wachstum wesentlich ist – abgeschnitten.

Manche moderne Methoden fördern ebenfalls den Prozess der Integration und Reifung, wie etwa die konventionelle Psychotherapie oder die Traumanalyse. Doch dies sind einigermaßen indirekte Methoden, da sie oft nichts gegen die Entfremdung des Klienten von seinem Körper ausrichten und der Vermittlung durch einen Therapeuten sowie der zutreffenden Interpretation des Traummaterials bedürfen. Im Kontrast dazu bietet uns die Körperarbeit eine direkte Öffnung für das „Unbewusste" und eröffnet uns einen direkten Zugang zu der darin enthaltenen transformierenden Information. Das erinnert uns an eine Bemerkung, die C. G. Jung in seinen späteren Jahren machte: Er brauchte, wie er sagte, nicht mehr so viel mit seinen Träumen zu arbeiten, weil das „Unbewusste" nun direkt zu ihm spräche. Er erhielt die Information, mit anderen Worten, direkt von seinem Körper.

Schamanische Reisen und das schamanische Zurückholen der Seele, wie sie heute angeboten werden, erleichtern ebenfalls die Integration von Inhalten des Âlaya, indem sie auf manchmal dramatische Weise Aspekte unseres Selbst ins Bewusstsein heben. Dies sind spezialisierte

Techniken, die besonders hilfreich sind, wenn man mit seiner eigenen regelmäßigen Praxis „stecken geblieben" ist. Aber auch diese Techniken verlangen den Beistand einer anderen Person und hängen von den Fähigkeiten und der Reife dieser Mittelsperson ab. Hinzu kommt hierbei die Aufgabe, das zurückgewonnene Material zu „integrieren", was nur Menschen gelingt, die bereit sind, sich mit ihren eigenen gewohnheitsmäßigen Strukturen und ihrer egozentrischen Beziehung zur Erfahrung zu konfrontieren. Wie es auch bei der körperfremden Meditation der Fall ist, kann es schwierig sein, ohne eine tiefe somatische Verwurzelung und ohne eine „Sicht" (ein Verständnis unserer grundlegenden Offenheit oder Leere), die uns helfen können, die neue Information anzunehmen statt sie zu untergraben, zu einer solchen Integration zu gelangen.

Unter den vielen Techniken, die in den traditionellen Gesellschaften verfügbar waren und die uns heute zur Verfügung stehen, dürfte die körperlich basierte Meditation also eine einzigartige Rolle spielen. Sie ist jedermann zugänglich und in ihr gewinnt man eine direkte Beziehung zum eigenen größeren Selbst. Auch wenn man dabei natürlich von Anleitung profitiert, benötigt man doch keine äußere Vermittlung und diese Meditation wird auch nicht durch eine Beziehung zu einer anderen Person oder einer äußeren Autorität beschränkt. Weil hier der eigene Körper der Lehrmeister ist, braucht man nicht daran zu zweifeln, dass das, was man empfängt, angemessen ist und zur rechten Zeit kommt. Außerdem ist diese Meditation nicht von einem religiösen Glauben oder der Zugehörigkeit zu einer Religion abhängig und, genau genommen, nicht einmal davon, dass man sich selbst als „religiöse" oder „spirituelle" Person begreift. Gleichzeitig können jedoch die verschiedenen Methoden und Techniken, die wir zuvor erwähnt haben, für den Ausübenden der somatischen Meditation nützlich und ein Geschenk sein und seine Reise in verschiedenen Stadien des Weges unterstützen sowie seine Entdeckungen weiter ausarbeiten.

42

Das Ego, der Körper und die Reise

Die Person, die durch die Körperarbeit allmählich aufgedeckt wird – also die Person, die wir auf der tiefsten Ebene sind –, ist letztlich unvergleichlich, einzigartig und beispiellos. Wie wir gesehen haben, ist diese Person, unsere vollständige Person, als Buddha-Natur im Körper vorhanden, wenn auch auf latente und unbewusste Weise.

Durch die Körperarbeit entwickeln wir unsere Beziehung zu diesem höheren Selbst. Wie es bei jeder Beziehung der Fall ist, müssen wir dabei langsam vorgehen, Schritt für Schritt. Zuerst werden wir mit diesem höheren Selbst bekannt gemacht, dann beginnen wir es besser kennenzulernen, und dann geben wir uns ihm ganz hin. Letztlich werden wir – zumindest theoretisch – eins mit ihm. Auf diese Weise entwickelt sich unsere Beziehung zu unserer tiefsten Persönlichkeit im Laufe unseres Lebens durch einen allmählich fortschreitenden Prozess.

Auch wenn die Person, die zu werden wir uns aufgemacht haben, einzigartig ist, sind die Stadien dieses Prozesses es nicht. Das heißt, dass wir auf der Reise zu unserer eigenen unvergleichlichen Persönlichkeit durch eine Reihe von allgemeingültigen Phasen gehen. Auch wenn diese Phasen bei jeder Person etwas anders aussehen, hat die Geografie unserer Reise doch charakteristische allgemeine Merkmale.

Die Entfaltung der Reise zu unserer Persönlichkeit durch unseren Körper ist eine Widerspiegelung der Tiefe und Integrität der Körperarbeit. Dass es zu dieser Reise kommt, macht unzweifelhaft deutlich, dass unsere Körperarbeit etwas Wirkliches ist – sie ist real, gut fundiert und nicht nur eine Ansammlung von abstrakten Ideen, Wunschdenken oder Fantasien. Die Reise ist eine Widerspiegelung der transformierenden Kraft der Körperarbeit. Praktizieren wir die Körperarbeit ernsthaft, dann kommt diese Reise unweigerlich in Gang.

Es ist wichtig, dass wir die Natur dieser Reise zur Verwirklichung, auf der wir uns befinden, verstehen. Es ist keine Reise zu einem äußeren Ziel, das wir eines Tages erreichen werden. Der ganze Prozess besteht vielmehr darin, alles abzustreifen, was unaufrichtig, nicht-authentisch und falsch ist – also alles, was letztlich nicht das ist, was wir sind. Es ist ein Prozess der Demaskierung, in dem wir unsere Rüstung ablegen und mehr und mehr zu unserem nackten Selbst werden.

Wir könnten sagen, dass die ganze Reise darin besteht, immer mehr zu einem wahren Menschenwesen zu werden. Wir versuchen nicht, ein anderer zu werden oder irgendwelche idealisierten Fantasien davon, wie wir sein sollten, zu erfüllen. Wir versuchen also nicht, irgendeinem höheren Ideal zu entsprechen. Wir gehen vielmehr in die Tiefe, hinab zu dem, was wir im Grunde sind und schon immer gewesen sind. Der Abstieg in die Dunkelheit des Körpers ist ein Abstieg zu uns selbst, wie wir in unserer ganzen Fülle und Vollkommenheit sind, hinab zu unserer letztendlichen Ganzheit.

Auf dieser Reise müssen wir schließlich all unser Hängen und Festhalten an einer konditionierten und festgelegten Identität aufgeben. Am Anfang lassen wir unsere persönliche Maske fallen, das ganze Getue, die Vortäuschung und die Falschheit, mit denen wir unseren engsten Freunden, unseren Bekannten und dem Rest der Welt – und natürlich uns selbst – ein falsches Bild von uns vermitteln. Später sind wir dann herausgefordert, kollektivere Identitäten aufzugeben, wie etwa die Identifikation mit unserer Familie, unseren Freunden, unserem Alter, unserem Geschlecht, unserer ethnischen Zugehörigkeit, unserer nationalen Identität und selbst mit unserer Identität als ein „moderner Mensch", der die Weltanschauung und das grundlegende Selbstbild besitzt, die wir für „modern" halten.

Was wir da loslassen, scheint oft das zu sein, was „wir" sind – wer und was wir zu sein glauben –, und das fühlt sich oft so an, als fielen wir auseinander, als lösten wir uns auf, als stürben wir oder würden gar verrückt. Es ist jedoch notwendig, wie wir gesehen haben, zu erkennen, dass dies letztlich kein negativer oder destruktiver Prozess ist. Denn indem wir von aller Fixierung auf eine Identität ablassen, werden wir fähig, uns die große Freiheit zu erschließen, die in uns liegt, und ein authentisches, unbeschreibliches Leben zu führen. Dies führt zu der umfassendsten Erfüllung, die ein Menschenwesen jemals erfahren kann – der Erfüllung, voll und ganz man selbst zu sein.

Wie wir bereits gesehen haben, müssen wir uns, um unser gegenwärtiges Selbstbild aufrechterhalten zu können, von jenen Bereichen der Erfahrung unserer selbst und der Welt abwenden, die nicht mit diesem Selbstbild übereinstimmen, die aber den größten Teil dessen ausmachen, was wir empfinden und fühlen und erleben. Es wäre nicht richtig zu sagen, dass diese Bereiche uns vollkommen unbekannt sind, worauf auch das psychologische Konzept des Unbewussten hinweist. Sie existieren vielmehr als Erfahrungen in unserem Körper, aber es sind Erfahrungen, in Reaktion auf die wir ständig unser Selbstbild ausbauen. Dieses Selbstbild ist also in seiner Struktur und seiner Funktion eine genaue Antwort auf das, was bereits als Erfahrung existiert, wenn auch auf einer unterschwelligen, somatischen Ebene. In gewisser Weise sind wir also durchaus all der Dinge gewahr, die unser selbstbewusstes Ego nicht zur Kenntnis nehmen will. Aus eben diesem Grund kann unser Selbstbild so wirksam sein: Es weiß genau, was es nicht zur Kenntnis nehmen will, bevor es daran geht, es zu ignorieren. In diesem Sinne ist das Selbstbild eine Art Spiegelbild oder eine reaktive Widerspiegelung dieser umfassenderen Bereiche, die im Grunde unsere Totalität darstellen.

Diese umfassenderen Bereiche existieren also in der Form von in den Körper eingefalteter Erfahrung. Wie wir gesehen haben, ist dieser Prozess der Einfaltung in gewissem Sinne etwas Unnatürliches. Alle Erfahrungen, die wir körperlich aufnehmen, wollen ins Bewusstsein treten; sie sind der früher diskutierte karmische Rückstau, der entladen werden will. Er „möchte" in unser Bewusstsein eintreten; er „möchte" in unser Bewusstsein integriert werden; er „möchte" zu einem Selbstbild führen, das von der Erfahrung modifiziert wird; und er „möchte" in diesem Prozess von der mitgeführten Bürde befreit werden und damit seinen Zweck erfüllen. Wehren wir die Information der körperlichen Erfahrung ab – und Abwehr ist eben die Natur des modernen Selbstbildes –, so wird ein Rückstau erzeugt und in uns baut sich ein Druck der Information auf, die zum Durchbruch kommen „möchte".

Dieser Druck wird als Neurose erfahren, als der Versuch, eine Sicht und eine Erfahrung unserer selbst aufrechtzuerhalten, die nicht mit der tatsächlichen Situation übereinstimmen und die im Gegensatz zu dem stehen, was unser Körper bereits weiß. Wir fühlen den Druck dessen, was durchbrechen möchte, in Form von allen möglichen unangenehmen und ungewollten Emotionen, wie etwa Beklemmung, Angst, Unwohlsein, Furcht, Ungeduld, Paranoia, Verzweiflung und so weiter. Die Erste Edle Wahrheit des Leidens bedeutet, dass es allein schon deshalb, weil wir versuchen, eine Ich-Empfindung aufrechtzuerhalten, zu einer Art von Unwohlsein kommt, einem Gefühl, dass die Dinge die ganze Zeit unbefriedigend und nicht wirklich im Lot sind. Um unser „Ich" aufrechterhalten zu können, müssen wir immer irgendetwas ignorieren oder leugnen, und das erzeugt unausweichlich eine Art von Leiden, das mehr oder weniger heftig ist.

Wir haben zuvor von unserer „ungelebten Erfahrung", unserem „ungelebten Leben", das wahrgenommen werden will, gesprochen.

Warum aber sind wir aufgerufen, alles, was uns jemals widerfahren ist, voll und ganz zu durchleben? Wir könnten sagen, dass dies eine Erfordernis der Evolution ist, dass *alle* Erfahrung für unser Überleben als Spezies wertvoll ist, dass alles, was geschieht, empfangen und verarbeitet und integriert werden muss – wenn nicht jetzt, dann zu einem späteren Zeitpunkt in unserem Leben, wenn wir dazu bereit sind, oder, wenn wir das Konzept der Wiedergeburt akzeptieren, in einer späteren Inkarnation.

Aber es scheint damit noch mehr auf sich zu haben. Es sieht so aus, als gäbe es eine Kraft in uns – wir könnten sie eine spirituelle Kraft nennen –, die möchte, dass wir ganz werden. Die Wirklichkeit stürmt also ständig gegen die Grenzen unseres Selbstbildes an und macht deutlich, wie unangemessen unser Selbstbild ist, wie wenig autark es ist und wie wenig Kontrolle es über diese Welt hat.

Hören wir auf den Ruf und steigen in den Körper ab, dann dringt die Information immer schneller zu uns durch, Information, die praktisch aus den verborgenen Winkeln unseres Körpers auftaucht und die unsere Vorstellung von uns selbst auflöst, korrigiert und ausweitet. Es gibt eine grundlegende Kraft in unserem Leben, die möchte, dass wir ganz werden, dass wir nicht bei einem Selbstbild stecken bleiben, das unvollständig ist und uns gegen den Rest von uns selbst abschottet.

Bei unserer ganzen Reise geht es darum, für immer mehr von der Buddha-Natur Raum zu schaffen, sodass unser Ego zunehmend in eine bewusste Beziehung zu dieser Buddha-Natur treten kann, sich ihr verpflichtet fühlt und für sie durchlässig wird. Je mehr wir unser höheres Selbst integrieren, desto stabiler und zugleich offener wird unsere Vorstellung von uns selbst. Nach Auffassung des Buddhismus kommt schließlich der Tag, an dem unsere Ich-Empfindung kaum noch sichtbar ist, an dem sie nur noch ein schwaches Trugbild ist, das für uns selbst keinerlei Nutzen mehr hat, das jedoch in unserer Beziehung zu den Menschen, denen wir zu helfen versuchen, ganz hilfreich ist.

Die Körperarbeit gibt uns eine Methode an die Hand, mit deren Hilfe sich dieser ganze Prozess entfalten kann. Das Ziel des Körpers als Buddha-Natur besteht immer darin, uns auszufüllen, uns abzurunden und uns zu unserer eigenen Vollendung zu bringen.

43

Die ersten Stadien der Reise

Haben wir erst einmal mit der spirituellen Praxis begonnen, dann entfaltet sich der Pfad nach einer bestimmten Abfolge von Stadien, die wir im vorangegangenen Kapitel umrissen haben. In diesem und in den folgenden Kapiteln werden wir diese Stadien der spirituellen Entwicklung nun etwas detaillierter betrachten. Zu den ersten Stadien, die in diesem Kapitel diskutiert werden, gehört eine tiefe existenzielle Krise, in die wir in unserem Leben geraten. Außerdem gehört dazu, dass wir diese Krise immer mehr als eine im Grunde spirituelle Krise verstehen, dass wir uns der Notwendigkeit bewusst werden, auf das, was wir verstanden haben, zu reagieren, und dass wir uns schließlich einem Pfad transformierender spiritueller Praxis verpflichten.

Die Reise, die sich durch eine auf dem Körper basierende Meditation entfaltet, setzt ein Ego voraus, das soweit funktionstüchtig ist, dass es die aus dem Körper aufsteigenden Informationen zu empfangen vermag. Wir sprechen hier nicht von einem wahrhaft „gesunden" Ego, weil in unserer modernen Gesellschaft kaum jemand ein solch gesundes Ego besitzt. Da die Reise jedoch ein „einigermaßen funktionierendes Ego" verlangt, ist es wohl richtig zu sagen, dass zur ersten Phase der Reise auf dem Pfad die mehr oder weniger angemessene Entwicklung eines relativen „Ichs“ gehört. Dieser Prozess beginnt offensichtlich bei der Geburt und setzt sich durch die Jugend, die Kindheit, das frühe Erwachsenenalter und darüber hinaus fort.[15] Spätestens, wenn wir uns auf einen spirituellen Pfad begeben, stellt sich für viele von uns heraus, dass unsere eigene Ich-Empfindung in vieler Hinsicht beschädigt und dysfunktional ist, auf eine Weise, die unser Vermögen, eine effektive spirituelle Praxis durchzuführen, beeinträchtigt. Deshalb wenden sich viele von uns einer Psychotherapie und anderen Methoden der Arbeit an Stadien der Entwicklung des Egos zu, an Stadien, die verpasst oder die nicht angemessen abgeschlossen wurden. Es ist in der Tat interessant, dass die hier beschriebene Körperarbeit ganz natürlich jeweils jenes Stadium der Entwicklung eines Individuums anzusprechen scheint, in der sich das Individuum gerade befindet, und dass sie Wege zur Heilung auf dieser Ebene bereitstellt.

Die Krise

Wir sind manchmal fähig, für lange Zeit in der Illusion zu leben, dass es sich lohne, unser Leben innerhalb des Rahmens unserer gegenwärti-

[15] Diese anfängliche Phase der Reise, die von grundlegender Wichtigkeit ist, wird in den alten buddhistischen Texten Asiens im Allgemeinen nicht explizit diskutiert. Dafür gibt es wahrscheinlich eine Reihe von miteinander zusammenhängenden Gründen. Einerseits ist es so, dass der traditionelle asiatische Buddhismus dazu neigte, sich auf die späteren, höheren Ebenen der spirituellen Entwicklung zu konzentrieren, sodass die Stadien der Entwicklung des „Ichs“ nie so genau untersucht wurden. Außerdem mag die Entwicklung einer gesunden Ich-Empfindung für die Praktizierenden in den traditionellen asiatischen Gesellschaften nicht so schwierig gewesen sein, wie das in der heutigen, modernen Welt der Fall ist. Vielleicht wurden die Kinder in diesen Kulturen auf eine Weise erzogen, die den späteren Praktizierenden eine ausreichende Stabilität vermittelte. Es mag auch sein, dass Probleme, wo sie existierten, durch kulturelle Mechanismen aufgefangen wurden, die außerhalb der expliziten buddhistischen Tradition wirksam wurden. Außerdem sieht es so aus, als seien Menschen mit schweren psychischen Störungen zumindest vom institutionalisierten Buddhismus eher ignoriert und von den traditionellen Gesellschaften auf einen niedrigeren und relativ statischen Status innerhalb der sozialen Ordnung verwiesen worden. All diesem liegt die Betonung des „Nicht-Selbst“ im elitären asiatischen Buddhismus zugrunde sowie die Tatsache, dass die Reifung der menschlichen Persönlichkeit (nicht zu verwechseln mit dem „Ego“) im Allgemeinen nicht als ein Wert oder Ziel des spirituellen Lebens angesehen wurde.

gen Ego-Struktur zu leben. Diese Illusion wird von der Hoffnung und dem Wunschdenken aufrechterhalten, dass die gegenwärtige unbefriedigende Situation unseres Lebens vorübergehend ist und unser Leben sich verändern und unser Schmerz verschwinden wird und dass wir Befriedigung finden werden, wenn wir irgendwann die Erfüllung unserer persönlichen Ego-Ziele erreichen.

An einem bestimmten Punkt jedoch beginnen wir zu ahnen, dass der Schmerz, die Trockenheit und der ständige Kampf, den der Versuch, innerhalb des eingeengten Herrschaftsbereichs des Egos zu leben, nicht verschwinden werden. Wir beginnen zu argwöhnen, dass dies einfach so ist, und dass wir, wenn es irgendeine Hoffnung auf Vorwärtsbewegung und Weiterentwicklung geben soll, etwas anderes als einfach nur noch mehr von dem bereits Bekannten tun müssen.

Das Aufdämmern dieser Einsicht löst eine Art von Krise aus. Einige der Krisen, die wir in unserem Leben erfahren, scheinen nicht so schrecklich ernst zu sein und verlangen nicht nach einem grundlegenden Wandel. Sie erscheinen als ein Riss im Gewebe unserer Existenz, aber als ein Riss, der vorübergehend zu sein scheint, mit dem wir umgehen und den wir reparieren können. Eine Krise dieser Art hinterlässt gewöhnlich keine bleibende Prägung in uns. Aber es gibt eine andere Art von Krise, die wir als sehr viel grundlegender sowie unentrinnbar empfinden. Diese grundlegende existenzielle Krise wird oft von einem dramatischen persönlichen Ereignis, das als Katastrophe empfunden wird, ausgelöst: dem Ende einer wichtigen Beziehung; dem Zusammenbruch eines Lebenswerks; einer katastrophalen Umwälzung in unserer eigenen sozialen Welt; dem Tod eines geliebten Menschen oder der plötzlichen Eruption von überwältigenden Gefühlen, wie etwa intensive Angst oder Furcht oder tiefer Depression; und manchmal durch das Eintreten einer chronischen oder lebensbedrohlichen Krankheit.

Was diese grundlegende Art von Krise von anderen Krisen unterscheidet, ist nicht so sehr die augenscheinliche Schwere des auslösenden Ereignisses, sondern vielmehr die Auswirkungen, die das Ereignis auf uns hat, die Art und Weise, auf die wir es erfahren. Bei Gautama Buddha zum Beispiel wurde diese Krise einfach dadurch ausgelöst, dass er eines Tages einen kranken Menschen, einen hinfälligen alten Menschen und einen Toten sah – in seiner Kultur alltägliche Erfahrungen. Aber irgendwie stürzten diese gewöhnlichen Dinge ihn in eine dunkle und unentrinnbare Verzweiflung: Als er sah, dass Alter, Krankheit und Tod in jedem Leben unvermeidlich sind,[16] wurde ihm klar, dass alles, worauf er seine Hoffnung auf seine eigene Erfüllung gegründet hatte, leer und sinnlos war.

In unserem modernen Leben wird eine Krise zu einem unumkehrbaren existenziellen Kollaps, wenn unsere grundlegende Vorstellung von uns selbst, von unserem Leben und von der Möglichkeit, unser persönliches Glück zu finden, sich als falsch, unwahr, nutzlos und ohne substanzielle Realität erweist. Wir haben nicht nur das Gefühl, nicht mehr zu wissen, wer wir sind und was wirklich oder unwirklich ist, sondern uns wird buchstäblich der Boden unter den Füßen weggezogen.

Die Krise interpretieren

In der heutigen Zeit wird diese Art von Krise des Egos oft als eine krankhafte Entwicklung angesehen, die nach sofortiger, korrigierender Intervention verlangt – sei es durch Psychotherapie, Psychiatrie, soziale oder religiöse Einrichtungen.

Im Buddhismus gilt eine solche Krise jedoch als positive Entwicklung. Auch wenn sie große Herausforderungen mit sich bringt und Gefahren birgt, ist sie doch der notwendige erste Schritt, ohne den eine echte spirituelle Reise nicht möglich ist. Aus dieser Perspektive wird eine solche Krise als Ausdruck der Buddha-Natur gesehen,

---

[16] Edward Conze, *Buddhist Scriptures,* Seite 39-40.

als etwas, wodurch uns die nackte Wahrheit über unsere tatsächliche menschliche Situation zum ersten Mal wirklich bewusst wird. Uns wird klar, dass das Streben nach Annehmlichkeiten, Sicherheit und dauerndem Glück, welches das Leben und die Aktivitäten unseres „relativen Ichs" definiert, hoffnungslos ist – dass relativer Gewinn und relative Befriedigung niemals die Sehnsucht nach tiefer Erfüllung, die wir alle fühlen, befriedigen können. Diese Einsicht ist deshalb so wesentlich für unsere spirituelle Entfaltung, weil wir uns so lange nicht auf den wahren spirituellen Pfad begeben können – den Pfad, der darauf abzielt, unser konditioniertes „Ich" als Hauptschiedsrichter und letzte Autorität unserer Existenz zu entthronen –, wie wir noch daran glauben, dass unsere grundsätzliche Befriedigung mithilfe von Modifizierungen unseres Lebens durch unser konditioniertes „Ich" in seiner gegenwärtigen Form erreicht werden kann.

Es besteht eine wichtige dialektische Beziehung zwischen dieser Lehre und unserer zuvor beschriebenen Erfahrung des Auseinanderfallens. Wenn ein Individuum nicht sieht, wie begrenzt die Natur des Egos im Vergleich zum höheren Selbst ist, und glaubt, die Sichtweise des Egos sei die einzig mögliche, so ist es weniger geneigt zuzulassen, dass es in die tiefe Hoffnungslosigkeit verfällt, die mit einer echten und tiefen existenziellen Krise einhergehen muss, damit es schließlich zu einer Transformation kommen kann. Im Laufe meiner Lehrtätigkeit bin ich vielen Menschen begegnet, die eine schwere Krise erfahren haben, einschließlich einer lebensbedrohenden Krankheit, und die trotzdem noch zwanghaft an ihrem „relativen Ich" festhalten sowie an dem Glauben, dass sein früherer Status quo irgendwie wiederhergestellt werden kann.

Ich habe viel darüber nachgedacht, warum die tiefere Botschaft einer solchen Krise nicht zu diesen Menschen durchdringt, warum sie das spirituelle Tor nicht sehen und durchschreiten. Ein Teil der Antwort ist vielleicht, dass der Gedanke, eine solche Erfahrung müsse nicht unbedingt negativ zu sehen sein, sondern könne Hoffnung auf echtes Wachstum machen, der Gedanke, es könne ein Leben jenseits des Egos, ja sogar jenseits des Todes des Ichs geben, einfach nicht zu dem intellektuellen Repertoire solcher Menschen gehört. Vielleicht besitzen solche Menschen, anders gesagt, einfach nicht die *Sicht* der grundlegenden Wirklichkeit des höheren Selbst, die Anschauung, dass ein relativer Verlust vielleicht nichts anderes ist als ein Durchbrechen des höheren Selbst, der Quelle aller Freude, aller Freiheit und aller Erfüllung. Im Gegensatz dazu fällt es Menschen, die schon einmal den nicht-theistischen Anschauungen des Buddhismus oder einer anderen, ähnlichen spirituellen Tradition begegnet sind, leichter, ihren Zusammenbruch als eine wenn auch außerordentlich schmerzliche, so doch potenziell positive Entwicklung anzusehen. Solche Menschen scheinen fähig zu sein, den vollen Ansturm dessen, was ihnen widerfährt, zuzulassen und dabei ihren Geist und ihre Erfahrung sogar inmitten der Finsternis offen zu halten.

Durch die tief greifende existenzielle Krise ist das Ego, aus psychologischer Sicht, vorübergehend geschwächt und seiner Machtposition beraubt. Diese Schwächung macht es möglich, dass die umfassendere, unvoreingenommene Intelligenz unserer „wahren Natur" durchbrechen und gehört werden kann. Die bloße Wahrnehmung unserer misslichen Situation als eine grundlegende existenzielle Krise, aus der es offenbar keinen Ausweg gibt, ist an sich schon ein Ausdruck der Buddha-Natur, jener Urintelligenz in uns, die nicht mehr von Wunschdenken oder der Egozentrik des Ichs verzerrt wird.

Die Einladung

Besitzen wir die „Sicht" der Buddha-Natur – oder empfinden wir, was auf dasselbe hinausläuft, das universale Gutsein des Lebens –, dann können wir eine fundamentale existenzielle Krise als Einladung verstehen, unsere Existenz auf neue Weise und mit neuen Augen anzusehen. Haben wir uns erst einmal vom ersten Schock des Zusammenbruchs unseres Lebens erholt, dann sind wir vielleicht neugierig darauf zu erkunden, was da mit uns geschieht. Wenn alles, was wir zuvor über uns selbst gedacht oder uns vorgestellt haben, durcheinandergeraten und verwüstet ist, dann beginnen wir uns vielleicht zu fragen, was jetzt übrig bleibt: Wer sind wir jetzt, da unsere Träume zu Bruch gegangen sind? Oder wer könnten wir sein?

Wie die volle und ungefilterte Erfahrung unseres eigenen Zusammenbruchs ist auch diese Neugierde ein Ausdruck unseres höheren Selbst, unserer Buddha-Natur. Die Fähigkeit, mit Neugierde und vielleicht sogar Erstaunen auf unsere zerstörten Hoffnungen und Träume zurückzublicken, setzt wiederum eine Intelligenz voraus, die über das enge, egozentrische Bewusstsein des Egos hinausgeht. Es ist unser höheres Selbst, das hier zu uns spricht.

Die Antwort: Sich einem Pfad verpflichten

Mithilfe der somatischen Meditation gewinnen wir also eine Lebensanschauung, die nicht nur in der Lage ist, die tiefste existenzielle Krise anzunehmen, sondern die uns auch hilft, Zutrauen zu dem zu gewinnen, was uns widerfährt. Wir vermögen in uns selbst eine Haltung der Neugierde diesem Geschehen gegenüber zu entwickeln. Darüber hinaus gibt diese Weise der Meditation uns auch Mittel und Wege an die Hand, unserer Neugierde entsprechend zu handeln. Sie stellt uns eine Reihe von Perspektiven, Praktiken und Techniken zur Verfügung, die es uns möglich machen, unseren Zusammenbruch zu erforschen und mehr darüber herauszufinden, was dieser Zusammenbruch für unser künftiges Leben bedeuten mag.

Wird uns klar, dass wir nicht zu unserem früheren Status quo zurückkehren können, dass es keinen Weg zurück zu der früheren

„Business as usual“-Einstellung unseres Egos gibt, dann wird deutlich, dass wir keine andere Wahl haben, als vorwärts zu gehen und die verwüstete Landschaft, die unser gegenwärtiges Leben darstellt, zu erkunden und herauszufinden, was da los ist. Dieses Gefühl, in Hinsicht auf die einzuschlagende Richtung keine andere Wahl zu haben, ist ebenfalls ein Ausdruck der Buddha-Natur. In der Erkenntnis, dass es keine Alternative gibt, sehen wir ganz klar, dass jeder Versuch, unseren Blick in eine andere, „hoffnungsvollere“ Richtung zu lenken, nur Ausdruck unserer eigenen Angst und Unentschlossenheit ist. Auch hier sehen wir die Intelligenz der Buddha-Natur am Werk. Indem wir dies verstehen, entschließen wir uns, mit der Übung des Pfades zu beginnen und darauf voranzuschreiten. Wir sehen tatsächlich, dass wir keine andere Wahl haben, als uns auf diese Entdeckungsreise zu begeben, und dass wir dazu einzig die Hilfsmittel brauchen, die die Tradition uns zur Verfügung stellt.

44

Aspekte der Entfaltung des Prozesses

Im ersten Stadium der Reise unseres Lebens taucht, wie zuvor diskutiert, unser Ego oder „relatives Ich" in der Totalität der Erfahrung auf. Natürlich sprechen wir bei einem Fötus im Mutterleib oder einem Neugeborenen noch nicht von Erfahrung in dem Sinne, wie wir das Wort gewöhnlich verstehen. Und doch gibt es auf diesen frühen Ebenen bereits ein Erfassen, ein Bewusstsein, welches das, was geschieht, empfängt und sich daran erinnert. Wir wissen das aus unserer eigenen Erfahrung und durch außerordentlich frühe Erinnerungen anderer Menschen.

Innerhalb unserer eigenen Totalität, die ständig im Körper auftaucht und vom Körper erfahren wird, wird alles, was zurzeit nicht annehmbar ist, „eingefaltet". Wenn wir von körperlicher „Erfahrung" sprechen, dann ist das natürlich etwas, das anfänglich unterschwellig empfunden, aber nicht klar gesehen wird. Außerdem kann das, was in der unterschwelligen Erfahrung erscheint, „von innen" kommen und als Gefühle, Bilder und so weiter auftauchen. Es kann ebenso „von außen" kommen, als ein Ereignis, als Umstände oder eine Situation, als etwas, das wiederum nach Aufmerksamkeit und Integration verlangt.

Was immer im Körper und durch den Körper auftaucht, tut dies, wie wir gesehen haben, in Übereinstimmung mit dem Wirken des

Karma. Das Karma enthält unsere zurückgehaltene Bewusstheit, die umfassende Buddha-Natur, derer wir nur teilweise gewahr sind. Alle Bestandteile der karmischen Totalität, die nicht ins bewusste Gewahrsein getreten sind, sind im Körper vorhanden. Zu einem bestimmten Zeitpunkt drängt jeweils ein bestimmter Aspekt der Totalität ins Bewusstsein; die Totalität beabsichtigt, dass dies jetzt geboren wird.

Was eben jetzt auf Bewusstwerdung drängt, hat dies bis zu diesem Moment nicht getan, weil es tief in den Körper eingefaltet war und der rechte Moment für sein Erscheinen noch nicht gekommen war. Es kann aber auch deshalb nicht ins Bewusstsein durchgedrungen sein, obwohl es zu einem bestimmten Zeitpunkt reif war, weil wir uns dagegen gewehrt und es in den Körper zurückgedrängt haben. Wie auch immer: Zu einem bestimmten Zeitpunkt drängt etwas aus dem Körper auf Bewusstwerdung, es will uns etwas mitteilen, das wir nach dem geheimnisvollen Timing unserer Existenz genau jetzt brauchen oder das jetzt angebracht ist.

Wenn wir gegen das, was im Körper erscheint und gerade auf der Schwelle zur Bewusstwerdung steht, Widerstand leisten – und die meisten modernen Menschen leisten gewohnheitsmäßig Widerstand, um starr an ihrem „Ich“ festhalten zu können –, dann wird das, was auftauchen will, negiert, in den Körper zurückgedrängt und dort weiter gefangen gehalten. Dort verweilt es im Schatten unseres somatischen Seins innerhalb eines ständig zunehmenden Rückstaus, als etwas, das unser Bewusstsein unablässig ignoriert, indem es sich ihm widersetzt und es leugnet.

Alle diese Aspekte unserer Totalität, denen wir den Zugang zu unserem bewussten Gewahrsein verweigern und die weiterhin im Schattenreich residieren, wirken jedoch weiter auf machtvolle, allerdings unsichtbare Weise; sie werden von der Natur, Struktur und Aktivität unseres Egos widergespiegelt.

Dieser Prozess entspricht in etwa dem psychologischen Konzept der Verdrängung, aber es gibt hier einige wichtige Unterschiede. Zum einen wird die Aktivität des Egos bei der „Verdrängung" von Erfahrung aus der Sicht der somatischen Meditation als etwas gesehen, das letztlich nicht negativ, sondern in seinem Wirken dynamisch und kreativ ist. In unserem Leben taucht das Ego als das Feld unseres bewussten Gewahrseins aus dem Unbewussten auf, als der unmittelbare Bereich, in dem wir unsere Erfahrung aufnehmen und integrieren können. Zugleich mildert das Ego das ab, was es aufnimmt, und es wehrt das ab, was zu empfangen wir noch nicht bereit und fähig sind.

Diesem Prozess wohnt große Intelligenz inne. Ein Ego, das zu rigide und erstarrt ist, kann die Erfahrung, die für unser Wachstum nötig ist, nicht annehmen. Doch ein Ego, das von Erfahrungen einfach überwältigt und beiseite gedrängt wird, kann diese Erfahrungen ebenso wenig integrieren. Allem Anschein nach setzt spirituelle Entwicklung ein Ego – ein Feld des Bewusstseins – voraus, das sich in Übereinstimmung mit den Notwendigkeiten unserer Reise zur Ganzheit verändern und das damit wachsen kann. Deshalb geht es in der Spiritualität nicht darum, das Ego „loszuwerden" und es auszulöschen, sondern vielmehr darum, das Ego dazu zu befähigen, sich für immer mehr Erfahrung zu öffnen und zu sterben und wiedergeboren zu werden, indem es immer mehr von der Buddha-Natur integriert und immer mehr in Übereinstimmung mit unserer eigenen Totalität gerät und dieser Totalität dient. Ein Buddha ist nicht eine Person, die ihr Ego eliminiert oder ausgelöscht hat, sondern jemand, in dem das Ego so total integriert ist, dass da kein Raum für eine individuelle Identität mehr ist.

So zeigt sich, dass Neurose in Wirklichkeit ein letztlich kreativer Prozess ist. Indem wir uns anfänglich gegen unsere Totalität wehren, erzeugt das Ego einen Rückstau von „ungelebter Erfahrung". Dieser Rückstau wird als zunehmender Druck vonseiten des Körpers, des „Unbewussten", der Buddha-Natur erfahren. Eine neue Bewusstheit ist erforderlich, und je mehr der Druck zunimmt, desto mehr muss das Ego darum kämpfen, die Verdrängung aufrechtzuerhalten. Dies ist keine Situation, die endlos aufrechterhalten werden kann. Der Druck nimmt zu. Und an einem bestimmten Punkt kann man ihm nicht mehr widerstehen.

Dies ist der Punkt, an dem eine existenzielle Krise in unserem Leben auftaucht. Manche Menschen wenden sich dann einem spirituellen Pfad zu, folgen ihm und stellen damit bewusst eine Beziehung zu der Quelle des Drucks her, zu dem, was auf Bewusstwerdung drängt. Andere lassen sich auf Rückzugsgefechte ein und versuchen, den verloren gegangenen Status quo des Egos wiederherzustellen. So oder so setzt der Prozess sich fort und hat seine Auswirkungen. Das Ego *kann* nicht gewinnen. Auf lange Sicht gesehen wird der Ego-Mechanismus beginnen zusammenzubrechen, sei es durch bewusste Kooperation oder durch die Kraft des Unausweichlichen. Wir *müssen* lernen, ob uns das nun gefällt oder nicht. Der Buddhismus hat eine sehr langfristige Sichtweise: Dieser Prozess erstreckt sich über unzählige Inkarnationen, und was immer wir in diesem Leben tun oder erleiden – ob wir uns dessen, was geschieht, bewusst sind oder nicht –, ist Teil eines letztlich positiven und kreativen Prozesses.

Das traditionelle Konzept der Verdrängung ist vom Standpunkt der Meditation mit dem Körper noch in einer weiteren Hinsicht unzureichend. Das Konzept der Verdrängung beinhaltet gewöhnlich die Annahme, dass die verdrängten Objekte in das „Unbewusste" zurückgedrängt werden, sodass wir ihrer nicht gewahr sind. Nach der Theorie der somatischen Meditation wird uns jedoch klar, dass diese im Schattenbereich angesiedelten Aspekte nicht gänzlich unbewusst sind, sondern dass wir sie im Körper „spüren" und dort auf sie reagieren. Und sie sind, wie wir gesehen haben, tatsächlich ein Teil der Funktion unseres Egos selbst, nämlich als das, was wir unablässig abwehren.

Wenn wir in die Dunkelheit des Körpers absteigen, bleiben wir nicht länger innerhalb der Grenzen des Ego-Bewusstseins gefangen. Bei dieser Arbeit öffnen wir unsere Bewusstheit für die sich entfaltenden Bereiche unserer Erfahrung selbst. Wenn wir dies tun, teilen sich die Botschaften des Körpers, die Botschaften unserer eingefalteten oder „unbewussten“ Erfahrung, unserem Bewusstsein unmittelbar mit. Wenn wir dann, sozusagen, an die Oberfläche zurückkehren, gehen wir durch einen Prozess der Integration dessen, was wir in unser Bewusstsein gehoben haben, und weiten damit unser eingeschränktes Gewahrsein der Ich-Empfindung aus.

Wie wir gesehen haben, hat der Körper seinen eigenen Zeitplan. Wir empfangen Botschaften von ihm und Information dringt in der Form von Einsichten durch – wir sehen einfach Dinge über uns selbst und über unsere Welt, die wir zuvor nicht gesehen haben. Diese Information kann das Resultat früherer Verdrängung seien, sie kann aber auch einfach etwas vollkommen Neues sein, etwas, das nie zuvor in unser Bewusstsein treten wollte. Diese Information kann in der Form körperlicher Empfindungen auftreten, als Gefühle, Bilder, Erinnerungen, Intuitionen, vage und kaum wahrnehmbare Stimmungen, Gedanken und so weiter. Aber in jedem Fall ist sie Ausdruck des sich entfaltenden Prozesses: Unser Körper, der nicht länger vom Bereich unserer Bewusstheit abgeschottet ist, beginnt uns Information zu vermitteln, die er für uns bereitgehalten hat und die er uns nun, in genau diesem Moment, mitteilen muss.

Es ist wichtig, die Intention unseres grundlegenden Seins, unseres wahren Ichs, der Buddha-Natur zu verstehen. Es ist nicht ganz so, wie es aus der Sicht der Jungianischen Psychologie formuliert wird, nämlich dass „wir“ ganz werden, dass „wir“ die Vervollständigung unserer Persönlichkeit erfahren, oder dass „wir“ die Totalität verkörpern. Vom somatischen Standpunkt gesehen, ist eine solche Ausdrucksweise zwar bis zu einem bestimmten Punkt hilfreich, aber sie impliziert doch zu viel von der Vorstellung, dass es da ein „Ich“ gibt, welches die Ganzheit erreicht. Die Vorstellung eines „Ichs“, das den Prozess überlebt und das als solches die Ganzheit erfährt, ist hier zu stark.

Die Traditionen somatischer Meditationen sehen diese Angelegenheit etwas anders: Die Intention der Buddha-Natur ist, dass die Eingrenzung der Totalität – nicht *unserer* Totalität, sondern *der* Totalität – aufgelöst wird. Diese Auflösung, die nur durch einen langen Prozess allmählicher Entwicklung erreicht werden kann, ist, wie diese Traditionen sagen, nicht nur zu unserem eigenen Wohl, sondern auch zum Wohl anderer. Sie ist zu unserem eigenen Wohl, weil unsere ultimative und endgültige Freiheit und Erfüllung nur erreichbar ist, wenn wir erkennen, dass *wir nicht sind* und dass *nur die Totalität an und für sich ist.* Wir können sagen, dass wir erkennen, dass „wir" nichts anderes sind als ein Ausdruck der Totalität selbst, wobei jedoch in letzter Konsequenz jede Vorstellung eines abgetrennten „Ichs" verschwindet. Wir – oder irgendetwas – gelangen schließlich zur Ganzheit an sich. Diese Ganzheit ist, an und für sich, die Natur des Gewahrseins. Der „Endpunkt" ist also die ihrer selbst bewusste Ganzheit. Erst an diesem Punkt kann es das Gefühl geben, dass die Reise vollendet wurde. Wenn es so etwas wie ein Gefühl vollkommener Freiheit und Erfüllung gibt, dann nur in dieser Ganzheit.

Diese Verwirklichung ist letztlich aber auch zum Wohle anderer, weil die Totalität, die im Buddhismus *Dharmadhâtu* genannt wird, allein als ein Quell des Mitgefühls für andere leidende Wesen existiert. Wenn die Grenzen, die die Totalität ausgrenzen, sich auflösen, kann der volle Strom des Mitgefühls der Wirklichkeit hervorquellen, und zwar durch das inkarnierte Wesen, das wir sind, durch unseren Geist, unsere Rede und alles, was wir tun. Ohne Menschenwesen, die die Rolle dieses totalen Nichtseins ausfüllen, kann das Mitgefühl des Universums nicht voll und ganz zum Ausdruck kommen. Dies ist der Höhepunkt der Güte und Menschlichkeit des Menschenwesens. Dies ist das Mysterium der menschlichen Inkarnation.

Wenn wir tief in unseren Körper eingetaucht sind und die Wege der Kommunikation zwischen dem Körper, der Buddha-Natur und unserem bewussten Ich offen sind, vollzieht sich der Prozess unserer eigenen Entfaltung auf bewusste und ungehinderte Weise. Dies bedeutet nicht, dass es dabei kein Auf und Ab gibt, kein vorübergehendes Stehenbleiben, keine plötzlichen Öffnungen und keine Zeiten, in denen wir das Gefühl haben, hoffnungslos festzusitzen. Aber all dies wird ein Teil des eigentlichen Prozesses sein, mit dem wir zutiefst und ganz intim verbunden sind.

45

Die tibetische Sicht der Hauptstadien der Entfaltung

Weiter oben habe ich gesagt, dass es drei Hauptstadien der Entfaltung gibt, die praktisch allen Traditionen der spirituellen Reise gemeinsam sind. Darum stellt sich die Frage, welches diese drei Hauptstadien sind und was zu ihnen zu sagen ist. Der tibetische Yoga formuliert diese Stadien auf eine, wie ich meine, hilfreiche und allgemeingültige Weise. In dieser Tradition spricht man von drei *Yânas* oder „Fahrzeugen", drei progressiven Stadien der Entwicklung: *Hînayâna, Mahâyâna* und *Vajrayâna.* Das Hînayâna ist das „kleine" oder „begrenzte" Fahrzeug; das Mahâyâna, ist das „große" oder „ausgedehnte" Fahrzeug; und das Vajrayâna ist das „demantene" oder „unzerstörbare" Fahrzeug.

Es ist wichtig zu betonen, dass diese drei Fahrzeuge sich *nicht* auf historisch existierende Schulen des Buddhismus, sondern auf Stadien des spirituellen Pfades und ihnen entsprechende Ebenen der spirituellen Reifung, wie sie vom tibetischen Buddhismus unterschieden werden, beziehen. Somit bezeichnet Hînayâna also nicht, wie manchmal fälschlich angenommen, den südlichen oder Theravâda-Buddhismus, und Mahâyâna bezeichnet nicht das Chan oder Zen und den Reines-Land-

Buddhismus Ostasiens. Es hat in der Vergangenheit zugegebenermaßen eine Verwirrung hinsichtlich dieses wichtigen Punktes gegeben, weil viele traditionelle tibetische Lehrer kein genaues Verständnis der historischen Entwicklung des Buddhismus hatten und sie ihr eigenes Entwicklungsmodell deshalb mit lebendigen historischen Schulen gleichgesetzt haben – Schulen, von denen sie nur geringe oder gar keine Kenntnisse hatten. Die „drei Fahrzeuge" repräsentieren also Stadien der spirituellen Entwicklung, die sich potenziell auf alle Ausübenden einer spirituellen Praxis anwenden lassen, ob sie nun dem Theravâda, dem Zen, dem Reines-Land-Buddhismus oder dem tibetischen Buddhismus oder irgendeiner anderen Tradition, einschließlich der anderen „Weltreligionen" und der Eingeborenen-Traditionen, angehören.

Die „drei Yânas" umreißen also den generellen Rahmen der Stadien, über die sich die Reise der somatischen Meditation entfaltet. Insbesondere vom Standpunkt der verkörperten Meditationspraxis gesehen, geht es im Hînayâna hauptsächlich um unseren eigenen physischen Körper, um das, was wir den „persönlichen Körper" nennen könnten. Das Mahâyâna spricht von der umfassenderen, interpersonalen Dimension unseres somatischen Seins, von dem, was man den „interpersonalen Körper" nennen könnte. Und das Vajrayâna spricht von unserem Körper in seiner höchsten, universalen Dimension, von dem, was man den „kosmischen Körper" nennen könnte.

Die Zusammenfassung, die ich hier gebe, lehnt sich an die von Chögyam Trungpa gegebene an.[17] Im Vergleich zu anderen Darstellungen des Pfades im tibetischen Buddhismus ist diejenige von Chögyam Trungpa ungewöhnlich in Hinsicht auf ihre Subtilität der Beschreibung der Erfahrung und ihre Genauigkeit in Beziehung auf den tatsächlichen Prozess der Entfaltung. So findet man sowohl im traditionellen tibetischen Kontext als auch bei zeitgenössischen buddhistischen Lehrern,

---

[17] Siehe zum Beispiel Chögyam Trungpa, *Spirituellen Materialismus durchschneiden,* Stuttgart (Theseus) 2009.

die den traditionellen Standpunkt vertreten, die Ansicht, dass man auf ziemlich konventionell-religiöse Weise zum Buddhisten werden kann: indem man über den Buddhismus liest, Zuflucht nimmt, sich einer buddhistischen Gemeinschaft anschließt und ein wenig Meditation übt. Hier ist nicht unbedingt von einer grundlegenden existenziellen Krise oder der Praxis des Dharma als einer Sache von Leben und Tod die Rede. Hier wird im Allgemeinen auch nicht so viel Meditation praktiziert, wie für die volle Entfaltung der authentischen spirituellen Reise notwendig ist. Einer der Gründe für diese konventionelle Darstellung des Buddhismus für westliche Schüler mag sein, dass diese von tibetischen Lamas gewöhnlich als „Laien" angesehen werden, für die – im traditionellen tibetischen Kontext – die anspruchsvolleren Ansätze nicht als angemessen gelten. Ein weiterer, damit verbundener Grund mag sein, dass die Tibeter sich einfach nicht sicher sein können – und, wie ich denke, aus gutem Grund –, was ihre westlichen Schüler mit den Lehren, die sie empfangen, anfangen werden, weshalb sie oft den eher sicheren, konservativen Weg wählen.

Chögyam Trungpas Darstellung war sehr viel wagemutiger und radikaler. In den frühen 1970er Jahren sagte er seinen früheren Schülern, er betrachte sie nicht so sehr als gewöhnliche Laien, sondern mehr als potenzielle „Haushälter-Yogis", eine Sorte von sowohl im alten Indien als auch im klassischen tibetischen Buddhismus bekannten ernsthaften Laien-Praktizierenden. Es waren dies Menschen, die oft verheiratet waren, Kinder hatten und „in der Welt" lebten, die den Dharma aber trotzdem auf der höchsten Ebene praktizierten und die im Kontext ihres Alltagslebens und in Klausuren meditierten. Diese Praktizierenden erhielten die fortgeschrittenen Unterweisungen, und einige von ihnen sollen die vollkommene Verwirklichung erreicht haben. Manche von ihnen begründeten in der Tat Übertragungslinien, die bis heute überleben, wozu auch die von Chögyam Trungpa gelehrte Tradition gehört.

Trungpa Rinpoche sagte uns, er wolle uns nicht wie gewöhnliche Laien unterweisen, sondern wie Haushälter-Yogis, denen er das volle Spektrum der Meditationslehren des tibetischen Dharma zukommen lassen wolle, wie sie in die „drei Yânas“ eingeteilt würden und wozu auch die fortgeschrittensten Vajrayâna-Lehren gehörten. Er erwartete von uns, dass wir seiner Großzügigkeit mit unserer Offenheit und Bereitschaft begegnen würden, die empfangenen Lehren in die Praxis umzusetzen. Rinpoche erwartete, dass die „Praxis der Sitzmeditation“, wie er sie nannte, zur wichtigsten Sache in unserem Leben würde.

Bei seiner Darstellung des Hînayâna, Mahâyâna und Vajrayâna benutzte Trungpa Rinpoche eine stark an der Erfahrung orientierte Terminologie. Er machte uns klar, dass dies in der tibetischen Tradition nicht üblich sei und dass diese Lehren dort gewöhnlich nur jenen zuteil würden, die auf der höchsten und intensivsten Ebene praktizierten – den als Einsiedler lebenden Yogis und den Haushälter-Yogis. Ist die Reise tatsächlich eine Sache der eigenen Erfahrung, dann muss das, was auftaucht, im Kreis von Lehrer und Schülern mitgeteilt werden. Wenn man auf einer tiefen Ebene praktiziert, dann treten ungekannte Erfahrungen zutage, und diese müssen zum Ausdruck gebracht werden. Dies ist letztlich der Sinn von *Sangha.*

Trungpa Rinpoche war in vieler Hinsicht ein innovativer Lehrer. So war in der traditionellen tibetischen Kultur nur eine Minderheit der Elite, im Allgemeinen die *Tulkus,* dazu autorisiert, über die Erfahrungen mit ihrer Praxis zu sprechen. Außerdem artikulierten sie diese Erfahrungen im Allgemeinen nur gegenüber ihrem Guru, ihrem engsten Lehrer. Rinpoche sprach jedoch mit allen von uns offen über seine eigene Erfahrung und ermutigte uns, mit ihm und untereinander über das zu sprechen, was während der Praxis „auftauchte“. Die folgende erfahrungsorientierte Beschreibung der drei Yânas folgt dieser Anregung von Trungpa Rinpoche.

Das Hînayâna entspricht jener Phase der Reise, in der wir unseren „persönlichen Körper“ entfalten, den Körper, den wir anfänglich als getrennt von anderen und vom größeren Kosmos erfahren. Im Hînayâna erkennen wir, wie unangemessen, ja in der Tat unmöglich es ist, zu versuchen, unser Leben ausschließlich innerhalb des kleinen, eingegrenzten Ichs oder Egos zu leben. Als Reaktion darauf fühlen wir uns inspiriert, unsere Situation offen zu erkunden, einen echten Pfad zu entdecken, uns diesem zu verpflichten und uns der Praxis der Meditation zu widmen. In diesem Stadium der Reise besteht die Inspiration darin, uns fest in einer Meditationspraxis zu gründen und uns den Entdeckungen zu öffnen, die in deren Verlauf auftauchen.

Zur Hînayâna-Phase gehört, dass wir uns mit unserem persönlichen Karma beschäftigen und es unaufgelöster und – in somatischen Begriffen – ungelebter Erfahrung erlauben, in unser Bewusstsein zu treten und integriert zu werden. In diesem Stadium geht es um einen Prozess, der weitgehend auf uns selbst allein beschränkt zu sein scheint, und so muss es auch sein, damit wir ein Fundament für die Reise legen können.

Im Mahâyâna beginnen wir, unseren „interpersonalen Körper“ zu entfalten, den „Körper“, der die zwischenmenschliche Dimension umfasst und der sich als eine unmittelbare und körperlich fühlbare Verbundenheit mit anderen Menschen bemerkbar macht. Wenn wir unseren interpersonalen Körper entfalten, beginnt eine tief greifende und bleibende Inspiration, anderen zu helfen, in uns aufzusteigen. Es zeigt sich, dass wir zutiefst vom Leiden anderer berührt werden und einen unwiderstehlichen Drang empfinden, ihnen beizustehen und mit ihnen zu leiden, ihre Qualen mit ihnen durchzustehen und zu versuchen, alles, was in unserer eigenen Erfahrung heilsam und förderlich ist, mit ihnen zu teilen.

In einem späteren Stadium der Entwicklung beginnt unsere Entfaltung sich immer mehr auszuweiten und auch unsere Umwelt zu umfassen. Im Vajrayâna entfalten wir deshalb eine Ebene unserer eigenen somatischen Existenz, die in ihren Dimensionen kosmisch ist. Uns wird bewusst, dass es ein Muster gibt, nach dem die Welt funktioniert, eine Weise des Wirkens der relativen Wahrheit. Dies ist ein Muster, das jenseits des Bereichs der Begriffe oder des Egos liegt, jenseits des Bereichs unseres persönlichen oder auch unseres interpersonalen Karma. Es ist dies vielmehr eine Dimension, die den persönlichen und den interpersonalen Bereich umfasst. Diese umfassendste Wirklichkeit können und müssen wir direkt und persönlich erfahren. Wir beginnen durch eigene Erfahrung herauszufinden, was die traditionellen Religionen meinen, wenn sie von Gottheiten, Kräften und Energien als Ausdruck einer heiligen, kosmischen Ordnung sprechen.

Diese drei Phasen bauen aufeinander auf. Deshalb ist das Hînayâna-Stadium der Arbeit mit unserem sich immer weiter entfaltenden persönlichen Karma während unseres *gesamten* Lebens die Basis unserer spirituellen Reise. Wenn unsere Entfaltung dann subtiler wird, beginnen wir mit dem interpersonalen Aspekt, dem „interpersonalen Körper", umzugehen. Auch dies wird nun zu einem Teil unserer fortlaufenden Arbeit und unserer Reise. Auf der Basis dieser beiden wird unsere Entfaltung an einem bestimmten Punkt noch subtiler, und wir bekommen es nun mit dem umfassenderen Körper, dem „kosmischen Körper" zu tun. Von diesem Punkt an praktizieren wir Hînayâna, Mahâyâna und Vajrayâna gleichzeitig: Wir arbeiten an uns selbst, helfen anderen und stellen eine Verbindung zu dem „aus sich selbst existierenden *Mandala* (oder Muster) der Wirklichkeit" her.

Diese allgemeinen Kategorien sind als Überblick über die grundlegenden Stadien der Reise ausgesprochen hilfreich. Sie sind allerdings sehr allgemein und bezeichnen nur die grundlegendsten Übergangspunkte auf dem Weg. Es stellt sich also die Frage, was es über die Stadien der Reise außerdem noch zu sagen gibt.

46

Der Körper als Führer auf der Reise

Die spirituelle Reise hat zweifellos viele Stadien und Ebenen. Anfangs führt der Körper uns vielleicht zu einer stabileren, gesünderen und zuträglicheren Ich-Empfindung und hilft uns, Entwicklungsstufen auszufüllen und zu vollenden, die bisher vernachlässigt wurden. Wenn wir fortfahren, dann schwächt sich unser Festhalten an unserer Vorstellung vom Ich vielleicht ab und lässt größere Entspannung zu; unser Selbstbild wird offener, durchlässiger und flexibler. Gehen wir weiter, dann lösen wir uns immer mehr von unserer Ich-Vorstellung und erfahren zeitweilig Stadien, in denen diese Ich-Empfindung kaum noch wirksam ist. Zu dieser Zeit mag sich zeigen, dass unsere Erfahrung der Wirklichkeit oder die Information, die unser Körper uns liefert, immer freizügiger, offener und ungehinderter fließt. Auf jeder dieser allgemeinen Ebenen der Reifung stellen sich uns andere Herausforderungen – wie immer durch den Körper, denn es ist der Körper, der jeweils unser gegenwärtiges Selbstbild infrage stellt, wie sehr wir auch daran festhalten möchten, und der uns einlädt, weiterzugehen. Auch wenn sich jede dieser Ebenen allmählich und Stufe für Stufe entfaltet, können Praktizierende bereits zu Beginn ihrer Übung kurze Einblicke in Stadien gewinnen, die weit jenseits ihrer gegenwärtigen Entwicklungsebene und ihres Verständnisses liegen.

In jedem Stadium, sei es nun ganz zu Beginn, in der Mitte der Reise oder nahe an ihrem Ende, stellt sich immer die Herausforderung, loszulassen, uns hinzugeben und die Auflösung unseres gegenwärtigen Ich-Konzepts zuzulassen. Es ist wichtig zu wissen, dass die Annäherung an unsere Wiedergeburt durchaus schmerzlich sein kann. Tod und Loslassen, so schmerzlich sie auch sind, führen uns in einen Raum, der offen und von Wohlsein angefüllt ist. Doch dann verspüren wir das Bedürfnis, sozusagen „zurückzukommen", erneut zu erscheinen. Die Bewegung von der Nichtexistenz zurück in die Existenz als ein „Ich" – selbst wenn es ein sehr durchlässiges und flexibles Ich ist – kann sich überaus leidvoll anfühlen, weil das Ich so einengend ist. Dies wird so lange der Fall sein, bis wir auf der Reise so weit fortgeschritten sind, dass das „Ich", welches sich aus der Asche erhebt, als ziemlich substanzlos und unwirklich empfunden wird und es wenig mehr ist als ein durchscheinender Ausdruck der Leere, aus der es geboren wird.

In diesem ganzen Prozess ist der Körper ein sanfter, freundlicher und überaus mitfühlender Führer und Mentor. Im Kontrast zu der ziemlich beängstigenden und abstoßenden Vorstellung von der spirituellen Praxis als einer völligen Auslöschung des „Ichs" leitet der Körper uns dazu an, unsere gegenwärtigen Vorstellungen darüber, wer wir sind, loszulassen. Natürlich erleiden wird dabei den Schmerz und Verlust des Loslassens und der Auflösung, jedoch nur, um bald darauf wiedergeboren zu werden, diesmal mit einer anderen, umfassenderen, realistischeren und weitaus großzügigeren Ich-Empfindung – großzügiger uns selbst und anderen gegenüber. In dieser Hinsicht vollzieht sich die Reise schrittweise, aber sie ist zugleich fortlaufend und geht ständig immer weiter.

Die Reise muss sich schrittweise vollziehen, weil sich – auch wenn wir zwischendurch kurze Einblicke in die Wirklichkeit selbst gewinnen – unsere Fähigkeit, Erfahrungen zu machen, sie anderen mitzuteilen und uns schließlich in die Totalität selbst aufzulösen, nur schrittweise entwickeln kann. Wie wir gesehen haben, öffnet und vertieft sich unser Gewahrsein durch das Auftauchen von immer mehr unserer „unbewussten“ Erfahrung, der ungelebten und in unserem Körper gespeicherten Erfahrung, und unser Bewusstsein wird immer weiter und umfassender. Parallel dazu kommt unser Ego in seinen dauernden Wiedergeburten immer mehr in Übereinstimmung mit den endlosen Welten jenseits unseres Ich-Konzepts; es wird immer offener und empfänglicher für die Totalität der Wirklichkeit, für die Buddha-Natur und deren Absichten mit uns und ihre Bewegung auf uns zu. Schließlich ist unser „Ich-Konzept“ nichts anderes als die Totalität selbst, jenseits aller begrifflichen Vorstellungen. An diesem Punkt ist das „Ich“ so grenzenlos geworden und umfasst so viel, dass es nicht mehr im Gegensatz zu irgendetwas steht. An diesem Punkt ist es zu Allem geworden und ist deshalb Nichts.

In einem Sinn ist die Vorstellung, gänzlich ohne irgendein „Ich“ zu sein, ein Endpunkt, der vielleicht nie erreicht wird, ein fernes Ziel, das uns in die richtige Richtung reisen lässt und uns auf unserem Weg leitet. In einem anderen Sinn jedoch erleiden wir jedes Mal, wenn wir die vom Körper bereitgestellte Information wirklich hören, einen Ego-Tod und gewinnen im Moment der Auflösung einen kurzen Einblick in die totale Nichtexistenz eines „Ichs“.

47

Dem Schatten begegnen

In der modernen therapeutischen Psychologie ist oft die Rede vom „Schatten", der Ansammlung aller Züge und Eigenschaften, denen wir den Zutritt zu unserem bewussten Gewahrsein verweigern, weil sie zum gegenwärtigen Zeitpunkt zu sehr im Widerspruch zu dem Ich-Konzept stehen, das wir aufrechtzuerhalten suchen. Der Begriff des Schattens, der zuerst von C. G. Jung populär gemacht wurde, verweist auf „unsere ‚andere Seite', unseren ‚dunklen Bruder', der ein unsichtbarer Teil unserer psychischen Totalität ist … Er ist ein Teil des Individuums, ein abgespaltener Anteil seines Seins." Er enthält die „ungelebten" Teile unserer selbst, „Eigenschaften, die das Ego nicht braucht oder nicht gebrauchen kann."[18]

Der Schatten entwickelt sich parallel zum Ego: Je mehr das Ego Gestalt annimmt, je klarer es definiert und je stabiler es wird, desto mehr wird auch der Schatten konsolidiert. Im Leben eines Menschen und besonders in der Therapie macht sich der Schatten durch Manifestationen des inneren Lebens bemerkbar, etwa durch Krankheiten, emotionalen Aufruhr, Erinnerungen, Visionen und Träume, aber auch

[18] Jolande Jacobi, *Die Psychologie von C. G. Jung: eine Einführung in das Gesamtwerk,* 21. Auflage, Frankfurt am Main (Fischer-Taschenbuch-Verlag) 2006.

durch Manifestationen des äußeren Lebens wie Menschen und Situationen, insbesondere solche, auf die wir stark emotional reagieren.

Das Konzept des Schattens hilft uns, die spirituelle Entfaltung zu verstehen, zu der es durch die Meditation mit dem Körper kommt, aber das Konzept muss hierzu neu definiert, verallgemeinert und ausgeweitet werden. Nach Ansicht des tibetischen Yoga residiert, wie wir gesehen haben, alles, was unser bewusster Geist zum gegenwärtigen Zeitpunkt nicht anzunehmen vermag, alles, dem der Zutritt zu unserem Bewusstsein verweigert wird, in der Dunkelheit. Wie wir zudem gesehen haben, existiert die Totalität der Dunkelheit in eingefaltetem Zustand im Körper: Da der bewusste Geist noch nicht bereit ist, die Information, die sie enthält, anzunehmen, verweilt sie in einem stark kondensierten, verdichteten Zustand in unserem Körper – außer Sichtweite. Dort bleibt die Information in einem latenten Zustand, bis – als ein Reifwerden des Karma aus der Dunkelheit heraus – jener Moment auf der spirituellen Reise gekommen ist, in dem sie ins Bewusstsein gehoben und mit unserem bewussten Gewahrsein angenommen, erfahren und integriert werden kann.

Der Begriff des „Schattens" bezeichnet gewöhnlich all das, was nicht das Ego ist, die Totalität der „Nicht-Ich"-Welt, die vom Ego ausgegrenzt wird. Auch wenn wir den Begriff des Schattens in diesem Buch ebenfalls zur Bezeichnung der Totalität des „Nicht-Ich" verwenden, wird es doch hilfreich sein, diesen „Schatten" in zwei Teile zu unterteilen. Einerseits gibt es da jene Aspekte unseres Schattens, die in totaler Dunkelheit liegen und die nicht darauf drängen, Zugang zum bewussten Gewahrsein zu erhalten. Sie sind die zahllosen Einwohner des Âlaya; es sind jene Aspekte unserer ungelebten Erfahrung, deren Zeit der karmischen Reifung noch für viele Jahre oder sogar viele Inkarnationen aussteht.

Andererseits gibt es jene Aspekte unseres „Schattens", die nicht in völliger Dunkelheit liegen, sondern die in einer Art Halbschatten zwischen der unzugänglichen Dunkelheit und dem vollen Licht unseres Bewusstseins residieren. Diese „schattigen“ Aspekte beginnen sich unserem Bewusstsein anzunähern. Es sind jene Teile unserer ungelebten Erfahrung, für die die Zeit der karmischen Reifung gekommen ist und die eine Reaktion von uns verlangen. Wenn diese Inhalte sich der Bewusstwerdung annähern, spüren wir sie oft im Vorhinein – manchmal Tage, Wochen oder sogar Monate vor ihrem Auftauchen. Wenn wir die somatische Meditation praktizieren, kann es sein, dass wir in unserem Körper das dräuende Gefühl haben, dass uns etwas bevorsteht, ein Gefühl, dass etwas dabei ist, aus dem Halbdunkel aufzutauchen. Es befindet sich nicht mehr in der vollkommen unbekannten Dunkelheit, aber wir können auch noch nicht erkennen, worum es sich handelt – es liegt in jenem schattigen Niemandsland, das zwischen der schwarzen Tiefe des Âlaya und unserem Bewusstsein liegt.

Diese Vorahnung kann sich vor allem als somatische Erfahrung äußern – eine Art Empfindung von etwas Kommendem. Sie kann aber auch die spezifischere Form eines im Körper gespürten Gefühls, wie etwa von Angst, einer bangen Ahnung, einer Erwartung, Erregung oder sogar von Furcht und Schrecken annehmen. Außerdem kündigte sie sich manchmal durch Träume an, durch Bemerkungen, die andere machen und die uns seltsam berühren, oder auch durch kleine Ereignisse in unserem Leben, die uns überproportional bedeutsam erscheinen.

Im Gegensatz zu der tiefen Dunkelheit hat das, was im Schattenbereich liegt, die Qualität eines Strebens nach Bewusstwerdung – es will jetzt erkannt und in unser bewusstes Gewahrsein integriert werden. Wie wir gesehen haben, ist dies eine Widerspiegelung des natürlichen Wirkens der Buddha-Natur, jenes Reifungsprozesses, durch den wir Menschenwesen aufgerufen werden, unser Schicksal oder unsere Bestimmung zu erfüllen. Die Ansammlung ungelebter Erfahrung ist, wie wir gesehen haben, ein Teil unseres Prozesses als Menschenwesen,

Teil des Wirkens der Buddha-Natur. Doch die Bereitschaft unserer Buddha-Natur, ungelebte Erfahrung zu tolerieren – sich damit zu „arrangieren“ – ist begrenzt. Ungelebte Erfahrung wartet ihrer Natur nach stets auf den Moment, an dem sie durchlebt werden kann, an dem sie ins Bewusstsein treten und ihre eigene Bestimmung innerhalb der menschlichen Existenz erfüllen kann.

Ob das, was auftauchen will, nun bedeutsam ist oder nicht, wir spüren immer den subtilen Druck des Strebens des Schattens zur Bewusstwerdung, und zwar *in der Form unseres eigenen Widerstands.* Diesen Widerstand fühlen wir innerlich vielleicht als körperliche Spannung, Schmerz, emotionales Unwohlsein oder äußerlich als eine leicht feindselige Ungeduld oder Furcht in Hinsicht auf die Ereignisse in unserem Leben. Da die Information, die der Schatten enthält, für unseren bewussten Status quo jedoch immer auf die eine oder andere Weise bedrohlich ist – weil sie sich nämlich ihrer Natur nach nicht mit dem „verträgt“, was wir von uns selbst und von der Welt denken oder was wir erreichen möchten –, ignorieren wir diese Informationen so gut wie möglich und verdrängen sie, indem wir unsere Aufmerksamkeit auf etwas anderes richten. Und wir überzeugen uns davon, nicht zu sehen, was anzusehen wir nicht bereit sind.

Damit wir unsere spirituelle Reise fortsetzen können, müssen wir uns jedoch dessen, was der Schatten enthält, bewusst werden. Es ist interessant, dass wir uns einerseits der Bewusstwerdung der im Schatten enthaltenen Information widersetzen, andererseits jedoch etwas in uns gleichzeitig nach dieser Bewusstwerdung verlangt. Etwas in uns sehnt sich nach dem Dämmerlicht und der Dunkelheit des Schattenlandes, sehnt sich nach dem Geheimnis der unbekannten Bereiche unseres Seins. Dieses „Etwas“ ist unser Gewahrsein. Genauso wie ungelebte Erfahrung angenommen und gelebt werden will, so möchte unser Gewahrsein gleichzeitig dasselbe. Es möchte dieses Leben voll und ganz empfangen.

Wir haben gesehen, auf welche Weise Teile unseres größeren Gewahrseins durch den Prozess der Abschottung ungewollter Inhalte des Körpers, des Schattens, des Âlaya gebunden und in Beschlag genommen werden. Wenn es auf diese Weise gefesselt wird und die daraus resultierende Enge erfährt, möchte unser Bewusstsein selbst sich zu seinem grenzenlosen und unkonditionierten Zustand befreien. Viele Menschen kommen zur Meditation, weil sie den Drang empfinden, sich zu öffnen und zu befreien, wie groß die Kosten für ihr Ego auch sein mögen.

Und viele Meditierende, besonders jene, die sich zum Vajrayâna hingezogen fühlen, empfinden einen überwältigenden Durst nach Erfahrung – nicht nur danach, Offenheit in ihrem eigenen Geist zu finden, sondern auch danach, die relativen Phänomene ihres Lebens auf vollkommen nackte, unkonditionierte und grenzenlose Weise zu erfahren. Dieser überwältigende Durst danach, alles und jeden ganz und gar, ohne Barrieren und mit absoluter Nacktheit zu erfahren, ist ein Ausdruck der Suche des Bewusstseins nach seiner eigenen Vollendung. Es gibt im Bewusstsein selbst einen intelligenten Hunger, ein leidenschaftliches Verlangen nach Erkenntnis, das nur dann ganz und gar Erfüllung finden kann, wenn es sich der relativen Erfahrung voll und ganz stellen und damit eins werden kann. Dieser Durst ist in letzter Hinsicht nicht nur eine Sehnsucht danach, dem zu begegnen, was im Schatten liegt, sich damit anzufreunden und damit eins zu werden, sondern ein Verlangen, die Totalität der Dunkelheit, die dahinter steht, aufzudecken. Was auf diese Weise hungert und dürstet, ist nichts anderes als der Körper selbst, die Buddha-Natur.

Aus der Sicht des tibetischen Yoga hat der „Schatten" viele Schichten und ist potenziell allumfassend. Er kann, wie die Jungianer betonen, negative Eigenschaften enthalten, die im Widerspruch zu jenen positiven Eigenschaften unseres Ichs stehen, mit denen wir uns am stärksten identifizieren. Aber der Schatten kann auch Aspekte manifestieren, die weiter entfernt liegen und scheinbar kaum etwas oder gar nichts mit der Person zu tun haben, die wir zu sein glauben. Außerdem kann der Schatten Ebenen und Dimensionen der Erfahrung umfassen, die außerhalb unserer grundlegenden kulturellen Erwartungen dessen liegen, was möglich oder was wirklich ist. Letztlich kann der Schatten Tiefen und Subtilitäten der Erfahrung mit sich bringen, die außerhalb jeder erkennbaren menschlichen Erfahrung liegen: Unglaublicherweise gibt es auch eine Schattenseite der menschlichen Annahme, dass Zeit und Raum real sind.

48
Der persönliche Körper

Es ist interessant zu sehen, wie sich der Prozess der intimen Kommunikation, Kommunion und Einswerdung mit den unendlichen, im Schatten liegenden Bereichen auf schrittweise, fortschreitende und fast systematische Weise entfaltet – von der Oberfläche in die Tiefe, und aus der Tiefe in noch größere Tiefe. Um eine Ahnung von diesem Prozess zu vermitteln, werden wir in diesem und den folgenden Kapiteln die zuvor erwähnten Schichten des Schattens betrachten, die der Einteilung der Tibeter in die „drei Yânas" entsprechend die Konzepte vom „persönlichen Körper", dem „interpersonalen Körper" und dem „kosmischen Körper" umfassen.

Sobald wir uns der Körperarbeit widmen, begegnen wir typischerweise zuerst jenen Aspekten unserer selbst, die im Schatten liegen, weil sie in unmittelbarem Gegensatz zu unserem gegenwärtigen Selbstbild stehen. Wenn wir nun diese erste Phase näher betrachten, sollten wir in Erinnerung behalten, dass sie die durchgängige Grundlage unserer Arbeit darstellt. In diesem Sinne werden wir von nun an bis in die endlose Zukunft mit dieser Ebene unseres Schattens zu tun haben. Das ist der Fall, weil wir bis zur vollen Verwirklichung – was immer das sein und wann immer es dazu kommen mag – immer dazu neigen werden, alles, was uns widerfährt, zu personalisieren. Das heißt, dass wir stets versuchen werden, ein individuelles psychologisches Territorium zu erzeugen, eine immer neue Ich-Vorstellung von dem, was in unserem Leben geschieht, einschließlich der Ereignisse und Einsichten unserer spirituellen Körperarbeit. Da dem so ist, werden wir im weiteren Verlauf unserer körperzentrierten Meditation immer wieder mit der Art und Weise konfrontiert werden, auf die wir versuchen, uns der sich ständig weiter entwickelnden Natur unserer Existenz zu entziehen und die gegenwärtige Situation einzufrieren, um ein Bollwerk gegen die natürlichen Zyklen von Leben, Tod und Wiedergeburt zu schaffen. Nichts davon ist ein Problem oder ein Fehler; dies alles ist einfach ein Teil des kreativen Prozesses unserer Reise. Gleichzeitig besteht jedoch immer die Notwendigkeit, diese erstarrten Muster zu erkennen – wozu uns der Körper tatsächlich zwingen wird –, sie loszulassen und uns selbst zu gestatten, weiterzugehen.

Diese erste Phase unserer Arbeit besteht also darin, den Aspekten unserer selbst zu begegnen, die in unmittelbarem Widerspruch zu den Eigenschaften stehen, aus denen wir unser gegenwärtiges Selbstbild gebaut haben. Diese erste Phase entfaltet sich selbst wiederum schrittweise. Im ersten Schritt – und auch dieser ist an sich wieder fortlaufend – werden wir der oberflächlichen und offensichtlichen Unstimmigkeiten unserer fabrizierten Ich-Vorstellung gewahr. Diese Vorstellung ist unsere soziale Persona. Sie besteht aus jenen Aspekten unseres Selbstbildes, die einfach eine Spiegelung dessen sind, was andere unserer Auffassung nach in uns sehen wollen. Die Persona ist die soziale Maske, die wir für die Welt aufsetzen. In dem Ausmaß, in dem wir uns selbst davon überzeugt haben, mit dieser sozialen Maske identisch zu sein, konfrontiert die Körperarbeit uns mit schmerzlich widersprüchlicher Information.

Beginnen wir, die oberflächlichen Schichten der Spannung zu entspannen, dann beginnen wir alle möglichen Dinge an uns selbst zu erkennen, die nicht mit der Maske übereinstimmen. Wir nehmen vielleicht zur Kenntnis, dass wir uns zwar nach außen als durch und durch kompetente Personen präsentieren, dass Teile von uns jedoch faul, nachlässig und unverantwortlich sind. Es kann sein, dass wir ein Bild von uns selbst als liebevolle und hingebungsvolle Eltern aufrechterhalten möchten, jetzt aber beginnen, eine tiefere Schicht aufzudecken, eine Schicht der Abneigung, des Zorns und des Misstrauens gegenüber unseren Kindern sowie des Wunsches, uns ihnen zu entziehen. Wie immer unsere Maske auch aussehen mag, wir beginnen zu sehen, dass wir tatsächlich sowohl weniger als auch mehr als unsere Persona sind.

Fahren wir mit der Körperarbeit fort, so bemerken wir weitere Aspekte unserer selbst – in der Form von Eigenschaften, Gefühlen und sogar Gedanken –, die noch sehr viel beunruhigender sind: Aspekte, die wir vielleicht für total inakzeptabel halten oder gar für schockierend und moralisch abstoßend. Diese tiefere Dimension unseres persönlichen Schattens steht nicht mehr einfach nur im Widerspruch zu den von uns wahrgenommenen Erwartungen unseres sozialen Umfelds. Sie laufen dem zuwider, was wir für richtig, gut und notwendig halten, damit wir *für uns selbst* akzeptabel sind, wenigstens auf der minimalsten Ebene.

Wir mögen zum Beispiel davon überzeugt sein, anderen Menschen gegenüber fair und unparteiisch zu sein, und sehen nun, dass wir tatsächlich ständig irgendwelche Vorlieben haben, die auf unserem eigenen persönlichen Hunger und unseren neurotischen Bedürfnissen beruhen. Wir mögen uns für freundlich und mitfühlend halten und dann herausfinden, dass uns andere Menschen tatsächlich die meiste Zeit auf die Nerven gehen. Wir mögen uns für vorurteilslos halten und dann herausfinden, dass wir andere Menschen und alles, was sie tun, auf einer subtilen Ebene ständig beurteilen. Wir mögen das Gefühl haben, dass wir ein ziemlich offener Mensch sind, und dann sehen, dass wir ständig irgendetwas von anderen haben wollen und dass dieses unablässige Fordern unserer „Offenheit" zugrunde liegt. Wir mögen von uns denken, ziemlich präsent zu sein, und dann doch herausfinden, dass wir auf einer tieferen Ebene ständig abschalten und uns von Situationen abwenden.

Darüber hinaus mag ein Buchhalter in Finanznöten auf die Idee kommen, wie leicht es möglich wäre – und wie verlockend es ist –, Geld seiner Firma zu unterschlagen. Und der höfliche Autofahrer mag in einem Moment, wo ihm ein grober und rücksichtsloser Fahrer den Weg abschneidet, die ganz realistische Möglichkeit erfahren, zum Mörder zu werden. Der liebevolle Ehemann erkennt eines Tages, dass ihm in Wirklichkeit nicht viel an seiner Partnerin liegt. Und die wohlerzogene Dame aus der Vorstadt entdeckt rasende Eifersucht und Gewaltfantasien in Hinsicht auf ihre Nachbarin in sich selbst. Es sind nicht nur die anderen, die kriminelle und psychopathische Neigungen haben. All das ist auch in uns selbst vorhanden, und es ist ganz real.

Und so geht es weiter und immer weiter. Während wir unsere somatische Erkundung fortsetzen, offenbaren uns diese zuvor im Schatten liegenden Dinge, dass das, was wir von uns selbst gedacht haben, parteiisch und extrem einseitig ist. Wird diese Arbeit schließlich Teil unseres Alltagslebens, dann beginnen wir jedes Mal, wenn wir etwas von uns selbst denken – „Ich bin so und so" – sofort zu sehen, dass das Gegenteil gleichzeitig ebenfalls wahr ist.

Wir mögen, zum Beispiel, ein Lehrer sein, der von sich glaubt, stets bereit zu sein, seine eigenen Schwächen zu sehen. Nehmen wir einmal an, dass wir gerade eine Unterrichtsstunde gegeben haben, die wir für gut, klar und hilfreich für die Schüler gehalten haben. Vielleicht sind wir nicht so krass von uns selbst überzeugt, dass wir tatsächlich denken: „Toll, was für ein guter Lehrer ich bin." Aber wir mögen doch unterschwellig in einer subtileren Version dieser Haltung schwelgen, in einer angenehmen, leicht gedämpften Selbstzufriedenheit verweilen.

Vielleicht bekommen wir sogar etwas „positive Resonanz“, die unsere Selbstzufriedenheit noch verstärkt.

Doch unser Schatten, der in unserem Körper präsent ist und sich uns vermittels unserer somatischen Arbeit mitteilt, beginnt sofort dagegen zu halten und unser Selbstbild zu korrigieren. Wir erinnern uns plötzlich an eine schreckliche Unterrichtsstunde, die wir vor einigen Monaten gegeben haben. „Das kann mir bestimmt jederzeit wieder passieren.“ Dann beginnen wir uns an andere verworrene, aggressive, fordernde oder bedürftige Vorträge, die wir gehalten haben, zu erinnern. Als Nächstes erhalten wir vielleicht eine Nachricht von einem unserer Schüler, die besagt, wie „daneben“, verwirrend und bestürzend unser Auftreten für ihn oder sie gewesen ist. Dies alles mag uns verdeutlichen, wie sehr wir uns wünschen, gut von uns selbst denken zu können, wie sehr wir nach Bestätigung und Sicherheit suchen und unserer jeweiligen Situation etwas Angenehmes abgewinnen wollen. Diese Art von Information mag irritieren, beunruhigend oder störend sein, aber sie ist immer informativ und ernüchternd. Die Ernüchterung betrifft jede Art von substanzieller Ich-Vorstellung, die wir aufbauen und aufrechterhalten möchten. Und sie bringt uns immer zurück zu unserem Körper, zu unserer Totalität.

Es ist interessant, dass die ernüchternde Information, die ständig aus unserem somatischen Gewahrsein auftaucht, nicht immer „negativ“ ist - zumindest nicht im Sinne dessen, was wir gewöhnlich für negativ halten. So mögen wir uns zu einem bestimmten Zeitpunkt darauf versteifen, schlecht von uns selbst zu denken, uns abgelehnt, entmutigt und deprimiert zu fühlen. Wir sind vielleicht voller Selbstmitleid und sind sehr kreativ dabei, alle unsere Erfahrungen in ein solches „negatives“ Selbstbild einzubauen. Doch zu solchen Zeiten ist da auch ständig ein nagender Zweifel in uns, eine Information, die etwas ganz anderes besagt. Dies könnte ganz einfach die Tatsache sein, dass wir auf einer anderen Ebene spüren, dass wir tatsächlich nicht so schlecht sind, wie wir glauben möchten. Wir erinnern uns vielleicht an unsere positiven Fähigkeiten und Begabungen oder spüren, dass echte Inspirationen zutage treten möchten, oder begegnen anderen Menschen, die bereit und in der Lage sind, uns Wege aufzuzeigen, uns wieder aus unserem Sumpf zu befreien. Auch solche Erfahrungen können uns irritieren und wir mögen ihnen mit Leugnung oder Ablehnung begegnen, aber auch sie dienen – wieder einmal – dazu, das infrage zu stellen, was wir über uns selbst denken, also das Ich-Konzept, das wir zu konsolidieren und aufrechtzuerhalten versuchen.

Auf unserer Suche nach einem soliden und konsistenten Selbstbild können wir natürlich auch die widersprüchliche Information, die zu unserer Ernüchterung geführt hat, hernehmen und sie zu einer Art von Bezugspunkt machen. Waren wir anfänglich auf unsere positiven Eigenschaften fixiert, so kann die Sache kippen und unser Denken kann nun Selbsthass zum Ausdruck bringen: „Da sieht man es, ich bin in Wirklichkeit gar nicht so gut. Ich bin im Grunde ein Hochstapler und bin es immer gewesen.“ Waren wir anfänglich auf unsere negativen Eigenschaften fixiert, dann können wir die widersprechende Information des Körpers dazu benutzen, ein aufgeblasenes Selbstbild zu entwickeln: „Eigentlich bin ich ja doch ein toller Hecht; die negativen Dinge sind einfach nie wahr gewesen.“ Doch wenn wir uns auf diese Art von Denken einlassen, trennen wir uns damit wieder vom Körper ab und verraten ihn, indem wir Zuflucht zum Denkprozess nehmen. Ist das, was wir von uns gedacht haben, erst einmal erledigt und wir sind wieder in unserem Körper gelandet, dann besteht unser Job oder unsere Aufgabe, die Disziplin unserer Übung, darin, dort zu verweilen, wo wir gelandet sind – in der Leere und Fülle unseres somatischen Seins –, und einfach nur zu empfinden und zu fühlen, wie es dort ist.

Je tiefer wir also in unserem Körper verwurzelt sind, desto deutlicher wird jedem Versuch, ein Bild von uns selbst festzuschreiben, mit widersprüchlicher Information begegnet. Wir leben in einer Situation des unablässigen Aufbaus und der Zerstörung des Egos, das sich bildet und wieder auflöst, und dies alles geschieht schnell hintereinander, ohne ein Ende zu finden. Wenn so etwas die ganze Zeit passiert, dann sind wir nicht fähig, zu einem Ich-Konzept zu finden, das statisch, substanziell, durchgängig oder konsistent ist. Wird unser Ich-Konzept auf diese Weise ständig infrage gestellt, untergraben und aufgelöst, so stellt sich heraus, dass wir nichts von dem, was wir zu sein denken, für längere Zeit sein können. Wir sind vielmehr alle diese Dinge, alle diese Gedanken und einander widersprechenden Eigenschaften und Erfahrungen, die uns ständig überfluten und die sich in endloser Abfolge verändern. Wenn wir das Gefühl haben, nichts Definierbares, Solides oder Fortdauerndes zu sein, hat das oft zur Folge, dass wir uns als völlig undefinierbar empfinden. Auf diese Weise führt uns unser intimer Dialog mit den Schattenaspekten unseres Seins zurück in den weiten Raum unserer eigenen inneren Stille, in die ursprüngliche Stille und Offenheit unseres eigenen Körpers.

Wir setzen unsere somatische Meditation in dem Bewusstsein fort, dass dieser Prozess – zumindest vom Standpunkt des Egos gesehen – etwas definitiv Selbstmörderisches hat. Je mehr wir praktizieren und je tiefer wir vordringen, desto weniger sind wir in der Lage, ein Ich-Konzept aufrechtzuerhalten, das statisch und durchgängig ist. Gleichzeitig offenbart die Übung selbst uns jedoch, dass wir auf diese Instabilität durchaus nicht mit der Niedergeschlagenheit, der Depression oder der Verzweiflung reagieren müssen, die früher unsere gewohnheitsmäßige Reaktion darauf gewesen wäre. Natürlich *können* wir mit solchen Gefühlen reagieren; wir sehen jedoch, dass wir auch eine andere Wahl haben: Statt in tiefe Depression zurückzufallen oder hektisch nach einer begrifflichen Verankerung zu suchen – was schließlich alles nur weitere Versuche sind, ein Ego-Territorium zu sichern –, können wir ins Licht voranschreiten. Wenn wir einfach im Körper und bei dem somatischen

Prozess zu bleiben vermögen, kann uns eine solche Auflösung der Ich-Vorstellung unmittelbar zu der Freiheit führen, die wir suchen.

Während sich die Beziehung zu unserem Körper immer mehr vertieft, fällt uns auf, dass sich etwas in uns grundlegend verändert. Auf einer Ebene führt unsere somatische Erkundung natürlich zu immer tieferer Entspannung, direkterer Verbindung zum Schatten und einem intimeren Dialog mit diesem. Aber auf einer anderen Ebene beginnen wir zu sehen, dass sich unsere grundlegende Beziehung zur Dunkelheit gründlich verändert hat. Wir sehen, dass wir jetzt als Person anders funktionieren. Wir scheinen in einer Art Niemandsland zu leben, in einem Grenzbereich zwischen dem Licht und der Dunkelheit. Unser Ego scheint nun die Rolle eines Vermittlers übernommen zu haben, der im Schatten ständig nach dem sucht, was unser Leben fördert, und der dies unserem Bewusstsein bereitwillig und sogar fröhlich und mit Humor übermittelt.

Leben wir auf diese Weise näher am Bereich des Körpers und seiner Grenzbereiche und lassen uns in dessen Mysterium fallen, wie es notwendig ist, so zeigt sich, dass uns der Verlust der Empfindung eines soliden Ichs, mit dem wir früher das Leben selbst identifiziert haben, seltsam wenig berührt. Tatsächlich bemühen wir uns nicht mehr darum, uns durch ein „Ich-Konzept“ als solches zu lokalisieren. Wir scheinen uns vielmehr mit etwas zu identifizieren, das wir einen „Selbst-Prozess“ nennen könnten – mit der dauernden Bildung, Auflösung und Wiedergeburt einer Idee davon, wer wir sind. Es stellt sich heraus, dass wir durch die Körperarbeit nicht nur zu einem anderen Menschen werden, sondern zu einer anderen *Art von Mensch,* die dem, was wir immer sein wollten, sehr viel näher kommt.

49

Die nächste Ebene: Der interpersonale Körper

Auch wenn wir inzwischen viel Erfahrung gesammelt haben und zu differenzierteren Vorstellungen von unserem Körper gelangt sind, müssen wir auch diese in der Begegnung mit unserem somatischen „Anderen" ständig wieder aufgeben. Jede weitere Reise in die Dunkelheit unseres Körpers offenbart uns, dass er wirklich etwas total „Anderes" ist. Er ist immer mehr als alles, was wir uns zuvor vorstellen konnten. Tatsächlich beginnen wir mit der Zeit zu vermuten, dass unser Körper vielleicht überhaupt keine Grenzen hat, dass es seine Natur ist, uns ständig durch alle Definitionen und begrenzenden Vorstellungen hindurch- und über diese hinauszuführen.

An einem bestimmten Punkt erkennen wir, dass sogar die Vorstellung von „unserem" Körper fragwürdig ist. Irgendetwas, eine kaum wahrnehmbare und doch unausweichliche Empfindung, sagt uns, dass mit dem Gefühl, der persönliche „Besitzer" unseres Körpers zu sein, etwas nicht stimmt. Es gibt da eine Stimme im Schatten, die uns etwas über unsere Annahme der Getrenntheit von anderen sagen möchte. Wir begegnen dem Schatten, und der stellt unseren Körper als rein persönlichen Bereich und persönliches Territorium infrage. Dieser Schatten ist nichts anderes als die Körper der anderen.

Je weiter wir in unseren Körper hinabsteigen, desto deutlicher entdecken wir eine sehr weite und sich ausdehnende interpersonale Welt der Verbundenheit mit anderen Menschen. Es ist nicht so, dass wir dadurch, dass wir körperlich und emotional präsenter und bewusster werden, neue Verbindungen zu anderen herstellen. Werden wir somatisch und emotional immer subtiler, dann decken wir vielmehr Verbindungen mit anderen auf, die schon längst vorhanden waren, vielleicht „schon immer", und die sich nun als voll ausgebildet erweisen sowie als etwas, das bereits bestand, bevor wir es entdeckt haben.

Einen Körper zu haben bedeutet, wie sich jetzt herausstellt, sich bereits in intimem und ausführlichem Austausch mit anderen zu befinden. Erkunden wir dieses Bewusstsein weiter, so zeigt sich, dass unser „Körper" keineswegs auf unser „Ich" beschränkt ist, sondern vielmehr auf seltsame Weise die anderen Verkörperten, die anderen Menschen in der Welt, umfasst. Wir entdecken, dass unser Körper auf einer subtileren Ebene tatsächlich ein interpersonaler Körper ist. Unsere Verkörperung, dieser unser Körper, hat im Grunde eine riesige, vielleicht sogar grenzenlose interpersonale Dimension.

Dies zeigt sich daran, dass wir uns anderer Menschen umso bewusster werden, je verkörperter wir sind. Wenn wir hauptsächlich in unseren Vorstellungen zuhause und von unserem Körper abgetrennt sind, dann erscheinen andere Menschen als Objekte in unserem Leben. Wir erfahren sie tatsächlich als etwas Getrenntes und haben wenig Mitgefühl für ihr Leben, ihr Dasein als ein Subjekt. Verweilen wir in unserem Geist, dann behandeln wir sie mit der gleichen beiläufigen Gleichgültigkeit und Missachtung, mit denen wir auch unsere eigene Person behandeln. Sie werden Beute desselben Raubtierverhaltens, das wir körperlich und psychisch auf uns selbst loslassen.

Je näher wir jedoch an die Dunkelheit unseres Körpers heranrücken und für sie präsent sind, desto mehr empfinden und erfahren wir andere als untrennbar von uns selbst. Wenn wir einen anderen

Menschen treffen, der Angst hat, findet diese Angst in uns Resonanz. Die Depression eines anderen Menschen spricht als eine schwere, bleierne Hoffnungslosigkeit zu uns. Die Paranoia eines anderen erfüllt uns plötzlich mit dem Gefühl einer dräuenden Gefahr. Aber auch die überschäumende Freude eines anderen können wir in uns auf gleiche Weise als eine somatische Freude erfahren, die uns mit einem tiefen Glücksgefühl überschwemmt. Je besser wir unseren Körper also kennenlernen, desto deutlicher erweist sich, dass unsere eigene Verkörperung tatsächlich andere umfasst, und desto leichter fällt es uns, uns in sie hineinzuversetzen. Wir sehen, dass die Vorstellung von einer klaren Trennung unzutreffend ist.

Unsere Verbundenheit mit anderen kann sich auch auf weniger direkte Weise als verzögerte Reaktion manifestieren. Wenn wir mit jemandem zusammen sind und diesen Menschen fragen, wie er sich fühle, so mag er manchmal glauben und behaupten, nichts Bestimmtes zu fühlen. Doch kurz darauf werden wir buchstäblich von einer Welle von Gefühlen wie etwa Zorn, Verzweiflung, Selbsthass oder unerträglicher Einsamkeit überschwemmt, Gefühle, von denen wir wissen, dass sie nicht in einem persönlichen Sinne die unseren sind. Sind wir sensibel genug, dann wird uns klar, dass wir gerade die Gefühle erfahren, die der andere bei sich nicht zulässt. Wir alle können solche Erfahrungen jederzeit machen, aber sie tauchen bei Therapeuten, Menschen, die mit Körpertherapie arbeiten, und anderen Menschen in einem Heilberuf besonders häufig auf. Wir fühlen, was der andere fühlt, weil es letztlich keine feste Grenze zwischen uns gibt. Es ist beinahe so, als hätten sich die Emotionen in diesen Menschen, die nicht fähig waren, den Schatten ihrer eigenen Gefühle in ihr Bewusstsein eintreten zu lassen, dermaßen aufgeladen, dass sie irgendwo zum Durchbruch kommen mussten und in uns zum Durchbruch gelangt sind. Sie haben durch uns Ausdruck gefunden. Unsere eigene Offenheit für ihre verleugnete Erfahrung mag seltsamerweise dazu führen, dass sie sich viel besser fühlen, ohne genau zu wissen, warum. Aber sie sagen vielleicht: „Ich fühlte mich gesehen; ich hatte das Gefühl, dass mir jemand zuhört; ich fühlte mich getragen." Sie mögen sich überhaupt nicht dessen bewusst sein, wie körperlich und wie tief verbunden unser Wissen um sie war.

Wenn wir ein Heiler sind, dann kann die Fähigkeit, auf der Ebene des interpersonalen Körpers zu verweilen, für unsere Klienten besonders segensreich sein. Nehmen wir zum Beispiel an, dass eine Frau mit einer immer wieder auftauchenden Bronchitis bei einer Heilerin Hilfe sucht. Da man im Bereich der alternativen Heilweisen annimmt, dass Kummer oft in der Brust festgehalten wird, mag es sein, dass diese Person und ihre Heilerin beide vermuten, die chronischen Probleme mit den Bronchien könnten mit einem Mangel an Mutterliebe in der frühen Kindheit oder mit der späteren Erfahrung von Kummer zusammenhängen. Aber wie kann es zur Heilung kommen?

Die Heilerin könnte die Sitzung damit beginnen, dass sie einfach ihre Hand auf die Brust ihrer Klientin legt. Zuerst spürt sie vielleicht nichts. Aber dann, wenn sie ihr Gewahrsein in ihrer Hand und darüber hinaus in den Brustkorb ihrer Klientinnen ausdehnt, kann sie plötzlich ganz klar eine Enge und Verstopfung spüren und genau lokalisieren, wo die Bronchien gereizt und angeschwollen sind. Sie verweilt einfach bei dieser Erfahrung. Nachdem 20 oder 30 Minuten vergangen sind, berichtet die Klientin vielleicht, dass sie eine Linderung verspürt, so als dehnte sich etwas Kühles und Beruhigendes in ihrer Brust aus.

Danach oder bei einer darauffolgenden Heilsitzung wird die Heilerin ihr Gewahrsein noch weiter ausweiten, auf eine subtilere Ebene. So wird sie in der Brust ihrer Klientin vielleicht eine schreckliche Erschöpfung fühlen, die so riesig und so niederschmetternd ist, dass sie sich selbst kaum vorstellen kann, auch nur die Kraft aufzubringen, sich im Bett umzudrehen. Die Heilerin fühlt eine Schwäche, einen Mangel an Kraft, eine tiefe Verletzlichkeit. Wenn sie noch weiter geht, stößt sie auf eine ozeanische Traurigkeit und, noch tiefer darunter, eine entsetzliche Furcht, das Zittern und Zagen eines kleinen Kindes, das in seinem Herzen nicht mit den tieferen Quellen der Liebe, des Zutrauens und des Wohlbefindens verbunden ist, die ihm seine Mutter nach allen genetischen und biologischen Regeln hätte zugänglich machen sollen.

Der Prozess der Heilerin besteht einfach darin, zu fühlen. Wichtig ist jedoch, dass sie nicht einen „anderen" Menschen fühlt, der von ihr getrennt und nicht mit ihr verbunden ist. Sie fühlt keinerlei Person. Ihr Gewahrsein ist vielmehr aufgrund ihrer eigenen Verkörperung klarer bei der anderen und in der anderen als deren eigenes Gewahrsein. Es ist, als sei der Zustand der Heilerin selbst Enge und Verstopfung, als seien die schreckliche Erschöpfung, die Traurigkeit und die Furcht ihre eigenen Gefühle. In einem gewissen Sinn hat sie die andere als sich selbst und sich selbst als die andere erkannt. Da gibt es keine Trennung. Sie verweilt voll und ganz in der Erfahrung der anderen Person. Da ist nichts anderes.

Indem die Heilerin einfach das körperliche und emotionale Sein der anderen Person erfährt, aktiviert sie die machtvollste Art von Heilung, die es geben kann. Die Heilerin verweilt mit Offenheit, Entspannung und Zutrauen in ihrem eigenen Gefühl der Verbundenheit und der fortdauernden Unterstützung aus der Tiefe ihres eigenen Körpers. Aus dem Inneren dieser Erfahrung heraus ist sie in der Lage, sich mit der „Krankheit" der anderen zu verbinden. Gleichzeitig öffnet sich die andere, vielleicht ohne sich dessen zuerst bewusst zu sein, für die „Gesundheit" der Heilerin und verbindet sich damit mit der allesheilenden Quelle der tiefsten Tiefen des Körpers. Ist es die Tiefe der Heilerin, die die Klientin als ihre eigene erfährt? An diesem Punkt gibt es vom Standpunkt beider Personen gesehen keinen Unterschied, und das bedeutet, dass die „Klientin" nun zur tiefsten Art von Verbundenheit findet.

Der Körper der Klientin ist nun mit der zugrunde liegenden Liebe, die sie als Kleinkind unzureichend erfahren hat, verbunden – mit einer Liebe, dic theoretisch bereits in ihr selbst vorhanden war, die aber nie entwickelt wurde, weil ihre Mutter ihr das nicht vermitteln konnte.

Durch wiederholte Sitzungen, in denen vielleicht nicht einmal ein Wort gesprochen wird, kann sich für die Klientin alles auf neue Weise ordnen. Dies gilt aber auch für die Heilerin, denn sie ist durch die Krankheit der Klientin hindurchgegangen, hat sie ganz und gar als ihre eigene erfahren und hat zusammen mit ihrer Klientin auf geheimnisvolle Weise für sich selbst etwas aufgelöst, das ihr persönliches Karma für sie bereithielt.

Die Entdeckung der interpersonalen Dimension unseres eigenen Körpers ist also nicht deshalb hilfreich für andere, weil wir eine *andere* Erfahrung hätten als sie und ihnen eine alternative Wirklichkeit anbieten könnten. Sie ist hilfreich, weil wir uns gestatten können, in die intimsten, bedrohlichsten, intensivsten Gefühle des anderen einzutreten und dort zu verweilen, dies aber vielleicht klarer, vollständiger und mit mehr Zutrauen, als der andere im Moment aufzubringen vermag. Tatsächlich machen wir dem anderen unsere Verbundenheit mit unserer eigenen somatischen Tiefe, mit der bedingungslosen Gesundheit und dem Gutsein unserer tiefsten somatischen Schicht zugänglich. Durch unsere Öffnung kann unsere eigene somatische Verbundenheit zu der Verbundenheit des anderen mit der gleichen Tiefe und Wirklichkeit in sich selbst werden, zu der er von nun an immer leichter Zugang gewinnt. Wie es bei der Körperarbeit stets der Fall ist – und dies ist eine der großen Lektionen des Körpers –, helfen wir eigentlich nicht damit, dass wir irgendetwas *tun,* sondern einfach nur durch unser Sein. Natürlich können wir nur auf diese Weise mit anderen sein, wenn wir auch mit uns selbst auf diese Weise sein können – auf der Ebene des interpersonalen Körpers gibt es keinen Unterschied. Sind wir also erst einmal fähig, tief in unserem eigenen Körper zu verweilen, dann ist es nichts Zusätzliches oder Besonderes, mit anderen sein zu können. Wenn wir mit ihnen sind, sind wir im Grunde einfach nur auf einer tieferen Ebene in unserem eigenen Körper, der die anderen auf seinen tieferen und subtileren Ebenen bereits umfasst.

50

Schichten des interpersonalen Körpers

Die Entdeckung der interpersonalen Subtilitäten unseres Körpers gestattet es uns, auf eine neue Weise mit anderen Menschen zusammen zu sein. Wann immer wir einer anderen Person begegnen, sei sie nun ein Fremder, eine Bekannte oder unser intimster Partner, erfahren wir den Schock ihres Andersseins. Es besteht immer die Versuchung, möglichst reibungslos mit dieser Person umgehen zu wollen, indem wir sie in eine mentale Schublade einordnen, sie mehr oder weniger sanft dazu drängen, ihr Anderssein zu verleugnen, oder indem wir den Versuch machen, ein gemeinsames mentales oder emotionales Territorium zu finden, auch wenn dieses keinem von uns beiden wirklich entspricht. In uns besteht immer die Tendenz, die potenzielle Bedrohung durch das Anderssein zu externalisieren und abzuwehren, es irgendwie zu zähmen und zu domestizieren – oder es zu zerstören. Interpersonale Beziehungen bieten, so gesehen, immer die Möglichkeit einer beiderseitigen Verschwörung, beiderseitiger Täuschung und eines Mangels an Integrität.

Sind wir jedoch erst einmal mit der Körperarbeit vertraut, so ist es uns möglich, den Stachel der Furcht zu akzeptieren, der uns in diesem Fall vor etwas „Anderem" warnt. Diese Furcht enthält eine

Einladung für uns, in die Dunkelheit des Körpers zurückzukehren, in seine offene und nicht-festgelegte Weise des Daseins, sodass wir sehen können – oder vielmehr, auf dass uns gezeigt wird –, wie es mit dieser anderen Person ist und sein kann.

In jeder Beziehung gibt es immer ein gewisses gemeinsames Territorium, aber es gibt auch große Unterschiede, vieles, was man nicht und vielleicht niemals voneinander wissen oder gemeinsam haben kann. Die Körperarbeit bringt uns zu der tiefgründigen Einsicht, dass wir mit all dem sehr wohl umgehen können, dass dies alles eine zugleich humorvolle wie hoffnungslose und ergötzliche Seite hat. Nichts davon ist auf irgendeine Weise problematisch, weder was uns selbst noch was die anderen angeht, ganz gleich, in welchen Bereichen es intime Gemeinsamkeiten gibt und welche unergründlichen Abgründe uns trennen.

Wir machen so viele Erfahrungen mit anderen Menschen und denken gewöhnlich, dass diese Menschen auf irgendeine Weise verändert, verbessert oder angepasst werden müssten. Sind wir jedoch in unserem somatischen Dasein als dem interpersonalen Körper zuhause, dann sehen wir, dass die anderen genau so sind, wie sie sein sollten. Dies ist Teil einer sich entfaltenden Reise der Beziehung, die nur genau dort beginnen kann, wo wir selbst und der andere in genau diesem Augenblick sind.

Wenn wir im Körper verweilen, sind wir nicht länger Gefangene der unbewussten Forderung, dass eine Beziehung „funktionieren“ muss. Ja, es ist tatsächlich eine große Erleichterung und Freude zu erkennen, dass *keine* Beziehung jemals auf wahrhaftige und dauerhafte Weise funktionieren kann. Das Anderssein lässt sich niemals endgültig überwinden. Sind wir erst einmal zu dieser Schlussfolgerung gelangt und haben sie wirklich akzeptiert, dann werden wir oft freudig von einer Erfahrung wunderbarer Offenheit und Intimität überrascht, wenn wir sie am wenigsten erwarten. Über uns selbst lachend, erkennen wir, dass der einzige Grund dafür, dass wir zuvor niemals eine „funktionierende" Beziehung erlebt haben, darin liegt, dass wir die Idee mit uns herumgetragen haben, sie müsse funktionieren. Haben wir diese Vorstellung erst einmal losgelassen, kann das, was wir erhofft und uns ersehnt haben – und was uns deshalb in einer Eiswüste des Unbefriedigtseins verbannt hat – auf ganz natürliche und spontane Weise geschehen. Die Arbeit mit unserem „persönlichen" Körper zeigt uns, wie wir auch mit unserem „interpersonalen" Körper zu arbeiten haben. Ebenso wie bei unserer persönlichen somatischen Erkundung, müssen wir auch im interpersonalen Bereich völlig alles loslassen, was wir denken, um eine Verbindung herstellen zu können. In einer Beziehung ist es ebenso wie mit unserem unmittelbaren persönlichen Körper: Solange wir an einer Vorstellung oder Erwartung davon, wie die Dinge sein sollten oder sein könnten, festhalten, werden wir keine Verbindung herstellen können. So zeigt sich also, dass wir uns in unserer Übung mit der persönlichen Körperarbeit gleichzeitig auch darin geübt haben, in Beziehung zu sein, im interpersonalen Körper zu sein.

Genau so, wie wir in die Dunkelheit des physischen Körpers eintreten, müssen wir auch fähig sein, in die Dunkelheit des interpersonalen Körpers einzudringen. Jede Beziehung hat ihre Oberflächen. Wie die Oberfläche unseres physischen Körpers ist auch die äußerste Schicht von Beziehungen eine begriffliche Überlagerung durch Ideen, Annahmen und Vorurteile darüber, was oder wer die andere Person ist, wie sie für uns sein sollte, und sogar was es für uns bedeutet, mit ihr zu interagieren. Unter dieser Oberfläche des „interpersonalen Egos" sind die Tiefen und Subtilitäten unserer tatsächlichen Beziehung eingefaltet vorhanden.

Wenn wir mit dem interpersonalen Körper arbeiten, müssen wir durch diese komprimierte Oberfläche hindurchdringen, müssen sie gehen lassen und in den unbekannten, unergründlichen Raum hinabsteigen, um zu entdecken, was diese Beziehung ist und was sie sein soll.

Wir tun dies wiederum, indem wir in die Dunkelheit unseres eigenen Körpers hinabsteigen. Gehen wir nur tief genug, dann stoßen wir auf die Dunkelheit des interpersonalen Körpers. Indem wir dem Schatten unseres interpersonalen Körpers begegnen und ihn in unser Bewusstsein integrieren, entdecken wir mehr von dem, was wir letztlich sind, und nähern uns unserer wahren Natur weiter an.

51
Wie andere Menschen uns helfen, unserem Schatten zu begegnen

Im Folgenden wollen wir nun die drei Schichten unseres Egos erkunden - das persönliche Ego, das interpersonale Ego und das kosmische Ego. Diese drei Egos stellen jeweils eine eingeengte und reaktive begriffliche Überlagerung unserer eigenen Person, anderer Menschen und des Kosmos dar. Aufgrund unserer Abtrennung von unserer körperlichen Erfahrung und unseres Rückzugs in den verbegrifflichenden Geist – wodurch wir eine „ordentliche“, kontrollierbare und sichere Version der Realität zu erlangen hoffen –, schotten wir uns gegen den größten Teil unserer Erfahrung unser selbst, anderer Menschen sowie des unendlichen Universums ab. All diese ausgeschlossene Erfahrung steckt in der Dunkelheit unseres Körpers fest, wo sie darauf wartet, dass wir bereit sind, sie zu erfahren und zu integrieren.

Wenn sich unsere körperliche Bewusstheit also weiter entwickelt, beginnt der Schatten unseres größeren Daseins an uns heranzutreten. Er lädt uns ein, mit ihm zu kommunizieren, uns mit ihm vertraut zu machen und schließlich mit ihm eins zu werden. Eine spezielle Abteilung der buddhistischen Psychologie, nämlich die des Yogâchâra, untersucht, auf welche Weise „äußere“ Begegnungen mit anderen Menschen auf eindrucksvolle Weise die Erscheinungsformen unseres

Schattens, also unseres ungelebten Lebens, verkörpern und diese so unserer Erfahrung zugänglich machen können. Die Diskussion der Entfaltung des interpersonalen Körpers findet einen angemessenen Abschluss, wenn wir betrachten, wie unsere zunehmende Offenheit und Sensibilität gegenüber anderen es möglich macht, mit unserem eigenen Schatten zu interagieren, ihm zu begegnen, ihn zu würdigen und zu integrieren.

Nach Ansicht der Yogâchâra-Schule begegnen wir in jeder Erfahrung der äußeren Welt und insbesondere anderer Menschen unserem eigenen Schatten, unserem eigenen eingefalteten Körper. Damit soll nicht gesagt sein, dass die äußere Welt, die wir antreffen, nichts als unsere eigene Erfahrung ist. Nein, es gibt gewiss eine äußere Welt, die von unserer Erfahrung unabhängig ist. Doch was wir in dieser Welt *sehen,* was wir *bemerken* und *was dies für uns bedeutet,* das ist eine unmittelbare Widerspiegelung unseres eigenen persönlichen Karma.

Dies lässt sich mit einem einfachen Beispiel illustrieren. Nehmen wir einmal an, wir befänden uns zu einem sozialen Anlass zusammen mit 20 anderen Menschen in einem Raum. In einem bestimmten Moment betritt eine Frau den Raum und ruft aus: „Schönen guten Tag, alle zusammen." Jedermann im Raum dreht sich um und schaut die Frau an. Doch keiner von diesen 20 Menschen sieht die Frau auf genau dieselbe Weise. Tatsächlich könnte man sagen, dass in diesem Moment gewissermaßen 20 verschiedene Frauen erfahren werden. Für den einen ist die Frau eine interessante Fremde. Für den Nächsten ist sie die Frau, mit der er hier verabredet war und deren Auftauchen sowohl Hoffnung als auch Furcht in ihm auslöst. Für eine Dritte ist sie eine Tochter oder eine Schwester. Für einen weiteren Anwesenden ist sie die Ex-Ehefrau, deren laute Extrovertiertheit ihn bereits früher immer auf die Palme gebracht hat. Für wiederum eine andere ist sie die Lehrerin des eigenen Kindes - und so weiter. Jeder der Anwesenden wird diese Person nicht nur auf andere Weise sehen, sondern wird auch unterschiedlich auf ihr Geschlecht, ihr Alter, ihre Erscheinung, ihre ethnische Zugehörigkeit und so weiter reagieren. Was jede der anwesenden Personen sieht, wird zudem ihre eigenen Gefühle, Vorurteile, Einschätzungen, Vorlieben und Abneigungen sowie Hoffnungen und Befürchtungen widerspiegeln. Das Bedeutsame dabei ist, dass das, was jeder Einzelne in der anderen Person sieht und worauf er oder sie reagiert, eine Widerspiegelung des eigenen Selbstbildes ist, ein Abbild des eigenen Egos, wie es sich von dem, was über dieses Ego hinausgeht, abhebt. Was der Einzelne in der anderen Person sieht, sind Aspekte seiner selbst – meine Verabredung, meine Ex-Ehefrau, die Lehrerin meiner Kinder und so weiter –, also etwas, das sie oder er für die andere Person hält, das aber eigentlich eine Projektion der eigenen Situation ist. Während die einzelnen Anwesenden die Frau ansehen, glauben sie alle: „Sie ist eben dieser Mensch; sie ist ganz genau so." Mit anderen Worten: Die Frau verkörpert Aspekte des Bewusstseins der einzelnen Anwesenden, ohne dass sich jemand dessen bewusst ist. Die Anwesenden meinen, ihre Eindrücke würden wirklich von „dort draußen" kommen; sie glauben, dass das, was sie sehen, objektiv und unabhängig von ihnen selbst existiert. Doch ohne dass sie es bemerken, taucht im Moment des Auftretens der Frau ihr eigenes persönliches Karma, ihre eigene ungelebte Erfahrung, in der Form des „Anderen" vor ihnen auf.

Dasselbe trifft auf unbelebte Objekte zu. Wenn 20 verschiedene Menschen dieselbe Eiche betrachten, wird ein jeder von ihnen etwas anderes sehen – abhängig vom jeweiligen Blickwinkel und der eigenen existenziellen Situation. Ein Holzfäller sieht vielleicht potenzielles Feuerholz, ein Jugendlicher sieht eine Gelegenheit zum Klettern, ein Hausbesitzer sieht einen Baum, der beim nächsten Sturm auf sein Haus stürzen könnte, ein Grafiker sieht etwas, das er abbilden möchte – und so weiter. Außerdem wird die Erfahrung jeder einzelnen Person von ihren früheren Erfahrungen mit Bäumen und insbesondere mit

Eichen geprägt sein. Was also vor uns auftaucht, entsteht wiederum als Reifung vergangener karmischer Ursachen und Bedingungen und ist nicht etwa eine abstrakte, allgemeine Erfahrung eines Baumes. Es ist vielmehr unsere spezifische und letztlich ganz individuelle und einzigartige Erfahrung dieses Baumes in diesem Augenblick. Der Baum enthält, ohne dass wir uns dessen bewusst werden, unsere eigene Sicht der Wirklichkeit, unser eigenes Ego-Konzept. Wir jedoch glauben, dass er ganz genau so ist, wie wir ihn sehen.

Wenn wir einer anderen Person oder einem Baum begegnen, dann ist unsere Erfahrung zuerst einmal eingefaltet. Wir sehen sie, anders formuliert, als ein äußeres Objekt, als „nicht-wir". Zu diesem Zeitpunkt ist die Information, die uns diese spezielle karmische Reifung präsentiert, für uns noch ein Mysterium, sie liegt noch im Dunkeln. Bis jetzt ist sie uns unzugänglich. Erfahren wir den anderen als von uns getrennt, dann bleibt unsere Ich-Empfindung intakt. Um dem Schatten, den diese Begegnung mit sich bringt, begegnen zu können, müssen wir erkennen, dass das, was wir erfahren, unser „dunkler Bruder" ist, der als uns zugehörig erkannt werden will und der uns eine Information bringt, die wir brauchen, um wachsen zu können. Doch wie gelangen wir zu dieser Erkenntnis und werden fähig, uns jenen Teil unserer selbst, der im „Anderen" enthalten ist, wieder anzueignen?

Ein Beispiel aus dem Bereich der Traumdeutung ist vielleicht eine gute Analogie, die uns hilft, diesen Prozess zu verstehen. Nehmen wir einmal an, eine Frau, die mit der Traumarbeit einigermaßen vertraut ist, träumt von einer düsteren, aggressiven, wütenden Figur, die sie verfolgt. Im Traum fürchtet sie um ihr Leben und läuft davon, um der Gestalt zu entfliehen. Beim Erwachen kommen ihr der Traum und die Traumfigur zuerst wie etwas vor, das etwas anderes ist als eine Erfahrung ihrer selbst. Doch einmal erwacht, sagt sich die Frau, dass diese dunkle Figur vielleicht ein Teil von ihr selbst ist, irgendeine unerwünschte oder nicht eingestandene Eigenschaft, vor der sie flüchtet – ein Teil der eigenen Persönlichkeit, der erst noch anerkannt und angenommen sein will und der darauf drängt, in ihr bewusstes Selbstbild integriert zu werden. Sie erkennt, dass der Traum ein Mittel ihres umfassenderen Selbst ist, welches sich bemerkbar macht.

Die Frau nimmt das Timing dieses Traumes ernst: Sie weiß, dass er zu diesem Zeitpunkt aufgetreten ist, weil dieser Aspekt ihres unbewussten Selbst eben jetzt anerkannt werden will. Sie achtet deshalb genauer auf ihre eigene bewusste Erfahrung, um herauszufinden, ob sich darin Momente von Aggression und Bedrohung wiederfinden, vielleicht auf einer subtilen Ebene – Aspekte, von denen sie sich distanzieren möchte, die aber beharrlich immer wieder auftauchen und die „Einlass" begehren. Je mehr ihr klar wird, dass „auch dies zu mir gehört", desto mehr wird sie der Intention des Traumes gerecht und desto drastischer wird ihr bewusster Standpunkt, ihre Ich-Empfindung, transformiert. Sie mag die dunkle Macht des Zorns und der Wut in sich selbst und als zu ihr selbst gehörig entdecken, und sie wird vielleicht begreifen, dass diese eine intelligente und angemessene – und sogar notwendige – Reaktion auf gewisse äußere Situationen ist. Die Frau muss vielleicht von ihrem früheren Selbstbild als einer immer und jederzeit „netten" Person Abschied nehmen, aber sie wird so zu einem vollständigeren Selbstverständnis gelangen. Da dieser Aspekt ihres Schattens jetzt integriert ist, werden diese Eigenschaften ihrer selbst ihr in ihrem Leben als Frau in der modernen Welt nun zur Verfügung stehen.

Genau dasselbe geschieht, wenn wir äußeren Situationen und anderen Menschen begegnen. Angenommen, wir begegnen einem Menschen, der eine intensive negative Reaktion in uns auslöst. Nehmen wir weiterhin an, dass wir uns das Geschenk dieser Begegnung augenblicklich zunutze machen, indem wir zu uns selbst sagen: „Diese Person ist ein Aspekt meiner selbst. Auf einer bestimmten Ebene habe ich selbst diese schrecklichen Eigenschaften. Auf einer bestimmten

Ebene *bin* ich diese Person." Sind wir bereit, dies zu tun, dann werden wir seltsamerweise sehr schnell etwas in uns selbst bemerken: Indem wir uns an bestimmte Ereignisse erinnern, uns unserer Emotionen bewusst werden und uns daran erinnern, was andere zu uns gesagt haben, werden wir nämlich erkennen, dass wir selbst eben diese Eigenschaften besitzen. Auch wenn wir sie anderen und sogar uns selbst gegenüber nicht unbedingt zeigen mögen, sehen wir doch ganz deutlich, dass diese Eigenschaften unter der Oberfläche sehr wohl vorhanden sind, dass wir das Potenzial besitzen, sie jederzeit zum Vorschein kommen zu lassen und dass wir selbst unter anderen Umständen vielleicht noch viel hässlicher reagieren würden als die Personen, die wir im Blick haben. Auf diese Weise „entfalten" wir die zuvor eingefaltete und komprimierte Begegnung, die eine derart negative Reaktion ausgelöst hat. Wir sind in der Lage, mithilfe dieser Begegnung einem zuvor unerkannten Aspekt unserer eigenen Persönlichkeit zu begegnen und ihn uns anzueignen.

Aber wir begegnen unserem Schatten nicht nur in den Menschen, die starke negative Reaktionen in uns auslösen, sondern auch in Menschen, für die wir positive Gefühle hegen. Reagieren wir mit sehr positiven Gefühlen auf einen Menschen, dann begegnen wir gleichermaßen Aspekten unseres eingefalteten Selbst. Wenn wir uns verlieben, begegnen wir einem Aspekt unseres tieferen Selbst, der integriert werden will. Arbeiten wir an der Universität mit einem von uns hoch geschätzten Professor zusammen oder haben wir einen spirituellen Mentor, der uns tief bewegt, dann begegnen wir dabei Aspekten unseres eigenen eingefalteten Selbst. Durch diese Beziehung bekommen wir die Gelegenheit, mit der Zeit allmählich die abgespaltenen Teile unserer selbst zu integrieren. Doch wir können uns die Situation auch auf sehr viel direktere und unmittelbarere Weise zunutze machen, wenn wir nämlich erkennen, dass diese Begegnung uns mit unserem eigenen Schatten in Kontakt bringt. Indem wir direkt nach innen schauen und die Beziehung ohne Manipulation und sogar ohne Kommentar annehmen, indem wir einfach hinsehen, um herauszufinden, wo dieses scheinbar „Andere“ angesiedelt ist, können wir vermeintlich fehlende Eigenschaften unserer selbst entdecken und unseren Schatten auf diese Weise direkter und unmittelbarer verkörpern.

Auch wenn uns bei dramatischen Ereignissen eher bewusst wird, dass wir in der äußeren Welt unserem eigenen Schatten begegnen, ist es doch wichtig zu erkennen, dass, nach Ansicht des Yogâchâra, im Grunde jede einzelne Begegnung ein Ausdruck unseres unaufgelösten Karma ist. Es gibt so viele Begegnungen im Leben, die uns mit dem uns Unbekannten konfrontieren: Sind wir ein Mann, so begegnen wir vielleicht der ganz anderen Weise einer Frau, mit den Dingen umzugehen. Neigen wir dazu, uns hauptsächlich der Denkfunktion zu bedienen, so begegnen wir Menschen, die sich in ihrem Leben stärker auf Gefühle, Empfindungen oder ihre Intuition verlassen. Im mittleren Lebensalter begegnen wir der scheinbar vollkommen fremden Welt von Säuglingen, Kleinkindern, Jugendlichen, jungen Erwachsenen und sehr alten Menschen. Gehören wir eher zum Mainstream der Gesellschaft, so machen wir doch Bekanntschaft mit Menschen, die eher am Rande der Gesellschaft leben, mit Kriminellen und Geisteskranken. Wir begegnen Menschen anderer Rassen und Nationalitäten, Menschen, die in schrecklicher Armut leben, oder solchen, die sozial ausgegrenzt werden oder die krank sind.

Bei einer jeden Begegnung taucht die „andere“ Person als Ausdruck der Reifung unseres Karma auf und tritt ins Licht unserer Erfahrung, und sie bringt dabei einen Teil unserer selbst mit sich, den wir eben jetzt erkennen müssen. In jeder Begegnung treffen wir auf genau den Aspekt unserer selbst, der genau in diesem Augenblick darauf drängt, angenommen, erfahren und in unser bewusstes Gewahrsein integriert zu werden. Wie gelingt uns diese Integration? Indem wir es mit unserem interpersonalen Körper genauso halten wie mit unserem persönlichen Körper: Wir ziehen uns nicht aus der Unmittelbarkeit und körperlichen

Intensität der Erfahrung zurück; wir beurteilen nicht und ziehen keine Schlussfolgerungen auf irgendeiner Ebene. Stattdessen nehmen wir die Totalität dessen, was dieses oder dieser andere verkörpert, an – die Totalität dessen, was er, sie oder es ist.

Jede Begegnung, jede Situation, wie unscheinbar und unbedeutend sie auch zu sein scheint, enthält also einen Aspekt unserer Person, der entfaltet, angenommen und integriert werden will. Das, was uns in diesem Augenblick „heimsucht", ist immer ein noch unerkannter Aspekt unseres größeren Selbst. Genau dies ist gemeint, wenn es im Vajrayâna heißt, dass wir dann, wenn wir dem anderen offen und ohne Schranken begegnen, unserem größeren Selbst begegnen. Schauen wir in die Augen unseres Partners, so blickt uns daraus unser größeres Selbst an – unser Körper in einem umfassenderen Sinn, unser Körper als der Körper der Wirklichkeit. Jede Erfahrung des Lebens ist eine Erfahrung von Weisheit, eine Erfahrung unserer tieferen Natur, die uns aufruft, sie zu erkennen und als das zu sehen, was wir in Wirklichkeit sind.

52

Weitere Tiefen des Schattens integrieren

Indem wir unser körperliches Sein erkunden, lernen wir, wie wir gesehen haben, immer mehr, in den Schattenbereichen des Körpers zu verweilen, inmitten all seiner Offenheit, seiner Ungewissheit, in seinen Mysterien und in der Fülle seines Lebens. Während unsere Reise fortschreitet, stellt sich immer wieder die Frage, wie weitgehend und wie vollständig wir uns zugestehen zu *sein.* Indem wir über das Bedürfnis hinausgehen, ein rigides, konsistentes und durchgängiges Ich-Konzept zu besitzen, zeigt sich, dass wir mehr und mehr dazu bereit sind, es unserem Körper zu erlauben, unsere vorherrschende Vorstellung davon, wer wir sind, ständig infrage zu stellen, und eine offenere, durchlässigere und flexiblere Seinsweise entstehen zu lassen. Aufgrund der Erfahrung dieses fortlaufenden Prozesses des Sterbens und der Wiedergeburt wächst unser Vermögen, das, was wir sind, allmählich immer mehr anzunehmen. Woher kommt diese Fähigkeit, uns selbst in immer größerem Ausmaß anzunehmen? Sie entsteht hauptsächlich aus unserer sich entwickelnden Beziehung zu unserem Körper, aus unserem Vermögen, immer mehr auf einer körperlichen statt auf einer vorwiegend begrifflichen Ebene zu leben.

So haben wir zum Beispiel an jedem Punkt unseres Lebens ein bestimmtes Alter und, damit verbunden, eine bestimmte Vorstellung davon, wer wir sind, was unsere spezifische Ich-Identität ist. Indem wir unseren Körper immer tiefer erfahren, wird uns jedoch klar, dass dies nur ein Bruchteil von dem ist, was wir wirklich sind. Wir entdecken, dass wir zu jedem gegebenen Moment in der Lage sind, jede der Personen zu sein, die wir jemals gewesen sind, durch alle Altersstufen und durch alle Erfahrungen, die wir durchlebt haben, hindurch. Sie befinden sich alle in einem ganz realen Sinn in uns.

In einem früheren Kapitel habe ich von einer Erfahrung berichtet, bei der ich mich plötzlich als Säugling im Kinderbett wiederfand, unbeachtet und weinend vor Hoffnungslosigkeit und Verzweiflung, erfüllt von einer unermesslichen Wut auf meine Mutter, die sich nicht um mich kümmerte. In meiner somatischen Verkörperung *erinnerte* ich mich nicht etwa an die Erfahrung des Säuglings - ich *war* der Säugling. Für einen bestimmten Zeitraum war ich das winzige, verlassene Kind, das alle Hoffnung verloren hatte, und war nichts anderes. In der Tat war da für mich, wie damals für den Säugling, nichts anderes als das Gefühl von Verzweiflung und Wut.

Mit allen anderen Lebensaltern und allen anderen Wesen, die wir, zusammen mit all ihren Erfahrungen, einmal gewesen sind, ist es nicht anders. Vermittels unserer Träume, durch Empfindungen und Gefühlszustände, die uns plötzlich überfallen, und durch die Menschen, die wir treffen, sowie durch Situationen, in denen wir uns wiederfinden, entdecken wir nicht etwa unser gegenwärtiges Ich, sondern einen anderen – eine Person aus einer anderen Zeit und von einem anderen Ort. Wir begegnen unseren Eltern in unserer Kindheit, wir treffen Freunde und Bekannte, an die wir seit Jahrzehnten nicht gedacht haben, wir erfahren die unbeholfene Schüchternheit der Pubertät, fühlen die seltsame Erregung des ersten Rausches von Leidenschaft, den ersten Augenblick unserer Liebe zu unserem neugeborenen Kind oder die unerträgliche Sehnsucht nach einem verlorenen Freund. All diese Erfahrungen verkörpern auf eine bestimmte Weise eine Person, die wir einmal gewesen sind – den Säugling, das Kind, den Jugendlichen, den jungen Erwachsenen, den Vater oder die Mutter und so weiter. Und dies ist nicht etwa eine Person, die unserer gegenwärtigen, schon etwas verblassten Erinnerung entspricht – nicht bei dieser Intensität des Gefühls, dieser Tiefe des Schmerzes, diesem alles verschlingenden Verlangen, dieser ungestümen Leidenschaft oder Freude. Oder ist dies vielleicht das Ich, das wir einmal waren, das wir aber bis heute nicht voll und ganz zu leben vermochten? Ist dies die Präsenz all der anderen Lebensalter und Personen, die wir jemals gewesen sind, die wir aber niemals ganz und gar sein konnten und die bis heute in unseren Körper eingefaltet blieben, bis zu diesem Zeitpunkt, an dem wir sie endlich voll und ganz leben und sie in unserer Reise zur Ganzheit integrieren können?

Eine besonders interessante Schicht dessen, was sich in einem heutzutage die körperliche Meditation Praktizierenden entfaltet, besteht aus Bereichen der Erfahrung, die über das hinausgehen, was wir in Übereinstimmung mit den grundlegenden Erwartungen unserer Kultur für wirklich und für möglich halten. Ich meine hier besonders solche Erfahrungen, die auf andere Dimensionen der Wirklichkeit hinweisen, Dimensionen, die sich manchmal dramatisch von jenen unterscheiden, in denen wir als moderne Menschen zuhause sind. Dazu gehören Begegnungen mit der „natürlichen Welt", die übernatürliche Dimensionen offenbaren, Erfahrungen, bei denen wir uns plötzlich an Orten wiederfinden, die buchstäblich nicht von dieser Welt zu sein scheinen, sondern die zu einer anderen, heiligen Dimension gehören. Dazu gehören weiterhin Wahrnehmungen einer präsenten, wenn auch gewöhnlich „ungesehenen Welt", wie sie von den Kosmologien und Ikonografien der religiösen Traditionen dieser Welt beschrieben werden, und zudem Erfahrungen von „Magie" oder „Synchronizität", für die es in unserer „naturwissenschaftlichen Weltanschauung" keine Erklärung gibt. Und auch die Begegnung mit Tieren, die mehr sind als Tiere, und mit Menschen, die mehr sind als Menschen, gehört dazu.

Der springende Punkt ist hier, dass solche Erfahrungen nicht etwa Beispiele für Dissoziation sind und auch nicht Ausdruck einer blühenden Fantasie oder Halluzinationen. Wie die Körperarbeit uns zeigt, sind sie vielmehr bereits auf einer sehr subtilen Ebene in unserem Körper vorhanden, in unseren Wahrnehmungen, in unserer körperlichen Erfahrung. Dort wurden sie eingefaltet und in den Körper verdrängt, weil unser bewusstes kulturelles Weltbild sie nicht einzuordnen vermochte, ein Weltbild, das nicht nur die Existenz solcher Dinge leugnet, sondern das auch die Menschen, die von solchen Erfahrungen berichten, verunglimpft und ins Abseits stellt. Diese anderen Wirklichkeiten machen einen sehr großen Teil des unbeachteten Schattens unserer zeitgenössischen Kultur aus. Doch wenn wir uns, wie wir gleich sehen werden, mit dem Körper auf seiner subtilsten Ebene befassen, dann werden wir ihnen von Angesicht zu Angesicht begegnen.

53

Der kosmische Körper, erster Teil: Das Transzendieren der wissenschaftlichen Weltanschauung

Wird die äußere Welt, der Kosmos in seinem umfassendsten Sinn, vom Körper erfahren, so ist sie grundsätzlich ein heiliger und magischer Bereich. Dieser Kosmos ist zudem nicht vom Körper getrennt, sondern stellt vielmehr die umfassende, grenzenlose Form des Körpers dar.

Viele Menschen erinnern sich noch daran, dass sie die Welt in ihrer frühen Kindheit als einen geheimnisvollen und magischen Ort wahrgenommen haben, als etwas ganz anderes und sehr viel Bedeutungsvolleres als das, was sie später als die Welt erfahren haben. Wir mögen uns zum Beispiel an die zeitlose Qualität des Windes erinnern, wie er in den Kiefern am Meeresufer rauschte; an einen strahlend blauen Himmel, in dem der tiefe Friede eines heißen Sommertages wohnte; an das Nahen eines Gewitters, das eine noch unbekannte, machtvolle Fülle des Lebens mit sich brachte; an einen merkwürdig geformten Baum in unserem Garten, der von einer erschreckenden, ominösen Präsenz erfüllt zu sein schien; an bestimmte Plätze im Wald, an denen die Gegenwart einer nicht-gewöhnlichen Wirklichkeit zu spüren war;

oder an eine alte Standuhr, deren gleichmäßiges, rhythmisches Ticken eine uralte Wahrheit von Geborgenheit, Sicherheit und Liebe zu verkünden schien.

In unserer modernen Welt ist es üblich, solche Erfahrungen als etwas zu betrachten, das nicht der „Realität" entspricht, sie als „kindische", fantasievolle Projektionen auf die Welt anzusehen, Projektionen, über die wir als Erwachsene hinauswachsen müssen. Die „erwachsene" Wahrnehmung der Welt als leblos und sinnlos gilt als die reifere Wahrnehmung, eine Wahrnehmung, die genauer ist und mehr Wahrheitsgehalt besitzt. Die meisten Menschen halten die weitverbreitete „wissenschaftliche" Sicht des Universums als bloße Manifestation der Interaktion von toter Materie in Übereinstimmung mit bestimmten „Gesetzen" für die endgültige Wahrheit.

Einige Menschen in unserer Kultur interessieren sich allerdings für vergangene oder noch lebendige religiöse Traditionen der eingeborenen Völker der Welt, wie man sie in Australien, Afrika oder Nordamerika und Südamerika findet. Das Besondere an diesen Religionen ist natürlich, dass sie oft eine Welterfahrung artikulieren, die voller Mysterien ist sowie angefüllt mit Sinn – eine Erfahrung, die viel mit unseren frühesten Wahrnehmungen gemein hat. In jenen kulturellen Traditionen mag man gewisse Tiere als außergewöhnliche Wesen erfahren, die den Menschen zur Wahrheit und Wirklichkeit führen können. Gewisse andere Aspekte der nichtmenschlichen Natur, wie etwa Bäume, Felsen, Berge, Flüsse, Seen und Meere, werden vielleicht als heilige Präsenzen wahrgenommen, die dem Menschen mit einer eigenen Intelligenz und Intention begegnen. In diesen „erdverbundenen" Religionen der Stammeskulturen wird die Kommunikation mit solchen Präsenzen als etwas angesehen, das absolut notwendig ist, wenn man voll und ganz zu einem Menschen werden und das Leben als lebenswert erfahren will.

Es ist typisch, dass die Anthropologie im 19. und frühen 20. Jahrhundert solche Wahrnehmungen als Ausdruck eines unreifen Stadiums der menschlichen Evolution angesehen hat. In Bezug auf Erfahrungen, die westliche Menschen in ihrer frühen Kindheit gemacht haben, wurden solche Weltanschauungen der Eingeborenen oft als Widerspiegelungen des „kindlichen Stadiums der menschlichen Rasse“ angesehen, als das Resultat eines Missverständnisses, zu dem es entweder durch fehlgeleitetes begriffliches Denken oder durch fatale emotionale Bedürfnisse kommen konnte. Da die moderne Wissenschaft gezeigt habe, dass die Realität jeglicher Sinnhaftigkeit entbehre, könne man, so hieß es, die Erfahrungen der „Primitiven“, wie man sie gern nannte, als ein für alle Mal überholt ansehen.

Etwa seit Mitte des vergangenen Jahrhunderts jedoch wurde die Frage, was unsere grundlegendste Art und Weise der Weltwahrnehmung ist, wieder auf erfrischend neue Weise gestellt. Historiker, Philosophen, Künstler, Psychologen, Anthropologen, Tiefenökologen, Phänomenologen und andere haben die Frage gestellt, wie wir als menschliche Wesen unsere Welt auf der grundlegendsten Ebene erfahren. Was ist das Kennzeichen der ursprünglichsten Weise menschlicher Wahrnehmung? Inzwischen haben sich einige sehr interessante Antworten auf diese Frage herauskristallisiert.

Wenn wir in der Lage sind, der ursprünglichen Ebene unserer Wahrnehmung gewahr zu werden, dann zeigt sich, dass sie ganz und gar nicht mit der kleinen, begrenzten und jeder Heiligkeit beraubten „wissenschaftlichen“ Welt übereinstimmt, die die meisten Menschen für die „Realität“ halten. In der Tat hat unsere ursprüngliche Sinneswahrnehmung keinerlei Schranken oder Grenzen: Jede Wahrnehmung hat eine mysteriöse, grenzenlose Qualität. Nehmen wir einmal an, wir erinnerten uns an einen bestimmten Baum, der in der Nähe unseres Wohnhauses steht. Wenn wir das tun, entsteht sofort ein inneres Bild dieses Baumes, zu dem vielleicht die allgemeine Form, die Größe, der Stamm und die Äste des Baumes, die Art seiner Verwurzelung, seine Farbe und seine allgemeine Erscheinung gehören. Dieses mentale

Bild hat also identifizierbare und wiedererkennbare Züge. Doch wenn wir diesen Baum vom Standpunkt der ursprünglichen Ebene unseres Gewahrseins anschauen, aus der Tiefe unseres Körpers, dann ist unsere Erfahrung davon tatsächlich etwas völlig anderes. Der Baum hat dann keine der Eigenschaften, die wir ihm gewöhnlich zuschreiben. Er ist eine weitaus ungewissere, machtvollere und sinnvollere Präsenz. Dies ist die Art und Weise, auf die er sich auf der ursprünglichsten Wahrnehmungsebene tatsächlich der menschlichen Erfahrung kundtut.

Sehen wir den Baum auf die leblose Weise an, dann haben wir uns bereits weit von unserer ursprünglichen somatischen Erfahrung des Baumes entfernt. Wir haben uns aus unserer Wahrnehmung auf der ursprünglichen Ebene unseres Körpers in unsere Vorstellungen zurückgezogen. Sehen wir die Welt auf diese tote, denaturierte Weise, dann erfahren wir in Wirklichkeit unsere eigenen Gedanken und nicht die Welt, wie sie uns anfänglich und auf der grundlegendsten Ebene gegeben ist.

Aus der hier entwickelten somatischen Perspektive gesehen, ist Folgendes geschehen: Wir haben unsere tatsächliche Erfahrung der Welt in die kosmische Ebene unseres Körpers, in unser Âlaya, eingefaltet, da wir sie mit unserem „kosmischen Ego" überdeckt haben, mit dem fest gefügten, verbegrifflichten Bild des Universums, das wir als moderne Menschen mit uns herumtragen. Wir haben unsere ursprünglichen Wahrnehmungen in einer Art Verleugnung durch die Mauern unseres Egos ausgegrenzt, durch eine Leugnung, die, wie alle Aspekte unseres Ich-Konzepts, ständig erneuert und gepflegt werden muss.

Es ist sehr interessant, dass die „wissenschaftliche" Weise der Welterfahrung keine positive Weise ist: Wir realisieren sie, indem wir einen riesigen Bereich von Informationen ausschließen, Informationen, die aus ursprünglicher Erfahrung gewonnen werden (Intuition, Gefühle, ein Gefühl der Zugehörigkeit, die Fülle der Sinneserfahrungen, die unmittelbare Anerkennung des Wertes des anderen, und so weiter).

Und da wir behaupten, dass die Welt uns in unserem Gefühlsleben, in unseren intuitiven Eindrücken oder unserer tatsächlichen Erfahrung nicht *wirklich* gegeben ist, ist sie auch nicht mehr machtvoll, nicht mehr mysteriös, nicht mehr magisch; sie besitzt keinen inneren Sinn mehr. Was unsere Welt *wirklich* sein soll, ist das abstrakte, von den Spezialisten gezeichnete Bild.

Ursprünglich hat eine solche Abstraktion natürlich nichts mit der tatsächlichen Erfahrung irgendeines Menschen zu tun. Doch dass wir die Abstraktion so viel mehr schätzen als das, was wir tatsächlich sehen und fühlen, vermittelt eine sehr starke Botschaft: „Du darfst deinen frühesten und ursprünglichen Wahrnehmungen der Wirklichkeit nicht trauen; du darfst deiner eigenen Erfahrung nicht trauen. Vorrang hat das, was die ‚moderne Kultur' über die Wirklichkeit zu denken dich lehrt." Ein großer Teil der Erziehung, die unsere Kinder im Kindergarten und auf der Volksschule genießen, besteht darin, den Kindern ihre ursprüngliche Welterfahrung auszutreiben und ihnen die Bürde der sinnentleerten, verbegrifflichten Sichtweise der Welt, wie sie uns die „wissenschaftliche Gemeinschaft" als die einzig wahre predigt, aufzuladen. Im Verlauf dieses Prozesses verlieren wir schließlich jegliches Gewahrsein des nicht-begrifflichen Substrats der Welt und glauben schließlich, dass unsere denaturierten und toten Konzepte die tatsächliche Realität, die *einzige* Wirklichkeit, darstellen. Wir bleiben vielleicht durch unsere Träume und durch die Arbeit von bildenden Künstlern, Dichtern und Musikern in Kontakt mit dem, was (jetzt) die Unterwelt des Magischen ist. Aber wir ziehen selten in Betracht, dass die Welt, die wir dort vorfinden, die wahre Welt sein könnte.

54

Der kosmische Körper, zweiter Teil: Die Erde als unser Körper

Wenn wir bei unserer Erkundung des Körpers Fortschritte machen, gelangen wir an einen Punkt, an dem sich zeigt, dass sich unsere Erfahrung der „äußeren Welt" verändert. Wir fühlen, dass das, was dort draußen ist, in der Tat sehr viel größer und auch viel geheimnisvoller und unbestimmter ist, als wir zuvor gedacht haben. Die gewöhnliche Welt unserer alltäglichen Wahrnehmung löst sich langsam in ein immer weitläufigeres und sich ausdehnendes Universum hinein auf, in einen Kosmos unvorstellbarer Proportionen, der ans Unendliche grenzt.

Wenn diese Erfahrung im Laufe der Körperarbeit auftritt, kommt sie nicht als völlige Überraschung. Schon von Anfang der Körperarbeit an haben wir Momente erlebt, in denen wir kurze Einblicke oder sogar längere Perioden erfuhren, in denen wir mit einem Universum in Berührung kamen, das sich von dem uns gewohnten Universum drastisch unterschied.

Im Laufe unserer Meditation mit dem Körper hat sich die Brennweite und Konfiguration unseres Gewahrseins stark verändert. Statt uns fast ausschließlich mit der äußeren Welt zu beschäftigen oder inwendig in unsere Gedanken und Gefühlszustände verstrickt zu sein, empfinden wir einen weiten Raum innerhalb von uns selbst, der offen und grenzenlos ist und der eine Art Hintergrund für all unsere Erfahrung darstellt. Im Laufe der Körperarbeit sind wir diesem Raum an ganz bestimmten Stellen, die als eine Art Eingangstor dienen, begegnet, etwa im Unterbauch, im Herzen, am hinteren Teil des Gaumens, am oberen Ende der Wirbelsäule, wo das Keilbein und der Atlas aufeinander stoßen, am Hinterkopf und manchmal sogar an der Oberfläche der Haut unseres gesamten Körpers. Wenn wir auf diese Zugangstore gestoßen sind, durch sie hindurch gesehen haben oder durch sie hindurch gefallen sind, haben wir uns plötzlich in einem Raum ohne Bedingungen oder Grenzen wiedergefunden und waren manchmal vielleicht sogar in der Lage, etwas von der Grenzenlosigkeit, die wir dort vorgefunden haben, zu erforschen.

Dieser grenzenlose Raum, den wir an verschiedenen Stellen unseres Körpers oder durch verschiedene Bereiche unseres Körpers entdeckt haben, hat bereits kosmische Dimensionen. Er erweist sich nicht nur als etwas, das keine Grenzen hat, sondern das – in unserer Erfahrung – auch nirgendwo „lokalisiert" ist, auch nicht in unserem Körper. Diese spezielle Erfahrung wirft einige Fragen auf. „Ist dieser Raum innerhalb unseres Körpers? Ist er außerhalb? Wo ist er? Was ist er?"

Schon in einem ziemlich frühen Stadium der Schulung in der Meditation mit dem Körper kommen wir in Berührung mit der kosmischen Dimension des Körpers: Wir beginnen unser Gewahrsein bewusst über die Grenzen des offensichtlichen physischen und persönlichen Körpers hinaus zu öffnen. Mithilfe der Erdatem-Übungen (ein Beispiel hierfür findet sich im Anhang) dehnen wir unser Bewusstsein nach unten hin aus, über die Erdoberfläche, auf der wir sitzen oder liegen, hinaus. Zuerst einmal begegnen wir dabei unseren eigenen Vorstellungen von dem, was sich unter uns befindet. Doch durch fortgesetzte Übung entdecken wir dann, dass wir plötzlich in die Erde

„hinabsehen“ können - und was wir dort vorfinden, ist offener Raum. Darüber hinaus können wir tatsächlich unser gesamtes Bewusstsein in den Raum der Erde unter uns absenken.

Die Erkundung dieses Raumes vollzieht sich schrittweise. Anfänglich gehen wir vielleicht nur einen halben Meter unter uns hinab, dann einen Meter, drei Meter, zehn Meter. Schließlich gehen wir 100 Meter, 1000 Meter, mehrere Kilometer und noch weiter hinab. Wenn wir uns mit diesen Bereichen vertraut machen, zeigt sich, dass wir in der Lage sind, in die Erde unter uns einzudringen und so schnell und so weit zu fallen, wie wir wollen – ohne offensichtliche Grenzen. Auf dem Weg nach unten, so könnte man sagen, verändert sich unsere Erfahrung: Je tiefer wir gehen, desto ursprünglicher ist das Gefühl des Raumes, den wir vorfinden.

Was wir durch diese Erdatem-Techniken lernen, ist, dass wir uns die Erde zwar als eine solide Masse dichter Materie *vorstellen,* dass unsere tatsächliche Erfahrung bei der Ausdehnung unseres Bewusstseins nach unten jedoch eine völlig andere ist. Die Erde ist Raum, aber sie ist eine spezielle Art von Raum. Sie ist leer, aber gleichzeitig einladend, warm, und sie enthält ein Gefühl des Friedens und des Gleichmuts. Außerdem ist sie unglaublich erdend. Es ist merkwürdig: Je tiefer wir in den Raum der Erde hinabsteigen, desto offener scheint das Universum zu sein und desto geerdeter fühlen wir uns gleichzeitig. Nichts davon hätten wir uns vorher vorstellen können. Wenn wir dann wieder aus unserer Meditation auftauchen, finden wir uns auf ganz einfache und gewöhnliche Weise hier auf der Erde wieder. Aber während wir einerseits das Gefühl haben, dass die Erde unter uns solide und tragend ist, haben wir seltsamerweise zugleich das Gefühl – und dieses Gefühl widerspricht dem der Solidität keineswegs –, dass die Erde uneingeschränkt offen, geräumig und aufnahmefähig ist.

Dieses Gefühl entwickelt sich auf interessante Art und Weise. Anfänglich stellen wir einfach fest, dass die Erde unter uns Raum ist.

Doch dann wird eine damit einhergehende Gefühlsfärbung offenkundig – die Wärme, der Frieden und der Gleichmut, von denen wir gerade gesprochen haben. Wird unsere Erfahrung dann immer subtiler, so spüren wir eine Art Ruf aus der Tiefe unter uns. Es ist, als würden wir aufgerufen, zu etwas ungemein Wichtigem dort unten zurückzukehren, zu etwas, das wir, in einem gewissen Sinn, unser ganzes Leben lang vermisst haben. Wenn wir weitermachen, entdecken wir neben dieser Sehnsucht ein wachsendes Gefühl der Zufriedenheit und Sicherheit, so als näherten wir uns einer Art ursprünglicher Ruhestätte an.

Gehen wir weiter auf immer tiefere und zunehmend subtilere Ebenen hinab, bemerken wir, dass unsere Erfahrung immer ursprünglicher wird. Außerdem beginnen wir zu bemerken, dass diese Ursprünglichkeit der Erde von unserer eigenen Ursprünglichkeit nicht zu trennen ist. Je tiefer wir in die Erde hinabsteigen, desto deutlicher haben wir das Gefühl, dass wir uns dem, was wir wirklich sind, annähern. Indem wir das Sein der Erde entdecken, entdecken wir die ganze Tiefe unseres eigenen Körpers, unseres eigenen Selbst. Ja, wir nähern uns tatsächlich dem Ort unseres Ursprungs an – oder vielleicht *dem* Ursprung an sich, jenem tiefsten Quell, aus dem wir und alles andere ständig hervortreten.

55

Der kosmische Körper, dritter Teil: Der Prozess der Initiation

Für den modernen Menschen – und vielleicht für alle Menschen – ist die kosmische Ebene unseres Körpers die tiefste, verborgenste und unzugänglichste Ebene der Einfaltung. Diese Einfaltung wird durch die unablässige Verstärkung unserer gewohnheitsmäßigen begrenzten Weise der Wahrnehmung eines außerhalb des Menschen liegenden Universums, in dem wir leben, aufrechterhalten. In diesem Teil unseres Ich-Konzepts versuchen wir das, was man die kosmische Dimension nennen könnte, Konventionen anzupassen und es zu etwas uns Vertrautem zu machen. Es ist dies eine Dimension, die für unsere somatische Erfahrung vollkommen gegenwärtig ist, die aber gleichzeitig über alle menschlichen Konventionen hinausgeht und die im Grunde auf keine definitive Weise erkennbar ist. Die verschiedenen vom Menschen entwickelten Religionen und Philosophien stellen – insofern sie ein relativ statisches und rigides Bild der Dinge auf der kosmischen Ebene liefern – solche Versuche dar, die kosmische Dimension Regeln und Konventionen zu unterwerfen. Und natürlich ist die moderne und weitverbreitete „wissenschaftliche" Anschauung des Universums ein besonders extremer Ausdruck dieses Versuchs.

Es gibt jedoch etwas Wesentliches, das die meisten traditionellen Religionen und insbesondere die Religionen der Stammesvölker von der modernen wissenschaftlichen Weltanschauung, wie sie im Allgemeinen verstanden wird, unterscheidet. Im Gegensatz zur wissenschaftlichen Weltanschauung sind die Ansätze der Naturvölker im Allgemeinen offen und erleichtern die Kommunikation mit der lebendigen Wirklichkeit, die hinter dem konventionellen Weltbild und jenseits davon liegt. Diese Offenheit und Fähigkeit, mit der kosmischen Wirklichkeit zu kommunizieren, wird durch Initiationszeremonien hervorgebracht.

Kinder in aller Welt neigen dazu, die Konzepte der Wirklichkeit, die die Erwachsenen ihnen vermitteln, für die Wirklichkeit selbst zu halten. In den Initiationszeremonien der Stammesvölker wird dem Heranwachsenden vor Augen geführt, dass die konventionelle Weltanschauung, die er oder sie gelernt hat und für selbstverständlich hält, letztlich nicht wahr ist. Der Zweck der Initiationszeremonie bei den Eingeborenen besteht also darin, die jungen Leute dazu zu bringen, ihren eigenen Kontakt mit dieser lebendigen Wirklichkeit herzustellen. Nur dann vermögen die Heranwachsenden den Sinn und Zweck ihrer spirituellen Traditionen und die Wahrheit hinter der kulturellen Fassade zu erfassen. Nur dann ist es ihnen möglich, selber Nahrung und Unterhalt von dem lebendigen Kosmos zu erlangen und so zu kreativen und reifen Erwachsenen in ihrer Gesellschaft zu werden.

Dies lässt uns ahnen, welch großen psychischen und spirituellen Preis wir wegen des Verlustes authentischer Initiationszeremonien in unserer modernen Kultur zu zahlen haben: Da wir uns von dem „Aberglauben" der archaischen Welt der Stammeskulturen distanziert haben, müssen wir in einer toten, denaturierten und verbegrifflichten Welt leben, einer Welt, die bar jeder lebendigen spirituellen Wirklichkeit ist. Auf diese Weise wird unsere Entwicklung als Menschenwesen behindert. Wir sind von den Quellen des Lebens abgeschnitten und finden uns gefangen in der Rigidität, Dürre und Abgetrenntheit, die man in vielen prämodernen Gesellschaften als Ausdruck einer kindischen Mentalität betrachtet. Im Laufe der Jahre haben mir viele spirituelle Lehrer aus unterschiedlichen Eingeborenentraditionen im Grunde immer wieder dasselbe gesagt: Es sei eben dieser Mangel an echter Initiation in den lebendigen Kosmos, der *die* fundamentale Ursache der galoppierenden Zunahme von Geisteskrankheiten bei den modernen Menschen sei. Dieser Mangel sei im Grunde die Ursache, warum so viele von uns emotional nie über die Kindheit hinauswüchsen.

Dies hilft uns vielleicht zu verstehen, warum die Körperarbeit in unserem modernen Kontext so ungemein wichtig und so faszinierend ist. Haben wir im Rahmen unserer körperlichen Praxis und Reifung erst einmal die kosmische Ebene erreicht, dann bekommen wir es auf ganz natürliche und spontane Weise mit einem Prozess zu tun, der dem der archaischen Initiation der Stammesgesellschaften entspricht. Es ist beinahe so, als wohne das Bedürfnis nach der Art von Initiation, die wir beschrieben haben, bereits auf einer genetischen Ebene in uns. Wenn wir uns dafür öffnen und eine Methode besitzen, damit umzugehen, beginnt sich der Prozess deshalb sehr machtvoll zu entfalten.

Um es genauer zu sagen: An einem gewissen Punkt der Erkundung unseres Körpers beginnt der Teil unseres Ich-Konzepts, den wir die „natürliche Welt“ nennen, auf organische Weise auseinanderzufallen. Unsere in den Kosmos als lebendige Wirklichkeit eingefaltete Erfahrung beginnt sich zu öffnen und zu entfalten. Diese Entfaltung wurzelt in der Erfahrung des Körpers als der eigentliche ursprüngliche Raum der Erde selbst. Gelangen wir zu dieser Wahrnehmung von „uns selbst“, dann werden wir uns einer Ebene unserer eigenen Persönlichkeit bewusst, die vom umfassenderen Kosmos untrennbar ist. Interessanterweise können wir in jenen Momenten, in denen wir uns selbst als die grenzenlose Erde unter uns erfahren, nicht mehr sagen, es gebe noch einen Unterschied zwischen dem Gesehenen und dem Sehenden. In jenem Augenblick *sind* wir die Erde; wir *sind* das Bewusstsein der Erde, die ihrer selbst gewahr ist.

Dieser Standpunkt einer Erfahrung der Erde jenseits von Subjekt und Objekt macht den Weg frei für die Entfaltung einer anderen Weise des Daseins im Kosmos und mit dem Rest des Kosmos. Anfangs haben wir vielleicht das Gefühl, dass etwas sehr Starkes uns ruft – es ruft und ruft und ruft unablässig: ein Berg, den wir gesehen haben, ein Gletscher, ein bestimmtes Tal, eine offene Landschaft, ein bestimmter Hügel oder ein Ort im Wald, ein Baum, ein Fluss, ein See. Wir beginnen zu fühlen – auch wenn wir das kaum glauben mögen –, dass der Berg zum Beispiel lebendig ist, dass er bewusst ist, uns einlädt und uns unwiderstehlich in seine Richtung zieht. Es ist etwas dermaßen Anziehendes an ihm, dass wir uns dem nicht widersetzen können. Wir träumen vielleicht während des Schlafs von ihm und fühlen während des Tages seinen Ruf. Was wir fühlen, ist ganz und gar körperlich: Unser Herz steht in Flammen und sein Ruf hallt durch unseren ganzen Körper. So ist die Tiefe unseres körperlichen Lebens, unseres *gefühlten* Lebens, das nun zu unserer Daseinsweise wird, beschaffen.

Wir haben aus unserer Körperarbeit gelernt, dass wir einen solchen Ruf nicht missachten dürfen. Der gesamte Prozess der Arbeit mit dem persönlichen, individuellen Körper hat uns gezeigt, dass uns der Körper über unsere eigenen Vorstellungen und Pläne hinaus auf ganz bestimmte Weise anruft und einlädt. Unsere eigene Reise entfaltet sich in dem Maße, in dem wir auf solche Rufe hören, ganz gleich, wie unerwartet, seltsam oder gar bedrohlich sie uns vorkommen mögen. Weitet sich unsere Arbeit der Entfaltung dann auf den interpersonalen Körper aus, so finden wir dieselben Rufe und dieselbe Notwendigkeit, auf diese Rufe zu hören und ihnen zu gehorchen.

Und mit unserem Körper in einem noch umfassenderen Sinn, dem Körper des Kosmos, ist es ganz genau so. Wir begreifen, dass wir dem Ruf, den unser Herz hört, folgen müssen, ganz gleich wie sehr er unseren Vorstellungen entspricht oder nicht. Im Falle unseres Berges müssen wir uns seinem hartnäckigen, unablässigen und zwingenden Sog überlassen. Uns diesem Ruf zu öffnen, wird wahrscheinlich bedeuten, dass wir einige Zeit in der Umgebung dieses „heiligen Anderen", das für uns zu einer solch lebendigen und sogar beherrschenden Präsenz geworden ist, verbringen.

Indem wir dies tun, bringen wir ein sehr wichtiges Opfer. Dieses Opfer ist deshalb besonders groß, weil auf einen solchen Ruf zu hören besonders für uns moderne Menschen etwas ist, das in völligem Widerspruch zu allem steht, was wir und die Menschen um uns herum für die Realität halten. Hören wir auf diesen Ruf, dann bejahen wir die unmittelbare somatische Erfahrung unseres Körpers und unseres Herzens und stellen sie über alles, was wir denken mögen. Wir lassen vom Festhalten an unserem eingeengten, komprimierten „kosmischen" Ich-Konzept ab. Wir öffnen uns damit dem kosmischen Körper, der kosmischen Wirklichkeit, die jenseits davon liegt.

Sind wir bereit, über unsere kulturellen Konventionen hinauszugehen, derart aus unseren geistigen Mustern herauszuspringen, dann antwortet der Kosmos, indem er sich uns auf eine neue und immer ursprünglichere Weise offenbart. In Bezug auf unseren Berg, zum Beispiel, beginnen wir zu entdecken, dass er in der Tat eine Präsenz ist, eine gewaltige lebendige Macht, nicht nur eine Intelligenz, sondern ungemein machtvolles, reines Gewahrsein selbst, das – wie könnte man es ausdrücken? – so viel machtvoller ist, so viel alldurchdringender und reiner als alles, was wir bisher als unser eigenes Bewusstsein erfahren haben. Erkennen wir den Berg als ein Subjekt und öffnen uns seiner wilden, unglaublich tiefen, ursprünglichen Energie, so kann es geschehen, dass sämtliche Überreste unseres Egos hinweggefegt werden. Indem wir dem Berg begegnen, begegnen wir uns selbst auf eine völlig neue Weise: Wir entdecken die Wahrheit dessen, wer oder was wir sind, auf eine sehr viel tiefere und wirklichere Weise als bisher.

Die Reise der kosmischen Entfaltung kann, wie im Falle unseres Berges, in Bezug auf ein einziges Phänomen ablaufen, oder sie vollzieht sich durch eine Abfolge von „Begegnungen" mit unterschiedlichen „Anderen". In beiden Fällen kommt es dazu, dass die gesamte Bandbreite unserer Wahrnehmungen der Welt eine Wandlung durchmacht. Uns wird klar, dass nicht nur dieser Berg oder dieser Baum lebendig ist. Es ist vielmehr so, dass der gesamte Kosmos, wie er sich uns in jedem einzelnen Augenblick zeigt, lebendig ist. Jeder Fluss, jeder Hügel, jede Wolke, jeder Sternenhimmel, jeder Blick auf den Mond, den wir erhaschen, quillt über von seinem eigenen einzigartigen und individuellen Sein, von der lebendigen Wirklichkeit, die sich uns in genau diesem Augenblick offenbart.

Wir sehen insbesondere, dass die Vorstellung, irgendein Objekt unserer Wahrnehmung bliebe von einem Moment zum anderen dasselbe, einfach nicht der Wirklichkeit des Lebens entspricht. Wir können *denken,* die Erfahrung dieses Berges, dieses Baumes, dieser Landschaft bliebe im Lauf der Zeit dieselbe – dies jedoch nur, weil wir nicht genau genug hingesehen haben oder weil wir gar nicht hingesehen haben. Im Banne unserer eigenen Vorstellungen darüber, wie die Dinge sind, haben wir gar nicht erst versucht, darauf zu achten, wie wir die Dinge tatsächlich wahrnehmen und erfahren. Täten wir das nämlich, dann würden wir sehen, dass jeder Augenblick – selbst was denselben Felsblock Tag für Tag, Jahr für Jahr betrifft – sein eigenes, einzigartiges Sein hat, seine eigene lebendige Wirklichkeit und seine eigene „Botschaft" in eben diesem Moment.

Doch welche Art von Botschaft könnte ein Felsblock für uns bereithalten? Öffnen wir unsere Wahrnehmung für einen Baum, einen Felsen, einen Berg oder irgendetwas anderes, so spüren wir in dem, was wir erfahren, eine Art von Gewichtigkeit, eine Schwere, eine Intensität der Präsenz, eine Fülle von Bedeutung, eine Gegenwärtigkeit. Der Felsen ist so ungemein da, so unbeweglich, so still und so friedvoll. Er ist so schwer, so sehr er selbst, und doch, wenn wir unser Bewusstsein für ihn öffnen, gleichzeitig so offen, so grenzenlos, so ungemein geräumig und frei.

Wir erleben, dass wir von der Art und Weise, wie dieser Felsen sich uns in diesem Augenblick so ganz und gar gibt, tief berührt und beeinflusst werden. Uns wird klar, dass unsere Beziehung zu diesem Felsen in genau diesem Augenblick voll und ganz persönlich ist. Was hier kommuniziert wird, was wir empfangen, ist so gänzlich und so präzise genau das, wonach wir dürsten, eben in diesem Moment – auch wenn wir dies bis zu diesem Moment nicht gesehen haben. Der Felsen bringt uns buchstäblich unser wirkliches Leben. Indem wir diesem Anderen begegnen, diesem lebendigen Sein der Welt, wird uns gleichzeitig eine ursprüngliche Tiefe unserer selbst offenbar. Was uns hier mitgeteilt wird, berührt uns in der tiefsten Tiefe unseres Seins und verwandelt uns.

Werden wir auf diese Weise und in dieser Tiefe von Moment zu Moment von der Welt berührt, so kommt es zu einer allmählichen Auflösung jenes Aspekts unseres Ich-Konzepts, den wir das „kosmische Ego" nennen. Wie sich herausstellt, beschleunigt dieser Prozess unsere Reise der Selbstentdeckung ungemein – jener Reise, auf der wir herausfinden, wer wir letztlich sind, und auf der wir zu dem werden, was wir letztlich sind. Wie es so viele der spirituellen Lehren der Naturvölker so treffend formulieren: „Diese ganze Welt ist dein eigenes Leben."

56

Der kosmische Körper, vierter Teil: Bis zum Ende jeglichen Seins

Die Erfahrungen unseres Lebens, die sich uns durch die zunehmende Verkörperung eröffnen, und insbesondere unsere Erfahrungen der nichtmenschlichen natürlichen Welt, sind keine Metaphern, die sich auf etwas beziehen, das außerhalb von ihnen liegt. Sie sind vielmehr unmittelbare, direkte, ursprüngliche Wirklichkeiten. Solche Erfahrungen der natürlichen Welt sind für unsere spirituelle Entfaltung auch nicht nur von peripherer Bedeutung; an einem bestimmten Punkt werden sie absolut zentral für diese. Und schließlich geht es in solchen Erfahrungen nicht um etwas anderes, etwas von uns Getrenntes. Es sind letztlich Erfahrungen unserer selbst; sie erschließen uns das, was wir im tiefsten Grunde sind. *Auf eine ganz tiefe und immer mysteriöse Weise ist der lebendige Kosmos wir selbst. Das, was wir auf unserer tiefsten Ebene sind, ist der Kosmos.*

In unserer heutigen Welt denken die meisten von uns, unsere „Verkörperung" sei genau genommen nur unser unmittelbarer physischer Körper. Die meisten Menschen gehen in dem Glauben an die Körperarbeit heran, der Horizont und die Grenzen dieser Arbeit wären durch die uns umschließende Haut definiert. Natürlich ist die Arbeit auf dieser Ebene durchaus tiefgründig, machtvoll und transformierend.

Aber was ich hier betonen möchte, ist Folgendes: Wenn wir tiefer und immer tiefer in unseren physischen Körper eindringen, dann finden wir, solange wir uns nicht zurückhalten, dass wir nicht nur in den Körper reisen, sondern durch ihn hindurch in immer weitere und offenere Bereiche des Seins. Wir haben zuerst entdeckt, dass unser wahrer Körper auf einer tieferen, stärker verkörperten Ebene tatsächlich ein interpersonaler Körper ist. Letztlich zeigt sich nun, dass er nichts anderes ist als der Kosmos selbst. Und wie nicht oft genug gesagt werden kann: Dies ist nicht nur eine theoretische Aussage, sondern eine Sache direkter, persönlicher Erfahrung.

Wenn die Sonne untergeht, die Abenddämmerung immer mehr zur tiefen Nacht wird und wir für diesen Prozess offen sind, kann es geschehen, dass wir eine Reise von den uns bekannten Gegebenheiten der Welt des Tageslichts in die sehr viel umfangreichere, geheimnisvollere und fruchtbarere Präsenz der Dunkelheit, mit allem, was sie für uns bereithält, antreten. Öffnen wir unser Herz für den Berg vor uns und sind bereit, uns in ihn fallen zu lassen, dann entdecken wir die Tiefe, Unerschütterlichkeit und Stärke unseres eigenen Herzens. Dies ist jedoch nichts Persönliches: Wir entdecken, dass unser Herz der Berg ist, der Berg unser Herz ist. Wenn wir um die Ecke eines Waldweges kommen und plötzlich einem Hirsch gegenüberstehen, der ein Stück den Hang hinauf kraftvoll, stolz und furchtlos vor uns steht, dann begegnen wir unbesiegbarem Mut und lösen uns in diesen hinein auf. Und wenn wir uns ganz und gar in das Spiel von Krähen im Wind über einem Berggrat fallen lassen, treten wir in die grenzenlose Freude und Freiheit des Seins selbst ein. In solchen Momenten gibt es wirklich und wahrhaftig nicht die geringste Getrenntheit.

Es ist nicht etwa so, dass solche Erfahrungen das widerspiegelten, was wir bereits über unser Herz, unseren Mut, unsere Freude wissen. Es ist vielmehr so, als entdeckten wir – durch die Tiefe unserer Wahrnehmung der natürlichen Welt – eine neue Tiefe und eine nie zuvor wahrgenommene Ursprünglichkeit unseres eigenen Seinszustandes. Es ist auch nicht so, dass wir hier eine Erweiterung unseres bereits existierenden Körpers fänden. In solchen Erfahrungen fällt vielmehr alles auseinander, was wir zuvor über unseren Körper, selbst auf der interpersonalen Ebene, gedacht haben, und es erweist sich, dass unsere Verkörperung eine unvorstellbare, wahrhaft universale Dimension besitzt. Dies ist die Entfaltung unseres kosmischen Körpers. Diese Entfaltung ist der Eintritt in eine neue, unglaublich ursprüngliche Ebene unserer eigenen Verkörperung. Dies ist eine sehr reale und, wie ich denke, sehr, sehr alte Initiation. Es ist, wie jede echte Initiation, eine einzigartige, freudige, uns zutiefst und ein für alle Mal verändernde Phase unserer Reise.

Wir haben erfahren, wie sich das Innere unseres physischen Körpers zuerst zu etwas entfaltet hat, das sehr viel offener war, als wir vermutet hatten, und das dann zum Raum unseres eigenen Gewahrsein wurde. Mit fortschreitender Entfaltung haben wir dann entdeckt, dass dieser „innere Raum" überhaupt nicht auf unseren Körper begrenzt ist, sondern dass er sich „außerhalb" von uns befindet, als eine kosmische Wirklichkeit in der Erde unter uns. Im Laufe der Entfaltung unseres kosmischen Körpers entdecken wir, wie sich unser eigenes Gewahrsein zu zunehmender Grenzenlosigkeit entfaltet. Es ist, mit anderen Worten gesagt, so, dass die Präsenz und Realität der Erde nicht etwa eine Grenze für unser Gewahrsein darstellt, wie wir zuvor vielleicht gedacht haben, sondern ganz im Gegenteil eine Erweiterung unseres Bewusstseins und ein umfassenderer Ausdruck dieses Bewusstseins ist. Als nächsten Schritt unserer somatischen Entfaltung zeigt sich, dass dieser grenzenlose Raum und diese ursprüngliche Präsenz nicht nur in der Erde unter uns liegen, sondern dass sie überall um uns herum vorhanden sind, in allen Richtungen und bis an die Grenzen jeglichen Seins.

Wenn wir solche Entdeckungen machen, dann sind sie, nicht nur beim ersten Mal, stets mehr als überraschend; sie sind überaus verblüffend und überraschend. Gleichzeitig haben wir das Gefühl, dass wir uns selbst endlich und wahrhaftig gefunden haben: „Dies ist es, was ich wirklich bin. Wie könnte es irgendwo unter der Sonne oder irgendwo sonst im Universum noch mehr geben als das, was genau jetzt genau hier ist?“

Und dennoch gibt es mehr: Es gibt eine weitere Entfaltung der Reise selbst. Denn wir haben ja gesehen: Solange unsere relative Welt auch nur ein wenig eingefaltet bleibt, ist auch unser Bewusstsein, wie grenzenlos es im Augenblick auch zu sein scheint, noch begrenzt. Bis wir ans Ende allen Seins gelangt sind und es nichts mehr gibt, wohin wir noch gehen und was sich noch entfalten könnte, hat es noch nicht sein voll entfaltetes Ausmaß erreicht.

In diesem Stadium unserer Reise haben wir unseren unmittelbaren physischen Körper bereits weitgehend entfaltet und haben begonnen, unseren interpersonalen Körper zu öffnen. Jetzt haben wir darüber hinaus auch begonnen, unsere kosmische Entfaltung direkt anzugehen. Bei jeder Erfahrung der äußeren Welt finden wir uns eingeladen – oder sehen wir uns vielmehr unwiderstehlich aufgerufen –, in ihre unbegrenzte, universale Tiefe vorzudringen. Indem wir dies tun und der Entfaltungsprozess sich fortsetzt, wird unser Bewusstsein immer mehr befreit. Jede neue Begegnung mit der Welt ist so eine weitere Entdeckung, eine weitere Öffnung, ein weiteres Loslassen hinein in die Grenzenlosigkeit dessen, was ist.

Waren Sie jemals präsent für einen Regentropfen, der auf Ihr Fenstersims klopfte? Haben Sie gesehen, wie der Tropfen in Ihr Blickfeld fiel, auf das Fensterbrett klatschte, sich in Zeitlupe ausdehnte und in 1000 Lichtpunkte zerplatzte? Haben Sie jemals in ein Lagerfeuer gestarrt, bis Sie sich plötzlich mitten im Feuer wiedergefunden und entdeckt haben, dass Ihr eigener Seinszustand nichts anderes war als dieses lodernde Inferno, das brannte und brannte und brannte und alles verzehrte, worauf es traf? Haben Sie jemals einen See kontempliert und haben sich plötzlich in seine endlos nasse und wässrige Welt verloren? Haben Sie jemals einen seltsam geformten Felsen an einem Gebirgspfad angesehen und empfunden, dass sein klares, kompromissloses, altes Bewusstsein Sie im Blick hatte? Haben Sie jemals in einen großen Baum hinaufgesehen, nur um dort einer uralten Präsenz zu begegnen, die Sie mit unglaublichem Verständnis und großer Fürsorge ansah? Haben Sie jemals eines Tages in den blauen Himmel hinaufgeschaut und mit einem plötzlichen elektrischen Schock, der durch Ihren gesamten Körper rannte, realisiert, dass Sie hier einem endlosen, leuchtenden Gewahrsein begegneten, das unglaublich lebendig war und Sie beobachtete, das Sie ganz und gar durchschaute und Sie mit grenzenloser Liebe umfing? Solche Wahrnehmungen sind keine Halluzinationen, keine ausgedachten Erfahrungen oder drogeninduzierte Zustände. Sie sind natürliche und spontane Wahrnehmungen der Welt, wenn unser Gewahrsein offen, frei und gänzlich im Körper geerdet ist. Sie sind nichts anderes als unser fundamentales menschliches Geburtsrecht.

Das Wichtige an solchen Erfahrungen ist, dass wir durch sie eine tiefe Initiation in das erfahren, was wir letztendlich sind. Jetzt verstehen wir plötzlich, warum so viele Menschen in unserer heutigen Welt eine solche Sehnsucht nach nackter, uneingeschränkter Erfahrung der natürlichen Welt haben. Wir sehnen uns manchmal so intensiv danach, weil wir Sehnsucht nach unserer eigenen vollständigen Verkörperung haben, nach unserem eigenen letztendlichen Sein: Wir *sind* das Wasser, das Feuer, die Luft, der Raum. Der Berg *ist* unser Herz; die fließenden Flüsse *sind* unser Blut, unser Geist *ist* der grenzenlose Himmel, unsere Gedanken *sind* die kleinen vorüberziehenden Wolken. Letztlich sind wir nichts anderes als all dies. Und so gelangen wir zu unserem eigenen tiefsten Sein, unserem eigenen ursprünglichsten Selbst. Wir kommen zu der verblüffenden Einsicht, dass wir letztlich der Kosmos sind, und all dies ist ein Prozess der Entdeckung: Indem wir durch unser Leben reisen, finden wir uns buchstäblich selbst auf immer tieferen Ebenen und in allem, dem wir begegnen.

Jeder Einzelne von uns ist in der Lage, zu dieser kosmischen Dimension der Erfahrung zu gelangen, ob wir uns nun in der Wildnis oder mitten in einer Großstadt befinden. Solange da eine wahrnehmbare Welt ist, ist auch die kosmische Dimension stets zugänglich. Wenn wir sehen, wie die heißen Straßen einer Stadt nach einem plötzlichen Regenguss im Licht der Sommersonne dampfen, mag es sein, dass wir plötzlich das Gefühl haben, an die Ewigkeit zu rühren. Das Heulen der Sirene eines Unfallwagens mitten in der Nacht kündet uns von der Fürsorge und Liebe, die uns alle verbinden. Die Spannung, die Angst und der Stress, die wir in den Gesichtern der Menschen sehen, an denen wir auf einer belebten Straße vorübergehen, offenbaren uns die universale Verletzlichkeit und den Schmerz der menschlichen Existenz. Es mag sogar sein, dass wir die Stadt selbst als eine lebende, atmende, transzendente Präsenz erfahren, die all diesem Geschehen zugrunde liegt, es trägt und es belebt.

Solche Erfahrungen helfen uns, die volle Bedeutung der buddhistischen Lehren über die Ichlosigkeit zu verstehen: Wir sehen, dass unser „Ego“, jene lächerlich kleine Ich-Vorstellung, die wir für „uns“ halten, ein Traum ohne jede Realität ist. Und indem wir dies erkennen, sehen wir nicht etwa, dass unser grundlegender Zustand ein Nichts wäre, sondern uns wird klar, dass er Alles ist. Entfalten wir unser bedingungsloses Gewahrsein durch die „relativen“ Erfahrungen zuerst unseres unmittelbaren Körpers, dann unseres interpersonalen Körpers und schließlich des Kosmos selbst immer weiter, so entdecken wir, dass wir nichts anderes sind als die Totalität und niemals etwas anderes gewesen sind – und dass unser menschlicher Körper und unser menschliches Leben nichts anderes sind als die Mittel, um zu dieser Einsicht zu gelangen und sie mit anderen zu teilen. All dies gewinnen wir, wenn wir einmal voll und ganz durch das Tor des Körpers eintreten.

Diese Entdeckung unseres letztendlichen Seinszustandes hat viele wichtige Konsequenzen, nicht nur für unser individuelles und kollektives Leben als Menschenwesen, sondern auch in Hinsicht auf die globale Krise, der wir uns heute alle gegenübersehen. Das zuvor Gesagte macht zum Beispiel deutlich, dass die Basis für eine zeitgemäße Tiefenökologie nichts anderes sein kann als solch ein volles körperliches Erwachen und Gewahrsein. Es reicht nicht aus – einfach weil das zu indirekt und zu ineffektiv ist –, nur intellektuell zu *wissen,* dass wir von der Welt um uns herum untrennbar sind und dass jede Kreatur und jede natürliche Wirklichkeit ihren eigenen Platz und ihr eigenes Lebensrecht in der großen kosmischen Ordnung hat. Wir müssen vielmehr selber die *Erfahrung* machen, dass unser eigenes Dasein auf der tiefsten Ebene tatsächlich das Dasein der Welt ist. Es gibt letztlich keine Trennung: Auf der tiefsten Ebene sind wir dieses ganze Leben, diese ganze Wirklichkeit. Diese Art von unmittelbarem, direktem und intimem Wissen durch eigene Erfahrung mag die Menschen in Hinsicht auf die vorherrschenden konventionellen Werte und Verhaltensweisen „verrückt" machen. Doch aus der umfassenden Perspektive der Menschheit und ihrer möglichen Zukunft auf dieser Erde gesehen, bringt es dem Menschen wahre geistige Gesundheit.

57
Wer bin ich?

Im Innersten unserer menschlichen Person gibt es eine einzige Frage: „Wer bin ich?“ In irgendeiner Hinsicht werden wir unser ganzes Leben lang von dieser Frage verfolgt. „Wer bin ich? Was ist der Sinn meiner menschlichen Existenz? Warum bin ich hier und was soll ich mit meinem Leben anfangen?“

Ganz gleich, wie sehr unser täglicher Kampf ums Überleben unsere Aufmerksamkeit auch fesseln mag, ganz gleich, wie sehr wir von unseren alltäglichen Aufgaben und Umständen gefordert werden, und ungeachtet der Intensität unserer weltlichen Hoffnungen und Befürchtungen ist diese Frage immer da, manchmal im Hintergrund, manchmal im Vordergrund.

Natürlich geben die Religionen, Philosophien und Psychologien alle ihre jeweiligen Antworten auf diese Frage. Doch weil diese bloß begriffliche und rein intellektuelle Antworten sind, sind nur wenige von uns offenbar ganz und gar zufrieden mit den Antworten, die ihnen von anderen Menschen, von Institutionen oder ihrer Kultur gegeben werden. Besonders in unserer Zeit fühlen sich die von irgendeinem Individuum oder einer Tradition gegebenen Antworten für viele Menschen unzureichend an, ganz gleich, wie logisch kohärent oder wie ausgeklügelt sie sein mögen. Unsere Frage bleibt trotzdem.

Der Mensch sucht nach einer direkten, greifbaren Erfahrung dessen, was er letztendlich ist. Ohne eine solche direkte Erfahrung fühlen wir uns wie ein Mensch, der dabei ist, mitten in einer Wüste zu verdursten, und dem man nur von Wasser *erzählt*. Die meisten von uns sehnen sich tief in ihrem Inneren danach, tatsächlich das erfrischende, lebensspendende Wasser ihrer tiefsten Natur zu trinken, die ganze Tiefe ihres eigenen Menschseins zu erfahren und auf unmittelbare und nichtbegriffliche Weise zu erkennen, wer sie letztlich sind. Wenn wir die Körperarbeit nur weit genug vorantreiben, dann machen wir, wie wir gesehen haben, eine Reihe von Entdeckungen, die alle für die Frage „Wer bin ich?" relevant sind.

Die erste und wichtigste Entdeckung ist, dass das „Unbekannte" im Zentrum unseres körperlichen Seins steht und der Kern unserer Persönlichkeit ist. Dieser Kern des „Unbekannten" – das wir mithilfe der Erdatmung und anderer körperlicher Übungen im Körper direkt erfahren – ist offener, leerer Raum. Wie wir schon gesagt haben, ist er ein Bewusstseinsfeld, das einfach nur klar und unverstellt ist. Wenn es uns gelingt, uns dieser offenen Weite immer mehr hinzugeben, dann entdecken wir, wie wir ebenfalls schon gesehen haben, dass dieser grundlegende Raum des Körpers keine Einschränkungen und keine Grenzen kennt. Er ist in der Tat bar jeglicher Bezugspunkte. Kommen wir mit ihm in Berührung, so erfahren wir einen Augenblick des totalen Verlorenseins: Wir verlieren jegliches Gefühl eines „Ichs" oder eines Beobachters. Im Augenblick des „Zusammentreffens" ist da buchstäblich niemand, der beobachtet, und nichts, das beobachtet wird.

Dies ist wirklich das *Unbekannte,* nicht als ein Konzept, sondern als eine direkte Erfahrung, und das ist so, weil wir es nicht auf irgendeine dualistische Weise erkennen können. Wir können, mit anderen Worten, nicht einen Schritt zurücktreten und es als ein beobachtendes, denkendes und beurteilendes Subjekt beobachten, weil es in dem Augenblick, in dem wir zurücktreten, bereits verschwunden ist. Nur in dem Moment, in dem wir diesen Seinszustand in unserem Körper berühren, in dem wir die Erleuchtung berühren – denn dies ist im Grunde Erleuchtung –, wissen wir wahrhaft um unsere grundlegende Natur. Sie ist einfach Gewahrsein, das um sich selbst weiß.

Auch wenn wir diesen ursprünglichen Zustand unseres Körpers als vollkommen selbstgenügsam und jenseits jeder Art von Kausalität erfahren, ist er doch nicht passiv, abgetrennt, leblos oder ohne Konsequenzen für unser relatives Leben, unsere karmische Situation und unser Handeln.

Zuerst einmal bemerken wir, dass dieser Seinszustand, der so total „jenseitig" oder transzendent ist, trotzdem eine unmittelbare und machtvolle Wirkung auf die gewöhnlichen Aktivitäten unseres Egos hat – auf die unablässige begriffliche Aktivität unseres Denkens, Urteilens, Hoffens und Fürchtens. Wenn wir unsere grundlegende Natur, unser wahres Wesen, berühren, dann hört im gleichen Augenblick alles furchtsame, reaktive und einschränkende begriffliche Posieren auf. In jenem Augenblick des Wissens ist das weite Firmament unseres grundlegenden Seins sozusagen frei von allen Wolken oder sonstigen atmosphärischen Phänomenen. Die Erfahrung dieses ursprünglichen Substrats unserer eigenen Natur durchschneidet augenblicklich alle diskursive Aktivität und beendet sie vollkommen.

Diese unsere grundlegende somatische Natur – die Leere oder das Unbekannte – hat auch noch eine weitere Auswirkung: Sie gebiert etwas. Je enger wir mit dem endlosen, unbedingten Raum unseres Körpers in Berührung kommen und darin verweilen können – in vollkommenem Frieden –, desto deutlicher fühlen wir etwas aus unserem Inneren aufwallen. Dieses Aufwallen kommt in der Form aller möglicher Energien – als Aufblitzen von Wahrnehmungen, Einsichten, Klarsicht, Inspiration, plötzlichen Gefühlen wie Traurigkeit, Mitgefühl, Zärtlichkeit und so weiter.

Was auf diese Weise aufwallt, das erfahren wir auf eine ganz bestimmte Weise: Es ist nicht mit dem üblichen Gefühl von Einengung und Begrenztheit verbunden und es hat auch nicht den klaustrophobischen Beigeschmack, der egozentrischen Wahrnehmungen, Ideen und Strategien eigen ist. Für unsere direkte Erfahrung haben die Phänomene, die aus der Tiefe unseres Körpers auftauchen, etwas Unbeflecktes und Unverfälschtes. Sie fühlen sich wirklich und wahr an und ihre Kennzeichen sind Reinheit und Integrität.

Außerdem enthält das, was da auftaucht, eine Aufforderung, ja geradezu ein Gebot: Wenn wir es erfahren, spüren wir die dringende Notwendigkeit, uns dem Aufwallenden entsprechend zu verhalten, den aus dem Unbekannten geborenen ichlosen Einsichten und Inspirationen sowie der selbstlosen Wärme und dem Mitgefühl Ausdruck zu geben. Wenn die Hoffnungen und Befürchtungen des Egos hinter unseren Ideen und Projekten stehen, dann ist da immer eine Erwartung, die uns antreibt, und immer eine Einschätzung der Situation: „Sollte ich dies tun oder nicht? Werde ich, wenn ich es tue, mehr von dem erfahren, was ich mir wünsche, oder ist es eher wahrscheinlich, dass ich dann in Schwierigkeiten gerate?" Wir spüren den Einfluss des Egos, und da seine Pläne und Ambitionen hinter dem stehen, was wir tun, müssen wir alles bewerten und beurteilen. Taucht eine Einsicht oder Inspiration jedoch direkt aus der Tiefe unseres Körpers auf, dann umgeht sie den gesamten Egomechanismus des Zögerns und Planens, des ständigen Abwägens von Hoffnung gegen Furcht. Was aus unserer ursprünglichen Natur auftaucht, zeigt sich auf unwiderstehliche und zwingende Weise. Vielleicht fühlen wir uns einfach aufgerufen, eine Einsicht oder Wahrnehmung aufzunehmen und ihr zu gestatten, unsere Sichtweise der Dinge zu verändern. Vielleicht fordert uns aber auch etwas auf, das, was da aufgetaucht ist, zum Ausdruck zu bringen und danach zu handeln. In vielen Fällen – in mancher Hinsicht vielleicht sogar immer – erfahren wir das, was als ein „Ruf" auftaucht, als unbequem, unerwünscht oder sogar für den Standpunkt und die Stabilität unseres Egos bedrohlich. Was dies angeht, muss ich häufig an die Propheten des alten Israel denken und an das, was Jahwe, das große Unbekannte, von ihnen verlangte. Und ich muss auch an das Beispiel von Jesus Christus und seines Leidens in Gethsemane vor seiner Kreuzigung denken, als ihm klar wurde, was von ihm verlangt war. Er mag vielleicht seiner kulturellen und religiösen Herkunft nach ein Jude gewesen sein und man mag ihn als den Begründer des Christentums ansehen, aber seine Bereitschaft, dem Ruf, der aus seiner tiefsten Tiefe auftauchte, zu folgen, ganz gleich, was es kosten mochte, ist einfach Ausdruck einer edlen, universellen Menschlichkeit.

Im Laufe der Körperarbeit finden wir die Antwort auf die Frage „Wer bin ich?" auf ganz direkte, unmittelbare und greifbare Weise. Wir entdecken, dass das, was „ich" bin, eine offene, stets unbekannte und sich ständig entfaltende Situation ist. Wer ich bin, das ist letztlich das große Mysterium im innersten Kern meines Seins, und es ist das, was daraus auftaucht und was ich damit anfange. Denn was aus unserer grundlegenden Natur auftaucht, das kommt immer unverhofft und als Überraschung, das ist immer etwas Niedagewesenes. All dies ist das große Unbekannte und sein natürlicher, spontaner Ausdruck.

Wenn wir voll und ganz in unserem Körper wohnen, dann wird uns klar, dass sich die Antwort auf unsere Frage niemals auf feststehende und bleibende Konzepte oder Ideen reduzieren lässt. Auf die Frage „Wer bin ich?" lässt sich niemals eine definitive Antwort geben. Oder, um es auf andere Weise zu sagen: Man *kann* schon von definitiven Antworten sprechen, aber nur als somatische Fülle und Endgültigkeit jedes einzelnen Augenblicks. Eine solche Antwort ist nur für den Moment, in dem sie auftaucht, gültig. Dann löst sie sich im Angesicht des nächsten Augenblicks unserer unverstellten, sich entfaltenden Erfahrung auf, einer Erfahrung, die wiederum eine nur für den Augenblick gültige Antwort auf die Frage „Wer bin ich?" gibt. Diese Antworten sind in ihrer Leere und ihrer Ausdrucksform nicht weniger oder mehr als das grundlegende Mysterium unseres Seins. In jedem einzigartigen Augenblick unseres Lebens sind wir, was wir sind – und mehr als das gibt es nicht.

Wenn wir aus unserem Körper als unserer grundlegenden Natur heraus leben, vollzieht sich unser Leben immer jenseits von uns selbst, jenseits der Grenzen dessen, was wir ergreifen oder verstehen können. Das Mysterium unseres eigenen Seins ist das größte aller Mysterien des Universums, und dies nicht etwa deshalb, weil wir seine letzte Wahrheit nicht erfahren könnten, sondern gerade *weil* wir sie erfahren können.

Man könnte fragen, wie wir diese zutiefst körperliche Weise der Erfahrung unseres Lebens als eine „Antwort" auf die Frage „Wer bin ich?" verstehen können. Sie ist eine Antwort, weil die Erfahrung etwas Endgültiges an sich hat. Einerseits erfahren wir sie als selbstevident: Sie erscheint uns wahr, wirklich und unanfechtbar – so wie es dann, wenn wir draußen in einem Regenguss stehen, keine Frage für uns ist, ob es nun regnet oder nicht. Erfahren wir uns auf diese Weise, so bringt das außerdem ein Gefühl der Freiheit, der Wahrheit und des Verstehens mit sich. Außerdem wird deutlich, dass diese „Antwort" alles andere als egozentrisch ist: Sie ist Quell einer endlosen Zärtlichkeit, eines Mitgefühls und eines selbstlosen Handelns für alles, was lebt und leidet, ja für alles, was ist. Und außerdem füllt und erfüllt sie uns ganz und gar. Wir sehen, dass nichts anderes jemals notwendig oder wünschenswert war. Alles ist genau hier und ist es immer gewesen.

Wenn wir uns selbst auf diese Weise erfahren, haben wir das Gefühl, dass alle unsere Fragen beantwortet sind, nicht nur die Fragen über uns selbst, sondern auch die über alle anderen Dinge. Hierfür ist keine äußere Bestätigung notwendig. Das zunehmende Gefühl spontaner Kreativität, der Fürsorge für andere und der Offenheit und Flexibilität, das sich zunehmend in unserem Leben manifestiert, ist Beweis genug für die Integrität dessen, was da geschieht.

Im Verlauf dieses ganzen Prozesses ist die Körperarbeit natürlich der Schlüssel; sie ist, wenn Sie es so nennen wollen, der „Pfad zur Unsterblichkeit". Indem sie uns dazu befähigt, über die Konfusion und das laute Getöse unserer zwanghaften und streitsüchtigen Diskursivität hinauszugehen, bringt sie uns in Berührung mit dem leeren Grund unseres Seins. Sie gibt uns eine Methode an die Hand, mit dem, was aus jenem „grundlosen Grund" geboren wird, in Kontakt zu bleiben. Und sie bringt ein Gefühl der körperlichen Zuversicht mit sich, aus der heraus wir das Zeitlose aufnehmen und zum Ausdruck bringen sowie in Übereinstimmung damit handeln können.

Was hier gesagt wurde, bedeutet also, dass das letzte Ziel der „Meditation mit dem Körper" die Fähigkeit ist, ganz und gar das zu sein, was wir sind, in all unserer Leere und mit all dem, was daraus hervortritt. Dieses Ziel umfasst die vollkommene Befreiung und Erfüllung unserer selbst sowie ein rückhaltloses und findiges Mitgefühl mit der Welt, ihren Lebewesen und allem, was ist. Dieses erhabene Ziel ist, wie das Ziel jeder spirituellen Disziplin, ein Endpunkt, der vielleicht niemals gänzlich erreicht wird, zumindest nicht in diesem Leben, sodass die Reise zu ihm hin immer weiter geht und kein Ende findet. Und dennoch ist er in jedem Stadium unseres Reifeprozesses wie ein ferner – und manchmal gar nicht so ferner – Stern an unserem Himmel, der uns leitet und hilft, unseren Kurs zu halten.

Fazit

58

Zu dem werden, was wir sind

Der Begriff „Dharma" bezieht sich auf die tiefsten Wahrheiten und Wirklichkeiten der menschlichen Erfahrung. Diese Wahrheiten und Wirklichkeiten sind niemals tot und leblos, und sie sind auch in keiner Weise statisch. Sie sind tatsächlich die Essenz eines reichhaltigen, überschäumenden Lebens selbst; sie sind immer wieder neu, verändern sich andauernd und führen uns immer wieder zu neuen Horizonten des Daseins. Wie wir gesehen haben, geht die Entfaltung solcher Wahrheiten und Wirklichkeiten für uns Menschen immer mit einem Ruf und einer Aufforderung einher. Der Buddhismus als spirituelle Tradition gibt uns einen Zugang zu dieser Fülle des Lebens, die die Wirklichkeit selbst ist, und er zeigt uns, wie wir diese Fülle in uns selbst aufdecken und sie voll und ganz leben können.

Heutzutage missverstehen manche Menschen die Betonung der individuellen menschlichen Reise im Buddhismus sowie seine Aufforderung, wir sollten herausfinden, wer wir wirklich sind, und sollten unsere eigene letzte Erfüllung suchen. Da wir im Westen der Meditation, der Innenschau, häufig misstrauen und oft schlichtweg Angst haben, allein zu sein, neigen wir häufig dazu, die Innenschau des Buddhismus für was zu halten, durch das man sich aus dem sozialen Kontext herauslöst und ihm gegenüber gleichgültig wird. Ein solches Misstrauen wäre berechtigt, wenn der Buddhismus eine statische Tradition mit einer unveränderlichen Interpretation dessen wäre, was der Mensch ist und was wir in der Welt tun sollten. Aber der Buddhismus ist nichts anderes als ein Instrumentarium von Übungen, durch die wir die Mysterien des menschlichen Herzens und die tiefsten Wirklichkeiten unserer menschlichen Erfahrung aufzuschließen vermögen, einzig in uns selbst und genau in diesem Augenblick. Und das menschliche Herz ist, wie wir gesehen haben, nichts Persönliches: Je tiefer wir unser eigenes Herz ausloten, desto präsenter ist für uns darin das Sein der anderen und das innerste Herz der Welt selbst.

Es steht außer Frage, dass die anderen Menschen und die Welt als ganze in der heutigen krisenhaften Situation alles brauchen, was wir zu geben haben. Die Frage ist nur, *was* wir geben sollen. Wie schließlich deutlich wird, können wir nicht herausfinden, was wir zu tun haben, indem wir einfach nur darüber nachdenken. Wir müssen unsere Inspiration und unsere Zielrichtung aus viel tieferen Quellen schöpfen. Aber was sind diese Quellen und wo können wir sie finden?

Nach Ansicht des Buddhismus sind diese Quellen in uns vorhanden und stets zugänglich. Sie liegen in der Tiefe unseres eigenen Körpers und Herzens, in den geheimen Bereichen unseres eigenen Lebens. Statt endlos darüber nachzudenken, was vielleicht funktionieren könnte, und in einer Art von Versuch-und-Irrtum-Methode dieses und jenes auszuprobieren, sollten wir vielleicht versuchen, in unsere Tiefe zu schauen. Wenn wir das tun, so meine ich, werden wir nicht nur das finden, was wir als Individuen denken. Wir werden vielmehr in unmittelbaren Kontakt mit dem kommen, was die anderen leidenden Wesen brauchen, und wir werden das aufdecken, was die natürliche Welt selbst als wünschenswert und notwendig für die Fortdauer des Lebens auf diesem Planeten erachtet. Aber das Ego muss entthront werden, wir müssen seine Arroganz abstreifen und beginnen, auf die sich daraus ergebende Stille zu hören, bevor es zu spät ist. Dabei geht es darum, zu dem zu werden, was wir letztendlich sind, und uns dem zu verpflichten, was die Schöpfung von uns verlangt und was sie eben jetzt braucht.

Die Fähigkeit des modernen Menschen, den Ruf des Dharma zu hören, ihm zu folgen und zum Nutzen aller zu dem zu werden, was er ist, ist in der Geschichte des Buddhismus vielleicht einzigartig. Um dies zu verstehen, müssen wir uns vor Augen führen, dass der Buddhismus im Lauf der Zeit im Umfeld einiger sehr konservativer Kulturen angesiedelt war, in denen Wandel, Kreativität und Individualität, die sich gelegentlich aus intensiver Meditationspraxis ergeben, oft nicht willkommen waren. Viel häufiger als uns vielleicht bewusst ist, war „der Dharma" eng verbunden mit dem traditionellen Status quo asiatischer Ackerbaugesellschaften und mit deren patriarchalem, konformistischem und kollektivistischem Denken.

Gleichzeitig ist der Buddhismus jedoch, wie wir gesehen haben, im Grunde eine ausgesprochen radikale Tradition. Weil er sich immer zutiefst auf die menschliche Erfahrung als die letzte spirituelle Autorität verlassen hat und stets bereit war, akzeptierte Normen und Werte infrage zu stellen, stand der Buddhismus – zumindest in seinen meditativen Formen – immer in einem gewissen Spannungsverhältnis zu den Kulturen, in denen er sich ausbreitete. Insbesondere in den meditativen Übertragungslinien hat er immer wieder heroische Gestalten hervorgebracht, die den Pfad bis zu seinem Ende gegangen sind und die jenes unvergleichliche Leben, von dem zuerst der Buddha kündete, realisiert haben. Auf diese Weise wurde die Übertragungslinie authentischer Spiritualität lebendig erhalten.

Was in der heutigen gesellschaftlichen Situation anders ist, ist die Tatsache, dass die „einsame Reise" nicht mehr nur für eine kleine Minderheit da ist. Aufgrund des Zusammenbruchs der traditionellen

Kulturen und der rasenden Ausbreitung der „Nichtkultur" des Konsumismus und Materialismus findet sich der heutige spirituell Suchende in einer Sackgasse. Er kann sich nicht mehr auf das alte und über lange Zeit bewährte Amalgam von Kultur und Religion, das über Tausende von Jahren bestand, verlassen, weil er keine eigene Kultur mehr besitzt, die ein solches Amalgam erzeugen könnte. Er kann aber auch nicht einfach die Spiritualität anderer Kulturen übernehmen, da deren traditionelle Ansätze dem modernen Menschen oft ziemlich gedankenlos, rigide und engstirnig vorkommen. Die Frische der Erfahrung, die der moderne Mensch sucht, und die Bestätigung der Heiligkeit seiner eigenen Existenz und der Welt findet er dort allzu oft nicht.

So scheint es für die meisten von uns keine andere Wahl zu geben, als uns selbst auf die heroische Suche nach dem zu machen, was das Tiefste und Wahrhaftigste in uns selbst, in unserem Leben und in unserer Welt ist. Es sieht so aus, als bliebe uns nichts anderes übrig, als unsere volle Verkörperung und unsere eigene voll individuierte Persönlichkeit wiederzufinden. Um das zu erreichen, werden wir ein und für alle Mal das diskursive Denken – die Körperfremdheit – als die vorherrschende Weise unserer Orientierung in der Welt aufgeben müssen. Vielleicht sind wir tatsächlich dazu in der Lage, weil unsere Körperfremdheit ein solch wahnsinniges Ausmaß erreicht hat und wir uns in einem solch extremen und unerträglichen Zustand befinden, dass wir uns als einzige Alternative nicht nur dazu getrieben, sondern geradezu genötigt sehen, uns für eine Welt zu öffnen, in der wir die volle und einzigartige Verkörperung, die uns möglich ist, wirklich leben.

Und wir werden uns selbst zum Ausdruck bringen müssen. In vielen der traditionellen asiatischen buddhistischen Kulturen wurde der individuelle Ausdruck weitgehend eingeschränkt und reguliert. Viele ernsthaft Praktizierende aus dem Westen haben berichtet, wie schwer es war, ihre asiatischen Lehrmeister dazu zu bringen, offen über sich selbst, ihr Leben oder ihre Erfahrungen zu sprechen. Derart von sich selbst zu sprechen, gilt im Kontext des asiatischen Buddhismus offenbar als ungehobelt, unhöflich, egozentrisch und sogar dem Dharma widersprechend.

Angesichts des ungemein starken sozialen und religiösen Konservativismus der traditionellen, konformistischen Kulturen ist es durchaus verständlich, dass man den Ausdruck persönlicher Erfahrungen dort als bedrohlich ansehen konnte. Wie der französische Philosoph George Bataille aufgezeigt hat, ist die Betonung der individuellen menschlichen Erfahrung als höchster und einziger Wert (sui generis) automatisch destabilisierend für jede Art von Konservativismus, also auch für die kulturelle Standardisierung institutionalisierter religiöser Autorität oder sozialer Kontrolle. Wenn ein Mensch aus der Tiefe seiner eigenen Erfahrung spricht, dann sagt er im Grunde: „Diese einzigartige Erfahrung, die ich mache, ist bedeutsam. Sie ist heilig. Sie ist es wert, davon zu sprechen. Was ich zum Ausdruck bringe, ist von Bedeutung für unser kollektives Leben." Von der individuellen Erfahrung zu sprechen heißt, die Kategorie des Einzigartigen und Individuellen zu bestätigen. Und dadurch wird, zumindest implizit, die Annahme infrage gestellt, dass die letzte Autorität irgendwo da draußen, im Kollektiven, zu finden sei.

Doch wir leben heute in einer anderen Zeit, und gerade weil diese Zeit so intensiv ist, müssen wir – ein jeder von uns, der diesem Pfad folgt – bereit sein, von unserer Erfahrung zu sprechen, unser Inneres nach außen zu kehren. Wir müssen offen über unsere Praxis und über unser Leben sprechen, ohne zu zögern und ohne uns zu entschuldigen oder zu rechtfertigen: darüber, wie wir unseren Weg verloren haben, wie wir in Angst und Schrecken gelebt haben, welche Tragödien wir erfahren haben, wie sich unsere Reise entfaltet hat, was wir entdeckt haben, wie unsere Hoffnungen und Ängste aussehen – über all das. Wenn wir das tun, und es geschieht bereits, dann kann sich, wie ich glaube, eine neue buddhistische Kultur entwickeln. Oder wir sollten vielleicht besser von einer neuen „meditativen Kultur" oder sogar

„menschlichen Kultur“ sprechen. Statt jedoch auf den äußerlichen Werten des Buddhismus oder anderer, ähnlicher meditativer Ansätze zu beruhen, kann eine solche Kultur aus der kollektiven Erfahrung der Praktizierenden selbst entstehen, ganz gleich, zu welcher Tradition oder Übertragungslinie sie gehören. Und sie wird viele andere umfassen, die mit derselben Tiefe und Hingabe an ihr Leben herangehen. Sie wird einen neuen Wert verkünden, den der Heiligkeit der Erfahrung selbst, und wird so die Heiligkeit des Individuums in all seiner unvergleichlichen Wirklichkeit betonen – als das mögliche Zentrum und Herz der sozialen Ordnung einer globalen Gemeinschaft.

Es gibt noch einen letzten Punkt, der hier ausgeführt werden muss, auch wenn er in dem zuvor Gesagten bereits impliziert ist. Aus der Sicht des Buddhismus ist Individualität keine Angelegenheit des Egos. Manche traditionelle asiatische Lehrer mögen uns sagen, die Verwirklichung von Individualität und der Ausdruck individueller Kreativität seien egozentrisch und ein Ausdruck des Samsâra. Aber mir scheint, dass solche Behauptungen eher ein Ausdruck asiatischer kultureller Werte sind als etwas, das eigentlich zum Buddhismus gehört.

Sich selbst hintan zu stellen und zu versuchen, konventionelle Werte – einschließlich der des Buddhismus – zu assimilieren, hat meiner Meinung nach nicht nur im heutigen Westen, sondern weltweit nicht funktioniert. Es wird auch in Zukunft nicht funktionieren und geht fraglos in die falsche Richtung. Ich habe das Gefühl, dass die Praktizierenden in aller Welt zu derselben Erkenntnis erwachen – dass die Entwicklung und der Ausdruck der eigenen Individualität und Kreativität das ist, was der Planet tatsächlich braucht und was die Wirklichkeit von uns verlangt. Wir als Praktizierende wissen dies, denn wenn wir meditieren und in die Wildnis des ungeborenen Geistes eintreten, dann begegnen wir unserem tiefsten Selbst – nicht als etwas Vorgegebenem, sondern als einer Herausforderung und einer Mission. Diese Mission zu erfüllen, ist das, was von uns allen verlangt wird.

Während ich über diese Dinge nachdachte, stieß ich auf die Schriften von Edward Edinger, einem Jungianischen Psychoanalytiker, der sagt, die Aufgabe der Verwirklichung unserer Individualität als moderner Mensch – oder sogar ganz allgemein als Mensch – sei eine transzendentale Aufgabe. Sie werde uns vom Universum gestellt. Sie sei unser Job und das, was wir zu tun haben. Seiner Ansicht nach ist diese Aufgabe unsere Bestimmung und unser Schicksal, nicht nur für einige wenige von uns, sondern immer mehr für alle Menschen auf der ganzen Welt.

Diese Auffassung weist vielleicht in eine interessante Richtung: dass nämlich unser einzigartiges und letztlich individuelles Selbst zugleich ein völlig unpersönliches Ereignis im Universum ist, ein Ereignis, das aus einer transzendenten Quelle hervorgeht und diese Quelle in ihrer großen Ordnung und in ihren Details durchgehend widerspiegelt, dass es eine transzendente Intention und eine transzendente Aktivität ist. Vielleicht ist dies insbesondere in unserer heutigen Zeit genau das, was der Dharma in seiner tiefsten Tiefe bedeutet, und vielleicht ist dies der Grund, warum unsere vollständige Verkörperung zu einer solchen Notwendigkeit geworden ist. Vielleicht sind wir nicht mehr als die Hüter dieses einzigartigen Lebens und sind aufgerufen, unsere volle Verkörperung zu verwirklichen, den Körper voll und ganz zu bewohnen, ihn zu erfahren und diese Erfahrung zu kommunizieren – nicht als etwas Persönliches, sondern als einen Moment in der Entfaltung des Seins selbst.

ANHANG

Ein Ausblick auf die Körperarbeit

Die tatsächliche Praxis der in diesem Buch diskutierten Körperarbeit erlernt man am besten von einem ausgebildeten und erfahrenen Lehrer. Wörter auf einer Buchseite können uns eine allgemeine Vorstellung von dieser Arbeit vermitteln, aber man lernt sie zu 80 Prozent aus der Erfahrung, die man in lebensechten Lernsituationen macht. Um jedoch einen praktischen Kontext für die vorangegangene Diskussion zu liefern, möchte ich hier doch ein wenig über die tatsächliche Übung der Meditation mit dem Körper sagen.

Da die Körperarbeit einfach darin besteht, eine tiefere Beziehung zum eigenen Körper herzustellen, und da die Protokolle einen universalen, sanften, natürlichen und allmählichen Prozess erschließen, ist die Arbeit selbst außerordentlich sicher. Sie ist in der Tat ein sehr viel leichterer Eingriff als alles andere, was man tun kann, um das eigene psychische und spirituelle Leben aufzuschließen. Viele dieser Praktiken werden heute bereits von Psychiatern, Psychotherapeuten und anderen psychologisch Arbeitenden verwendet. Wie die verschiedensten Berichte zeigen, kann diese Arbeit nicht nur für jene von uns, die als geistig „normal" eingestuft werden, von großem Nutzen sein, sondern sie kann auch für Menschen, die beträchtliche innere Not und Verwirrung erfahren, eine große psychologische Hilfe sein. In den letzteren Fällen werden jedoch die besten und dauerhaftesten Resultate erreicht, wenn diese Menschen mit psychologisch geschulten Ärzten arbeiten.

Manche Menschen fragen: „Welche Beziehung hat diese somatische Schulung zur gewöhnlichen Meditationspraxis?" Die treffendste Antwort ist, dass die Körperarbeit, meiner Meinung nach, Meditation in ihrer besten Form ist. Es mag schon sein, dass es, wenn wir bereits meditieren und dann beginnen, die somatischen Übungen zu erlernen, den Anschein hat, wir täten hier etwas anderes. Es fühlt sich wahrscheinlich deshalb anders an als unsere reguläre Meditationspraxis, weil diese wahrscheinlich so körperfremd ist. Haben wir jedoch erst einmal lange genug mit den somatischen Protokollen gearbeitet und sie auf einer tiefen Ebene assimiliert, und haben wir so zu einer intimen und offenen Beziehung zu unserem Körper gefunden – und dies dauert nicht sehr lange –, dann meditieren wir jedes Mal, wenn wir in unseren Körper gehen, und jedes Mal, wenn wir meditieren, tun wir dies auf verkörperte Weise. Zu meditieren heißt dann für uns, mit dem Körper zu meditieren. Das ist für uns von diesem Punkt an ein und dasselbe.

Während der Zeit, in der wir die Übungen der Meditation mit dem Körper erlernen, können wir sie auf verschiedene Weise benutzen. Zuerst einmal können Sie die somatischen Protokolle für sich praktizieren. Sie *sind* an und für sich Meditation und zudem eine tiefe und transformierende Form der Meditation. Besonders wenn Sie erst begonnen haben, diese Praktiken zu erlernen, wäre es gut, wenn Sie etwa 40 Minuten auf die Übung jedes einzelnen Protokolls verwenden würden. Ich möchte außerdem empfehlen, dass Sie vor und nach jeder der 40-minütigen Übungssitzungen jeweils fünf oder zehn Minuten stille, formlose Meditation praktizieren. Dies hilft Ihnen, sich auf die Arbeit vorzubereiten und deren Resultate am Ende zu fühlen und zu assimilieren.

Sind Sie andererseits bereits ein Meditierender, auf welchem Niveau auch immer, und haben Sie bereits eine regelmäßige Praxis, die Sie ausführen möchten, dann können Sie jede Meditationssitzung mit einer der grundlegenden somatischen Übungen beginnen. Haben Sie eine Stunde für die Meditation Zeit, dann schlage ich vor, dass Sie wenigstens 15 Minuten auf die Körperarbeit verwenden. Wollen Sie zwei Stunden meditieren, dann wäre es gut, mit 20 bis 25 Minuten Körperarbeit zu beginnen. Tun Sie dies, so wird Ihre Meditation danach einen sehr viel offeneren Verlauf nehmen.

Drittens können Sie die somatischen Übungen anwenden, wenn Sie krank sind, unter einer Verletzung leiden oder emotional besonders aufgewühlt sind. Diese „spezielle Anwendung" der Übungen kann eine große Hilfe sein, um Bewusstsein und Heilung in Ihre Situation einzubringen. Menschen mit chronischen und sogar mit lebensbedrohlichen Krankheiten, mit degenerativen Erkrankungen oder ernsten Verletzungen können durch diese Arbeit viel Trost, Erleichterung und manchmal sogar ein gewisses Maß an Heilung finden. Gelegentlich kann diese Arbeit sogar dann zu Erfolgen führen, wenn alle anderen Bemühungen gescheitert sind.

Im Rahmen der somatischen Meditationen und Kontemplationen gibt es sieben grundlegende Übungen. Diese sind: 1. die Grundpositionen Sitzen und Liegen sowie die davon jeweils erschlossene Dynamik; 2. die Zehnpunkteübung; 3. die dreifache Atmung; 4. die Erdabstiegs-Atmung; 5. die zelluläre Atmung; 6. die Unterbauchatmung; und 7. die innere Meditation des subtilen Körpers. Jede dieser Übungen wird sowohl in liegender als auch in sitzender Position ausgeführt, sodass man 14 Grundübungen hat. Für jede dieser 14 Übungen gibt es vielleicht fünf oder sechs Variationen, sodass wir schließlich auf etwa 100 somatische Protokolle kommen. Diese Variationen hängen hauptsächlich von der Intention an, mit der wir diese Übung praktizieren – ob wir sie hauptsächlich dazu benutzen, uns zu entspannen, ob wir etwas über unsere inneren Spannungsmuster lernen, uns mit der Erde verbinden, die inneren räumlichen Aspekte des Körpers betrachten, uns für den äußeren Raum des Gewahrsein öffnen oder ob wir sehen wollen, was geschieht, wenn wir die Übung ohne jede intentionale Ausrichtung praktizieren. Theoretisch kann ein Meditationslehrer – und ein erfahrener Praktizierender – in jeder gegebenen Situation mit jedem Protokoll in eine von unendlich vielen Richtungen gehen, abhängig von der Atmosphäre, der Energie, der Ebene und den spezifischen Bedürfnissen der jeweiligen Situation. Es ist also im Grunde eine endlose Zahl von individuell unterschiedlichen Protokollen möglich. Es ist jedoch nicht möglich und auch nicht notwendig, viele von diesen Möglichkeiten in diesem Anhang zu beschreiben. Ich habe hier einige der grundlegenden Protokolle ausgewählt, sodass der Leser eine allgemeine Vorstellung davon bekommt, wie die Körperarbeit vorgeht.

Der Leser mag sich fragen, warum wir jede der Übungen sowohl in einer liegenden als auch in einer sitzenden Position ausführen. Jede unserer Körperhaltungen aktiviert spezifische Ebenen, Arten und Qualitäten des Gewahrseins. Wenn wir uns hinlegen, nehmen wir die Haltung des Säuglings an, auf dem Rücken liegend und entspannt, aber offen, wach und aufmerksam sowie mit einer enormen Bereitschaft zu lernen. Erwachsene legen sich gewöhnlich nicht auf solch entspannte Weise hin, wenn sie nicht ausruhen oder einschlafen wollen. Den Rest der Zeit sind sie „aufrecht" und angespannt, wobei all ihre erwachsenen Pläne, Ambitionen und paranoiden Vorstellungen in voller Aktion sind.

Wenn wir uns also hinlegen wie ein Säugling, sind wir in der Lage, Zugang zu dem offenen und bedingungslos bereitwilligen Zustand des Säuglings zu gewinnen. Üben wir die Protokolle in der liegenden Position, sind wir in der Lage, sie sehr weitgehend zu erforschen. Entspannung und Loslassen stehen immer am Anfang eines Protokolls und sind dessen Grundlage. Zu diesem Prozess gewinnen wir am leichtesten in der liegenden Position Zugang. Wenn wir auf dem Rücken liegen, können wir durch die Entspannung und das Loslassen hindurchgehen, um die ganze Bandbreite der Möglichkeiten, etwas über unseren Körper zu lernen und unser Gewahrsein zu entwickeln, zu erkunden. Haben wir in der liegenden Position erst einmal wirklich erfahren, wie es ist, körperlich völlig präsent, entspannt, wach und bewusst zu sein, dann können wir uns auch auf unsere eher erwachsene Weise hinsetzen. Ist unser erwachsenes Ich wieder auf diese Weise durch die aufrechte Haltung aktiviert, so bemerken wir sehr viel besser, wann und wie wir von dem offenen Zustand, der uns möglich ist und den wir in der liegenden Positur entdeckt haben, abweichen und angespannt, verkrampft und schließlich gefühllos werden. Indem wir zwischen dem Liegen und dem Sitzen hin und her gehen, lernen wir allmählich, in der im Liegen erfahrenen Offenheit, Wahrheit und bedingungslosen Bewusstheit zu verweilen, während wir uns in unserer erwachsenen Körperhaltung befinden und vielleicht sogar beschäftigt sind.[19]

---

[19] Ein Übungsprogramm mit dem Titel „Meditating with the Body" wird vom Verlag Sounds True (www.soundstrue.com) als CD und Download angeboten.

Die grundlegende liegende Position

Beginnen Sie damit, dass Sie sich auf dem Boden auf den Rücken legen – auf einer bequemen Unterlage, die fest, aber nicht zu hart ist. Ihre Knie sind angezogen, sodass Ihre Füße flach auf dem Boden stehen, und die Beine werden oberhalb der Knie von einem Yoga-Band zusammengehalten. Das Band sollte so eng zusammengezogen werden, dass die Knie sich gerade berühren oder beinahe berühren. Wir bilden ein Dreieck zwischen den Knien, den Füßen und dem Boden, sodass Sie Ihre Oberschenkel, Ihr Kreuz und die Hüften entspannen können. Ihre Füße sollten so weit auseinander stehen, dass Sie sich stabil fühlen und voll entspannen können. Sie finden es vielleicht auch angenehm, wenn ihr Kopf von etwas abgestützt und leicht angehoben ist, etwa von einem zusammengefalteten Handtuch, einem Pullover oder einem kleinen Kissen.

Legen Sie die Hände auf dem Unterbauch übereinander, mit der linken Hand unter der rechten Hand, wobei die kleinen Finger hinab zum Schambein und die Daumen aufwärts zum Nabel weisen. Dies sammelt Ihre Energie und Ihre Bewusstheit im Kernbereich des Körpers. Spüren Sie die Erde unter sich und lassen Sie den Körper absinken, so als dringe er ein wenig in die Erde ein. Je mehr Sie das Gefühl haben, von der Erde getragen zu werden, desto besser werden Sie sich entspannen können.

Überprüfen Sie, ob Ihre Position angenehm ist. Sie sollten sich dabei wirklich entspannen können, sodass keine Spannung in Ihrem Körper nötig ist. Sie sollten eine Haltung einnehmen, in der Sie die Muskeln im Kreuz und die Innenseite der Oberschenkel so entspannen können, dass dort nichts festgehalten wird. So können Sie sich wirklich entspannen: Das Dreieck zwischen Ihren Knien, den beiden Füßen und dem Boden sollte sehr angenehm für Sie sein. Dann wenden Sie Ihre Aufmerksamkeit Ihrem Körper zu, während Sie die Entspannung weiter vertiefen.

Wenn Sie begonnen haben, diese Art von Übung regelmäßig zu praktizieren, werden Sie schon bald bemerken, dass der Körper jedes Mal sehr schnell reagiert, wenn Sie sich auf diese Weise in derselben Position und mit der Absicht, Körperarbeit zu praktizieren, hinlegen. Dies ist die einzige Zeit in Ihrem Leben, zu der der Körper tatsächlich zum Brennpunkt Ihrer Aufmerksamkeit wird. Wir benutzen den Körper nicht für irgendetwas anderes. Wir stellen einfach eine Beziehung zu ihm her, wie er gerade ist. Dies ist die einzige Gelegenheit, zu der wir dies jemals tun, das Schlafen eingeschlossen. Der Körper beginnt zu antworten, sich zu entspannen und ein Gefühl des Wohlseins zu entwickeln, wenn wir bloß diese Position einnehmen. Nehmen Sie sich also einige Minuten Zeit und lassen Sie Ihren Körper sich völlig entspannen.

Während Sie so daliegen, werden Sie bemerken, dass Ihr Körper beginnt loszulassen. Ein Muskel hier, ein Muskel dort, eine Sehne hier, ein Gelenk dort. Er beginnt die Spannung in den verschiedensten Bereichen loszulassen. Dies ist eine sehr lebendige Situation. Sie mögen vielleicht denken: „Warum tue ich das? Es passiert doch nicht viel." Aber das stimmt ganz und gar nicht. Solange Sie aufmerksam sind und auf Ihren Körper achten, läuft ein sehr dynamischer und lebendiger Prozess der Entspannung in Ihrem Körper ab. Sie müssen allerdings präsent sein. Sie müssen in Ihrem Körper sein. Sie müssen Ihren Körper für diese Arbeit bewusst und absichtlich spüren.

Die Zehnpunkteübung

Diese Übung wird sehr ausführlich beschrieben, um zu zeigen, welches Maß an Aufmerksamkeit, Präzision und Subtilität für die Ausführung der Körperarbeit notwendig ist. Die anderen, später beschriebenen Praktiken werden weniger ausführlich beschrieben.

A. Die Zehnpunkteübung im Liegen

Wir beginnen mit dem Üben der sogenannten Zehnpunkteübung. Wir werden diese Übung fast immer als Vorbereitung für alle anderen Übungen ausführen. In einem gewissen Sinne ist die gesamte Körperarbeit in dieser einen Übung enthalten. Die zehn Punkte sind die beiden Füße, die Seiten der beiden Gesäßbacken, der mittlere Rücken, die beiden Schulterblätter, die beiden Ellbogen und der Kopf. Diese Übung ermöglicht uns zu lernen, in unseren Körper einzutreten. Wir beginnen dabei, zu den Empfindungen in seinen verschiedenen Teilen und Bereichen zu erwachen. Wir beginnen Spannungen aufzudecken, uns zu entspannen und loszulassen. Und indem wir nach unten loslassen, beginnen wir ein Gefühl der Tiefe und der Verwurzelung in der Erde unter uns zu entwickeln.

Nehmen Sie die oben beschriebene liegende Position ein und spüren Sie einfach die Erde unter sich. Lassen Sie Ihren Körper zur Ruhe kommen. Sie werden mit den Füßen anfangen. Richten Sie Ihre Aufmerksamkeit einfach auf Ihre Füße. Spüren Sie die dortigen Empfindungen, sowohl äußere Empfindungen wie den Druck der Strümpfe, die Temperatur des Zimmers als auch innere Empfindungen wie etwa Spannung oder das Gefühl des Gewichts Ihrer Füße. Fühlen Sie einfach nur das.

Beginnen Sie als Nächstes, Ihre Füße zu entspannen. Es gehört zu den Grundprinzipien der Körperarbeit, dass Spannung aufrechterhalten wird, wenn wir uns ihrer nicht bewusst sind. Sobald wir unsere Aufmerksamkeit auf einen bestimmten Bereich richten, können wir beginnen, diesen Bereich zu entspannen. Wir entwickeln die Fähigkeit, diese Spannung loszulassen. Wenn wir sie wirklich spüren, können wir beginnen, sie loszulassen. Das bedeutet nicht, dass die Spannung augenblicklich verschwindet, aber sie beginnt zu schmelzen.

Wenn wir diese Übung erlernen, dann arbeiten wir am Anfang sehr detailliert. Beginnen Sie mit dem großen Zeh allein. Seien Sie Ihres großen Zehs gewahr. Sehen Sie, ob Sie die mit dem großen Zeh von beiden Füßen verbundenen Empfindungen spüren können. Sie gehen dabei auf parallele Weise vor, arbeiten mit beiden Seiten des Körpers gleichzeitig. Können Sie die Spitze Ihres großen Zehs fühlen? Können Sie die Oberseite Ihres großen Zehs fühlen? Fühlen Sie die Spitze und die Seiten Ihrer großen Zehen? Die Unterseite? Die Mitte? Wenn Sie eine Spannung in den großen Zehen spüren, seien Sie der Spannung gewahr und lassen Sie die Spannung sich allmählich auflösen.

Wo oder wie löst sich die Spannung? Sie schmilzt in die Erde hinab. Während der ganzen Zehnpunkteübung spüren wir in einen bestimmten Teil unseres Körpers hinein und lassen die Spannung los, wobei sie nach unten in die Erde abfließt. Es kommt also zu einer Freisetzung von Energie nach unten.

Während Sie die Spannung spüren, bemerken Sie vielleicht, wie etwas beginnt aufzuweichen. Das kann in Ihrem Zeh selbst geschehen oder in einem benachbarten Bereich. Sie spüren Ihren großen Zeh, und vielleicht kommt es an der Wurzel des Zehs zu einem Aufweichen. Es mag am Anfang kaum spürbar sein, aber je länger Ihre Aufmerksamkeit dort verweilt, desto mehr wird die Spannung schmelzen. Wie lange sollten Sie bei den großen Zehen verweilen und damit arbeiten? Bleiben Sie so lange bei den großen Zehen und bei jedem weiteren Zeh, bei jedem weiteren Teil Ihrer Füße und bei jedem anderen Körperteil, bis Sie das Gefühl haben, dort etwas zu spüren, und Sie eine Verbindung zu diesem Körperteil hergestellt haben.

Jetzt gehen Sie zum zweiten Zeh an beiden Füßen weiter. Spüren Sie ihn, fühlen Sie seine Masse und Dichte, fühlen Sie die Spannung und beginnen Sie, sie loszulassen. Dann spüren Sie den mittleren Zeh. Fühlen Sie die Empfindungen, eine gewisse Spannung. Lassen Sie sie los, entspannen Sie.

Auch wenn Sie anfangs Ihre Zehen kaum spüren können, selbst wenn Sie aufmerksam darauf achten, lassen Sie das Gewahrsein mit einer starken Intention dort verweilen. Das ist der wichtige Punkt: Ihre Intention und Ihre Aufmerksamkeit müssen darauf gerichtet sein. Mit der Zeit werden die Zehen beginnen aufzuwachen. Machen Sie sich keine Gedanken, wenn Sie die Übung am Anfang nicht ganz hinbekommen. Sie wird sich ziemlich schnell entfalten, wenn Sie beharrlich weiter üben.

Als Nächstes gehen Sie zum vierten Zeh weiter. Versuchen Sie den Zeh so detailliert wie nur irgend möglich zu spüren: die Spitze des Zehs, den Fußnagel (ja, ihre Bewusstheit kann auch „unbelebte" Teile ihres Körpers umfassen), den Bereich unter dem Nagel, die Masse des Zehs, den Bereich, wo der vierte Zeh in den Fuß übergeht. In jeder einzelnen Muskelgruppe finden Sie Spannung, bis hinab zu ganz kleinen, ja winzigen Bereichen. Unser ganzer Körper wird tatsächlich von den Spannungen des Egos heimgesucht. Das Ego ist ein Prozess des somatischen Festhaltens – dies ist in der Zen-Tradition wohlbekannt. Festhalten ist ein Egoprozess. Loslassen ist ein somatischer Prozess. Wenn wir unser Ego loslassen, lassen wir unseren Körper los. Wenn wir an unserem Ego festhalten, dann halten wir an unserem Körper fest. Wenn wir also mit dem Körper arbeiten, dann arbeiten wir tatsächlich im Grunde mit den Wurzeln des Egoprozesses. Wir lassen die Spannung schmelzen und gleichzeitig lassen wir unser eingeschränktes Gewahrsein schmelzen und sich öffnen.

Während Sie auf diese Weise loslassen, achten Sie darauf, dass Sie durch die Fußsohlen nach unten loslassen, dass Sie die Spannung in den grenzenlosen Raum der Erde unter Ihnen entlassen. Dieses Loslassen nach unten ist wesentlich, damit Sie tatsächlich ganz und gar loslassen können und eine Beziehung zur Erde unter Ihnen, zu Ihrem größeren „Körper", herstellen können. Es funktioniert nicht, wenn man versucht, die Spannung aufwärts loszulassen – das ist zu mental und der Körper ist nicht wirklich einbezogen. Wenn Sie versuchen, nach oben loszulassen, werden Sie dabei Ihren Körper verlieren und sich hinterher nur noch verspannter und dem Körper fremder fühlen. Zu den Seiten hin loszulassen funktioniert ebenfalls nicht, weil Sie damit im Grunde Ihr „Zeug“ in das interpersonale Netzwerk schicken, also zu anderen Menschen hin. Unser fundamentales Mitgefühl mit anderen wird dann nicht zulassen, dass wir vollständig loslassen. Die Erde, der Ort unseres Ursprungs und der Ort, in den wir letztlich zurückkehren werden, ist der richtige und angemessene Raum, in den hinein wir wirklich loslassen und dabei das Gefühl erfahren können, angenommen und geliebt zu sein.

Kommen Sie jetzt zum kleinen Zeh. Arbeiten Sie auf dieselbe Weise damit. Jetzt fühlen Sie alle fünf Zehen – fühlen Sie sie und lassen Sie sie allmählich schmelzen. Als Nächstes kommen Sie zum Fußballen. Sehen Sie, ob Sie Spannung um den Fußballen herum empfinden. Gehen Sie dann weiter ins Innere des Fußes hinein, spüren Sie die Unterseite des Fußes, die Fußsohlen und dann das Innere des Fußballens. In diesem Bereich wird sehr viel festgehalten. Sehen Sie zu, ob Sie das spüren können, und beginnen Sie, die Gegend zu entspannen. Dann gehen Sie zur Außenseite des Fußes gleich hinter der Wurzel des kleinen Zehs.

Als Nächstes kommen Sie zum Fußrücken. Beginnen Sie bei der Oberfläche des Fußrückens und verfolgen Sie mit Ihrem Gewahrsein die Spannung hinab ins Innere des Fußes und hinter den Fußrücken. Dieser Bereich ist typischerweise sehr verspannt, mit einer spröden, verletzlichen Art von Spannung – einer sehr steifen, rigiden Spannung. Gehen Sie dann zum Spann und zum Inneren des Fußes weiter. Fühlen Sie die Spannung. Indem Sie sie einfach nur spüren, beginnt sie schon zu schmelzen. Sie haben ein Gefühl des Loslassens und spüren, wie die Spannung sich allmählich aufzulösen beginnt. Sie kommen zum Fußknöchel an der Innenseite, dem Fußknöchel an der Außenseite, der Achillessehne. Arbeiten Sie mit jedem Bereich, bis Sie dort etwas spüren und eine Beziehung zu diesem Bereich hergestellt haben. Ihr Gewahrsein mag am Anfang nur ganz schwach sein.

Und wieder sei gesagt: Die Spannung geht nach unten. Jetzt spüren Sie beide Füße insgesamt und lassen das Weichwerden, Sichauflösen, Sichentspannen und Loslassen immer weitergehen. Die Energie fließt dabei nach unten. Es ist wie ein ständiger Strom von Energie, der in die Erde hinabfließt. Sehen Sie, ob Sie das fühlen können.

Bei dieser Übung verweilen Sie längere Zeit bei den Füßen und es gibt gute Gründe dafür. Einerseits ist es so, dass die Füße, wie die chinesische Medizin uns zeigt, direkt und sehr machtvoll mit allen anderen Teilen des Körpers verbunden sind. Die Haupt-Energiemeridiane sind an den Füßen zugänglich. Wir konzentrieren uns andererseits auch deshalb auf die Füße, weil wir dabei ein Maß an Intention, Aufmerksamkeit und Gewahrsein entwickeln können, das uns, wenn wir es erst einmal bei der Arbeit mit den Füßen kultiviert haben, helfen wird, schneller und mit Präzision, Tiefe und Subtilität durch den Rest des Körpers zu gehen.

Sie werden bemerken, dass der Rest Ihres Körpers ebenfalls antwortet, wenn Sie mit den Füßen arbeiten. Wenn Sie mit irgendeinem Teil des Körpers arbeiten, wirkt sich das auf den restlichen Körper aus, die Wirkung ist jedoch besonders stark, wenn Sie mit den Füßen arbeiten. Fühlen Sie sich also bei der Arbeit mit den Füßen aufgerufen, etwas in Ihrem Kreuz, Ihren Schultern, Ihren Hüften oder im Rücken loszulassen – kein Problem. Spüren Sie die Einladung des Körpers zum Loslassen, nehmen Sie sie an und lassen Sie los.

Als Nächstes gehen Sie zu den Fußgelenken. Jetzt entspannen Sie die Füße und die Fußgelenke. Dann gehen Sie weiter zu den Wadenmuskeln, wobei die Energie durch die Füße nach unten fließt. Bald kann Ihr ganzes Bein anfangen, sich zu entspannen. Arbeiten Sie auch mit dem Schienbein – wie alle anderen Körperteile, können auch die Knochen Spannung enthalten. Es mag für Anfänger der Körperarbeit überraschend sein, wie deutlich man der Spannung in den Knochen gewahr werden kann. Entspannen Sie auch den Muskel auf der Außenseite des Schienbeins.

Als Nächstes nehmen Sie den ganzen Unterschenkel. Fühlen Sie die Spannung im Unterschenkel und im Fuß und lassen Sie sie nach unten, in die Erde hinab, los. Es ist, als ließen Sie dabei vom Festhalten an Ihrem Körper ab. Lassen Sie Ihren Fuß in die Erde einsinken. Ihr ganzer Unterschenkel, Ihr Fußgelenk und Ihr Fuß lösen sich in die Erde hinein auf. Lassen Sie alle Spannung los und spüren Sie, wie anstrengend es ist, die Spannung aufrechtzuerhalten. Es ist wahnsinnig anstrengend, ein Ego zu haben und ständig daran festhalten zu müssen. Jetzt sind Sie eingeladen und haben die Erlaubnis, es loszulassen.

Kommen Sie jetzt zu den Gesäßbacken auf beiden Seiten. Fühlen Sie, wie sie in Kontakt mit der Erde sind. Lassen Sie den ganzen Beckenbereich sich entspannen und sich auflösen, und lassen Sie die Last der darin enthaltenen Spannung durch die Gesäßbacken in die Erde hinab los. Achten Sie dabei besonders auf die Oberschenkel und den Bereich, wo der Oberschenkelknochen auf beiden Seiten im Hüftgelenk sitzt. Auf der Innenseite des Oberschenkels befindet sich der untere Teil des Lendenmuskels, ein Bereich, in dem wir oft viel Spannung und Festhalten spüren. Der Lendenmuskel ist der längste Muskel im Körper, und er ist ein besonders wichtiger Muskel, weil er die obere und die untere Hälfte des Körpers zusammenhält. Der Lendenmuskel ist letztlich die Quelle des Egos. Wenn wir also mit dem Lendenmuskel arbeiten, arbeiten wir mit dem ganzen Prozess des Festhaltens und der Fixierung. Der Lendenmuskel ist im oberen Bereich der Innenseite des Oberschenkels befestigt; er verläuft über das Schambein zurück durch die Beckenhöhle und ist an der Lendenwirbelsäule und am untersten Wirbel der Brustwirbelsäule festgemacht. Dieser Muskel ist für den Prozess des Loslassens von Spannung ganz wesentlich. Gewöhnlich spürt man ihn hauptsächlich auf der Innenseite des Oberschenkels. Spüren

Sie die dort vorhandene Spannung und laden Sie den Lendenmuskel ein, sich zu entspannen. Bei der Übung im Sitzen ist ein angespannter Lendenmuskel oft für viel körperliches Unbehagen verantwortlich, besonders im Kreuz und in den Hüften.

Jetzt arbeiten Sie also mit direktem Gewahrsein mit dem Lendenmuskel; Sie fühlen die Spannung und lassen los. Fühlen Sie die Außenseite der Hüften und entspannen Sie sich wiederum und lassen Sie los. Jetzt fließt die Energie durch die Gesäßbacken hinab in die Erde. Richten Sie Ihre Aufmerksamkeit auf den Beckengürtel und die Knochen, aus denen das Becken besteht. Achten Sie dabei besonders auf das Schambein. Sehen Sie, ob Sie die innere Skelettstruktur Ihres Beckens spüren können, zumindest ein wenig. Arbeiten Sie mit der Vorderseite der Hüften, den Hüftknochen selbst, dem Schambein, dem Steißbein. Bleiben Sie eine Weile bei den Knochen, spüren Sie sie und lassen Sie die Energie nach unten los. Jetzt richten Sie Ihre Aufmerksamkeit auf die Knie und gehen dann in die Oberschenkel hinab. Der Fluss geht durch die Beckenhöhle und die Gesäßbacken hinab in die Erde. Wir arbeiten zwar mit den beiden Gesäßbacken, aber Sie werden bemerken, dass das Kreuzbein und das Steißbein ebenfalls in Kontakt mit der Erde darunter sind. Sie haben mit beiden Füßen gearbeitet und sie als Kontaktpunkt zur Erde benutzt. Jetzt benutzen Sie die beiden Gesäßbacken als Kontaktpunkt, und die Energie gleitet auf der Vorder- und Rückseite der Oberschenkel hinab durch die Gesäßbacken in die Erde. Sie gleitet auch den Oberschenkelknochen hinab durch den Hüftsockel und weiter durch die Gesäßbacken in die Erde.

Während Sie so üben, stellen Sie sich vor, dass Ihre Gesäßbacken und Ihr ganzes Becken sich auflösen und nach unten wegschmelzen. Sehen Sie zu, ob Sie Ihr Schambein, die Hüftsockel, die Außenseite Ihrer Hüfte, Ihr Kreuzbein und Ihr Steißbein fühlen können.

Kommen Sie jetzt zur Genitalregion, dem Damm und dem Analbereich. Erkunden Sie diesen Bereich sehr aufmerksam. Finden Sie Spannung und lassen Sie diese nach unten los. Besonders im Perineum, dem Bereich zwischen den Genitalien und dem Analbereich genau zwischen den Sitzhöcker, befindet sich sehr viel Energie und Spannung. Auch wenn Ihr Perineum durch einen Dammschnitt beschädigt wurde, ist das innere energetische Perineum intakt. Es ist der äußere Körper, der alle möglichen Probleme hat, aber nicht der innere Körper. Ihr innerer Körper ist ganz. Je mehr wir Zugang zum inneren Körper gewinnen, desto mehr wird auch der äußere Körper ganz.

Achten Sie besonders auf die Analregion und das Innere des Unterbauches. Sie entspannen einfach nur, lassen Spannung los, sodass sie durch die Gesäßbacken nach unten fließen kann. Wenn Sie mit diesem Bereich arbeiten, haben Sie das Gefühl, eine große Bürde loszuwerden – es ist die Bürde des Egos. Wir sind meist damit beschäftigt, unser Ego durch das Festhalten am Körper aufrechtzuerhalten. Dabei lassen wir den Körper erstarren, sodass wir nicht mehr fühlen. Auf diese Weise kann das Ego, seltsamerweise, überleben. Sie lassen also von diesem unablässigen Bemühen ab und lassen es los.

Fühlen Sie einfach, wie Sie anfangs noch in der Beckenhöhle festhalten, und lassen Sie dann los. Es ist so ähnlich, als fielen Sie in Schlaf; es ist eine ähnliche Art von Loslassen, nur dass Sie wach bleiben. Ihr Bewusstsein verschwindet nicht.

Jetzt kommen wir zum mittleren Teil des Rückens. Lassen Sie von der Vorderseite des Brustkorbes durch den Rücken hinab los, durch den Bereich gegenüber dem Brustbein. Ist es Ihnen nicht möglich, die Spannungen im mittleren Rücken zu spüren, dann gehen Sie hinauf zur Vorderseite der Brust, etwa auf Höhe Ihres Herzens, und lassen die dort befindliche Spannung – die gewöhnlich leichter zu spüren ist – durch den mittleren Rücken in die Erde hinabfließen. Nehmen Sie sich etwas Zeit für diesen Prozess.

Als Nächstes kommen die Schulterblätter. Fühlen Sie, wie die Schulterblätter die Erde berühren. Fühlen Sie die ganze Spannung hinter den Schulterblättern bis hinauf in die Schultergelenke und im oberen Rücken. Versuchen Sie einfach nur, Ihr Gewahrsein dort verweilen zu lassen; spüren Sie die Spannung und lassen Sie dann los. Sie müssen *zuerst* die Spannung spüren; lassen Sie also nicht sofort los! Nehmen Sie sich einen Moment Zeit, spüren Sie die Spannung und fühlen Sie, wie Sie selbst festhalten. Lassen Sie dann los und erkunden Sie auch dies für eine Weile.

Gehen Sie weiter zu den Ellbogen und ziehen Sie die Energie aus den Fingerspitzen durch die Hände und Handgelenke und den Unterarm hinab zum Ellbogen und von dort in die Erde. Gehen Sie von den Schultern durch die Oberarme hinab zum Ellbogen, lassen Sie die Energie sinken, entspannen Sie sich und lassen Sie immer tiefer los. Lassen Sie vollkommen los. In dieser Position müssen Sie nichts festhalten. Lassen Sie wirklich los.

Jetzt versuchen Sie die neun Punkte, mit denen Sie gearbeitet haben, insgesamt zu fühlen: die beiden Füße, durch die die Energie nach unten fließt, die beiden Gesäßbacken, den mittleren Rücken, die beiden Ellbogen und die beiden Schulterblätter sowie die Energie, die durch sie alle fließt. Ihr ganzer Körper ist dabei loszulassen, zu entspannen, Energie freizusetzen.

Während Sie so daliegen, spüren Sie einfach nur Ihren Körper. In der frühbuddhistischen Tradition übt man die Achtsamkeit nicht etwa mit dem Atem, sondern vielmehr mit dem ganzen Körper. Er ist also das, worauf Sie jetzt achten. Ihre Aufmerksamkeit erstreckt sich vom Nacken abwärts durch Ihren ganzen Körper. Seien Sie einfach nur gewahr. Achten Sie auf alle Empfindungen des Körpers. Beginnt Ihr Geist abzuschweifen, dann kommen Sie einfach zum Körper zurück. Tun Sie dies einige Minuten lang. Sie sind in Ihrem Körper. Sie haben keinen Kopf, der beobachtet und die Dinge kontrolliert – dieser Kopf ist verschwunden. Sie haben bloß einen Körper und Ihr Gewahrsein ist in diesem Körper.

Erst jetzt gehen Sie dann letztlich in den Kopf. Beginnen Sie beim Gesicht und stellen Sie sich vor, dass die Haut und das Fleisch Ihres Gesichts sich durch den Schädel hinab in die Erde auflösen. Entspannen Sie das Gesicht einfach ganz und gar. Entspannen Sie die Augenbrauen. Entspannen Sie die Augen und die Augenhöhlen. Entspannen Sie die Nase, die Wangenknochen, den Oberkiefer und den Unterkiefer. Lassen Sie vollständig los. Lassen Sie alles durch den Schädel in die Erde hinabfließen. Entspannen Sie sich total, auch den Schädel, die Ohren. Lassen Sie alle Spannung, die Sie vorfinden, durch den Hinterkopf in die Erde hinabfließen.

Jetzt richten Sie Ihre Aufmerksamkeit auf den ganzen Körper auf einmal und spüren alle zehn Punkte zusammen. Der ganze Körper ist dabei, sich zu entspannen, vollkommen loszulassen. Sie lassen alle Müdigkeit, alle Belastungen, alle Spannungen, Sorgen und Gedanken los. Alles fließt hinab in die Erde. Sie können Ihren Körper durchforschen, um zu sehen, wo es noch Problemzonen gibt. Für viele Menschen ist der Bereich unter den Schulterblättern besonders problematisch. Dies ist ein Erwachsenenproblem, das durch die aufrechte Haltung entsteht. Sie können sich darauf konzentrieren. Fühlen Sie die Spannung unter den Schulterblättern und lassen Sie dann los.

Es kann sein, dass Sie bei dieser Übung beinahe einschlafen. Das ist nicht schlecht, solange Sie bewusst bleiben. Es ist eine andere Art von Bewusstsein. Es ist mehr ein Zwielicht des Bewusstseins, ein Halbschatten-Bewusstsein, das sich von Ihrem üblichen Bewusstsein unterscheidet.

Spüren Sie Ihren Körper. Fühlen Sie Ihren ganzen Körper. Fühlen Sie, was darin vor sich geht, und lassen Sie los. Stellen Sie sich einfach vor, dass sie in die Erde einsinken, sich in die Erde auflösen.

An diesem Punkt sind Sie einfach nur noch gewahr. Sie denken nichts, sondern Sie lassen alle Gedanken und alle physische Spannung sich auflösen.

Wenn Sie dann durch alle anderen Bereiche hindurchgegangen sind, kommen Sie nochmals zur Innenseite der Oberschenkel zurück, wo der Lendenmuskel befestigt ist. Sehen Sie, ob Sie dort noch ein Festhalten vorfinden, das Sie gern loslassen würden. Wenn Sie zur Innenseite der Oberschenkel zurückkommen, dann schauen Sie eigentlich den Hüftknochen an. Dort sitzt die Spannung des Lendenmuskels. Sie zieht zum Knochen hinauf, zum oberen Fünftel des Knochens.

Sie sind jetzt dabei, den Körper ständig abzutasten, nach Spannung zu suchen und diese loszulassen. Durch die Füße, durch die Gesäßbacken, durch den mittleren Rücken, die Ellbogen, die Schulterblätter und den Kopf. Sie lassen Ihr Gewahrsein durch den Körper auf- und abschweifen und suchen nach Gegenden, die verspannt sind. Wenn Sie solche Spannung finden, lassen Sie sie erst einmal wirklich unangenehm werden – bis Sie das Gefühl haben, dass sie etwas zu heftig werden –, und dann gehen Sie mit Ihrem Gewahrsein in die Spannung hinein. Sie können beginnen, für die dort vorhandene Spannung die Verantwortung zu übernehmen. Und dann lassen Sie los.

Dies ist der Abschluss der Zehnpunkteübung im Liegen. Nehmen Sie sich einige Momente Zeit und setzen Sie sich dann, wenn Sie sich dazu bereit fühlen, wieder in Ihre Meditationshaltung auf. Jetzt können Sie entweder mit Ihrer regulären Meditationsübung weitermachen, oder Sie machen die Zehnpunkteübung im Sitzen oder gehen zu einer der anderen somatischen Übungen über. Hier werde ich jetzt einmal annehmen, dass Sie zur Zehnpunkteübung im Sitzen weitergehen.

B. Die Zehnpunkteübung im Sitzen

Jetzt werden Sie denselben grundlegenden Prozess durchlaufen, aber diesmal in der sitzenden Position. Die Übung im Sitzen unterscheidet sich ein wenig von der im Liegen, aber die Prinzipien und der Prozess sind dieselben.

Ihre Füße und Gesäßbacken, vielleicht auch Ihre Knie, berühren den Boden. Sie lassen Ihre Energie nach unten wegschmelzen und alle

Spannung mit sich nehmen. Sie spüren die Erde, die Sie trägt, sehr stark und erlauben es der Spannung Ihres Körpers, sich in die Erde unter Ihnen aufzulösen. Die Energie fließt in einem ständigen Strom abwärts. Dieses Mal beginnen Sie beim Scheitelpunkt Ihres Kopfes. Es ist, als gösse jemand ein warmes, goldenes Öl von Glückseligkeit über Ihren Kopf. Dieses Öl fließt hinab über Ihren Schädel, durch Ihren Schädel hindurch, über Ihr Gesicht, Ihren Nacken, die Schultern hinab und durch den Körper. Es bahnt sich allmählich den Weg hinab zu Ihren Gesäßbacken, Ihren Knien und Füßen. Nehmen Sie sich genug Zeit für diesen Prozess, vielleicht etwa 10 Minuten. Lassen Sie das Öl überall über sich und durch sich hindurchfließen.

Tun Sie einfach nur dies und spüren Sie die Freisetzung von Spannung, besonders der Spannung in den Schultern. Lassen Sie alle Energie des Körpers und sämtliche Spannung zu den Punkten hinabfließen, an denen Sie die Erde berühren, und durch diese Punkte hindurch in die Erde strömen. Entspannen Sie sich völlig, lassen Sie vollkommen los.

Bleiben Sie weiter in Ihrem Körper und finden Sie weiterhin Bereiche, wo Sie festhalten; entspannen Sie auch diese. Lassen Sie die Energie abwärts fließen. Da spült etwas ständig durch Sie hindurch, durch Ihre Gesäßbacken, durch Ihr Perineum, durch Ihre Knie (wenn diese den Boden berühren) und durch Ihre Füße. Es ist ein ständiger Fluss abwärts – Sie entspannen sich, entspannen sich immer weiter, lassen los, schmelzen, setzen Energie frei, die in die Erde hinabfließt. Es ist fast so, als schmölzen Ihre Gesäßbacken in die Erde hinab.

Versuchen Sie, wirklich in Ihrem Körper zu bleiben. Er ist es, bei dem Ihr Gewahrsein verweilt. Das Ganze ist ein ständiger Prozess des Loslassens und Abwärtsfließens. Während Sie so auf Ihren Körper achten, bemerkten Sie vielleicht, dass Ihre Körperhaltung ab und zu eine leichte Korrektur verlangt. Versuchen Sie auf Ihren Körper zu hören und achten Sie darauf, was er braucht. Ihr Körper wird es Ihnen tatsächlich sagen. Wenn Sie lernen, auf Ihren Körper zu hören, werden Sie mit der Zeit die Haltung finden, die Sie brauchen.

Wenn Sie mit der Übung fertig sind, dann können Sie einfach in der Offenheit und seligen Entspanntheit des Körpers dasitzen oder, wenn Sie mögen, zu einer formelleren Meditationstechnik zurückkehren.

Erdabstiegs-Atem

Der Erdabstiegs-Atem im Liegen

Sie beginnen die Übung mit dem Erdabstiegs-Atem, indem Sie die liegende Position einnehmen. Als Vorbereitung für diese Übung machen Sie zuerst eine abgekürzte Form der Zehnpunkteübung (5 bis 10 Minuten).

Als Nächstes verbinden Sie sich mit der Erde unter Ihnen. Sie tun dies, indem Sie Ihren Körper in die Erde hinabsinken lassen. Was da absinkt, ist natürlich nicht Ihr physischer Körper, weil Ihr physischer Körper auf der Oberfläche bleibt. Aber Sie visualisieren, dass Ihr Gewahrsein sich von den zehn Punkten aus nach unten ausdehnt – von den beiden Füßen, den beiden Gesäßbacken, dem mittleren Rücken, den beiden Ellbogen, den beiden Schulterblättern und dem Kopf aus.

Während Sie sich entspannen und durch diese zehn Punkte Energie freisetzen, wird Ihr Gewahrsein in die Erde hinabreisen. Der Prozess der Entspannung und des Loslassens von Spannung, mit dem wir in der Zehnpunkteübung gearbeitet haben, wird so für uns zu einem Vehikel, mit dem wir in die Erde absteigen. Wie viele von Ihnen wissen, ist Gewahrsein nicht auf den Körper beschränkt. Wir können unser Gewahrsein auf viele verschiedene Weisen über den Körper hinaus aussenden. Dies ist nicht nur im Buddhismus bekannt, sondern moderne experimentelle Forschung (wie zum Beispiel die Erforschung des „Sehens über Distanz“ durch Russell Targ) hat gezeigt, dass unser Gewahrsein nicht auf die physische Hülle unseres Körpers beschränkt ist.

Sie beginnen mit dem Einatem. Ihr Gewahrsein geht mit dem Atem hinein und verweilt im Körper als Ganzem. Beim Ausatmen gehen Sie dann etwa 50 Zentimeter in die Erde hinab. Sie lassen einfach Ihr Gewahrsein absinken. Es ist, als sinke es ganz von selbst hinab. Mit dem Ausatem lassen Sie los. Es ist, als sei dies Ihr letzter Atemzug. Beim Ausatmen lassen Sie los, und während Sie loslassen, sinkt Ihr Gewahrsein ab. Einatem, im Körper sein; Ausatem, loslassen und etwa 50 Zentimeter in die Erde absinken.

Dann, bei einem weiteren Ausatmen, sinken Sie einen Meter ab. Dann drei Meter. Einatem, Sie sind im Körper. Ausatem, Sie sinken drei Meter ab.

Wenn Sie das nächste Mal beim Ausatmen drei Meter absinken, bleiben Sie dieses Mal einfach dort. Wenn Sie also dort unten, drei Meter tief, wieder einatmen, kommen Sie nicht zurück nach oben, sondern bleiben, wo Sie sind. Beim nächsten Ausatem gehen Sie noch tiefer. Also: Ausatem, 10 Meter, dort bleiben. Ausatem, 20 Meter, dort bleiben. Ausatem, 50 Meter, dort bleiben. Ausatem, 100 Meter, dort bleiben. Achten Sie darauf, wie Ihr Gewahrsein beschaffen ist, wenn Sie 100 Meter tief sind; bemerken Sie seine Eigenschaften. Es ist vielleicht einfach nur offen und leer, vielleicht auch dunkel. Sehen Sie hin und bemerken Sie selbst, wie es für Sie ist. Sie gehen in die Dunkelheit hinab. Die Dunkelheit enthält die Totalität. Es ist Ihre Dunkelheit, Ihre Totalität.

Dann gehen Sie 500 Meter hinab, dann einen Kilometer. Erkunden Sie, wie es sich um Sie herum anfühlt. Lassen Sie Ihr Gewahrsein einfach hinabfallen, so, als würfen Sie einen Stein in einen Abgrund. Ihr Gewahrsein fällt einfach einen Kilometer hinab. Es fällt einfach. Bemerken Sie, welche Art von Raum Sie dort unten vorfinden.

Je tiefer Ihr Gewahrsein in die Erde hinabfällt, desto mehr entspannen Sie sich und desto weniger sind Sie in den Prozess des Körpers an der Oberfläche verstrickt, den Prozess des Festhaltens, der mit dem Ego einhergeht.

Arbeiten Sie mit dieser Übung. Am Anfang ist das nicht leicht. Es ist ungewohnt. Aber beim Ausatmen ist da immer ein Gefühl des Entspannens und des Absinkens Ihres Gewahrseins.

Wenn Sie bemerken, dass Sie beginnen zu denken und sich wieder im Körper an der Oberfläche anzusiedeln, lassen Sie einfach wieder los. Lassen Sie Ihr Gewahrsein absinken. Machen Sie sich nicht zu viele Gedanken über die Distanz: Lassen Sie Ihr Gewahrsein einfach in die Dunkelheit absinken und versuchen Sie dort zu bleiben. Sie können mit diesem Prozess des Absinkens weitermachen, weiter und immer weiter. Sie können das zehn Minuten lang üben, eine halbe Stunde, eine Stunde oder mehr. Wenn Sie mit dem Prozess vertraut werden und mehr Übung darin gewinnen, werden Sie ihn immer interessanter finden.

Es ist die Erde, in die wir absinken; dies ist die *Erfahrung* der Erde im Gegensatz zu dem, was wir darüber denken. Wir haben alle möglichen Vorstellungen, aber wenn wir unser Gewahrsein absinken lassen, ist es dies, was wir vorfinden. Offenheit, Leere, Frieden, Dunkelheit und etwas Warmes und seltsam Beruhigendes. Wir können uns vielleicht nicht vorstellen, dass dieser Raum da unten warm und beruhigend sein kann, aber der Raum der Erde ist es. Alles ist hier angenommen. Alles wird aufgenommen. Ausatem, und Sie fallen einfach dort hinab.

Nachdem Sie dies eine Zeit lang erkundet haben, vielleicht für 10 bis 40 Minuten, nehmen Sie sich einen Moment Zeit, um zum Normalbewusstsein zurückzukehren. Wenn Sie sich dafür bereit fühlen, können Sie sich wieder aufrecht setzen. Während Sie sich wieder aufrichten, versuchen Sie in Verbindung mit dem weiten Raum unter Ihnen zu bleiben.

B. Der Erdabstiegs-Atem im Sitzen

Jetzt nehmen Sie die Erdabstiegs-Übung in die aufrecht sitzende Haltung mit hinüber. Sie beginnen damit, dass Sie in das Perineum hineinspüren. Ihr Perineum, der Damm, befindet sich, wie schon gesagt, zwischen den Genitalien und der Analregion genau zwischen Ihren Sitzhöckern. Bei vielen Menschen gibt es in dieser Gegend seltsamerweise eine Menge Spannung. Dort findet sich eine Art Sichzurückhalten, ein Sichzurückhalten von der Erde. Das abgetrennte, krankhafte Ego möchte nicht mit der Erde verbunden sein, weil sich alles zu öffnen beginnt, sobald wir erst einmal in Kontakt mit der Erde kommen.

Sie müssen diese Anspannung oder dieses Sichzurückhalten im Perineum identifizieren. Sehen Sie zu, ob Sie das können. Wenn Sie das, was Sie dort vorfinden, zu identifizieren vermögen, sehen Sie, ob Sie es entspannen können. Können Sie spüren, dass Ihre Sitzhöcker tatsächlich in Ihr Kissen hinabsinken? Das Perineum zu entspannen bedeutet, die Analregion und auch den Genitalbereich zu entspannen. Bei uns allen findet sich dort sehr viel Zurückhalten, ganz gleich, was unsere sexuelle Orientierung ist, ganz gleich, wie sehr wir fürchten, einfach loszulassen und uns ganz nackt einfach sinken zu lassen und uns mit der Erde zu verbinden. Sehen Sie, ob Sie die Anspannung finden und dann lösen können.

Sie müssen immer wieder zum Körper zurückkehren. Sie werden bemerken, dass Sie dann, wenn Sie sich gerade entspannt haben, an irgendetwas denken, und plötzlich ist alles wieder angespannt. Das Ganze ist ein Prozess. Sie müssen wirklich in das Perineum hineingehen und auch dort bleiben. Jedes Mal, wenn Sie beginnen, wieder zu erstarren und sich zurückzuziehen, müssen Sie loslassen und sich öffnen.

Der nächste Schritt ist, mit dem bewussten Atmen zu beginnen. Sie atmen aus der Gegend unter Ihnen hinauf in Ihr Perineum. Sie visualisieren und fühlen, wie Sie Ihren Atem durch das Perineum von unten heraufziehen. Nun beginnen Sie, immer tiefer in die Erde einzudringen. Sie lassen Ihr Gewahrsein hinabfallen und atmen von jenem Ort herauf. Versuchen Sie also, Ihre Aufmerksamkeit, Ihr Gewahrsein, etwa 50 Zentimeter absinken zu lassen und dann von jedem Ort heraufzuatmen. Ihr Gewahrsein verweilt 50 Zentimeter unter Ihnen, aber Sie haben das Gefühl, dass Sie durch das Perineum von jenem Ort heraufatmen. Sie führen den Atem aufwärts, ziehen die Erdeenergie herauf. Und während Sie so atmen, entspannen sich das Perineum und die Sitzhöcker noch weiter und sinken in die Erde hinab.

Jetzt gehen Sie einen Meter hinab und atmen von jenem Punkt unter Ihnen herauf. Sie öffnen einen Kanal aus der Erde einen Meter unter Ihnen hinauf in den Körper und durch das Perineum. Als Nächstes gehen Sie drei Meter, fünf Meter, zehn Meter in die Tiefe.

Üben Sie dies einige Minuten lang. Ihr Gewahrsein ist jetzt zehn Meter unter Ihnen und Sie atmen von jenem Punkt herauf. Führen Sie oder atmen Sie die Energie der Erde durch das Perineum herauf. Sie lassen Ihr Gewahrsein zehn Meter unter sich verweilen und haben dabei das Gefühl, dass Sie aus jenem Bereich durch das Perineum nach oben atmen.

Jetzt gehen Sie 15 Meter hinab. Ihr Gewahrsein verweilt 15 Meter unter Ihnen und Sie atmen von jenem Punkt in das Perineum hinauf. Sehen Sie jetzt, ob Sie 50 Meter hinabgehen und von diesem Punkt heraufatmen können.

Sie werden bemerken, dass diese Übung einen fortgesetzten Dialog mit Ihrem Körper verlangt. Sie spüren ständig Anspannung, die gelöst werden muss. Vielleicht müssen Sie während dieser Übung Ihre Haltung korrigieren, weil Ihr Körper, je tiefer Sie sich mit der Erde verbinden, Ihnen desto deutlicher sagen wird, was an der Oberfläche zu geschehen hat. Seien Sie flüssig, seien Sie flexibel. Versuchen Sie einfach, sich vollkommen zu entspannen.

Wenn Sie dies tun, kann es sein, dass – wie bei den anderen somatischen Übungen – starke Gefühle aufsteigen, Gefühle der Trauer, des Kummers, der Verzweiflung, oder auch Gefühle der Erleichterung, des Wohlbefindens oder der Freude. Es macht nichts, wenn diese Gefühle an die Oberfläche kommen. Es ist auch kein Problem, wenn Sie in Tränen oder in Gelächter ausbrechen, ob Sie nun allein üben oder mit anderen zusammen in einem Raum praktizieren. Wenn ich die Meditation mit dem Körper in Gruppen von 50 oder 60 Menschen lehre, liegen dabei immer Tränen in der Luft, bei einem oder auch bei mehreren von uns. Dies ist ein Zeichen dafür, dass die Übung uns tatsächlich über unsere gewohnten Grenzen hinaus öffnet.

Jetzt gehen Sie 100 Meter hinab und atmen herauf. Lassen Sie Ihr Gewahrsein sich öffnen und sich in diesem Raum hinein ergeben.

Das Zwiegespräch zwischen Ihrem Körper und Ihrem Gewahrsein in der Erde unter Ihnen geht weiter. Sie arbeiten damit, Sie sind präsent und Sie schnellen bei diskursivem Denken plötzlich wieder an die Oberfläche hinauf und lassen sich dann erneut fallen. Der Körper muss sich immer weiter entspannen. Sie öffnen sich, dann beginnen Sie wieder zur Oberfläche hinaufzukommen und sich zu verschließen; also öffnen Sie sich erneut und lassen sich wieder fallen. Auf diese Weise mit der Erde zu arbeiten, ist ein sehr dynamischer Prozess. Während Sie auf diese Weise arbeiten, müssen Sie sich immer wieder neu justieren: Sie öffnen sich, verschließen sich wieder, erwischen sich dabei, öffnen sich, sinken hinab, atmen von jenem Punkt herauf.

Nachdem Sie dies eine Zeit lang geübt haben, bis sie das Gefühl haben, dass es für jetzt genug ist, sitzen Sie einfach eine Minute lang da, ohne irgendetwas zu tun. Bemerken Sie, wie Ihr Körper und Ihr Geist sich jetzt anfühlen. Bemerken Sie es einfach nur. Benutzen Sie keinerlei Technik. Bleiben Sie dann einfach auf diese Weise sitzen, wobei Sie mit der Tiefe und Offenheit der Erde verbunden bleiben, oder kehren Sie zu einer stärker strukturierten Meditationstechnik zurück.

Dreifache Atmung

A. Die dreifache Atmung im Liegen

Diese Übung wird in der oben beschriebenen liegenden Position ausgeführt. Wenn Sie mögen, können Sie auch hier wieder zuerst eine verkürzte Zehnpunkteübung im Liegen ausführen, um sich auf die dreifache Atmung vorzubereiten.

Mit in der liegenden Haltung übereinandergelegten Händen richten Sie Ihre Aufmerksamkeit auf den Unterbauch, die Region zwischen dem Perineum und dem Nabel, und atmen in den Raum dieses Bereichs hinein. Lassen Sie den Unterbauch sich beim Einatmen ausdehnen und stellen Sie sich vor, dass er ein Luftballon ist, der aufgeblasen wird. Beim Ausatmen zieht der Ballon sich wieder zusammen. Stellen Sie fest, ob Sie irgendeine Spannung oder Einengung um diese offene Höhle herum empfinden. Wenn dem so ist, entspannen Sie sich und lassen die Anspannung gehen. Dann kommen Sie zur Vorderseite des Unterbauches herauf und sehen zu, ob Sie die vorderen Bauchmuskeln entspannen können. Stellen Sie fest, ob Sie in den Sehnen im Lendenbereich und in der Gegend um den Anus verspannt sind. Allein schon dadurch, dass Sie die Spannung in einem Teil Ihres Körpers bemerken, beginnen Sie sich zu entspannen. Bemerken Sie die Spannung beim Einatmen und versuchen Sie, sie beim Ausatmen völlig loszulassen. Erkunden Sie diese ganze Region, Ihr Perineum, Ihr Becken, Ihr Kreuzbein, Ihre Hüftgelenke sowie die Vorderseite, Rückseite und die Seiten Ihres Unterbauches. Beim Einatmen identifizieren Sie die angespannten Bereiche, und beim Ausatmen laden Sie diese Bereiche ein, sich zu entspannen und loszulassen. Fühlen Sie den gesamten inneren Raum des Unterbauches. Üben Sie dies einige Minuten lang.

Als Nächstes nehmen Sie die Hände weiter nach oben und legen sie gleich unter dem Rippenbogen und dem Brustbein übereinander, die linke Hand unter der rechten Hand. Spüren Sie in den Raum zwischen dem Brustbein und der Rückseite der Wirbelsäule hinein und atmen Sie in diese Höhle hinein. Stellen Sie sich vor, dass es in diesem Bereich nur leeren Raum gibt und dass Sie Ihren Atem in diese offene Höhlung in der Mitte Ihrer Brust hineinziehen. Beim Einatmen öffnet sich die Höhle in Ihrer Brustmitte und füllt sich mit Prâna, Ihrem inneren Atem oder Ihrer Lebensenergie; beim Ausatmen lassen Sie los und entspannen sich. Auch hier können Sie wieder visualisieren, dass ein Ballon in der Brustmitte sich füllt und sich beim Ausatmen wieder zusammenzieht.

Je mehr Raum wir im Körper schaffen, desto deutlicher machen sich die Spannungen im Körper bemerkbar. Während Sie in die Höhle in der Brustmitte hineinatmen, stellen Sie fest, ob Sie irgendwelche Spannung in Ihrem Rücken (besonders in den seilartigen Bändern, die sich auf beiden Seiten der Wirbelsäule erstrecken) oder Spannung in den Schulterblättern und in den unteren Rippen spüren. Füllen Sie die Höhlung in der Brustmitte beim Einatmen und bemerken Sie am Kulminationspunkt des Einatems die Anspannung, die diesen inneren Raum umgibt. Spüren Sie die Müdigkeit der Muskeln, Bänder und Knochen. Entspannen Sie das alles beim Ausatmen und lassen Sie es vollkommen los. Achten Sie darauf, dass Sie die gesamte Höhlung in der Brustmitte beim Einatmen mit dem Atem ausfüllen. Füllen Sie den gesamten mittleren Bereich, einschließlich der Körperseiten, der Rückseite der Rippen und der Wirbelsäule. Während Sie einatmen, spüren Sie, wie sich der Raum in der Brustmitte nach allen Seiten hin ausdehnt, und beim Ausatmen entspannen Sie völlig. Erkunden Sie diesen Prozess einige Minuten lang.

Als Nächstes kommen Sie nun zum Schlüsselbein. Sie legen die Finger auf die Schlüsselbeine oder die Fingerspitzen an die Außenseite der Schlüsselbeine. Beginnen Sie in diese Region hinein zu atmen. Sie bringen den Atem aufwärts unter die Schlüsselbeine und versuchen, sie mit dem Einatem aufwärts, in Richtung auf Ihren Kopf, zu heben.

Bemerken Sie, ob Sie irgendeine Spannung spüren, besonders in den Armen, Händen, Fingern, Handgelenken, Schultern und im oberen Rücken. Bemerken Sie beim Einatmen vorhandene Spannungen und lassen Sie diese beim Ausatmen los. Sehen Sie, ob Sie einen offenen Raum zwischen den Schlüsselbeinen gleich unter Ihrer Kehle entdecken können, einen Raum, der einen leeren Bereich in Ihrer oberen Brust erzeugt. Füllen Sie diesen leeren Bereich in der Oberbrust beim Einatmen mit Prâna an, und entspannen Sie sich dann beim Ausatmen vollständig. Sie können wiederum einen sich aufblähenden und zusammenziehenden Ballon visualisieren, damit es Ihnen leichter fällt, die obere Brust anzufüllen und auszudehnen.

Zum Abschluss der Übung legen Sie Ihre Hände wieder auf den Unterbauch, in der bei der liegenden Position beschriebenen Haltung. Arbeiten Sie jetzt für kurze Zeit mit allen drei leeren Räumen, die Sie bei dieser Übung entdeckt haben. Beginnen Sie beim Unterbauch, gehen Sie dann zur Brustmitte und schließlich zur oberen Brust weiter. Sie können dies tun, indem Sie den Atem beim Perineum beginnen lassen und den Körper von dort bis zur Brustmitte und schließlich in die Region unter den Schlüsselbeinen hinein anfüllen. Üben Sie dies sanft während einiger Minuten. Dann entspannen Sie die Hände, indem Sie sie einfach neben sich auf den Boden legen oder auf Ihrem Unterbauch liegen lassen, und bleiben Sie still liegen, ohne irgendeine bestimmte Technik anzuwenden. Fühlen Sie die Qualität des Raums in Ihrem Körper und lassen Sie Ihre Aufmerksamkeit bei dieser Qualität der Geräumigkeit und des Friedens verweilen.

B. Die dreifache Atmung im Sitzen

Wenn Sie sich mit der Übung der dreifachen Atmung im Liegen vertraut gemacht haben, können Sie beginnen, diese Übung im Sitzen auszuführen. Wie bei den anderen Übungen der Körperarbeit ist dies auch hier eine Weise, die Übung allmählich in die wache, „erwachsene“

Welt zu übertragen, in der wir uns stärker mit unserer Umwelt beschäftigen als in der liegenden Position. Wie bei den anderen somatischen Übungen gehen wir gewöhnlich zu der sitzenden Version der Übung über, indem wir zuvor kurz die liegende Version praktizieren.

Die Übung der dreifachen Atmung im Sitzen wird vor allem dazu verwendet, die drei Bereiche mithilfe des Atems miteinander zu verbinden. Eine andere Anwendungsmöglichkeit derselben Übung ist, die Erforschung jedes einzelnen Bereiches für sich zu intensivieren. Wir können dabei erkunden, wie die Sammlung unserer Aufmerksamkeit auf eine der drei Regionen sich auf unsere Meditationshaltung auswirkt.

Nach Abschluss der Übung des dreifachen Atems im Liegen richten Sie Ihre Aufmerksamkeit wieder auf den Unterbauch, nehmen einige Atemzüge in das Perineum hinein und öffnen und entspannen den Dammmuskel. Dann setzen Sie sich in einer entspannten Haltung aufrecht auf Ihr Meditationskissen, mit verschränkten Beinen, wobei die Hände leicht in Ihrem Schoß oder auf Ihren Knien ruhen. Versuchen Sie die Augen ganz oder ein wenig geöffnet zu halten, damit Sie sowohl mit dem inneren als auch mit dem äußeren Gewahrsein arbeiten können.

Atmen Sie weiter durch das Perineum und überprüfen Sie Ihre Haltung, um sicherzustellen, dass Sie nicht zu weit nach vorn oder nach hinten geneigt sind. Führen Sie den Atem aufwärts durch das Perineum in das Innere des Dammmuskels und in die Gegend um den Anus und die Sitzhöcker. Entspannen Sie diesen Bereich und fühlen Sie, dass Sie absinken und sich mit der Erde verbinden. Jetzt bringen Sie Ihren Atem in den Unterbauch, in einen Bereich, der genau im Zentrum zwischen dem Nabel und dem Perineum, der linken und der rechten Körperseite und der Vorder- und der Rückseite des Körpers liegt. Führen Sie den Atem aus allen Richtungen herein und atmen Sie direkt in diesen zentralen Punkt im Unterbauch. Stellen Sie sicher, dass

Sie auch durch das Perineum und durch die Körperseiten einatmen. Atmen Sie in diesen zentralen Punkt hinein und füllen Sie das Innere des Unterbauches aus. Beachten Sie die Empfindungen im ganzen Körper, während Sie in den Unterbauch hinein atmen. Überprüfen Sie, ob Ihr Bauch offen oder eingeengt ist. Wenn Sie irgendwelche Spannungen im Unterbauch entdecken, erforschen Sie diesen Bereich und justieren Sie Ihre Haltung neu, indem Sie sich ein wenig nach vorn oder nach hinten, nach links oder nach rechts lehnen, um zu sehen, ob dies größere Entspannung und Offenheit erzeugt.

Atmen Sie als Nächstes in die Brustmitte gleich hinter dem Schwertfortsatz am unteren Ende des Brustbeins. Lassen Sie den Atem die ganze Brustmitte ausfüllen und gestatten Sie es sich, sich beim Ausatmen vollkommen zu entspannen. Beim Einatmen füllen Sie die Brustmitte vollkommen aus; beim Ausatmen entspannen Sie sich und öffnen die Rückseite, Vorderseite, die linke Seite und die rechte Seite der Brustmitte.

Dann gehen Sie hinauf in den oberen Brustbereich, in die Gegend der Schlüsselbeine, und atmen in den Raum zwischen den Schlüsselbeinen. Beim Einatmen stellen Sie sich vor, dass sich ein Ballon in Ihrem oberen Brustbereich aufbläht, und beim Ausatmen lassen Sie alle Spannung, die Sie vorfinden, los.

Jetzt gehen Sie zum Unterbauch zurück und nehmen drei lange, langsame Atemzüge in den Unterbauch. Bringen Sie dann den Raum und das Gewahrsein, die Sie im Unterbauch erzeugt haben, in die Brustmitte und nehmen Sie drei lange, langsame Atemzüge in die Brustmitte. Bringen Sie als Nächstes das Gewahrsein und die Offenheit aus der Brustmitte und dem Unterbauch in den oberen Brustbereich und nehmen Sie drei lange, langsame Atemzüge in den Bereich hinter den Schlüsselbeinen. Gehen Sie dann mit drei langen, langsamen Atemzügen in die Brustmitte und mit drei weiteren langen, langsamen Atemzügen in den Unterbauch zurück.

Sehen Sie zu, ob Sie den Atem durch das Perineum hinaufführen können, um zuerst den ganzen Unterbauch, dann die Brustmitte und dann den Bereich der oberen Brust auszufüllen. Ein Teil Ihrer Aufmerksamkeit bleibt dabei beim Perineum und ein Teil beim Atem, der den ganzen Körper bis hinauf zu den Schlüsselbeinen ausfüllt. Alle drei Regionen des Körpers sollten dabei das Wasser des Lebens trinken, den Atem, der vom Perineum aufwärts fließt. Schließlich lassen Sie den Atem ganz hinauf bis zum Hinterkopf fließen. Denken Sie daran, einen Teil Ihrer Aufmerksamkeit im Perineum, das die Eingangspforte für den Atem ist, zu lassen. Dies wird Ihnen ein Gefühl der Verwurzelung und Erdung geben, während Sie den Atem durch die drei Bereiche des Körpers bis nach oben zum Hinterkopf führen. Beim Einatmen bringen Sie die Energie hinauf, und beim Ausatmen lassen Sie den Atem ausströmen, während Sie auf die fünf Bereiche, mit denen Sie arbeiten (das Perineum, der Unterbauch, die Brustmitte, der obere Brustbereich und der Hinterkopf), achten.

Atmen Sie weiter durch das Perineum und führen Sie den Atem bis hinauf zum Hinterkopf. Achten Sie auf Ihren Geist und die Qualität Ihrer Atmung. Beobachten Sie die weitere Umgebung oder das Gefühl Ihres Geistes und Körpers, worin diese Übung abläuft. Schließlich lassen Sie jegliche Technik fallen und betrachten Ihren Geist, um zu sehen, wie er beschaffen ist. Sitzen Sie einige Minuten lang auf diese Weise, um den Nutzen dieser Übung zu fühlen und zu assimilieren.

Zelluläre Atmung

A. Zelluläre Atmung im Liegen

Nehmen Sie die grundlegende liegende Haltung ein und machen Sie eine verkürzte Zehnpunkteübung.

Jetzt verändern Sie Ihre Körperhaltung für die Übung der zellulären Atmung leicht. Statt die Füße bei angezogenen Knien auf den Boden zu stellen, strecken Sie die Beine ohne das Yoga-Band aus und legen Ihr Meditationskissen oder ein anderes Kissen unter Ihre Knie und Waden. Positionieren Sie dieses Kissen so hoch, wie Sie mögen – wie immer es bequem für Sie ist. Sie legen Ihre Knie einfach über das Kissen, was in den meisten Fällen zu einer Haltung führt, in der die Knie dem Boden etwas näher sind als in der grundlegenden liegenden Position. Ihre Füße berühren dabei vielleicht nicht den Boden, was in Ordnung ist, oder Sie können sie weiter ausstrecken, sodass sie auf dem Boden ruhen. Es geht im Grunde nur darum, dass wir ganz und gar entspannen können und die Beine nicht hochhalten müssen. Außerdem brauchen wir für diese Übung die stärkere Streckung der Beine. Sind die Knie zu stark angewinkelt, so ist es schwieriger, die Übung auszuführen. Deshalb nehmen wir diese Haltung ein, in der sie leicht gebeugt, aber nicht zu stark angewinkelt sind.

Nehmen Sie sich ein wenig Zeit, um die richtige Haltung einzunehmen, und verändern Sie Ihre Position auf dem Boden, bis Sie das Gefühl haben, völlig bequem dazuliegen. Durch die anderen Übungen haben Sie Ihre Fähigkeit, den Atem auszurichten, entwickelt, und dies ist nun ein sehr machtvolles Werkzeug. In dieser Übung werden Sie diese Fähigkeit auf eine andere Weise verwenden. Sie werden damit beginnen, in spezifische Bereiche Ihres Körpers hinein zu atmen, wobei Sie von den Zehen durch den ganzen Körper hinauf bis zum Scheitelpunkt des Kopfes gehen. Machen Sie einen kleinen Schritt nach dem anderen. Der Grundgedanke dabei ist, dass der Teil, in den Sie gerade geatmet haben, im nächsten Schritt enthalten ist, sodass Sie am Ende der Übung in den gesamten Körper hinein atmen. Sie beginnen wieder beim großen Zeh, atmen in ihn hinein und arbeiten sich dann langsam durch den gesamten Körper nach oben. Wenn Sie also in Ihre Knie hinein atmen, atmen Sie dabei auch in Ihre großen Zehen, in die

Füße und in die Unterschenkel. Alles, womit Sie bis zu diesem Punkt gearbeitet haben, ist eingeschlossen.

Jetzt möchte ich Sie noch einmal an die Sicht erinnern, die wir früher in diesem Buch diskutiert haben. Wenn wir den Atem bewusst in die verschiedenen Teile unseres Körpers bringen, so hat dies einerseits einen körperlichen Aspekt, was in diesem Fall bedeutet, dass wir den Atem durch die Poren der Haut hereinziehen. Aber auf einer tieferen Ebene ist da andererseits auch der innere Atem, durch den wir die Lebensenergie in die verschiedenen Bereiche des Körpers führen. Diese Lebensenergie bringt Gewahrsein mit sich, was wiederum die Entfaltung und Auflösung von Karma in jedem Teil unseres Körpers einlädt. Mit Karma ist hier einfach der nächste Schritt im Entfaltungsprozess unseres Seins gemeint, wie er bereits in uns, in unseren Körper eingeschrieben ist. Er ist bereits Teil dessen, was wir körperlich sind, auch wenn wir uns dessen noch nicht bewusst sind. Wir laden die Entfaltung dieses Prozesses ein, und damit wird der in unseren Körper eingeschriebene nächste Schritt unseres menschlichen Lebens eingeladen, sich zu manifestieren. Das ist es, was der Atem in jedem Teil des Körpers auslöst. Er erzeugt eine Situation der Offenheit und Entfaltung und ermutigt den Prozess der Entfaltung unseres Lebens. Der wichtige Punkt hierbei ist, dass diese Entfaltung bereits implizit in jeder Zelle unseres Körpers enthalten ist. Wir sind ein ganz spezieller Organismus auf diesem Planeten, und in den Zellen unseres Körpers ist bereits alles vorhanden, was wir sein und was wir werden müssen, um unsere menschliche Bestimmung oder unser Schicksal zu erfüllen. Wenn wir mit dieser Atmung arbeiten, arbeiten wir an unserer Bestimmung, und zwar auf die spezifischste und konkreteste Weise, die wir uns vorstellen können. Aber haben Sie keine Angst – dies sollte nicht zu schwierig sein. Entspannen Sie sich einfach und freuen Sie sich an dem Prozess des Aufschließens Ihrer Sinneswahrnehmung in diesen Bereichen. Der Körper wird sich dann um den Rest kümmern.

Sie beginnen also damit, in Ihren großen Zeh zu atmen, und arbeiten ein Weilchen damit. Sie versuchen hierbei, den Atem durch den Zeh, durch die Poren seiner Haut, hereinzubringen, und Sie fühlen dabei die Empfindungen im großen Zeh. Die beiden großen Zehen werden sich wahrscheinlich nicht gleich anfühlen. Und wiederum: Machen Sie sich keine Sorgen. Sie atmen ein, und vielleicht überrascht es Sie, einen gewissen Schmerz in den Zehen vorzufinden. Das ist in Ordnung. Sie können Ihren Zehennagel fühlen – er fühlt sich irgendwie hart und dicht an –, und dann können Sie das Fleisch unter dem Zehennagel fühlen. Spüren Sie die Spitze des Zehs. Sie atmen einfach ein und fühlen die Konsistenz. Fühlen Sie das Innere des großen Zehs, die Knochen und die Gelenke, die vielleicht steif sind. Der große Zeh wird sehr stark belastet und fühlt sich oft schmerzhaft an, doch wir sind uns dessen meist nicht gewahr, weil wir zu sehr damit beschäftigt sind, an andere Dinge zu denken, statt auf diesen wirklich wichtigen Teil unseres Körpers zu achten. Atmen Sie in den Zeh hinein. Lassen Sie ihn lebendig werden. Sie bringen Lebendigkeit und Gefühl in Ihren großen Zeh hinein.

Die Progression ist hierbei also ganz ähnlich wie bei der Zehnpunkteübung, doch mit zwei wichtigen Unterschieden. Zuerst einmal atmen wir intensiv durch jeden Teil unseres Körpers, durch jede Pore, und konzentrieren uns nicht einfach nur auf Gewahrsein und Entspannung. Diese Atmung verstärkt den Prozess ungemein. Außerdem atmen wir, wie schon erwähnt, während wir von einem Teil des Körpers zum anderen übergehen, weiterhin in den Körperteil, in den wir zuvor bereits geatmet haben. Auf diese Weise wird der Bereich des Körpers, in den wir hineinatmen, allmählich immer größer.

Bringen Sie den Atem bis zur Wurzel des großen Zehs, aber nicht weiter; gehen Sie einfach nur bis zu diesem Punkt. Dann gehen Sie zum benachbarten Zeh über und folgen demselben Prozess. Wenn Sie in den großen Zeh und in den zweiten Zeh atmen, denn die Übung umfasst nun die beiden, werden Sie bemerken, dass die Entspannung zunimmt. Der große Zeh ist in der Tat sehr angespannt, aber Sie können ihn entspannen. Der zweite Zeh ist ebenfalls sehr angespannt. Entspannen Sie. Während Sie den großen Zeh und den zweiten Zeh entspannen, werden Sie bemerken, dass die Energie aus anderen Teilen des Beins manchmal hinabzufließen beginnt, und das ist durchaus in Ordnung. Dann nehmen Sie den dritten Zeh hinzu, der vielleicht weniger leicht zu spüren ist. Atmen Sie einfach weiter in ihn hinein, bis Sie ihn zu spüren beginnen. Nehmen Sie dann den vierten Zeh hinzu und atmen Sie jetzt durch alle vier Zehen ein. Schließlich nehmen Sie auch den kleinen Zeh hinzu. Jetzt atmen Sie also durch alle fünf Zehen gleichzeitig ein.

Spüren Sie, wie sensibel und wie wach die Zehen jetzt sind. Sie enthalten so viel Intelligenz. Fühlen Sie das einfach. Jetzt gehen Sie zur Innenseite des Fußballens weiter. Dies ist ein Bereich, der offensichtlich sehr stark belastet wird und der deshalb sehr angespannt sein kann. Versuchen Sie, ihn zu entspannen. Fühlen Sie die Energie. Fühlen Sie die Spannung. Fühlen Sie den Schmerz. Atmen Sie als Nächstes in den mittleren Teil des Fußes, gleich unter dem mittleren Zeh. Sie führen den Atem auf sehr bewusste und konzentrierte Weise dorthin. Beginnen Sie jetzt, in die Außenseite des Fußes zu atmen. Denken Sie daran, dass Sie bei jedem neuen Schritt auch die anderen Körperteile, in die Sie zuvor geatmet haben, einbeziehen. Jetzt atmen Sie also auch in alle fünf Zehen und die Unterseite des Fußes. Als Nächstes atmen Sie in den Bereich gleich unterhalb der Zehen, auf der Innenseite und der Außenseite. Sie bringen den Atem also ins Innere des Fußes, forschen nach Anspannung und lassen los. Als Nächstes kommen Sie zum Spann und gehen von der Unterseite des Fußes aufwärts.

Sie werden bemerken, dass Ihr Körper, während Sie so mit den Füßen arbeiten, seine Ausrichtung immer wieder geringfügig korrigiert. Das ist sehr interessant – achten Sie einfach darauf. Sie werden das besonders in Ihrem Becken und in den Beinen feststellen. Während Sie mit der Übung weitermachen, werden Sie bemerken, dass es dort zu winzigen Änderungen der Ausrichtung kommt. Begrüßen Sie das.

Als Nächstes atmen Sie bis in die Ferse, sodass Sie nun an der Unterseite des Fußes angelangt sind. Sie atmen durch die Fußsohle in den Fuß hinauf. Durch die Zehen, den Spann und die Ferse atmen Sie nun in den ganzen Fuß hinein. Gehen Sie jetzt weiter bis zum Fußknöchel auf der Innenseite des Fußes. Atmen Sie durch den Spann in den Fußknöchel an der Innenseite hinein und achten Sie darauf, wie dies eine Auswirkung auf die Ausrichtung Ihrer Hüften, Ihres Lendenmuskels und auf Ihr Kreuz haben kann. Dann atmen Sie an der Außenseite des Fußes herauf bis zum Fußknöchel an der Außenseite und zur Achillessehne.

Jetzt atmen Sie also in den ganzen Fuß hinein, durch die Zehen, die Ferse, die Mitte des Spanns, durch die Vorderseite des Fußes und durch die gesamte Haut, durch alle Poren auf beiden Seiten und hinauf bis ins Fußgelenk. Beide Füße sind als Ganzes jetzt ein lebendiges, atmendes und intelligentes Etwas. Achten Sie weiterhin darauf, wie Ihre Beine und Hüften sich geringfügig neu ausrichten möchten, während Sie so in die Füße hineinatmen.

Sie machen weiter, indem Sie auf beiden Seiten durch den Fuß in den Wadenmuskel hinauf atmen. Als Nächstes atmen Sie in das Schienbein hinein und dann aufwärts durch den Muskel auf der Außenseite des Schienbeins, durch die Außenseite des Beins und auch durch die Poren einwärts.

Bringen Sie den Atem dann den ganzen Weg von den Zehen, durch den ganzen Fuß und durch den Unterschenkel bis ins Kniegelenk hinauf. Atmen Sie auch durch die Poren der Haut auf der Vorder- und Rückseite des Knies nach innen. Bleiben Sie gesammelt. Seien Sie präsent und spüren Sie einfach nur die Natur des Kniegelenks, die Muskeln, die Bänder und die Verletzlichkeit des Knies. Das Knie ist in mancher Hinsicht energetisch sehr offen. Wenn Sie Schmerz spüren, dann atmen Sie einfach in den Schmerz hinein. Atmen Sie in den Schmerz und durch den Schmerz hindurch. Lassen Sie ihn sein.

Als Nächstes gehen Sie weiter zur Vorderseite des Oberschenkels, zur Rückseite des Oberschenkels, zu den Seiten und aufwärts bis zu den Hüften, sodass Sie nun durch den ganzen Fuß, den ganzen Unterschenkel, die Knie und durch den ganzen Oberschenkel bis hinauf zum Hüftgelenk atmen. Sie führen den Atem von den Bereichen, mit denen Sie bereits gearbeitet haben, aufwärts, und Sie atmen auch durch alle Poren in diesem Bereich ein.

An diesem Punkt geben Sie sich sehr viel Mühe; Sie wenden sehr viel Aufmerksamkeit auf, aber gleichzeitig entspannen Sie sich auch in immer tiefere Ebenen in Ihrem Körper hinein. Ihre Aufmerksamkeit ist ziemlich konzentriert und gespannt, aber Ihr Körper entspannt sich zunehmend.

Je mehr Energie Sie durch diese zelluläre Atmung in den Körper einbringen, desto mehr werden die betreffenden Bereiche wach und lebendig, pulsierend und voller Bewusstsein sein. Gehen Sie jetzt tief in den hinteren Oberschenkelmuskel und hinauf zu den Gesäßbacken. Nehmen Sie die Sitzhöcker hinzu. Sie arbeiten jetzt mit beiden Beinen, von den Zehen aufwärts bis zur Hüfte. Atmen Sie nun durch die Sitzhöcker und in die Analregion hinein, ins Perineum, in die Genitalien und dann durch das Schambein aufwärts. Bringen Sie den Atem von den Zehen aufwärts bis zum Schambein und in die Hüftgelenke auf beiden Seiten. Jetzt gehen Sie zum Unterbauch weiter und aufwärts bis zum Nabel und atmen gleichzeitig von der Außenseite durch alle Poren der Haut nach innen. Nehmen Sie sich genügend Zeit um Schritt für Schritt durch alle diese Bereiche zu gehen. Spüren Sie sie voll und ganz und wecken Sie sie auf, bevor Sie zum nächsten Bereich übergehen.

Nehmen Sie sich an diesem Punkt einen Moment Zeit, um zu überprüfen, ob Sie gleichzeitig durch alle Bereiche, mit denen Sie bisher gearbeitet haben, einatmen. Beim Einatmen werden die Beine, die Füße und das Becken lebendig. Sie werden licht. Sie öffnen sich. Sie sind angefüllt mit Leben und Gewahrsein. Beim Ausatmen lassen Sie alle Anspannung los. Sie sind voll und ganz auf den Atem konzentriert, lenken ihn in den unteren Teil Ihres Körpers, und Sie können das Einströmen des Atems immer noch weiter intensivieren. Sie bringen Leben, Gewahrsein, Vitalität und Energie in den Körper. Spüren Sie das einfach.

Gehen Sie weiter und führen Sie den Atem aufwärts bis zum Schwertfortsatz des Brustbeins und in diesen hinein. Kommen Sie bis zu den Schlüsselbeinen. Gehen Sie dann den Rücken bis zu den Schulterblättern hinauf. Sie bringen den Atem und damit Prâna in Ihren ganzen Körper, durch alle Poren bis hinab zu den Zehen. Nehmen Sie nun die Daumen hinzu, dann den Zeigefinger, den Mittelfinger, den Ringfinger und den kleinen Finger. Gehen Sie weiter aufwärts bis zur Handfläche, zum Handrücken und dem Handgelenk. Dabei atmen Sie weiterhin auch in den Rest des Körpers. Gehen Sie weiter bis zum Unterarm, zum Ellbogen, dem Oberarm und hinauf in die Schulter. Jetzt atmen Sie also durch den gesamten Körper und hinauf bis in die Schultern. Dann bringen Sie den Atem allmählich mit jedem Atemzug ein wenig höher, hinauf in den unteren Bereich des Nackens und dann in den mittleren Bereich des Nackens. Nehmen Sie jetzt die Schädelbasis hinzu und führen Sie den Atem in den hinteren Teil des Schädels, in den Oberkiefer und den Unterkiefer, in die unteren Zähne, die Zunge, die Lippen, die oberen Zähne, die Wangenknochen. Dann nehmen Sie das Fleisch des Gesichts hinzu, die Augen, die Ohren, die Stirn. Atmen Sie in die Kopfhaut und schließlich ins Gehirn hinein.

Sie atmen jetzt durch den gesamten Körper hindurch, durch jede Pore des ganzen Körpers und in jeden Körperteil im Inneren des Körpers, in alle Knochen, Muskeln und Organe und in alle Zellen des Körpers. Machen Sie so für einige Minuten weiter. Es ist nicht einfach, so weit zu kommen, aber wenn Sie dabeibleiben, werden die

Energie, die Aufmerksamkeit und das Gefühl intensiverer Vitalität ständig zunehmen.

Während Sie so durch den gesamten Körper atmen, achten Sie darauf, ob es irgendwelche Bereiche gibt, die sich etwas tot anfühlen oder die Widerstand gegen den Atem leisten. Sie können diese Bereiche dann etwas stärker betonen. Sie atmen dabei immer noch durch den gesamten Körper, aber jeder Atemzug endet in diesem speziellen Bereich und Sie versuchen, ihn lebendiger werden zu lassen, mehr Energie, mehr Gewahrsein, mehr Gefühl der Wachheit und Sensibilität in ihn hinein zu bringen.

Machen Sie so für ein bis zwei Minuten weiter. Geben Sie sich dabei große Mühe und steigern Sie Ihre Konzentration bis zum Äußersten, während Sie durch jede Pore Ihres Körpers in jede einzelne Zelle Ihres Körpers an der Oberfläche und in der Tiefe gleichzeitig hineinatmen.

Wenn Sie dann das Gefühl haben, dass Sie die Intensität einfach nicht weiter steigern können, lassen Sie die Technik fallen und liegen nur still da. Fühlen Sie, wie die Energie durch den Körper zirkuliert. Dies ist der innere Atem, der Prâna, der Ihre Lebenskraft ist, die durch die Nâdîs fließt. Ihr Körper ist jetzt sehr, sehr wach, und Sie haben das Gefühl, dass er überall von Elektrizität durchströmt wird. Bleiben Sie für einige Minuten bei diesem Gefühl, genießen Sie es und seien Sie voll und ganz in diesem Fluss. Bleiben Sie dabei, bis Sie wirklich genug haben. Nachdem Sie so für einige Minuten ausgeruht haben, können Sie sich wieder aufsetzen. Während Sie das tun, bleiben Sie bei der Empfindung der vollen körperlichen, zellulären Atmung, jetzt aber nur ganz sanft.

B. Die zelluläre Atmung im Sitzen

Diese Übung kann man für sich ausführen und in der sitzenden Haltung beginnen, oder man praktiziert sie im Anschluß an die zelluläre

Atmung im Liegen. Im Grunde rekapitulieren Sie hierbei in der sitzenden Position das, was Sie bereits im Liegen geübt haben. Haben Sie gerade erst die Übung im Liegen ausgeführt, dann können Sie die sitzende Übung sehr viel schneller absolvieren, vielleicht in fünf bis sieben Minuten für die ganze Übung. Haben Sie nicht zuvor die liegende Übung praktiziert und beginnen gleich in der sitzenden Position, dann brauchen Sie etwa 30 bis 40 Minuten für die ganze Übung. Sie sollten das Timing daran orientieren, wie Sie sich fühlen. Bleiben Sie, bevor Sie weitergehen, so lange bei jedem Bereich, bis er sich wirklich geöffnet hat und wach und lebendig geworden ist. Bringen Sie den Atem durch jede Pore Ihres Körpers in jede einzelne Zelle.

Ob Sie nun im Liegen oder im Sitzen üben, die Herausforderung ist immer dieselbe: Es wird Teile Ihres Körpers geben, die Sie nicht mögen und derer Sie nicht gewahr werden möchten. Vielleicht sind Sie der Ansicht, dass Sie zu fett oder zu mager sind; vielleicht glauben Sie, keinen guten Oberkörper zu haben. Vielleicht haben Sie Angst vor Ihrem Herzen oder Ihrem Bauch oder Ihrer Leber. Was immer es auch ist, bringen Sie den Atem durch jede Pore des Körpers in jede Zelle Ihres Körpers und kümmern Sie sich dabei besonders um die Körperteile, mit denen Sie sich nicht so gern beschäftigen möchten.

Bringen Sie Ihren Atem auf sehr liebevolle Weise in den Körper. Er kann liebevoll, nährend und zärtlich sein. Wenn Sie an einer Verletzung oder Krankheit leiden, ist es durchaus angemessen, in diese hinein zu atmen, aber fahren Sie dabei fort, den Atem durch den ganzen Körper zu führen und ihn dann in diesen speziellen Bereich zu lenken. So schaffen Sie eine Situation, in der der ganze Körper Unterstützung und Vitalität in diesen besonders problematischen Bereich bringt.

Es ist so, als hätten Sie einige Kinder, die Ihnen keine Sorgen machen, sowie andere Kinder, die Ihnen das Leben schwer machen und die Sie immer wieder auf die Palme bringen: An einem bestimmten Punkt müssen Sie darüber hinausgehen, sie zu beurteilen, und Ihre

Liebe zu *allen* Kindern muss offen und unparteiisch sein. So gehen Sie in dieser Übung auch mit Ihrem Körper um. Die Übung ist zudem eine Gelegenheit, die Ausrichtung Ihres Körpers in der sitzenden Meditationshaltung zu korrigieren, weil Ihr Körper Sie in diesem offenen Zustand wissen lassen wird, was vor sich geht und ob irgendetwas aus dem Gleichgewicht geraten ist. Sie können dann leicht darauf reagieren.

Während Sie weiter durch jede Pore Ihres Körpers in jede Zelle Ihres Körpers einatmen, überprüfen Sie, ob es noch Bereiche in Ihrem Körper gibt, wo Sie festhalten und in denen Sie nicht völlig entspannt sind. In der sitzenden Position ist dies etwas schwieriger, weil die Tendenz, sich zu verspannen, in dieser Position viel größer ist als im Liegen; aber das macht nichts. Sie scannen einfach Ihren Körper, um herauszufinden, wo Sie nicht vollkommen entspannt sind, und ob es nun Ihre Schultern, Ihr Rücken oder Ihre Beine sind – Sie arbeiten einfach damit. Während Sie auf diese Weise atmen, sehen Sie zu, ob Sie kleine Haltungskorrekturen vornehmen können, damit Ihr Körper sich wohler fühlt.

Interessieren Sie sich für das, was in Ihrem Körper vor sich geht. Er ist so voller Leben und Bewegung und Energie. Atmen Sie weiter. Wenn Sie in der sitzenden Position üben, können Sie, wenn Sie mögen, besonders Ihre Beine, Ihre Gesäßbacken und Ihr Perineum betonen. Sie können die Energie durch die Beine und das Perineum in den Körper hinaufbringen und Ihren Oberkörper sozusagen über diesem sehr gut geerdeten Fundament schweben lassen. Lassen Sie die Schultern wirklich hängen. Sitzen Sie und lassen Sie Ihren Körper von der Energie, die ihn durchflutet, anheben und tragen. Sie müssen in dieser Sitzposition überhaupt nichts tun oder sich irgendwie anstrengen. Sie brauchen nur bei der Lebensenergie zu bleiben, die durch Ihren Körper fließt.

INDEX

C

D

E

F

G

L

M

W

Y

Z

Der Autor

Dr. phil. Reginald A. Ray verfügt über beinahe 40 Jahre Erfahrung mit dem Studium und der Praxis der Meditation in der tibetischen Tradition und besitzt eine besondere Gabe, diese mit großer Intuition auf die Probleme und spirituellen Bedürfnisse moderner Menschen anzuwenden. Er lehrt in der Dharma-Übertragungslinie des großen Meditationsmeisters und Siddha Chögyam Trungpa Rinpoche. Er gehört seit der Gründung der Naropa-Universität zu deren Lehrkörper und ist der Autor mehrerer Bücher, darunter *Indestructible Truth, Secret of the Vajra World, Buddhist Saints in India, In the Presence of Masters,* sowie der Audio-Programme *Buddhist Tantra* und *Meditating with the Body.* Informationen über Meditationsklausuren mit Dr. Ray finden Sie unter www.dharmaocean.org.

Ray
DIE INTELLIGENZ DES KÖRPERS